그리스 신화와
그리스 성풍속사 ❶

Sexual Life in Ancient Greece

by Hans Licht

그리스 신화와

· 쾌락과 문명의 만남 ·

그리스 성풍속사 ①

한스 리히트 지음 ― 정성호 옮김

Hans Licht

GREECE

산수야

쾌락과 문명의 만남

그리스 신화와
그리스 성풍속사 ❶

초판 인쇄   2020년 7월 25일
초판 발행   2020년 7월 31일

지은이   한스 리히트
옮긴이   정성호
발행인   권윤삼
발행처   산수야

등록번호   제1-1515호
주소   서울시 마포구 월드컵로 165-4
전화   02-332-9655
팩스   02-335-0674

ISBN 978-89-8097-513-6   03380

값은 뒤표지에 있습니다. 잘못된 책은 바꾸어 드립니다.

이 도서의 국립중앙도서관 출판시도서목록(CIP)은
서지정보유통지원시스템 홈페이지(http://seoji.nl.go.kr)와
국가자료공동목록시스템(http://www.nl.go.kr/kolisnet)에서 이용하실 수 있습니다.
(CIP제어번호: CIP2020022497)

차례

서문 ✳ 그리스인의 삶의 이상

제 1 장 ✳ 결혼과 여인의 생활

제 2 장 ✳ 그리스인이 추구한 육체의 미

제 3 장 ✳ 축제의 풍습

제 4 장 ✽ 연극에 나타난 사랑과 性

제 5 장 ✽ 춤과 술, 오락

제 6 장 ✽ 종교와 에로스

제 7 장 ✳ 그리스 문학과 에로스

그리스인의 삶의 이상

그리스 문화의 원동력

그리스 문화의 원동력

사랑과 기쁨에 대한 찬가

그리스인들도 젊음을 가장 소중한 재산이라고 생각했다는 사실, 또한 삶의 여러 가지 기쁨 중에서도 사랑을 가장 커다란 행복이라고 생각했다는 사실은 틀림없지만, 그렇다고 다른 개념들을 완전히 무시할 수는 없다.

《오디세이》에서 네스토르는 아테네가 맑은 하늘 속으로 사라진 뒤 이렇게 부르짖는다.

"하지만 아, 여왕이시여, 부디 자비를 베푸사 나 자신과 내 아이들, 그리고 내 존경하는 아내에게 명성을 주시옵소서(Odyssey, iii, 380)."

우리는 이 표현에서 그리스인의 도덕적 개념을 알 수 있다. 기도에 아내와 자녀까지 포함시킨다는 것은 전쟁이나 운동경기에서의 승리의 문제뿐만 아니라, 일반적인 삶에 대한 이상적인 바람을 나타내는 것이기도 하다는 사실을 입증해 준다.

핀다르에 의하면(Pythia, i, 99), 행복은 삶의 제일 목적이고, 두 번째가 명예다. 이 두 가지 목표를 달성하고 또 유지할 수 있는 사람은 가장 고귀한 왕관을 발견한 것이나 마찬가지다. 이러한 최고의 재산 이면에 그리스인들이 힘들여 추구하는, 또한 신에게 기도하는 다른 무언가가 존재한다는 것은 당연한 일이다.

내가 아는 한 건강을 위에서 언급한 덕목들과 나란히 가장 힘들여 추구할 만한 대상으로 먼저 꼽은 사람은 테오그니스(Theognis, 255)인데, "사랑하는 것을 획득하기 위한" 가장 유쾌한 일에 버금가는 것으로 여겼다. 또한 아리스토텔레스가 말한 것처럼(Eth. Eudem., i, I, Eth. Nic., i, 8) 그리스인의 영혼에서 나온 이러한 이념은 델포이의 레토 신전의 현관에도 새겨져 있다.

"사랑하는 것을 획득한다."라는 테오그니스의 표현이 갖는 다소 의도적인 애매함은 부르크하르트(J. Burckhardt, Griechische Kulturgeschichte ii, 368) 같은 그리스 문화사의 대가조차도 일말의 의구심을 표명하게 만든다.

> "시인이 여기서 말하는 사랑이라는 것이 말 그대로의 뜻인지, 아니면 충족되어야 할 총체적인 개념에 지나지 않는 것인지가 여전히 불명확하게 남아 있다."

부르크하르트 역시 그리스 문화에 대한 방대한 저술을 남긴 다른 학자들과 마찬가지로, 그리스인이 이성간의 사랑은 물론, 동성간의 사랑에 대해서도 알고 있었다는 사실을 의식하고 있지 못했다. 이러한 이유 때문에 테오그니스는 다소 애매한 표현을 구사한 것이지만, 그것은 그가 그리스 문화를 잘 이해하고 있었으며, 독자들에게 자신의 쾌락과 갈망을 전달하고 싶어했다는 점을 감안하면 대단히 현명한 처사였다고 할 수 있다. 그 글에서 젊음의 이상은 언제나 테오그니스 자신의 영혼에 앞세워졌는데, 그가 평생토록 소년에 대한 욕구를 뿌리치지 못했다는 사실은 그리스인의 동성애 문학을 다룬 장에서 명확하게 드러날 것이다.

앞에서 인용한 테오그니스의 문장에 대한 정확한 설명은 유명한 시인 사포의 시와 비교해 봐도 분명히 드러난다.

아낙토리아에게
어떤 이는 바다의 용감한 해군을 생각하고
또 어떤 이는 세상에서 가장 강한 자가 되기 위해 보병이나 기병의
대장이 되고 싶어하지만
내 분명히 말하노니 우리에겐 그보다 더욱 사랑하는 것이 있다.

모든 사람들이 알고 있는 간단한 증거가 있으니
헬렌에게 있어서 내 말은 곧 진실
어차피 사라질 수밖에 없는 그녀의 아름다움이 아무리 뛰어나다 해도
그를 세상에서 가장 훌륭한 인물로 판단하리라.

트로이의 왕좌를 더럽힐 먼지
부모도 자식도 생각해보지 못했을 테지만
잘못된 사랑의 길 속에서 방랑하는 키프리스의 영혼이여

그 무엇도 여자의 의지를 흔들 수는 없어
고향 생각은 그녀의 등을 돌리게 만들지니
그대에게 가까운 기억 속의
아낙토리아는 얼마나 훌륭한가.

그 달콤한 발 아래 엎드려 기꺼이 귀를 기울이고
그녀 얼굴의 밝은 영광을 가까이에서 바라볼지니
어찌 전쟁터에 나선 리디아인의 전차나
창과 방패를 가진 보병에 비하겠는가!

덧없는 것은 대접받지 못한다는 것을 너무나 잘 알기에
하늘이 우리의 편이라면
모든 좋은 것을 부정하지 않은 채
정당한 몫을 갈망하리라.

아낙토리아가 리디아에 있었던 것은 분명하다.

그 표현이야 의도적으로 애매한 성격을 가지게 되었다고 하지만 (원문의 네 번째 마디), 의미는 분명히 파악해야 한다. 여자의 여자에 대한 갈망인지, 남자의 여자에 대한 갈망인지, 혹은 남자의 소년에 대한 갈망인지를 구분해야 하는 것이다.

그 결론이 어떻게 내려지건 간에 그리스인들이 희망한, 또한 그 시인들이 노래한 삶의 기쁨 가운데에서 아름다움과 사랑이 커다란 비중을 차지하고 있다는 사실에는 의심의 여지가 없다. 그리스 시대에 글을 쓴 모든 사람들이 그 점을 분명하게 밝히고 있지만, 여기서는 그리스 사람들이 와인을 마시고 인생의 기쁨을 노래하며 즐겨 불렀을 법한 멋진 노래 한 자락(PLG., iii, Scholion 8)을 인용하는 것만으로도 충분할 것이다.

> "인간에게 가장 좋은 것은 건강, 두번째 좋은 것은 매력적인 아름다움, 세번째는 남을 속이지 않고 모은 재산, 네번째는 친구들 사이에서 젊음을 유지하는 것."

'삶의 즐거운 향유'는 일찍이 유명한 현인이자, 정치가이며, 시인인 솔론에 의해 추구할 가치가 있는 소중한 재산 가운데 하나로 규정된 바 있고, 그밖의 여러 위대한 지성인(핀다르, 바킬리데스, 시모니데스 등)들도 그의 견해에 전적으로 공감하고 있다. 사실 그리스 문화는 헤이돈(Hedone ; 육체의 쾌락) 즉, 삶의 즐거운 향유와 그 중에서도 특히 사랑의 기쁨에 대한 찬가 그 자체라고 해도 과언이 아니다.

그리스인의 내면적인 본성은 좀처럼 잔혹한 성향으로 변하지 않는 발가벗은 육욕이지만 — 이것은 로마인의 경우와 비슷하다 — 그것은 집단적인 생활을 강하게 규정하는 요소로 작용하였다. 또한 그 육욕의 표현, 혹은 잠재는 엄격한 법률이나 여론의 평판에 의해 결코 감시당하는 일이 없었다.

이러한 표현이 결코 과장된 것이 아니라는 점은 이 책의 전반을 통해 입증될 것이고, 나아가 그리스인의 생활은 탐욕스러운 육욕에 의해 강한 지배를 받는다는 점이 드러날 것이다. 따라서 특정한 몇 가지의 고립된 예외를 제외하면, 그리스의 위대한 사상가들은 대부분 육체적인 쾌락을 누릴 권리를 인식하고 있었다. 뿐만 아니라 때로는 그것을 인간의 행복 가운데 중요한 하나의 과정으로 주장하기도 했다.

소포클레스(Plato, Republic, i, 329c) 또한 그렇게 나이를 먹기 전까지는, 늙음은 육욕의 노예 상태에서 해방되는 것이므로 칭찬을 받아야 한다는 유명한 심판을 내리지 않았다. 뒤에서 다시 언급되겠지만, 그 문제에 대한 위대한 시인의 생각에는 상당한 차이가 있다.

아테나이우스(Ath., xii, 510b)는 나이 든 소포클레스의 이러한 관점을 인용한 다음, '어느 여신도 사랑의 여신을 구할 수 없다는 사실을 알게 된 인간은 사랑의 여신의 이름으로 삶의 축제를 찬양했다'고 한 엠페도클레스의 견해를 상기시키고 있다.

생활 속에서 나타난 육욕의 무한한 힘

심지어 호머의 초기 시에 나타나는 신들조차 성적인 만족에의 욕구에 굴복하고 있다.

헤라는 그리스인의 절망적인 투쟁을 돕기 위해 자신의 남편 제우스에게 걸려 있던 마법을 풀어주었다. 호머의 상세한 묘사에 의하

제우스와 헤라의 결혼을 묘사한 부조

면(Iliad, xiv, 153), 헤라는 온갖 정성을 다하여 몸을 치장하고도 부족함을 느껴서, 아프로디테에게 거짓 핑계를 대며 "모든 신과 세상의 모든 인간들의 마음을 빼앗을 수 있는 사랑과 갈망의 마술의 허리띠"를 빌려달라고 했다. 아프로디테는 그 숭고한 하늘의 여왕의 부탁에 복종하여 자신의 가슴에서 모든 종류의 유혹이 새겨진 허리띠를 풀었다. 그 속에는 제아무리 현명한 사람이라도 바보로 만들 수 있는 사랑과 갈망과 희롱이 깃들어 있었다.

그런 다음 헤라는 잠의 신인 히프노스에게 접근하여, 제우스가 자신과 사랑의 기쁨을 나눈 후 잠이 들도록 해달라고 부탁했다. 그래야 마음놓고 그리스 사람들을 도울 수 있기 때문이었다. 처음에는 헤라의 그 위험한 부탁을 들어주기를 거부하던 히프노스도, 헤라가 그 보답으로 '은총' 가운데 하나를 주겠노라고 엄숙히 맹세하자 하는 수 없이 마음을 돌렸다.

히프노스는 헤라와 함께 이다 산으로 내려갔는데, 제우스는 그 산꼭대기에서 그리스와 트로이 사이의 전쟁을 지켜보곤 했다. 히프노스는 새로 변신한 뒤 전나무 가지에 앉아 제우스와 헤라의 사랑의 행위가 끝나기를 기다렸다. 호머는 이상의 과정을 무려 60행이 넘는 장황한 글로 자세하게 묘사하고 있다.

헤라는 제우스에게 자신이 그렇게 치장해야 하는 이유를 다양하게 꾸며내고는, 중요한 여행을 떠나야 한다는 구실을 내세워 자신의 아름다움에 빠져 있는 제우스의 욕망을 불러일으켰다. 제우스는 헤라만큼 자신의 마음을 흥분하게 만든 여자를 일찍이 본 적이 없다며, 세계 문학사의 그 어느 곳에서도 찾아볼 수 없을 만큼 순진하게 자기 아내의 장점을 하나하나 열거하기 시작했다. 지금까지 자신의 품에 안긴 여자들 중에서 헤라의 절반만큼이라도 자신을 흥분시킨 사람은 아무도 없다는 것이었다.

제우스가 이렇게 몸이 달아 있으니 당장 그 자리에서 욕망을 해소해야 되었겠지만, 헤라는 여기서는 혹시 다른 신의 눈에 띨지도 모르니, 멋진 침대가 마련되어 있는 올림포스 궁전으로 가면 그의 소망을 들어주겠다고 말했다.

그러자 자기 마음대로 구름을 불러모을 수 있는 권능을 지닌 제우스는 이렇게 대답했다.

"헤라, 신이든 사람이든 우리를 훔쳐볼지도 모른다는 걱정은 할 필요가 없소. 내 황금의 구름으로 그대를 감싸주리다. 그렇게 하면 제아무리 세상에서 가장 날카로운 눈을 가진 헬리오스도 우리를 엿보지 못할 거요."

그리하여 크로노스의 아들은 아내를 가슴에 안았고, 그 아래 신성한 대지에서는 로터스와 크로커스, 히아신스 등 새로운 풀이 돋아 자라기 시작했다. 두 사람이 서로 껴안고 누워 있는 동안 황금빛 구름이 그들을 감쌌으며, 구름에서는 맑은 이슬이 떨어져 내렸다. 그리하여 제우스는 아내를 품에 안고 조용한 잠 속으로 빠져들기 시작했다.

만약 《일리아드》 제14권에 등장하는 이 장면이 육욕의 무한한 권리에 대한 찬가가 아니라면, 우리는 이러한 시적 표현을 두 번 다시 찾아볼 수 없을 것이다. 하지만 《오디세이》 조차도 아름다움의 위대한 힘이 갖는 영광의 예를 알고 있다.

《오디세이》 제8권(viii, 266 등)에 이런 에피소드가 나온다.

아프로디테는 멍청한 남편 헤파이스투스를 속이고, 잘생기고 혈기왕성한 전쟁의 신 아레스와 함께 오로지 금지된 사랑의 달콤한 쾌락을 위해 불륜의 관계를 맺고 있다. 아내에게 속았다는 사실을 깨달은 헤파이스투스는 자신의 수모를 숨기는 대신 모든 신들을 불러모아 두 연인이 벌거벗은 채 서로 껴안고 있는 장면을 구경하게 했다.

호머는 이 러브신의 묘사를 다음과 같이 마무리하고 있다.

그러나 제우스의 아들 아폴로는 헤르메스에게 이렇게 말했다.

"제우스의 아들이자 좋은 일을 전해주는 메신저인 헤르메스여, 그대 같
으면 설령 함정에 빠지는 한이 있더라도 그 아름다운 아프로디테의 침대
위에 눕지 않겠는가?"
그러자 메신저인 아르게이폰테스는 이렇게 대답했다.
"활의 신 아폴로여, 저들보다 세 배나 더 위험한 함정에 빠지게 되는 일
이 있더라도, 또한 세상의 모든 신과 여신들이 지켜보는 한이 있더라도,
나 같으면 기꺼이 아름다운 아프로디테 옆에 몸을 눕히겠습니다."
그 말에 불멸의 신들은 일제히 웃음을 터뜨렸다.

이러한 묘사에서는 불륜에 대한 비난이나 도덕적 근엄함에 대한
표현은 한 마디도 찾아볼 수 없다. 사랑의 여신이 앞장서서 불륜의
사랑을 나누는 현장에서, 그들은 오로지 장난과 재미로 그녀를 조롱
하고 있을 뿐이다. 사실 사랑에 대한 모든 에피소드는 적나라한 육
욕에 대한 찬가일 뿐이고, 이른바 '죄악'이라는 것에 대한 잔혹한
정당화는 현대 이후의 거짓된 도덕성이 자랑하는 위세일 따름이다.
아테나이우스(xii, 511c)는 테오프라스토스의 언급에 따라 그 누
구도 아리스테이데스의 삶을 행복하다고 말하지 않은 반면, 시바리
테 스민두리데스와 사르다나팔루스의 삶은 주저없이 행복한 것으
로 인정했다는 사실에 주목하고 있다.
플라톤의 제자이자, 유명한 철학자이기도 했던 헤라클레이데스
폰티쿠스(Ath., xii, 512a)는 《쾌락에 대하여》라는 책을 썼는데, 그
대부분은 아직도 전해 내려오고 있다. 한 예로 이 책에는 인생의 사
치스러움, 특히 육욕에 탐닉하는 것이 지배계급을 위해 예비된 권

리인 반면, 힘든 노동과 수고는 노예와 빈자의 운명이라는 점이 분명히 입증되어 있다. 또한 사치와 육욕을 즐기는 사람들은 훌륭한 성격과 넓은 마음을 가지고 있기 때문에 남들의 존경을 받게 된다고 한다. 아테네에서도 이런 관념이 성행하고 있었는데, 마라톤에서 승리한 영웅적인 사람들은 삶의 쾌락을 누릴 자격이 있다고 한 것이 그 대표적인 예다.

　물론 그런 관념이 저절로 생겨나는 것은 아니다. 이것이 육체적 쾌락을 누릴 권리에 대한 전반적인 견해로 간주된다는 사실이 중요할 뿐이다. 위대한 시인 시모니데스는 공공연하게 다음과 같은 질문을 던진다(PLG., frag. 71).

> 육체의 쾌락 없이 인간의 삶이 기쁠 수 있겠는가? 육체의 쾌락이 없다면
> 축복받은 신들의 삶인들 무엇이 부럽겠는가?

　사실 메가클레이데스 같은 역사학자는 시인들이 그리스의 국민적 영웅 헤라클레스의 노고와 세속적 업적을 지나치게 강조한다고 비판하고 있다(Ath., xii, 512e ; FHG, iv, 443). 그는 오히려 헤라클레스가 인간과의 관계 속에서 유감없이 육체적 쾌락을 추구했으며, 수많은 여인들과 결혼을 했고, 또 다른 수많은 하녀들과의 사이에서 자녀를 생산했다는 사실에 초점을 맞추고 있다. 반면에 헤라클레스가 이올라우스, 힐라스, 아드메투스 등 수많은 소년들과 관계를 맺었다는 사실은 언급하지 않고 있다.

　게다가 헤라클레이데스는 헤라클레스가 일생의 대부분을 테이블

에서의 쾌락을 즐기는 데 보냈다는 사실을 상기시키고 있다. 그리스 전역의 온천에는 헤라클레스의 욕실이라는 이름이 붙여졌고, 부드럽고 호화로운 침대는 헤라클레스의 상징처럼 인식되었다. 만약 헤라클레스가 육욕을 품고 있지 않았다면 어째서 그 모든 말들이 생겨난 것일까? 따라서 헤라클레스가 마치 평생토록 나무 몽둥이와 활과 사자가죽 따위를 들고 다닌 것처럼 묘사한 것은 호머와 헤시오드의 뒤를 잇는 시인들의 나쁜 취향이라고 봐야 할 것이다.

아테나이우스는 《배운 자의 잔치》 제12권에서 쾌락지향적인 고대인들의 삶을 치밀하게 묘사하고 있다. 그는 페르시아에서부터 시작하여 방탕한 연회에 대한 약간의 이론적인 고찰을 소개한 다음, 고대 그리스의 각 개인들이 어떤 방법으로 색욕을 충족시켰는지에 대해서 논하고 있다.

이어서 유난히 세련된 성생활을 누린 그리스의 역사적인 인물들을 나열하는 대목도 눈길을 끈다. 그 가운데 많은 사람들이 흔히 그리스인의 지도자요, 영웅으로만 알려져 있던 인물이라는 점은 우리의 관심을 끌기에 충분하다. 이 문제에 대해서는 뒤에서 자세히 언급하겠지만, 여기서는 그리스인들의 성생활에 대한 특정한 개념의 몇가지를 짚어보도록 하자.

헤라클레이데스(Ath., xii, 514b ; FHG., ii, 95)에 의하면, 페르시아의 왕은 300명의 후궁을 거느렸다고 한다.

그들은 낮에 잠을 자고 밤에는 일어나 활동을 한다. 왕과 동거하며 불을 밝힌 채 노래를 부르거나 음악을 연주한다. 이 후궁들은 왕이 사냥을 나갈 때도 동행한다.

리디안스 크산투스(Ath., xii, 515d ; FHG., i. 39)에 의하면, 임금의 궁전에서는 소년뿐만 아니라 소녀까지 생식기능을 제거하는 것이 그들의 관습이었다고 한다(infra, ch. vii. 제2절, pp.507-12).

티마이우스(Ath., xii, 517d ; FHG., i, 196)는 티르헤니아인들 사이에서 하녀는 남자가 옷을 벗을 때까지 기다려야 하는 관습이 있었음을 증명하고 있다. 테오폼푸스(Ath., xii, 517d ; FHG., i, 315)의 설명도 이것을 뒷받침하고 있다.

여자는 공공의 재산이라고 하는 것이 티르헤니아의 법률이었다. 여자는 자신의 몸을 정성을 다해 보살폈고, 때로는 남자들과 함께, 또는 여자들끼리 운동으로 몸을 단련하기도 했다. 그들에게는 자신의 벗은 몸을 내보이는 게 전혀 불명예스러운 일이 아니었다. 그들은 남편과 함께 식사를 하지는 않지만 그 자리에 있는 남자라면 누구를 가리지 않고 함께 식사를 했고, 마음에 드는 사람이라면 누구하고도 같이 술을 마셨다. 그들은 대단히 아름다웠고, 술 마시는 것을 좋아했다.

티르헤니아인들은 태어나는 아이들을 모두 정성껏 길렀는데, 아버지가 누구인지를 모르는 경우도 흔히 있었다. 아이들이 성장하면 자신을 길러 준 사람들과 똑같은 방식으로 생활하며, 술잔치를 벌이거나 만나는 모든 여자와 관계를 맺기도 했다.

티르헤니아에서는 능동적이든 수동적이든 소년과 공공연하게 관계를 가지는 것이 전혀 이상한 일이 아니었는데, 그것은 미성년자와의 성관계가 풍습처럼 되어 있기 때문이었다.

그들은 또한 한 집안의 가장이 아내와 성관계를 즐기고 있을 때, 그런 사실을 입에 담는 것을 조금도 꺼리지 않았다. 때마침 그 순간에 손님이 찾아오면, 그들은 태연한 말투로 지금 주인이 어떤어떤 행동을 하고 있다고 상세하게 알려주곤 했다.

티르헤니아인들은 친구나 친척과 함께 있을 때도 그런 풍습을 위반하지 않았다. 잔치가 끝나고 잠자리에 들 시간이 되면, 하인들의 램프가 꺼지지도 않은 상태에서 미소년이나 매춘부를 침실로 밀어넣곤 했다. 자신들이 충분히 즐기고 나면 한창 원기왕성한 청년들을 불러 그 미소년이나 매춘부와 함께 즐기도록 했다.

그들은 사랑이나 섹스를 경배하는 마음을 가지고 있었다. 가끔 서로가 사랑을 나누는 장면을 지켜보기도 했지만, 대개의 경우에는 침대 위에 마련되어 있는 커튼을 내렸다. 그들은 여자를 무척 좋아했지만, 오히려 소년이나 젊은 남성에게서 더 큰 쾌감을 맛보곤 했다.

그들은 언제나 몸관리에 최대한의 신경을 기울이고 불필요한 털을 모두 제거해버렸기 때문에 무척 아름다운 용모를 가지고 있었다. 티르헤니아에는 요즘의 이발소와 같이 그런 수요를 감당하는 가게들이 많이 있었다. 이런 가게에 들어간 사람은 지나가는 사람들이 혹시 엿보지 않을까 하는 걱정을 할 필요 없이 마음놓고 자기 몸의 모든 부위를 맡길 수 있었다.

아테나이우스(Ath., xii, 519e)에 의하면, 뜨거운 물로 목욕하는 것을 처음으로 도입한 것은 시바리스 거주자들이었다고 한다. 주연을 즐길 때는 침실용 변기를 많이 이용했는데, 유폴리스(Frag. 351, Ath., i, 17d ; CAF., i, 350)의 희극에 나오는 대목을 보면, 알키비아데스 같은 사람이 그것을 아테네로 전파했다고 되어 있다.

켄타우르인 네소스를 죽이는 헤라클레스

이탈리아 남부의 유명한 도시 타렌툼의 거주자들이 즐긴 색욕에 대해, 클레아르쿠스는 다음과 같은 기록을 남기고 있다(Ath., xii, 522d ; FHG., ii, 306).

> 그들은 자신의 몸에 난 털을 모두 제거한 뒤 투명하고 가장자리만 보라색인 의상을 입었다.
> 아풀리아의 카르비나 마을을 파괴한 후에는 소년과 소녀, 젊은 여성들을 모두 사원으로 끌고 가 옷을 벗긴 다음 구경꾼들이 마음껏 즐기도록 했다. 누구든지 마음만 먹으면 모든 사람들이 보는 앞에서 그 불쌍한 벌거숭이들을 상대로 자신의 욕망을 채울 수 있었다. 그러나 신들은 그러한 범죄행위를 한 자들에게 벼락을 내려 그 죄를 벌하였다.
> 오늘날까지도 타렌툼의 모든 가정에서는 문앞에 사자(死者)의 영혼을 기리는 비석을 세워두고 있다. 해마다 그들이 죽은 날이 돌아오면 죽음을 슬퍼하거나 죽음에 대한 예의를 표하는 대신, 제우스 카타이바테스(천둥과 번개를 타고 내려오는 제우스)에게 제물을 바쳤다.

몇몇 목격자의 증언에 의하면, 마살리아라는 도시(지금의 마르세유)는 동성 연애의 본산지 가운데 하나여서, 바로 여기서부터 "배를 타고 마르세유로 가자!"라는 속담이 비롯되었다고 한다.

아테나이우스(Ath., xii, 526b)가 아시아 미노르의 콜로폰 사람들에 대해 들려주는 이야기는, 비록 액면 그대로 받아들이기 힘든 대목이 있기는 하지만 대단히 흥미롭다. 그들 중에는 일출이나 일몰을 한 번도 보지 못하고 일생을 마치는 사람들이 많은데, 그것은 해가 뜰 때까지 술에 취해 있다가 해가 질 때는 다시 술에 취하기 때문이다.

그는 또 자기가 살던 시대에도 플룻 연주자와 무희, 매춘 여성 등이 이른 아침부터 정오까지, 그 후에는 '램프가 켜져 있을 때'까지만 영업을 할 수 있도록 정한 법률이 적용되고 있었다고 주장한다. 그 나머지 시간에는 모든 사람들이 술에 취해 있기 때문이라는 것이다.

고대사의 색욕에 대한 몇가지 실례를 들어보자.

첫번째로 아민타스(Ath., xii, 529f)의 증언을 그대로 받아들인다면, 아시리아의 국왕 사르다나팔루스는 자기가 직접 쓴 자신의 묘비명에 다음과 같은 구절을 남겼다.

나는 왕이었고 태양의 빛을 보았노라. 남자의 일생은 너무나 짧고, 또한 온갖 변화와 불운으로 가득 차 있다는 것을 알고 있으므로, 나는 끊임없이 먹고 마시며 사랑의 기쁨을 즐겼노라. 다른 사람들이 내가 남긴 재산의 이익을 거두리라. 이런 이유 때문에 나는 단 하루도 그런 나의 신조를 버리지 않았노라.

아리스토불루스(Ath., xii, 530a) 역시 사르다나팔루스가 정복한 도시 가운데 하나인 안키알레에 남아 있던 기념비를 알고 있었다. 바위에 새겨진 왕의 조각을 보면, 오른손이 무언가 귀중한 것을 손가락으로 낚아채는 듯한 동작으로 묘사되어 있다. 아시리아의 비명에는 다음과 같은 구절이 쓰여 있다.

사르다나팔루스, 아나킨다락세스의 아들이여, 단 하루만에 안키알레와 타르수스를 정복한 이여! 먹어라! 마셔라! 사랑하라! 다른 모든 것은 부질없나니.

손가락이 취하고 있는 동작의 의미도 바로 이것인 듯하다.

클레아르쿠스(Ath., xii, 530c ; FHG ii, 307)는 마리안디니의 비티니안 출신인 사가리스라는 병약한 남자에 대한 주목할 만한 진술을 남겼다. 그 사람은 하도 몸이 약해서 시종이 씹어서 입에 넣어주는 음식이 아니면 먹지 못했다고 한다. 또한 너무나 게을렀기 때문에 손을 자기 배꼽 아래로는 내리질 않았다. 따라서 소변을 볼 때도 자신의 성기를 손으로 잡지 않았는데, 그에 대해 에우리피데스는 다음과 같은 싯구를 남겼다.

손은 순결하지만 생각에는 얼룩이 묻어 있구나(Eurip. Hippol. 317).

웅변가 리시아스(frag. 4 in Ath., xii, 534)는 알키비아데스에 대한 다음과 같은 이야기를 들려준다.

그가 친구인 악시오쿠스와 함께 헬레스폰투스로 여행하고 있을 때였다. 그들은 아비도스에서 메돈티스라는 이름의 소녀와 결혼을 하여, 번갈아가며 그녀와 함께 살았다. 나중에 그녀가 딸을 낳자, 그들은 아무도 그 아이의 아버지가 누구인지를 알 수 없었다.
그 딸이 자라자 그들은 그녀와도 관계를 맺었는데, 알키비아데스가 침대 속에 들어가면 그는 그녀가 악시오쿠스의 딸이라고 했고, 악시오쿠스가 침대 속에 들어가면 그는 그녀가 알키비아데스의 딸이라고 주장했다.

역시 알키비아데스의 사랑과 모험을 비판하는 희극에서 아테나이우스도 몇가지 예를 제시하고 있다. 모든 사람으로부터 아름답다는 칭찬을 듣던 젊은이에게 에로스가 번개를 집어던진 것은 전혀 납득할 수 없는 일도 아니다.

디오게네스 라이르티우스(iv, 49)는 알키비아데스를 "젊었을 때는 남자들을 그들의 아내에게서 떼어놓고, 나이가 들어서는 아내들을 그들의 남편에게서 떼어놓은" 인물이라고 표현하고 있다. 희극인 페레크라테스(frag. 155 ; CAF., i, 194)가 "전에는 남자도 아니었던 알키비아데스, 이제 그는 모든 여인의 남자가 되었다."라고 말한 것도 그와 비슷한 맥락이다.

그는 스파르타에서 아기스 왕의 아내인 티마이아와 간음을 범했는데, 아테나이우스(xii, 535b)의 기록에 의하면, 그는 그것을 욕정 때문이 아니라 정치적인 동기로 설명했다고 한다. 또한 그는 그 당시 가장 유명했던 매춘부 두 명을 데리고 다니기도 했다.

역사학자인 클레아르쿠스(Ath., xii, 541c ; FHG., ii, 307)는 《전기들》이라는 저서에서 시실리의 폭군이었던 '청년 디오니시우스'에 대한 설명을 하고 있다.

디오니시우스가 자신의 고향 로크리스에 도착했을 때, 그는 그 도시에서 가장 큰 저택을 야생 백리향과 장미로 가득 채운 뒤 로크리스의 젊은 여자들을 하나씩 그 집으로 불러들였다. 그는 그 여자들과 함께 벌거벗고 침대 위를 뒹굴며 인간의 머리로 상상할 수 있는 온갖 외설스러운 행동을 했다.

그러자 굴욕감을 느낀 아버지와 남편들이 디오니시우스의 아내와 자녀들을 인질로 잡고 만인이 보는 앞에서 음란한 짓을 하도록 한 다음, 온갖 방탕한 행동을 일삼았다. 그들은 욕심을 채운 뒤 인질들의 손톱 밑에 바늘을 쑤셔넣어 그들을 죽여버렸다.

스트라보(vi, 259 ; cf. Aelian, Var. hist., ix, 8) 역시 약간의 차이는 있지만, 대체로 이와 비슷한 이야기를 들려주고 있는데, 디오니시우스가 날개를 조금 꺾은 비둘기들을 연회장에 날린 다음 발가벗은 여자들로 하여금 그 비둘기를 잡도록 했다는 대목이 추가되어 있다. 그 여자들은 한쪽은 낮고 한쪽은 높은, 짝이 맞지 않는 샌들을 신어야만 했다.

두리스(Ath., xii, 542c ; FHG., ii, 475)는 오랜 세월 동안 아테네를 통치했던 팔레룸의 데메트리우스의 방탕한 모습을 기록에 남겼다.

그는 호화로운 주연을 베풀도록 명령한 다음 여자들을 데리고 난잡한 행동을 즐겼으며, 밤에는 젊은 남자들을 희롱했다. 다른 사람들에게 지켜야 할 법률을 제시하고 그들에게 생명의 후견인처럼 행동하는 그가, 스스로는 자신에게 최대한의 방종을 허락했던 것이다.

그는 또 자신의 외모에 대단한 자부심을 가지고 있었으며, 머리칼을 금발로 염색하거나 얼굴에 화장을 하기도 했다. 그는 아름다워지기를 원했으며, 자기가 만나는 모든 사람들로부터 호감을 사고 싶어했다.

행복의 유일한 척도이자, 삶의 진정한 목표인 쾌락은 한 철학 학교 전체의 좌우명이기도 했다. 아테나이우스(xii, 544b ; C. M. Wieland's romance, Aristipp 참조)의 증언에 의하면, 그 학교는 아리스티푸스에 의해 설립되었는데, 그는 "호화로운 의상과 사랑의 쾌락으로" 스스로의 삶을 미화했다. 또한 아리스티푸스가 가장 좋아한 여자는 유명한 창녀 라이스였다.

성적 쾌락에 대한 그리스인의 개념 중에서 위대한 학자이자, 음악 이론가인 아리스톡세누스(Ath., xii, 545a ; FHG., ii, 276)가 《아르키타스의 생애》라는 저서에서, 방탕한 생활로 악명 높고, 디오니시우스에 의해 타렌툼 대사로 파견된 사람 가운데 하나인 폴리아르쿠스의 입을 빌어 표현한 대목은 대단히 중요한 의미를 지닌다. 아르키타스와 그의 학생들 사이에 오고간 대화에서 가장 넓은 의미의 성적인 쾌락에 대한 논의가 진행되고 있는 것이다.

폴리아르쿠스는 긴 연설을 통해, 윤리 철학자들이 내세운 가치체계가 전적으로 인간의 본성과 배치되는 것임을 입증하기 위해 많은 노력을 기울였다. 자연은 인간이 최대한의 쾌락을 추구하도록 요구한다는 것이 그의 주장이었다. 최대한의 쾌락을 추구하는 것은 모든 현명한 인간의 목표인 반면, 그 욕구를 억누르는 것은 지적이지 못할 뿐더러 행복과도 상관이 없는 일이며, 오로지 인간의 본성에 대한 무지를 드러내는 처사일 뿐이라는 것이다.

따라서 페르시아인들에게는 온갖 종류의 새로운 쾌락을 개발해낸 사람들에게 보상을 하는 것이 지극히 현명한 일이었다. 사실 페르시아가 메데스를 자신의 제국으로 빼앗은 이유도 오직 그것뿐이다. 자신들의 권력이 확대되고 재산이 늘어나야, 성적인 쾌락의 지평을 확대할 수 있었기 때문이다.

폴리아르쿠스의 이러한 관점은 대단히 과장된 요소가 없지 않지만, 그럼에도 불구하고 거기에는 분명한 진리가 내포되어 있다는 것이 이 서문을 통해 명백히 드러난다.

어쨌건 이제 히도니즘(Hedonism ; 쾌락주의)이라는 그리스의 복음을 충분히 알았을 것이니, 그런 관점에서 다음 장에서부터 소개될 그리스 문화의 가장 중요한 현상들을 고찰해 보도록 하자.

그런 다음에는 다른 사람들과는 달리 색욕을 삶의 기반으로 삼은 인물들을 만남으로써, 색욕이 어떤 방식으로 더 높은 윤리와 결합되어 마지막 순간까지 인류의 존경을 받을 삶의 문화를 창출해 내게 되었는지도 알 수 있을 것이다.

결혼과 여인의 생활

그리스의 여인

집안의 절대군주

요즘에는 그리스 유부녀의 지위가 가치도 없었다는 주장이 전혀 사실과 다르다는 것을 강조할 필요가 없다. 이러한 잘못된 견해가 제기된 것은 부정확한 가정, 다시 말해서 여성의 평가에 대한 오류에서부터 비롯되었다고 할 수 있다. 물론 그리스의 정치사를 훑어보면, 여성의 역할은 보잘것 없는 것으로 나타날지도 모르지만, 언제나 인생을 예술의 차원으로 승화시킨 것은 여성의 몫이었다.

여자에게는 어머니로서의 여성상과 창녀로서의 여성상이라는 두 가지 유형이 있다는 현대적 개념은 초창기의 그리스 문명에도 엄연히 존재하고 있었고, 그리스인들 역시 그러한 개념에 따라 행동했다. 후자의 경우에 대해서는 뒤에서 다시 언급할 기회가 있겠지만, 그리스인들이 어머니로서의 여성에게 부여한 영예에 필적할 수 있는 것은 아무것도 없다는 점을 먼저 밝혀둘 필요가 있을 듯하다.

그리스의 여인들은 어머니가 되었을 때 비로소 삶의 목적을 얻는다. 어머니가 되면 여인에게는 두 가지 임무가 할당된다. 집안일을 관리하는 것과 자녀를 양육하는 것이 그것인데, 자녀가 딸일 경우에는 결혼을 할 때까지, 아들일 경우에는 영적인 개성을 자각할 때까지 돌봐주는 것이 어머니의 임무였다.

따라서 그리스인에게 있어서 결혼은 마무리의 수단, 뒤를 이을 합법적인 세대를 확보할 수 있는 수단으로 인식되었으며, 동시에 집안일을 원만히 처리할 수 있는 수단이기도 했다. 아내의 왕국은 집안일을 완벽하게 처리하는 것과 관련되어 있고, 그 문제에 관한 한 아내는 절대군주와 다를 바 없었다.

만약 우리가 사회생활에 열심인 현대 여성을 염두에 둔다면, 그런 결혼생활은 지극히 지루한 것이라고 말할 수 있을 것이다. 하지만 다른 한편으로, 그것은 흔히 현대사회를 지배하고 있는 허위와 부자연스러움으로부터의 해방을 의미하는 것일 수도 있지 않겠는가. 그리스어에 'flirt(불장난)' 'gallantry(정사)' 'coquetry(요염)'에 해당하는 단어가 없는 것이 단순한 우연은 아니다.

현대 남성들은 그런 그리스 여성들의 삶이 견딜 수 없을 만큼 불행한 것이 아니었을까 하는 의문을 가질지도 모른다. 하지만 사실은 꼭 그런 것만도 아니다. 사람은 자기가 알지 못하는 것을 동경할 수는 없다는 사실을 잊어서는 안 된다. 그리스 여인들은 가사에 묶인 채 지극히 한정적인 삶을 살았지만, 바로 그 이유 때문에 자신의 존재에 대해 좌절하고 고민할 시간조차 없었던 것이다.

그러나 그리스 여인의 지위가 보잘것 없었다는 이야기가 얼마나 어리석은가 하는 점은 결혼에 대한 가장 오래된 기록에서 여실히 드러난다. 그 기록에 의하면, 여자는 상상을 초월할 만큼 친밀하고 매력적인 존재로 묘사되고 있다.

《일리아드》(vi, 392-496)에서 헥토르가 안드로마케를 떠나는 장면보다 더 애잔하게 남편과 아내의 이별을 표현한 문학 작품이 어디에 있을까?

> 헥토르가 거대한 도시를 빠져나오기 위해 스카이안의 대문 앞에 도착했을 때, 그의 마음은 이미 평원을 향해 달려가고 있었다. 그 뒤로 프라쿠스 숲속에 살던, 프라쿠스 밑의 테베에서 살며 실리시아 사람들을 지배하던 대범한 에티온의 딸이자, 그의 사랑스러운 아내인 안드로마케가 그를 만나기 위해 뛰어나왔다.
> 그녀는 헥토르의 사랑하는 아들, 별처럼 아름다운 아기를 가슴에 품은 몸종을 거느리고 남편을 만났다. 헥토르는 아들을 스카만드리우스라고 부르고 싶어했으나, 다른 사람들은 아스티아낙스라고 불렀다. 오로지 헥토르만이 일리오스를 지켜주었기 때문이었다. 헥토르는 말없이 아들을 바라보며 미소를 지었지만, 안드로마케는 눈물을 흘리며 그의 곁으로 다가서더니 그의 손을 꼭 붙잡고는 이렇게 말하였다.
> "아, 남편이시여, 그대의 용기가 그대를 파멸로 이끌 것입니다. 그대는 갓 태어난 그대의 자식에게도, 이제 머지않아 그대의 미망인

이 될 무기력한 저에게도 아무런 동정심을 가지고 있지 않으시군요.

이제 곧 아카이아 사람들이 그대를 쫓아와 죽일 것입니다. 하지만 저로서는 만약 그대를 잃는다면, 그 길로 무덤 속으로 들어가는 것이 나을 것입니다. 그 어떠한 위로도 저의 마음을 달래주지 못할 테니까요.

저에게는 아버지도, 어머니도 없습니다. 아버지는 아킬레스의 손에 죽임을 당했습니다. 그 많은 사람들이 살고 있던 실리시아도, 심지어는 그 높은 성문이 지키고 있던 테베도 아버지를 지켜주지 못했습니다. 아킬레스는 저의 아버지 에티온을 죽였지만, 약탈을 하지는 않았어요. 겁이 났던 모양이지요. 그러나 그는 아버지를 갑옷도 벗기지 않고 불에 태웠고, 그곳에 무덤을 만들었습니다. 산의 요정들, 제우스의 딸들이 아버지를 지키기 위해 그 주변에 온통 느릅나무를 심었지요.

바로 그날, 저의 일곱 명의 오빠들도 소와 양들과 함께 잔혹한 아킬레스의 손에 무참히 살해되어 하데스의 집으로 들어가셨습니다. 나무가 우거진 프라쿠스의 여왕이시던 저의 어머니는 다른 포로들과 함께 그의 손에 사로잡혔지만, 엄청난 몸값을 지불하고 석방되었지요. 하지만 궁사 아르테미스는 아버지의 집에서 어머니를 죽였습니다.

그러니 헥토르, 그대는 나에게 아버지이자 어머니, 오빠이기도 한 사랑하는 남편입니다. 제발 이곳에 머물러 그대의 아들을 아비 없는 고아로, 그대의 아내를 남편 없는 과부로 만들지 마세요. 도시를 가장 잘 지킬 수 있는 무화과나무 옆에 그대의 군대를 머물게 하고, 성문을 열어 적들이 공격해오게 하세요. 사악한 아이안테스와 이도메네우스와 아트레우스의 아들들과 티데우스의 아들이 이곳으로 들어왔으니, 마음놓고 쳐들어오게 하십시오. 그리하여 뛰어난 예언자가 그들에게 말하게 하든지, 아니면 그들 스스로 만족을 느끼고 그곳에서 전쟁을 멈추게 하세요."

그러자 헥토르는 용감하게 대답했다.

"아내여, 나 자신도 그 모든 것을 생각해보지 않은 것은 아니오. 하지만 만약 내가 겁쟁이처럼 전쟁터를 빠져나가 버린다면, 도대체 무슨 명목으로 트로이와 남편 잃은 트로이의 여인들을 대하겠소. 나로서는 그렇게 할 수가 없소. 나는 이미 언제나 용기를 발휘하여 트로이 군대의 선두에서 싸우는 것만이 내 부친과 나 자신의 영광을 찾는 일이라는 사실을 내 온 가슴과 영혼으로 분명히 알고 있소. 신성한 일리오스가 낮게 엎드리고, 프리암과 프리암 사람들이 항복할 날이 반드시 올 것이오.

하지만 내가 전진하고 난 후 트로이 사람들과 헤카베와 프리암 국왕의 슬픔이 아무리 크다 해도, 용감한 나의 형제들은 적들의 손에 의해 바닥에 쓰러질 것이니, 청동 갑옷을 입은 아카이아 군인들이 울부짖는 그대를 포로로 끌고 갈 것이 걱정일 따름이오. 그들은 그대를 아르고스로 데려가 그대의 의사와는 아무런 상관도 없이 또 한번의 맹세를 하게 할 터이고, 메세이스나 히페레이아의 물을 마시게 할 것이오. 하지만 그것은 그대가 반드시 해야 할 일이오. 그러면 누군가가 그대의 우는 모습을 보았다고 떠들어댈 것이오.

아, 헥토르의 아내여, 남자들이 일리오스에서 싸움을 벌일 때 말을 훈련시키던 트로이 사람들은 모두 그런 일을 당했소. 속박의 날로부터 그대를 구해줄 나 같은 남자가 그대에게 없는 이상, 그대에게는 늘 새로운 슬픔이 밀려올 것이오. 하지만 만약 내가 죽으면, 땅속에 깊이 묻힌 이후에도 포로 신세가 된 당신의 울음소리를 들을 것이오."

헥토르는 그렇게 말하며 자신의 아들을 향해 손을 내밀었다. 하지만 하녀의 품에 안겨 있던 아기는 청동 갑옷을 입은 채 위엄을 내세우기 위해 투구에 말총을 단 아버지의 모습에 겁을 먹고 울음을 터뜨리기 시작했다. 그 모습을 본 아기의 아버지와 어머니는 큰 소리로 웃었다.

헥토르는 말총이 달린 투구를 벗어 땅바닥에 내려놓고 사랑하는 아들에게 키스를 한 다음, 그를 품에 안고 제우스와 다른 신들을 향해 기도를 드리기 시작했다.

'제우스여, 그리고 다른 신들이여, 이 아이가 트로이 사람들 사이에서 나보다 더 유명한 인물이 되게 하소서.

힘과 용기를 겸비하여, 일리오스를 강력하게 통치하게 하소서.

언젠가 이 아이가 전쟁터에서 돌아올 때, 사람들의 입에서 아버지보다 나은 아들이라는 소리가 흘러나오게 하소서.

그의 갑옷에는 적들을 죽일 때 튀어오른 핏자국이 묻어 있게 하시고, 그것을 보며 아이의 어머니가 기뻐하게 하소서.'

이윽고 헥토르가 아이를 아내에게 넘겨주자, 아내는 아기를 가슴에 꼭 끌어안은 채 눈물을 흘리면서도 미소를 지어보였다. 그런 아내의 모습을 본 남편은 가슴이 찡해져서 아내를 쓰다듬으며 이렇게 말했다.

"사랑하는 아내여, 그대를 위해 기도할 테니, 너무 슬퍼하지 마시오. 운명말고는 그 누구도 나를 하데스에게 보낼 수 없소. 용감한 자든 비겁한 자든, 일단 태어나고 나면 그 누구도 자신의 운명으로부터 벗어날 수 없다는 게 내 생각이오. 자, 이제 집으로 돌아가서 그대가 할 일을 하고, 하녀들에게도 할 일을 지시하시오. 전쟁은 남자들이 할 일이고, 그 중에서도 내가 할 일이며 일리오스에 사는 사람들이 할 일이오."

헥토르는 그렇게 말하며 말총으로 만든 술이 달린 투구를 집어들었다. 그의 사랑하는 아내는 하는 수 없이 비오듯 눈물을 흘리며 집으로 돌아갔다.

호머가 이토록 절절하고 애처롭게 묘사한 이별 장면에 등장하는 여인이 멸시받는 하찮은 존재일 수가 있겠는가?

이 예만 가지고 만족할 수 없는 사람이라면, 《오디세이》에서 오디세우스의 아내인 페넬로페에 대한 이야기를 읽어보기 바란다.

그녀는 그토록 오랜 세월을 오로지 남편에 대한 정절 하나만으로 버티고 기다리지 않았던가! 외간 남자들이 찾아와 구혼을 할 때, 새삼스럽게 자신의 약한 모습을 깨달은 그녀는 얼마나 커다란 모멸감에 가슴을 떨었던가! 무례한 추종자들의 오만한 행동에도 불구하고 끝내 여자로서의 영예를 잃지 않았으며, 진실된 여자가 아니면 생각조차 해낼 수 없는 말과 함께 그들을 돌려보내지 않았던가! 자신의 아들 텔레마쿠스가 어린 소년에서 청년으로 성장해가는 것을 지켜보며 그녀가 보여준 태도는 그 얼마나 놀라운 것이었던가!

아들이 그녀에게 소리쳤을 때, 그녀는 놀라기는 했지만 이렇게 말하고 있다(Odyssey, i, 356-60).

이제 네 방으로 돌아가 네가 할 일을 열심히 해라. 네 하인들에게도 각자 자기가 할 일을 하도록 지시해라. 하지만 연설은 남자, 특히 누구보다도 나를 위한 것이 되어야 한다. 내가 이 집안을 다스리는 사람이기 때문이다.

그리스의 젊은 여인들이 가사에 묶여 불행에 젖은 채 살아가고 있었다면, 과연 호머의 상상력만으로 이런 묘사가 나올 수 있었겠는가? 독자들은 이미 호머의 시를 잘 알고 있을 터이고, 거기에 묘사된 여인의 생활상을 기억하고 있을 것이다. 따라서 그 당시 그리스 여인의 지위와 결혼에 대한 판단을 수정하기 위해서는 이상과 같은 지적만으로도 충분할 것이라고 생각한다.

기나이코니티스(여자의 방) 속의 여인들

아리스토텔레스(De republ., ii, 8, 1260)는 호머의 시에서 남자가 신부를 그 부모에게서 '샀다'는 사실을 언급하고 있다. 남자는 자연 제품으로 된 선물(주로 가축인 경우가 많았다)을 주고 신부를 샀는데, 아마 현대 남성에게는 그러한 일이 하찮게 여겨질 것이다. 하지만 이러한 풍습은 미혼의 딸이 소중한 재산으로 간주되던 옛 테우톤과 헤브류 사람들의 관습에서 비롯된 것이라는 사실을 염두에 두어야 한다. 더욱이 호머의 글에는 신부의 인도가 끝나면 딸에게 지참금을 지불하는 풍습이 있었음을 보여주는 대목들이 많이 있다(Odyssey, i, 277, ii, 196 ; Iliad, vi, 395, ix, 144 등).

비판적인 사람들은 오늘날까지도 흔히 찾아볼 수 있는 이러한 풍습이 별 가치가 없는 것이라고 생각할 수도 있고, 남자가 여자를 돈으로 살 수는 없다는 이견이 제기되기도 한다. 그러나 부부가 갈라설 경우 지참금을 신부의 아버지에게 돌려주어야 하거나, 심지어는 그보다 더 많은 벌금을 지불해야 한다는 사실이 호머에도 언급되어 있다는 사실에 주목해야 한다(Odyssey, ii 132).

호머가 활동했던 시절에는 아내의 불충성이 중요한 역할을 했다는 점은 명백하다(Odyssey, iv, 535). 사실 트로이 전쟁도 따지고 보면, 헬렌이 남편인 메넬라우스를 버리고, 프리지아 왕의 아들인 아름다운 파리스를 따라 외국 땅으로 도망친 데서부터 비롯되었다고 할 수 있다. 아가멤논의 아내인 클림타임네스트라 역시 남편이 오랫동안 집을 비운 틈을 타서 아이기스투스의 유혹에 굴복한 후, 정부의 도움을 받아 집으로 돌아온 아가멤논을 목욕탕에서 칼로 찔러 죽인 바 있다.

호머 — 이 경우에는 순진한 대중의 관점도 마찬가지지만 — 는 이러한 죄악을 결혼생활의 실패 탓으로 돌리기보다는 아프로디테의 사주, 심지어는 탄탈리다이의 집안을 은밀히 지배하고 있던 운명의 힘 때문(Odyssey, iii, 265)이라고 좋은 쪽으로 해석하고 있다. 하지만 설령 그렇다 하더라도, 호머의 《일리아드》와 《오디세이》에 등장하는 시적인 표현에 의하면, 엄청난 힘을 지닌 그 두 사람의 총사령관은 호머에 의해 재생산된 전통에 따라(Odyssey, xi, 424) 아내로부터 배신당한 남편들이라는 사실을 부정할 길은 없다.

따라서 여인의 간계에 의해 살해된 아가멤논의 죽음이 여성을 비하시킬 뿐만 아니라, 그리스 문화에 있어서 그토록 수많은 여성 혐오론자들을 만들어낸 이유도 쉽게 이해할 수 있을 것이다. 이 점에 대해서는 뒤에서 다시 언급할 예정이다.

그러나 그 후안무치한 여인은 나에게 등을 돌리고 내가 하데스의 집으로 가고 있음에도 불구하고 자기 손으로 내 눈꺼풀을 내려주지도, 내 입을 닫아주지도 않았다. 따라서 여자가 자신의 가슴을 그런 욕심으로 채우는 것보다 더 끔찍하고 수치스러운 일은 아무것도 없다. 거기에 비하면 자기 남편을 죽일 묘안을 짜내는 것은 아무것도 아니다. 나는 집으로 돌아오면 내 자식과 노예들에게 열렬한 환영을 받을 것으로 생각했다. 하지만 사악한 마음에 사로잡힌 그녀는 자신이 죽고 난 이후에도 자기 자신은 물론, 모든 여성들에게 수치심을 안겨줄 행동을 하고 말았던 것이다.

메넬라우스는 이 문제를 약간 덜 비극적으로 다루고 있다. 트로이가 함락된 이후, 그는 도망쳤던 아내와 화해했고, 《오디세이》에 의하면, 그는 헬렌의 편에 서서 스파르타 선조의 왕국에서 평화롭고 영예로운 삶을 살아갔음을 알 수 있다. 헬렌은 그 후에도 아프로디테가 초래한 '비참함'에 대해 조금도 거리낌을 느끼지 않았다 (Odyssey, iv, 261).

나는 아프로디테가 나를 장님으로 만들어 나의 고향으로부터, 나의 자녀와 신방으로부터, 그리고 지혜든 외모든 어느것 하나 부족함이 없는 내 남편으로부터 유혹해낸 사실을 통탄해요.

호머의 경우와는 달리, 이른바 서사 시인들은 메넬라우스가 트로이 정복 이후 자신의 상처입은 영예를 되찾기 위해 칼을 뽑아 들고 헬렌을 협박했다는 이야기를 전해주고 있다. 그러자 헬렌은 '자기 가슴의 사과'를 드러내보이며 메넬라우스를 유혹했고, 결국 거기에

아프로디테의 탄생

굴복한 메넬라우스는 칼을 던져버리고 그 아름다운 여인을 가슴에 끌어안음으로써 용서의 뜻을 내비쳤다.

이것은 실로 그럴듯한 이야기여서, 에우리피데스(Andromache, 628)와 이비쿠스(PLG., frag. 35) 등과 같은 후대의 작가들이 수차례나 반복해서 들려주고 있다. 그 이야기는 또한 희극에도 자주 등장하고(Aristoph., Lysistr., 155 ; Scholiast on Wasps, 714), 가장 사랑받는 도자기 그림의 주제가 되기도 했다(Roscher, Lexikon der Mythologie, i, 1970).

여기서 언급되는 내용들은 호머 시대의 왕과 귀족 등 위대한 인물들의 생애와 관련된 결혼 문제일 뿐, 그 아래 계층 여성들의 지위에 대해서는 우리가 아는 바가 거의 없다는 점을 결코 잊어서는 안 된다. 하지만 만약 호머의 시가 농민이나 유목민, 사냥꾼과 양치기, 어부 등 하층민의 삶에 대한 완벽한 정보를 우리에게 제공하고 있다고 가정한다면, 여자에 대한 이야기가 전혀 없다는 사실이 여자의 삶은 집과 가정의 울타리 내에 제한되어 있었음을 입증해주는 것이라고 간주될 수도 있다. 나중에 가서야 유명해진 페리클레스(Thucydides, ii, 45)의 다음과 같은 여성관도 그런 맥락에서 파악되어야 한다.

> 남성으로 이루어진 사회에서 좋은 쪽으로든 나쁜 쪽으로든 거의 언급된 적이 없는 여성들, 그들이야말로 최고의 존재이다.

보이오티아의 시인 헤시오드가 《작품과 시대》(519 ff., 701 ff.)라는 제목을 붙인 자신의 목동용 달력에서 시적인 표현으로 그리스 여성의 생활에 대해 노래한 내용은 이러한 관점을 한층 확실하게 뒷받침하고 있다.

헤시오드는 '아직 집에서 사랑하는 어머니 곁에 남아 아프로디테의 황금으로 장식된 작품을 경험하지 못한' 미혼의 아가씨들을 찬미하고 있다. 바깥에는 한겨울의 매서운 폭풍이 몰아닥쳐 하늘을 찌를 듯하던 참나무와 소나무를 쓰러뜨리고, 수많은 남자와 가축들을 추위에 떨게 만들지만, 아가씨는 따뜻하게 덥혀진 자기 방에서 더운물로 목욕을 하며, 발삼기름 마사지로 자신의 여린 몸을 한층 아름답게 가꾼 다음 깨끗한 이불 속으로 미끄러져 들어간다.

실제로도 농부였던 헤시오드가 평범한 일상 이상의 것을 상상할 수 없었으리라는 점은 명백하며, 그가 남긴 교훈 — 이웃의 평범한 남자가 서른 살 전후에 결혼을 하는데, 신부감으로는 물론 처녀라는 전제 하에서 열아홉 살 전후의 여자를 선택한다 — 은 그 당시의 결혼이 시와는 그다지 관계가 없었음을 보여주는 것이기도 하다. 하지만 그 당시와 같은 초창기에 여인에 대한 그토록 평범한 생각은 하류층의 평범한 남자들 사이에서조차 결코 당연한 것으로 받아들일 수는 없었을 것이다. 만약 그랬다면 헤시오드가 "현명한 남자는 친구의 사악한 기쁨과 결혼하지 않기 위해 모든 것을 시험하고 최선을 선택한다."라는, 재치와 심리학적 진리가 깃든 표현으로 그들을 질책하지는 않았을 것이다. 그는 계속해서 이렇게 덧붙이고 있다.

좋은 아내는 대단히 소중한 재산이지만, 나쁜 아내는 최악의 고역이다. 나쁜 아내는 집안의 기생충에 지나지 않으며, 제아무리 훌륭한 남편이라도 그 기력을 소진시켜 탐욕스러운 나이만 먹게 할 뿐이다.

이 소박하고 순진한 농부가 이미 여성의 본질을 깊숙이 뚫어보고 있었다는 사실은 대단히 중요한 의미를 가진다. 반면 그가 세상의 모든 악을 판도라는 여인의 탓으로 돌리는 것은 그보다는 덜 중요한 문제이다. 에피메테우스의 호감을 산 판도라는 자신의 상자를 열어 온갖 악을 인간 세상에 퍼뜨린 장본인이다. 바로 여기서 헤시오드가 신화적 전통에서 벗어나지 못하고 있음을 엿볼 수 있다.

하지만 그가 요염한 육체를 가꾸기 위해 노력하는 여인들에게 따끔한 경고를 주고자 했다는 사실은 도덕의 역사에 있어 커다란 무게를 지님과 동시에 비상한 관심을 끄는 대목이기도 하다.

당시 여자들은 둔부의 매력을 한층 강화시키기 위해 특별히 고안된 운동을 하기까지 했고(Work and Days, 373), 그렇게 해서 가꾼 엉덩이를 무기삼아 남자를 유혹하기 위해 안달을 부렸다. 그리스인들은 특히 젊은 남자의 엉덩이에 최고의 점수를 주었는데, 그래서 루키안(Amores, 14) 같은 사람은 둔부를 그냥 '젊음의 부위'라고 부르기까지 했다.

아내가 그런 방법으로 남편을 유혹하려 했다는 사실이 소박한 목동의 달력에 시의 형태로 등장하고 있다는 사실은 주목할 만한 일이며, 그 오랜 옛날에도 여느 시대와 마찬가지로 여성은 남자의 성욕을 불러일으키는 데 거의 실패하는 법이 없는 강력한 수단을 소유하고 있었다는 점도 미루어 짐작할 수 있다. 헤시오드(Work and Days, 582) 역시, 계절이나 기온이 성생활과 무관하지 않다는 것을 알고 있었다.

엉겅퀴꽃이 피고 나무에 올라앉은 매미가 날개 밑으로 시원한 노랫소리를 뿜어내는 여름이 되면, 아이들은 살찌고 포도주가 익어가며 여인들은 욕정에 사로잡힌다. 그러나 남자들은 뜨거운 열기에 피부가 말라 가장 초라한 모습이 된다.

하지만 그는 좋은 식사와 포도주로 이내 남자의 원기가 회복된다고 덧붙이고 있다.

시간이 흘러 그리스 문화가 점점 더 남성에게 지배를 받게 되자, 남자아이에게만 교육을 시키는 경향이 나타나기 시작했다. 여자아이에게는 글을 읽고 쓰는 데 필요한 가장 초보적인 지식, 그리고 물레질과 바느질이 가장 중요한 비중을 차지하는 여성 고유의 수작업 등의 기술만이 어머니의 가르침을 통해 전해졌다.

여성들이 음악 교육을 받았다는 징후를 찾아내기란 대단히 힘든 노릇이다. 과학 분야 역시 마찬가지다. 반면 결혼한 여자는 여자에게 걸맞는 지식 이상의 것을 배워서는 안 된다는 이야기는 흔히 찾아볼 수 있다. 예를 들어, 에우리피데스의 히폴리투스(Hippolytus, 635)에서 대표적인 경우를 발견하게 된다.

그리스 사회에서는 여자들이 책과 관련된 곳에 얼씬거려서는 안 된다는 믿음이 커다란 힘을 발휘하고 있었다. 그 당시 여성과의 교제에 대해서는 알려진 바가 없지만, 그것이 사회에서 한 발 물러서 있는 여성의 생활상 때문이라고 주장하는 것은 오류임에 분명하다. 오히려 그보다는 높은 교양을 지닌 아테네 사람들도 일용할 양식을 필요로 한 것과 마찬가지로, 남자와 대화를 나누기 위해서 반드시 필요한 지식을 여자의 몸으로는 도저히 습득할 수가 없었기 때문이라고 보아야 한다. 그 당시 여성의 심리적인 조건과 관심이 남성의 그것과는 전혀 다른 상태에 있었음을 감안해야 하는 것이다. 여자는 여자의 방에 칩거해야 한다는 제약이 그것을 설명한다.

혼기가 찬 젊은 아가씨들은 유난히 소극적인 삶을 살아야 했다.

우리의 관점에서 보자면 아무런 즐거움이나 쾌락을 맛볼 수 없는 상황이었던 것이다. 아마 예외적인 경우라 할 수 있는 스파르타를 제외하고는 이러한 원칙이 그리스 전반을 지배했을 것이다. 대규모의 축제 행렬이나 장례식 등 아주 특별한 경우를 제외하고는 여자가 길거리에 나와 남자와 이야기를 나누는 등의 행동은 생각조차 할 수 없는 것이었다.

테오크리투스의 아름다운 전원시(Idyll, ii)에는 아르테미스 숲에서 다른 많은 동물들과 함께 암사자가 공연을 할 때, 한 소녀가 여자친구의 손에 이끌려나간 이야기가 나온다. 물론 이 경우에는 그 덕분에 아름다운 다프니스를 만나 사랑에 빠지게 된다.

결혼은 여성의 활동폭을 약간 넓혀주는 역할을 했다. 물론 그래도 여자가 움직일 수 있는 영역은 어디까지나 가정으로 국한되어 있었지만 말이다. 그것은 "집안에만 머물러 있지 않는 여자는 비난의 대상이 된다."는 에우리피데스의 말(Troades, 642)에서도 여실히 드러나며, 심지어는 카이로네이아가 함락되었다는 끔찍한 소식을 접한 아테네 여인들도 기껏해야 대문 앞까지밖에 뛰쳐나오지 못했다. 그들은 슬픔에 사로잡혀 거의 제정신이 아닌 상태에서 남편이나 아버지, 오빠의 안부를 애타게 물었는데, 그것조차도 '그들 자신은 물론, 그들의 도시의 명예에 좋지 않은 영향을 미치는' 행동이었다.

《히페레이데스》(Stobaeus, 1 x x iv, 33)에도 여자는 길거리에서 만난 남자에게서 누구의 아내냐라는 질문 대신 누구의 어머니냐라는 질문을 들을 정도의 나이가 되기 전까지는 마음대로 바깥 출입을 하지 못했다는 이야기가 나온다.

엘리스에 있는 페이디아스의 우라니아에 아프로디테의 발이 얹혀 있던 거북(Plutarch, Isis and Osiris, 76)은 '결혼하지 않은 여인은 특별한 보호를 받지 않으면 안되고, 결혼한 여인은 조용히 가사에 매달리는 것이 본분'이라는 인식을 상징하는 것으로 간주된다.

여성은 기껏해야, 믿을 만하고 나이 든 집안 남자와 함께, 뒤에는 여자 노예를 따르게 하고서야 다른 사람들 앞에 모습을 드러낼 수 있었다. 심지어 솔론(Plutarch, Solon, 21) 같은 이조차 그런 규정을 법으로 못박아두어야 한다고 주장했다는 사실은 흥미로운 것이 아닐 수 없다. 그는 여성이 장례식이나 축제에 참석하기 위해 외출할 때 '기껏 세 벌의 옷, 그리고 1오볼(약 1달러 반)어치의 음식이나 마실 것을 가져갈 수 있도록' 정한 법률을 만들었다.

또한 밤에는 등불을 밝힌 마차를 타지 않고는 외출하지 못하도록 했는데, 이 법률은 플루타크 시대에도 엄연히 존속되었던 것으로 전해진다. 하지만 솔론이 고대인들 사이에 '현자'라고 불리운 것은 결코 우연이 아니어서, 자기가 정한 그런 규칙이 전혀 대수롭지 않은 것임을 잘 알고 있었다. 그것은 고대 문명 전체를 지배했던 '남성의 원칙'을 표현한 것에 지나지 않았던 것이다.

물론 이러한 규정이 언제 어디서나 그리스를 지배했다고 할 수는 없다. 우리의 유일한 관심사는 그리스의 문화상을 윤곽만 그리는 정도로 파악해보려는 것이고, 따라서 시간과 공간의 차이에 따라 나타나는 세세한 차이점들을 일일이 들여다보지는 않을 것이다. 에

우리피데스(Andromache, 925)가 유부남들에게, 다른 여자들이 자신의 아내를 찾아오지 못하게 하라고 요구했던 것은 그런 여자들 끼리의 만남을 통해 '온갖 나쁜 행실이 전해진다'고 믿었기 때문인데, 이것이 그 혼자만의 생각은 아니었다 해도 현실적으로는 모순되는 점들이 있었다.

우리는 여자들이 남편과 동행하지 않고도 페이디아스의 작업실이나 멋진 공작을 구경하기 위해 피릴람페스의 정원을 찾아가곤 했다는 것을 알고 있다. 추도사를 마친 페리클레스에게 인사를 하며 꽃을 건넨 여인들은(ibid, 28) 앞에서도 언급한 바 있듯이, 카이로네이아 전투 소식을 접한 아테네 여인들의 경우와 마찬가지로, 그날 저녁 늦게 지나가던 남자들에게 질문을 받아야 했을 것이다.

극단적인 경우를 살펴보자. 많은 사람들은 자신의 아내를 '기나이코니티스(여자의 방)'에 가둬둔 채 끊임없이 감시를 했으며, 그 문 앞에는 몰로시안 사냥개가 지키고 있게 했다(Aristoph., Thesmoph., 414).

반대로 헤로도토스(i, 93)에 의하면, 리디아에서는 여자가 몸을 팔아 옷을 사 입는 것을 아무렇지도 않게 생각했다고 한다. 스파르타 여자들의 옷차림은 흔히 다른 그리스인들의 조롱거리가 되었는데, 그들의 드레스는 히프까지 터져서 걸음을 옮길 때는 허벅다리가 훤히 드러나보였다. 아리스토파네스(Thesmoph., 797)는 아테네의 기혼녀들이 집안에서조차 창문 너머로 지나가는 남자들의 눈에 띄지 않도록 후미진 곳에 숨어 있어야 했다고 주장하고 있다.

대체로 이토록 제한된 생활을 누릴 수밖에 없었던 그리스 여인들의 성격이 단순하고 정신적으로도 미숙한 상태였으리라는 점은 추측하기 어렵지 않다. 히에로 왕의 아내와 관련된 갖가지 일화와 이야기(Plutarch, De inimicorum utilitate, 7)에서도 그런 점은 분명히 드러나고 있다.

> "정적에게 입냄새가 심하게 난다고 놀림을 받은 왕은 잔뜩 화가 나서 집으로 돌아와서는 자신의 아내에게 왜 평소에 그런 사실을 말해주지 않았느냐고 호통을 쳤다. 그러자 그의 아내는 이렇게 대답했다는 것이다.
> '저는 남자들은 다 그런 줄 알았어요.'"

이런 예화는 얼마든지 찾아볼 수 있지만, 그것이 뜻하는 바는 단순히 그리스 사람들이 그런 일화를 좋아했다기보다는 그리스 남자들이 대체로 아내를 존중했다는 점을 뒷받침할 만한 많은 예들이 전해 내려오고 있음으로 미루어, 아내를 단순한 성의 대상, 혹은 자손의 생산이라는 측면으로만 볼 수는 없다는 점을 뜻하기도 한다.

결혼을 원하지 않는 남성들

우리가 그리스의 남편들에게서 좀처럼 찾아볼 수 없는 것은 이른바 '용기'라는 덕목이다. 고대 그리스 사회에서는 '여자'와 '아내'에 대한 구분이 명확하지 않았다. '기네(gyne)'라는 개념은 나이의 많고 적음이나 혼인 여부와는 관계없이 적용되는 여성의 의미였고,

기나이(gynai)' 라는 표현 역시 여왕에서부터 평범한 여인네에 이르기까지 두루 적용되는 단어였다. 동시에 언어학적으로 '산모' 라는 뜻을 갖는 단어가 쓰여지고 있었고, 어원학적으로 따져보면 그리스인들이 어머니로서의 여인상을 존중했다는 점을 알 수 있다.

로마 제국 시대까지는 '도미나(숙녀, 부인)' 라는 단어가 나타나지 않는데, 이것은 특별히 '귀부인' 을 지칭하기 위해 만들어진 단어인 듯하다. 그리스어에는 '데스포이나(도미나와 같은 뜻)' 라는 단어가 있는데, 이것은 왕의 아내를 공경하고, 평범한 여자 노예와 구분하기 위해 사용된 어휘였다.

플라톤(Laws, vii, 808a)은 자신의 유명한 문장에서 여성들이 적어도 집안에서는 많은 권한을 가진 안주인으로 행세할 수 있었다는 점을 분명히 하고 있다. 현대의 관점에서 보자면 여자를 세 계층으로 구분한 그리스의 관념이 설사 '용기' 가 그리 중요한 의미를 갖지는 않는다 해도, 네아이라에 대한 연설문을 쓴 사람에 의해 제시되었다고 볼 수 있다.

"우리에게는 쾌락을 위해 매춘부가 있고, 일상적인 봉사를 위해 첩이
있으며, 아이를 출산하고 집안을 충실히 관리하기 위해 아내가 있다."

첩의 지위는 전혀 달랐다. 전적으로 주인의 소유물로 간주되었던 첩에 대한 이야기들을 흔히 찾아볼 수 있는데, 주인은 마음만 먹으면 첩을 매음굴 같은 곳에 팔아먹을 수도 있었다(Antiphon, De Veneficio, 14). 그러나 데모스테네스(In Aristocratem, 55 ;

Ath., xiii, 555)가 주장한 법률에 의하면, 어머니와 아내와 누이와 딸과 첩 등은 모두 같은 단어로 표현될 수 있었고, 따라서 우리는 남자와 첩과의 관계가 남편과 아내의 그것과 흡사하다고 추측할 수 있다. 뿐만 아니라 호머의 표현에 의하면, 한 사람 이상의 첩을 둘 수 있는 남자는 적어도 귀족계층에 소속되어 있어야 한다는 점이 드러난다. 하지만 역사적인 시기에는 그러한 관계의 용인 여부가 명확하지 않았다. 따라서 오히려 시대적인 요구(전쟁이나 전염병으로 인한 사망률의 증가 등)에 따라 출산을 보조하기 위한 수단으로 첩이 용인되었을 수도 있다.

'합법적인 자녀의 생산을 위해(cf. Lucian, Tim., 17 ; Clem. Alex., Stromata, ii, 421 ; Plutarch, Comparatio Lycurgi cum Numa, 4)' 남자가 아내를 맞이할 때는 정상적인 혼인의 절차를 따랐을 뿐만 아니라, 몇몇 그리스의 저자들도 그 점을 솔직히 시인하고 있다(Xenophon, Memor., ii, 2, 4 ; Demosthenes, Phormio, 30 ; Plutarch, as above).

스파르타에서는 문제가 조금 더 복잡한 편인데, 플루타크에 의하면, 남편이 '보다 잘생기고 튼튼한 자녀를 낳기 위해 결혼생활에 아무런 지장도 받지 않고 자신의 남편으로서의 권리를 일시적으로 자기보다 더 강한 남자에게 양도하는 것'이 대단히 흔한 일이었다고 한다. 플루타크가 스파르타인의 결혼을 말의 번식과 비교하여 가능한 한 수적으로나 양적으로 더 나은 종자를 획득하기 위한 수단으로 설명한 데는 우리도 동의하지 않을 수 없다(Lyc., 15). 또 다른 대목(De audiendis poetis, 8)에서는 많은 돈을 벌어다주는 염소가 있다는 이유로 아내를 대상으로 뚜쟁이 노릇을 한 폴리아그누스에 대한 이야기도 나온다.

네아이라에 대한 연설로 유명한 스테파누스 역시 자신의 젊은 아내를 밑천삼아 돈이 있어 보이는 이방인들을 유혹한 뚜쟁이였다. 그는 이방인이 유혹에 걸려들면 가능한 한 많은 돈을 뜯어내기 위해 상황을 교묘히 만들어가는 방법도 알고 있었다. 스테파누스는 역시 비슷한 방법으로 자신의 딸도 팔아먹었다. 딸과 동침하고 있는 현장을 발각당한 에파이네투스에게서 30미나이(약 120파운드)를 뜯어냈던 것이다.

고대 문학에는 그와 유사한 사례가 많이 나오는데, 그 가운데 어떤 것이 시초인가를 따지는 것은 별로 도움이 되지 않을 것이다. 정상적인 방법으로 육체의 쾌락에 탐닉할 수 없는 자들이 상당한 대가를 치루어야 욕구를 충족시킬 수 있었던 것은, 유부녀를 유혹하다가 발각될 경우 많은 벌금을 내야 했다는 이유로 설명될 수 있다. 이러한 벌칙에 대해서는 뒤에서 자세히 설명할 예정이다.

아테네처럼 성이 문란한 도시는 말할 것도 없고, 그리스 전역에서 결혼은 신에 대한 의무를 충족시키는 수단으로 간주되었다는 플라톤의 주장(Laws, vi, 773)이 있다. 사람들은 자신의 자녀에게 신에 대한 숭배와 노예를 물려주어야 했다. 자손을 번성시켜 조국을 존속시키는 것 역시 하나의 도덕적 의무로 간주되었다.

스파르타를 제외하고는 결혼을 의무로 규정한 법률에 대한 정보가 별로 없다. 사실 솔론은 여자가 남자의 삶에 있어서 아무런 의미도 없는 부담으로 작용할 뿐이라는 자기 자신의 입장을 법률에 도입시키지 않으려 했다(Stobaeus, Sermones, 68, 33). 만약 플라톤이 결혼을 법적인 요구로 승화시키려 했다면(Laws, iv, 721 ; vi, 774), 또한 독신자의 삶을 벌금과 시민권의 박탈로 처벌하려 했다면, 아리스톤(Stobaeus, Sermones, 67, 16)의 견해와 같이 스파르타 사람들과 동일한 관점에서 독신 남자뿐만 아니라 늦게 결혼한 사람들까지도 처벌을 할 수 있었을 것이다. 다시 말하면, 합법적이지 않은 자녀를 낳은 사람들이 가장 심한 벌을 받게 되는 것이다.

위대한 법률가 리쿠르고스가 제정한 법률은 미혼 남자들을 처벌할 수 있도록 규정하고 있다(Plutarch, Lycurg, 15).

"미혼 남자의 시민권을 박탈한다. 따라서 그들은 벌거벗은 소년들의 축제에 참여할 수 없다. 겨울에는 시장을 돌아다니며 노래를 불러야 한다. 자기 자신을 조롱하는 노래를 부르며 스스로 나라의 법률을 어겼다는 사실을 자백해야 한다. 그들은 또한 젊은이들이 연장자에게 보여주는 존경과 관심을 받을 수 없다."

한 젊은 남자가 미혼인 스파르타 장군 데르실리다스 앞에서 오만한 말투로 "당신은 훗날 나를 위해 길을 닦아줄 자식을 낳지 않았습니다."라고 말했을 때도, 그는 별다른 곤욕을 치르지 않았다. 이러한 처벌과 굴욕은 스파르타에서도 별로 다를 바 없었던 듯하다.

그리스의 미혼 남성의 수가 비교적 많았던 것이 아내와 자녀에 대한 생각 없이 단순히 평화로운 삶을 누리고 싶다는 욕구만으로 결혼을 하는 것이 금지되어 있었기 때문인지, 혹은 여성에 대한 전반적인 혐오심 때문이었는지는 명확하지 않다. 플라우투스의 《밀레스 글로리오수스》(iii, i, 677-702)에 나오는 페리플렉토메누스와 팔라이스트리오의 대화는 이러한 점에서 시사하는 바가 크다.

페리플렉토메누스 : 신께 감사하노니, 나는 당신이 내 집에서 마음껏 즐길 수 있도록 해줄 생각입니다. 먹고 마시는 것은 물론, 당신이 하고 싶은 일이라면 마음껏 해도 좋습니다. 여기는 자유의 전당이며, 나 또한 나의 자유를 누리고 있지요. 나는 나 자신의 삶을 살기를 원합니다. 나는 부자이고, 따라서 돈 많고 훌륭한 가문의 아내를 맞아들일 수도 있겠지요. 하지만 나는 내 집에 수다쟁이를 들여놓고 싶은 마음이 조금도 없습니다.

팔라이스트리오 : 왜 그렇게 생각하십니까, 선생님? 자녀를 두는 것은 기쁨으로 충만한 책무가 아닙니까.

페리플렉토메누스 : 내 명예를 걸고 말하건대, 나에게는 자유의 기쁨이 더 크기 때문이지요.

팔라이스트리오 : 스승님은 남에게는 물론 자기 자신에게도 좋은 조언을 해줄 수 있는 분이십니다.

페리플렉토메누스 : 그건 사실입니다. 훌륭한 아내와 결혼하는 것은 좋은 일이지요. 물론 이 지구상의 어디에서 그런 아내를 찾아낼 수 있을지를 알고 있다면 말입니다.

하지만 나는 나에게 이런 말을 할 여자는 결코 내 집으로 데려오고 싶지 않습니다.

'남편이시여, 당신께 부드럽고 따뜻한 망토를 만들 어드릴 수 있는 양모를 사주십시오. 또 당신이 이 추운 겨울날 감기에 걸리지 않도록 멋있고 두툼한 바지를 만들 수 있게 해주십시오.'

당신도 아내에게서 절대로 그런 소리를 들을 수는 없을 겁니다. 하지만 아내는 새벽닭이 울기도 전에 나를 깨우며 이렇게 종알거리겠지요. '남편이시여, 마트론스 축제 때 어머니에게 선물을 사드릴 수 있 도록 돈을 좀 주십시오. 저축을 할 돈도 필요합니 다. 미네르바 축제 때 마법사에게 줄 돈을 주십시 오. 해몽하는 사람과 투시하는 사람, 예언을 하는 사람에게도 돈을 주어야 합니다. 내가 만약 그 사 람들에게 아무것도 보내지 않는다면, 당신이 지독 한 구두쇠라는 이야기밖에는 되지 않을 것입니다. 모자 만드는 여자에게도 수고비를 좀 넉넉히 주어 야 합니다. 아참, 요리사는 내가 너무 인색하게 군 다고 잔뜩 화가 나 있더군요. 산파에게도 수고비를 적게 주어서 미움을 받고 있답니다. 뭐라구요? 당 신의 지붕 밑에서 태어난 노예들을 돌봐준 유모에 게 아무것도 보낼 수가 없다구요?' 아내는 쉴새없 이 이런저런 요구 사항으로 나를 고문할 것이 틀림 없습니다.

팔라이스트리오: 신은 당신에게 친절하십니다. 일단 당신의 그 자유

를 놓쳐버리고 나면, 다시금 예전 상태로 돌아가기
란 쉽지 않겠지요.

많은 사람들이 이런 생각을 가지고 있었겠지만, 그리스의 유명한
아가씨들은 끈질긴 투쟁과 값비싼 대가를 통해 특별한 현상을 만들
어냈다. 흔히들 그리스에는 결혼한 적이 없는 '노처녀'들이 드물지
않을 거라고 생각하며, 여성에 대한 별로 바람직하지 않은 유형에 대
하여 자세히 설명하려는 사람들이 거의 없음에도 불구하고, 이러한
사실을 통해 그리스 문학에서 여성이 '노처녀'로서 종속적인 역할밖
에 하지 못했던 이유를 알 수 있다. 우리는 이미 아리스토파네스
(Lysistr., 596)에서 리시스트라타의 불만을 읽은 바 있다.

"하지만 여자의 시간은 짧고, 그 이점을 활용하려 하지 않는다면 아
무도 그녀와 결혼하려 하지 않을 것이다. 하지만 그래도 그녀는 어떤
예감을 기다리며 앉아 있다."

어떤 면에서는 노처녀에 대비되는 사람을 아이가 없는 유부남이
라 할 수 있다. 두 경우 모두, 자연의 법칙과는 일치되지 않는 상황
이다. 그리스에서는 살아서는 의지할 수 있고, 죽은 후에는 자신의
무덤에 제물과 선물을 가져올 누군가를 소망했기 때문에 양자를 두
는 경우가 매우 많았다.
플루타크(Lycurg., 16)는 스파르타의 리쿠르고스 법에 따라 유난
히 몸이 약하거나 불구로 태어난 아이들을 타이게토스 산골짜기로

데려가는 일이 흔히 있었다고 전한다. 아테네에서도 이런 이야기는 쉽게 찾아볼 수 있는데, 특히 여자아이의 경우 그런 일이 많았다고 한다(Moeris Atticista, 102 ; Aristoph., Frogs 1288(1305), with the Scholiast ; 여자아이에 대해서는 Stobaeus, Sermones, 77, 7 and 8). 그런 아이들을 커다란 진흙통 속에 넣어두면, 자녀가 없거나 유난히 아이들을 좋아하는 사람들이 데려가 키우는 경우도 있었다. 디온 크리소스톰의 언급에 의하면(Oratio, xv, 8) 자녀가 없지만 남편을 잃고 싶지 않은 여인에게 아이를 팔아 넘기는 사람들도 있었다고 한다. 후대의 희극들을 봐도 그런 예가 그리 드물지 않았음을 알 수 있다. 버려진 아이들에게는 목걸이나 반지 등으로 표시를 해두곤 했는데(Euripides, Ion, 1430 ; Longus, i, 2 ; Aristaenetus, Epistuloe, i, I ; Heliodorus, ii, 31 ; iv, 8), 이것은 혹시라도 나중에 신원을 확인해야 할 필요가 생길 경우에 대비하기 위해서였다. 그런 표식은 희극에서도 중요한 역할을 한다.

그리스의 결혼 피로연을 자세히 설명하기에 앞서, 조금 전에 자신과 결혼한 아내에게 그리스 가정주부의 의무를 상세히 설명해준 크세노폰의 이스크마쿠스의 대화를 상기해볼 필요가 있다 (OEconomicus, vii, 10). 그 훈계에 따르면 가정주부는 정숙하고 건전한 마음을 가져야 하고, 옷을 만들 줄 알아야 하며, 양모를 준비하는 방법을 알아야 한다. 또한 하녀에게 제각기 어울리는 일거리를 나누어주어야 하고, 남편이 힘들여 벌어온 돈과 재산을 지키고 현명하게 쓸 줄 알아야 한다.

　가장 중요한 책무는 어린 자녀들을 키우는 것이다. 주부는 마치 여왕벌처럼 남녀를 불문하고 노예들에게 할 일을 나누어주어야 할 뿐만 아니라, 식솔들의 건강과 복지에도 신경을 써야 한다. 그들에게 가르칠 가치가 있는 것들을 가르치고, 현명하게 다스릴 줄도 알아야 한다.

　플루타크가 갓 결혼한 친구 부부를 위해 '부부에게 주는 교훈'이라는 글을 쓴 적이 있는데, 별로 길지는 않지만 요즘에도 가슴에 와 닿는 것이 많을 만한 교훈이 담겨 있으니 한 번쯤 읽어볼 가치가 있다.

결혼 풍습

약혼과 지참금의 문제

이제 한 그리스 청년이 약혼식 날부터 결혼식 날까지 어떤 과정을 거치는지 그와 동행해보도록 하자. 그리스 사람들은 예나 지금이나 계산에 밝아, 그들에게서는 좀처럼 약혼 기간이 긴 경우를 찾아보기 힘들다. 신부의 개인적인 자질보다는 가문과 지참금이 더 큰 비중을 차지한다. 하지만 지참금이 충분한 경우는 거의 없다. 그러나 그보다 훨씬 더 중요한 것은, 그러한 외적인 조건이 어느 정도 서로 일치해야 한다는 점이다.

따라서 지참금을 많이 준비할 수 없는 신부의 아버지는 소녀의 미모에 반한 부유한 남자가 찾아와도 결코 행복할 수가 없었다. 플라우투스의 《아울룰라리아》(ii, 2)에 나오는 유클리오는 그 점을 잘 나타내고 있다.

"이제 내 고민을 말해보겠네, 메가도루스. 자네는 재산이 많고 지위도 높은 남자일세. 하지만 나로 말할 것 같으면, 정말이지 찢어지게 가난한 사람이 아닌가. 그러니 만약 내 딸을 자네에게 시집보낸다면, 자네는 황소고 나는 당나귀가 되는 셈이지. 내가 자네 수준에 맞추려고 애를 쓰다가는 가랑이가 찢어지고 말 거야. 불쌍한 당나귀인 나는 무거운 짐을 견디다 못해 진흙탕 속에 쓰러질 테고, 황소인 자네는 나 같은 건 안중에도 없을 테지. 자네는 나에겐 지나치게 과분한 사윗감이야. 나 자신이 생각해도 웃기는 일이지. 만약 조금이라도 문제가 생긴다면 난 실로 난처한 처지에 빠지고 말 걸세. 당나귀들이 나를 물어뜯을 테고, 황소들은 나를 밟고 지나갈 테니 말야. 당나귀가 황소의 수준을 넘본다는 건 대단히 위험한 모험일세."

약혼을 앞둔 젊은이들이 자주 만나서 친해지는 것은 좀처럼 있을 수 없는 일이었다. 플라톤이 상호 기만을 최대한 막기 위해 서로간의 보다 자유로운 교제를 옹호했다는 점에서도 그런 사실이 드러난다. 만약 이미 그런 교제가 성행하고 있었다면 굳이 반복해서 제안할 이유가 없지 않았겠는가. 따라서 남편은 결혼을 무거운 족쇄로 간주했으며, 젊은 아내는 지나치게 빨리 실망해버리게 된다는 점을 쉽게 이해할 수 있다. 소포클레스는 그 점을 다음과 같이 명쾌하게 설명한 바 있다(Tereus, frag. 524 ; TGF., Nauck).

"이제 나는 아무것도 아니며, 혼자 내버려졌다. 나는 이런 것이 여자의 운명임을 자주 목격해왔다. 우리는 그저 아무것도 아닌 것이다. 어렸을 때 아버지의 집에서 살 때는 나는 우리가 가장 달콤한 인생을 살고 있다고 생각했다. 무지는 기쁨을 가져다주는 법이니까. 하지만 나이를 먹고 더 많은 것을 알게 되자, 우리는 문밖으로 쫓겨나 더러는 이방인에게, 더러는 야만인에게, 더러는 이상한 집안으로, 더러는 구박만 받는 천덕꾸러기가 되어 이곳 저곳으로 팔려간다. 그런 운명 속에서 우리를 묶어주는 하룻밤을 보내고 나면, 우리는 차라리 잘되었다는 사실을 깨닫게 된다."

대체로 여자가 남자보다 더 빨리 늙는다는 자연의 법칙을 감안할 때, 신부가 신랑보다 훨씬 젊게 마련이다. 에우리피데스는 그것을 이렇게 설명한다(frag. 24, TGF., Nauck).

"동갑내기의 젊은이들이 결합하는 것은 크게 잘못된 일이다. 남자의 힘은 훨씬 더 오래 지속되는 반면, 여체의 아름다움은 보다 빨리 시들어버리기 때문이다."

딸이 결혼 적령기에 달했는데도 남편감을 찾지 못한 아버지는 '프롬네스트리아' 혹은 '프롬네스트리데스'라고 불리는 중매쟁이를 찾아가게 된다. 그들은 처녀의 장점에 최대한의 초점을 맞추는 현명함을 발휘했는데, 여기에 대해서는 크세노폰(Memorab., ii, 6, 36)과 플라톤(Theoetetus, 150)도 언급한 적이 있다.
플라톤은 중매쟁이의 역할이 언제나 최고의 찬사만 듣는 것은 아니고, 많은 경우에는 매춘과 연관이 있다는 점까지 소개하고 있다.
테오크리투스의 장엄한 두번째 전원시 《마법사들》을 읽어보자.

> "아름다운 다프니스에게 흠뻑 반해버린 한 소녀가 자신의 몸종을 다
> 프니스에게 보냈다. 이윽고 몸종이 데려온 다프니스와 사랑을 나눈
> 그녀는, '당신은 나를 불행하게 만들었어요. 나를 아내로 삼는 대신
> 순결을 잃게 하여 나쁜 여자로 만들어 버렸으니까요.'라고 읊조린
> 다."

아무튼 중매쟁이의 도움이 있건 없건, 적당한 신랑감이 물색되면
약혼식이 거행된다. 시민법의 조항에 의하면, 그 의식을 합법적인
것으로 승화시키기 위해 혼인 쌍방의 의사를 공증하는 절차가 있었
음을 알 수 있다. 동시에 지참금의 액수도 합의를 보게 된다. 이때
이따금 마음씨 좋은 사람들이 자력으로 지참금을 마련할 수 없는
딸이나 자매들을 위해 돈을 빌려주는 경우도 있었고(Lysias, De
bonis Aristoph., 59), 가난하지만 건전한 시민으로 인정받는 사람
의 딸들은 나라에서 지참금을 지원받기도 했다.

예를 들어, 아리스테이데스의 두 딸은 각각 3천 드라크마, 즉 약
112파운드에 해당하는 지원을 받았다는 이야기가 전해진다. 물론
지참금에는 돈뿐만 아니라, 리넨과 의복, 장신구, 가재도구, 가구
등도 포함된다. 때로는 노예가 덧붙여지는 경우도 있다.

솔론의 법률 중에는 "결혼은 돈과 관련된 문제가 아니라, 남자와
여자 사이의 사랑을 확인하고 자녀를 생산하기 위한 목적을 가지기
때문에, 지참금 중에서 돈은 제외되어야 한다."라는 규정이 있었다

는 주장도 있다. 이 규정은 단지 서류상의 법칙일 뿐이었다고 주장하는 사람들도 많은데, 플라톤은 이것 또한 바람직하다는 입장을 밝히고 있다(Laws, vi, 774d).

그밖에도 이 법률이 대단히 지적인 성찰에서 비롯되었다는 주장이 플루타크의 《아마토리우스》(7 ; De educ. puer., 19)에 기록되어 있는데, 아내의 지참금의 노예가 되기보다는 쇠사슬을 찬 진짜 노예가 되는 것이 훨씬 낫다는 구절까지 있다. 또 다른 대목에서는 지나치게 호사스러운 결혼에 대한 준엄한 경고가 포함되어 있기도 하다.

결혼식과 관련된 다양한 풍습들

법적인 절차와 함께 장인의 집에서 가족 연회가 베풀어진다는 점은 핀다르(Olympia, vii, 1)에 아름다운 문장으로 기록되어 있다.

"포도주의 이슬이 맺힌 술잔을 손에 쥐고, 한 집에서 다른 집으로 들어온 것을 환영하기 위해 젊은 사위에게 건네준다. 황금으로 만들어진 그 술잔은 그의 가장 중요한 재산이다. 친구들은 이 약혼식이 부러워 어쩔 줄을 모른다. 나는 최고의 승리자들에게 뮤즈의 선물인 달콤한 술잔을 건네고, 올림피아와 피토(델포이)의 승자들의 영광을 기념하기 위해 술을 따른다."

하지만 이러한 가족 연회는 그리스 전체를 통틀어 나타난 풍습은 아니었다.

우리는 겨울이 가장 적당한 결혼 시즌이라는 사실을 도처에서 발견하게 되는데, 그 명확한 이유는 밝혀지지 않고 있다. 사실 1년의 첫번째 달은 가모스(gamos ; 결혼)에서 유래된 가멜리온 (Gamelion)이라는 이름을 가지고 있고, 세간의 미신 중에는 결혼의 완성을 위해 달이 기울어가는 시기를 선택하는 것을 막고자 한 노력이 엿보이는 것들도 있다.

결혼 전에는 헤라와 제우스로 대변되는 결혼을 보호하는 신들에게 제물을 바치는 다양한 풍습이 있었다. 제물을 바칠 때 반드시 담즙을 제거했다는 사실은 결혼이 '쓴맛과 분노'로부터 자유로워야 한다는 점을 뜻하는 상징으로 이해할 수 있다(Plutarch, Proecepta conjugalia, 27). 결혼을 앞둔 사람들은 헤라와 제우스 외에 아테네, 아르테미스 등의 신들에게도 경의를 표했다.

결혼식 날에는 오로지 아프로디테에게만 제물을 바치는 것으로 되어 있었고, 보이오티아의 테스피아이라는 조그만 마을에서는 갓 결혼한 신혼부부가 에로스 사원을 수리하는 아름다운 풍습이 있었다 (Plutarch, Amatorius, 26). 이것은 프락시텔레스가 만든 장엄한 에로스 상 앞에서 결혼의 행복과 축복을 축원하는 의미를 가진다. 신부가 자신의 머리칼이나 속옷, 혹은 두 가지 모두를 제단에 바치는 것도 흔히 찾아볼 수 있는 풍습이었는데(Pausanias, ii, 33, 1 ; Eurip., Hippol., 1416), 머리칼을 바치는 것은 젊음을 마무리한다는 의미, 속옷을 바치는 것은 순결을 포기한다는 의미를 상징한다.

신부가 목욕을 마치기 전이나 후에 제물을 바치는 절차가 진행되는데 목욕에 쓰이는 물은 이웃 소년이 부근의 중요한 샘이나 강에서 길어다주었다. 예를 들어 아테네에서는 칼리르호 샘물(Thucydides ii, 15), 테베에서는 이스메누스 강물이(Eurip., Phoenissae, 347) 주로 이용되었다. 이른바 아이스키네스의 열 번째 편지라고 불리는 글에서 우리는 흥미로운 사실을 하나 발견한다.

> "트로아스 지역에서는 신부가 스카만데르로 가서 그 물에 목욕을 하며 오래 전부터 전해 내려온 기도를 외우는 것이 풍습이었다. 그 기도는 '스카만데르여, 나의 순결을 가져가소서.' 라는 것이다."

이러한 순박한 풍습은 웃지 못할 에피소드를 만들어내기도 했다. 결혼을 앞둔 신부가 목욕을 하고 있는 동안 한 젊은이가 스카만데르 신인 척하고 몰래 다가가, 그녀의 기도대로 그녀의 순결을 가져가 버렸다. 그로부터 나흘 후 신혼부부가 아프로디테 사원에서 예식을 진행하고 있는데, 우연히 신부가 구경꾼들 사이에서 그 청년을 발견하고는 이렇게 외쳤다.

"내 순결을 가져간 스카만데르가 저기 있다!"

그러자 사람들은 마그네시아의 마이안데르에서도 그런 일이 벌어진다는 말로 신부를 달랬는데, 문화사를 훑어보면 신부가 만인이 보는 앞에서 강물로 목욕을 하는 풍습이 있던 지역이 더러 있다.

결혼식 때 신부가 납치되는 풍습은 스파르타에서만 찾아볼 수 있는 것이었다. 그 경우 신부는 강간을 당하게 되는데, 신부의 부모는 사전에 그런 사실을 알고 있는 경우가 많다. 플루타크(Lycurgus, 15)는 다음과 같은 이야기를 전해준다.

"결혼식은 이렇게 진행된다. 모든 남자들은 완전히 성숙하여 결혼할 나이가 된 처녀를 데리고 온다. 신부 들러리는 이 처녀를 건네받아 머리를 짧게 자르고 남자 옷을 입히고 남자 신발을 신긴 다음, 지푸라기로 만든 침대에 눕혀놓고 어둠 속에 혼자 내버려둔다. 그러면 신랑이 여느 때와 다름없이 식구들과 함께 식사를 한 후, 술도 별로 마시지 않은 맑은 정신으로 몰래 그 방으로 기어들어온다. 그리고는 그녀의 속옷을 벗기고 침대 위에 눕힌다. 그녀와 함께 짧은 시간을 즐긴 신랑은, 다시 조용히 그곳을 빠져나와 다른 젊은이들과 함께 잠을 잔다. 그는 이 같은 일을 몇번이나 되풀이한다. 낮에는 친구들과 함께 시간을 보내고, 밤에도 친구들과 함께 잠을 잔다. 그리고는 혹시 누가 엿보지 않을까 가슴을 졸이면서 조심스럽게 신부를 찾아가는 것이다."

"하지만 여기에는 신부가 큰 도움을 준다. 신부는 남들의 눈에 띄지 않게 적당한 시간에 신랑을 맞이하는 방법을 잘 알고 있기 때문이다. 이런 과정이 잠시 지속되다 마는 것이 아니라, 때로는 낮 동안에 한 번도 신부를 보지 못한 상황에서 아기를 낳는 수도 있다. 이런 식의 만남은 신혼부부에게 절제와 구속으로 작용할 뿐만 아니라, 잦은 접촉으로 인해 서로에 대한 관심과 사랑이 식어가는 것을 막고 오랫동안 신선하면서도 활기찬 사랑이 유지될 수 있도록 하는 역할도 한다."

플루타크가 묘사한 이런 풍습이 도리아 지방 특유의 현상이라고 한다면, 결혼 연회를 벌이는 풍습은 그리스 전역에서 나타나는 풍습

결혼 행렬

이었다. 대개의 경우 잔치는 신부 아버지의 집에서 벌어진다. 평소에는 남녀가 따로따로 잔치를 벌이지만, 결혼 연회 때만은 비록 테이블이 따로 마련되기는 해도 남녀가 같은 장소에서 잔치를 즐긴다(Evangelius, in Ath., xiv, 644d). 이러한 잔치의 비용과 내용은 물론 경제적 조건이나 시대적 취향에 따라 다르게 나타난다.

메난데르(frag., 938, CAF)의 기록에 의하면, 풍성한 결실을 상징하는 참깨케익이 가장 보편적인 잔치 음식이었다고 한다. 연회가 진행되는 동안 잘생긴 소년들이 가시와 참나무 이파리로 벗은 몸을 가린 채 과자가 담긴 쟁반을 들고 손님들 사이를 누비며 "나는 나쁜 것을 피하고 더 좋은 것을 발견했도다."라고 외치곤 했다는 것은 나름대로의 상징적인 의미를 갖는다.

건강을 기원하는 건배로 연회가 끝나면, 신부는 황소나 노새, 혹은 말이 끄는 마차에 태워져 신랑의 집으로 가게 된다. 신랑집에 도착한 신부는 신랑과 그의 '파로코스(Parochos)' 즉, 가장 친한 친구나 친척 사이에 앉는다(Photius, Lexikon, 52 ' Pollux, iii, 40). 탈것에 소를 매다는 풍습은 파우사니아스(ix, 3)가 들려주는 신화에 의해 설명된다.

> "제우스와 대판 싸움을 벌인 헤라는 머리끝까지 화가 치밀어 유보이아로 가버린다. 그녀의 마음을 달랠 방법을 몰라 쩔쩔매던 제우스는 당시 플라타이아의 통치자이며 남다른 지혜로 명성을 떨치던 키타이론을 찾아가 조언을 구한다. 그는 제우스에게 나무로 여인상을 만들어 황소가 끄는 마차에 태운 뒤, 젊은 신부를 데리고 온다고 소문을 퍼뜨리도록 일러주었다. 제우스가 그 충고를 따르자 질투심에 눈이 먼 헤라는 허겁지겁 달려오지만, 그것이 진짜 젊은 여자가 아니라 나무로 만든 인형이라는 사실을 알고는 안도의 한숨을 내쉬며 제우스와 화해를 한다."

신부와 신랑의 결혼 행렬이 끝나고 나면 신부가 타고 온 마차의 굴대를 불태워버리는 경우도 있었다. 이것은 신부로 하여금 두번 다시 신랑의 집을 떠날 엄두를 내지 못하게 하는 의미를 가진다 (Plutarch, Quaest. Roman., 29).

과부가 재혼을 하는 경우, 신랑은 결혼 연회에 참석하지 않고 집에서 신부가 도착하기를 기다린다. 이때는 '파로코스'가 아니라 '님파고구스(Nymphagogus)'라고 불리는 신랑의 친구가 신부를 데려온다(Pollux, iii, 40).

아름다운 결혼식

결혼 행렬에서는 횃불도 빼놓을 수 없는 요소다. 신부와 신랑의 어머니가 불을 켠 횃불은 도보로 행렬에 참석한 사람들이 들고 간다(Eurip., Phoenissae, 344 ; Iphig. Aull., 722 ; Aristoph., Peace, 1318). 행렬에 참석하는 사람들은 모두 잔치 복장을 차려입었는데, 우리는 호머의 증언(Odyssey, vi, 27)이 아니더라도 그리스의 미적 감각이 어느 정도였는지를 짐작할 수 있다.

신부의 옷은 화려한 색채를 자랑한 반면, 신랑의 옷은 우리에게 익숙한 검은색이 아니라 행렬의 남자 경호원과 마찬가지로 최고급 양모로 만든 하얀색 옷이었다. 신부와 신랑은 왕관을 쓰고 화려한 머리띠(taeniae)를 둘렀다. 신부는 값비싼 향수를 듬뿍 바르고, 머리에는 자기 손으로 직접 만든 베일을 드리우기도 했다.

피릿소리를 앞세우고 거리를 행진하는 결혼 행렬은 도중에 만나는 사람들로부터 많은 축하를 받는다. 또한 행렬에 참여한 사람들은 결혼의 신 히멘의 이름을 따서 히메나이우스라고 불리는 결혼식 노래를 부른다. 히메나이우스는 호머에 의해 언급된 바 있으며 (Iliad, xviii, 491 ; cf. Plutarch, Mor., 667a), 아킬레스의 방패 (Hesiod, Shield, 272)에도 결혼 연회 장면이 새겨져 있다.

"사람들은 신부에게 횃불을 대낮처럼 밝힌 거리를 행진하도록 했다.

결혼식 노래가 요란하게 울려퍼지고, 젊은 남자들은 둥글게 원을 그리며 춤을 춘다. 그들의 머리 위로 피리와 수금의 가락이 넘실거린다. 하지만 여인들은 고작 대문 앞에 나와 놀란 표정으로 행렬을 지켜볼 뿐이다."

결혼 행렬 때도 히메나이우스를 부르는데, 그 노래는 헤라클레스의 방패에 새겨져 있고, 헤시오드도 자세하게 읊은 바 있다. 어쩌면 헤시오드 자신이 펠레우스와 테티스의 결혼을 축하하기 위해 축시(Epithalamium)를 작곡한 것인지도 모른다.

12세기의 체체스(Prol. ad Lycophronem=Hesiod, frag.lxxi)(Goettling)가 그중에서 펠레우스가 자신의 고귀한 신부를 기리기 위해 노래한 찬가 두 행을 인용한 사실이 그것을 뒷받침한다. 하지만 그 노래의 나머지 내용에 대해서는 우리로서는 알 길이 없다. 이 노래는 세월을 거듭할수록 보다 예술적인 형태로 발전했으며, 7세기 후반부의 알크만 문학에서 소개되고 있기도 하다. 그는 이 고전적인 시를 거의 완벽한 형태로 승화시킨 듯한데, 타렌툼의 레오니다스는 그를 '결혼 노래의 노래하는 백조'라고까지 극찬했다(Anth. Pal., vii, 19).

그후로는 스테시코루스(640-555년 경)가 헬렌에게 결혼 축시를 지어 바쳤다는 이론이 있지만(Stesichorus, frag. 31, PLG), 우리로서는 과연 스테시코루스가 그런 축시를 작곡했다고 단언할 만한 아무런 근거가 없다.

따라서 그리스의 가장 오래 된 결혼식 노래는 어렴풋한 언급만 남아 있을 뿐 실제로는 소멸되어버린 상황이다. 그 내용에 대해서는 전혀 전해지는 바가 없고, 이 고전적인 시를 완벽에 가까운 형태로 가다듬었다는 사포의 결혼 축시조차 지극히 사소한 잔해가 남아 있을 뿐이다. 이 결혼 축시야말로 사포 시의 진주와도 같은 작품이라는 고대인들의 증언을 감안하면 아쉬운 마음은 한층 커진다. 소피스트인 히메리우스(Orationes, 14 ; 16 ; 19)는 사포의 이 작품에 열렬한 찬사를 보내고 있다.

> "그녀는 신랑을 위한 침대가 준비된 신부의 방으로 들어가 그 아름다움을 칭송한 다음, 아름다움의 여신의 마차에 앉아, 하늘에서 내려온 수많은 사랑에 둘러싸인 아프로디테를 소개한다. 그녀가 신부의 머리에 히아신스 꽃을 꽂으면, 꽃잎은 불어오는 바람에 신부의 관자놀이를 스치고, 머리를 땋아내리고 날개가 달린 사랑이 마차를 인도하며, 그들의 머리 위에는 결혼 횃불이 춤을 춘다."

히메리우스의 표현으로 미루어 짐작컨대, 사포의 결혼 축시에는 대략 위와 같은 묘사들이 들어 있을 것으로 추정된다. 코클리(Akademische Vortrage, 1859, vol. i, p.195)도 다음과 같은 아름다운 어구로 이 결혼 축시를 설명하고 있다.

> "몇개의 무대로 나눠지는 시적인 드라마, 결혼 축하연에 참석한 등장인물들은 드높은 노랫소리와 박자에 맞춘 몸짓으로 흡족한 마음을 드러낸다."

고대에는 신랑이 자기 손으로 직접 신방을 꾸미는 풍습이 있었다. 오디세우스도 예외는 아니어서(Odyssey, xxiii, 190) 일리움에서 돌아왔을 때, 그토록 오랜 세월 동안 자신이 죽은 것으로 믿어왔던 아내에게 그 동안의 근심을 떨쳐버리게 하기 위해서 손수 신방을 꾸미고 있다. 신방을 꾸미는 일이 얼마나 중요한 일인가 하는 점에서 우리는 다음과 같은 구절이 사포의 결혼 축시의 서두에 나오는 대목일 거라는 확신을 가질 수 있다(frag. 89-90(91-92), 코클리의 텍스트).

"일어서라, 신방을 꾸미는 일꾼들이여. 신랑이 아레스처럼 가까이에 왔다. 아니, 아레스처럼이 아니라, 가장 **훌륭한** 자보다도 더 **훌륭한**, 레스비안의 방랑 시인이 소리 높여 노래하는 신랑이."

그때 신방의 침대를 배열하고, 그 위에 꽃을 장식하는 문제가 제기된다. 젊은 남자와 여자들은 신부의 눈부신 아름다움과 신랑의 뛰어난 자질을 생각할 때, 사랑의 여신이 직접 아름다운 미의 신들을 거느리고 하늘에서 내려오는, 이 영광스러운 잔치에 참여하기 위해 안달이다. 이는 이미 히메리우스의 글에서도 언급된 바 있다. 그러나 아무리 애원해도 소용없다.

신랑의 건장한 동지들과 신부의 화사한 친구들이 이미 환하게 불을 밝히고 아름답게 장식된 신랑의 집에 모여, 밤이 되기를, 또한 신부가 도착하기를 기다리며, '스콜리아(권주가)'를 부른다. 밤이 되고 횃불이 타오르기 시작하면, 오랫동안 불렸지만 언제 들어도 새로운 결혼 축가가 울려퍼진다.

호머와 헤시오드의 글에도 나오는 것처럼, 시끌벅적한 행렬이 마차에 신부를 태우고 신랑의 집으로 다가오면, 이미 두 패로 나뉘어 있던 젊은 남자와 여자들은 부러운 듯 즐거운 노래 경연을 벌이고, 머리 위 밤하늘에는 이미 오래 전부터 신랑의 욕망을 불타게 하고 신부의 마음을 들뜨게 만들었던 사랑의 별, 헤스페루스가 밝게 빛나고 있다. 처녀들은 그 별을 향해 불만을 토로한다.

> 헤스페루스, 하늘에서 빛나는 모든 별들 중에서 가장 못된 별이여,
> 사랑하는 마음을 모두 훔쳐가버린 별이여, 그대가 나타나면 사랑이
> 야경을 서고, 밤도둑이 돌아다니며, 새벽별이 뜰 때까지 돌아오지 않
> 으리. 아, 결혼의 축가를 불러라!

그러나 젊은 남자들은 술을 마시며 다른 생각을 하고 있었음에도 불구하고, 아무런 이유 없이 펄쩍 뛰지는 않는다. 대신 그들은 승리의 영광이 그토록 쉽게 사라지도록 가만두지 않겠다고 다짐하며, 즉시 답가를 부르기 시작한다.

> 헤스페루스, 하늘에서 빛나는 모든 별들 중에서 가장 아름다운 별이
> 여, 그대는 새벽이 앗아가버린 모든 것을 돌려주며, 양과 염소를 가
> 져오고, 어린 아들을 어머니에게 데려가며, 처녀를 남자에게 데려오
> 는도다. 처녀들은 언제까지나 처녀로 남겠다고 말하지만, 속으로는
> 누군가의 아내가 되기를 얼마나 바라는지! 아, 결혼의 축가를 불러라!

그리하여 노래 경연이 시작된다. 처음에는 처녀가 좋은지, 유부

녀가 좋은지에 대한 논쟁이 펼쳐진다. 처녀들은 걱정과 근심뿐인 주부의 운명을 한탄하기 시작한다.

정원에 피어 있는 꽃들을 보세요.
가축이 짓밟지 못하고 쟁기가 뒤엎지 못해도
바람이 쓸어주고 태양이 만져주며 빗방울에서 영양분을 받지요.
수많은 젊은이들이 그 꽃을 꺾고 싶어 안달이지만
일단 꺾고 나면 그 아름다움은 시들어버리죠.
사랑받는 처녀도 마찬가지랍니다.
처녀가 연인의 품에 안길 때
꽃은 꺾어지고 말아요.
더 이상 그녀는 사랑스러운 처녀가 아니니
오직 히멘만이 우리의 방패요 보호막
히멘에게 무릎꿇지 않을 자 누가 있겠어요.

한쪽에서는 젊은 청년들이 결혼한 남자의 행복을 노래하며, 사랑받는 남편들의 응원을 받는다.

결혼하지 않은 포도는 결실을 맺지 못하는 법
잘 익은 포도송이,
하지만 연약한 줄기에 거꾸로 매달리긴 너무 무거워
제일 높은 곳에 매달린 싹도
머지않아 시들어가는 뿌리와 나란히 놓이리니!
그녀에게는 사슴도, 젊음의 욕정도 찾아오지 않아.
하지만 어떻게 해서 짝을 찾을 수만 있다면
늠름한 남편의 사랑을 받고

수많은 사슴들이 그 옆을 찾아오리.
한낱 포도송이도 그러할진대
사랑의 손길을 느껴보지 못한 처녀야 말해 무엇하리오.
하지만 그녀도 남편을 맞이하면
더 이상 부모님의 주름살을 늘리지 않으리!

이런 식으로 결혼하지 않은 처녀와 결혼한 주부의 상태를 저울질하는 비유가 거듭 되풀이된다. 저울이 어느 쪽으로 기울지는 자기만이 아는 일이지만, 아무튼 그러는 동안 신랑은 신부를 맞으러 나간다. 이윽고 신랑이 횃불을 환히 밝힌 채 신부를 이끌고 들어오면, 양편에서 일제히 환영의 노래가 터져나온다(after Sappho, frag. 99(193) ; cf. 101(105)).

어서 오세요, 신부여. 어서 오세요, 신랑이여!

신랑 신부가 나란히 자리를 잡고 앉으면, 새로운 노래 대결이 시작된다. 먼저 청년들이 신부를 칭찬하는 노래를 부른다.

장미꽃처럼 활짝 핀 여인, 황금보다 더 밝게 빛나는 그 아름다움은 아프로디테말고는 비할 데가 없어. 그녀의 목소리는 아무리 아름다운 음악보다도 더 감미롭고, 영광의 얼굴에서는 잔잔한 매력이 흘러넘치네.

이어서 신부에 대한 온갖 야유가 쏟아지지만 아무런 효과도 없다.

그대는 달콤한 사과 같은 여인

제일 높은 가지, 제일 먼 끄트머리에 매달린.
가을날 수확하는 자의 눈에도 뜨이지 않고
설사 뜨인다 하더라도 애만 타게 하네.

신부도 그와 같아서 아무리 애를 써도 접근할 수가 없다. 그녀의
손을 잡아보고 싶어하는 수많은 사람들 중에, 손가락 끝으로라도
그녀를 건드려본 사람은 아무도 없다. 하지만 이윽고 신랑이 그녀
에게 접근했다. 그는 최고의 목표를 달성한 사람이다. 그러니 그만
한 행복을 누릴 자격이 있지 않겠는가. 그렇게 되면 신부의 친구들
도 신랑을 칭찬해주지 않을 수 없다.

사랑스러운 신랑이여
무엇이 그토록 그대를 칭찬하는 노래를 부르게 하나요?
그대처럼 깨끗하고 부드러운 어린 나무라면
나라도 그대를 좋아하고 말겠어요.

하지만 신랑은 젊고 아름답기만 한 것이 아니라 건강하고 대담하
기도 하다. 소녀들은 신랑을 영원한 힘의 상징인 아킬레스에 비유
한다. 그런다고 해서 신랑도, 아킬레스도 명예가 훼손되지는 않는
다. 이렇게 서로를 인정해주는 분위기 속에서 평화가 정착되면, 그
때부터 시작되는 결혼 연회에 의해 서약이 행해진다. 그 품위를 더
하기 위해 갓 결혼한 신혼부부에게 아프로디테의 축복이 내려진다.
"자, 키프리스여, 어서 와서 번쩍이는 황금 잔에 감미로운 술을
채워주소서."

아프로디테는 아름다운 소년 에로스와 그레이스 세 여신을 거느리고, 하늘에서 내려올 준비를 하고 있다. 만약 하늘의 신들이 내려와 세상의 행사에 참여하지 않으면, 그들은 하늘의 행사에 참석해 행복한 남자들의 축제를 축복한다. 황홀경에 빠져 하늘문이 열리고 신들이 신혼부부의 건강을 축복하며 술잔을 치켜들고 있는 장면을 목격한 손님의 노래는, 그 광경을 생생하게 묘사한다.

> 항아리에는 불로장생의 술이 가득한데, 헤르메스가 국자를 들어 신들에게 그 술을 따르는도다. 그러면 모두들 자기 잔을 들어, 아름다운 신랑과 매력적인 신부를 위해 축배를 드는구나.

이러한 노래와 게임 속에 밤은 점점 더 깊어간다. 오랫동안 기다려온 시간이 다가오면 신랑은 자리에서 벌떡 일어나, 반항하는 시늉을 하는 신부를 힘껏 끌어안고는 재빨리 신방을 향해 달려가기 시작한다. 신랑 친구 중에서 가장 믿을 만한 청년, 그러니까 '지위가 높고 팔힘이 강해서' 신부의 여자친구들보다 더 위험한 적들로부터도 신방을 지킬 수 있는 청년이 그 뒤를 따른다.

그러면 신부 친구들은 일제히 겁에 질린 시늉을 하며 강도의 손에 납치된 친구를 구하기 위해 달려간다. 하지만 그들은 병아리 한 마리를 낚아채 하늘로 날아오른 매를 뒤쫓는 암탉만큼이나 무기력하다. 그들이 숨가쁘게 신방 앞에 도착하면, 이미 문은 굳게 닫혀 있다. 이어서 신랑의 근엄하고도 비웃는 듯한 목소리가 들려온다.

"돌아가시오, 이곳에 있는 여자만으로도 충분하오."

한편 바깥에서는 믿음직한 파수꾼이 건장한 체구를 뽐내며 일전을 불사할 자세를 취하고 있다. 하지만 그에게도 그 싸움은 즐겁기만 하다. 여자들은 힘으로 그에게 맞서려 하지 않는다. 그의 약점을 잘 알고 있기 때문이다. 억지로 문을 열어제치려고 기를 쓰며 오히려 문지기를 즐겁게 하는 대신, 밝은 웃음을 지으며 조금 전까지 들려주었던 우아한 노래와는 지극히 대조적인 시큼한 노래를 부르기 시작한다.

문지기의 발은 일곱 길, 밑창을 만드는 데만 다섯 마리 황소의 궁둥이가 들어갔고, 열 명의 구두장이가 그 신발을 만들었다네!

하지만 그런 장난은 그리 오래 계속되지 않는다. '이미 한 집안의 안주인이 되어버린' 친구에 대한 마지막 애정의 표시, 마지막 축하, 마지막 작별의 순서가 아직 남아 있는 것이다. 젊은 처녀들은 재빨리 전열을 정비하여 새로이 신방의 노래를 부르기 시작한다. 이것 역시 좁은 의미의 결혼 축가라고 할 수 있는데, 이것으로써 모든 예식의 대미가 장식된다. 물론 그 다음날, 신랑 신부를 잠에서 깨우는 노래가 마지막으로 이어지는 경우도 있다.

축제의 노래

결혼 축가 가운데 몇가지가 전해지기는 하지만 고대의 원형을 그대로 간직하고 있는 것은 없다. 그중에서는 테오크리투스(Idylls, xviii)의 예술적 모방이 가장 아름다운 것으로 평가되고 있는데, 이는 스테시코루스나 사포의 시와 일치하기 때문에 우리에게는 한층 소중한 자료다. 이 시가 이런 종류의 결혼 축시에서 양념처럼 인용되는 이유도 바로 그것이다. 몇 행의 도입부에 이어서 협의의 결혼 축시가 시작되는데, 이것은 신방의 닫힌 문 앞에서 신혼부부를 찬미하기 위해 불리는 노래다.

오랜 옛날, 담황색 머리칼을 가진 스파르타의 메넬라우스의 집에, 라코니안의 걸작품 같은 마을의 열두 처녀가 싱싱한 꽃송이로 왕관을 쓴 채, 새로 단장된 방 앞에서 춤을 출 때, 아트레우스의 어린 자녀는 자기가 청혼한 여인, 틴다레우스의 딸, 사랑스러운 헬렌을 데리고 들어가 문을 닫았다. 그들은 다음과 같은 결혼 축가를 부르며 온 집안이 울리도록 예쁜 발을 굴렀다.

헬렌의 결혼 축시
(테오크리투스의 열여덟 번째 전원시)

아, 멋진 신랑, 사랑스러운 신랑이여,
그대 벌써 침대에 들어가 잠들어버렸나요?
원래부터 그렇게 게으른가요.
아니면 베개가 그토록 달콤한가요.
그것도 아니면 술을 너무 많이 마셔서 어쩔 수가 없던가요?
벌써부터 곯아떨어질 만큼 형편없는 남자라면,
차라리 혼자 자는 게 나을 거예요.
신부는 친구들과 놀게 내보내주고 말이에요.
새벽이 올 때까지 사랑스런 어머니 곁에 있을 수 있도록 말이에요.
앞으로 영원히 그 다정한 신부는 그대의 여자니까요.

그대가 지체 높은 다른 사람들처럼 잘 손질된
옷을 입고 이곳으로 올 때
사람들은 그대에게 축복을 보낼 거예요.
고귀한 분들이야 많아도 신의 아들은 한 사람뿐이니까요.
그대와 함께 한 이불을 덮고
위대한 제우스, 그의 딸이 다가오니
그레키아 여인들이 걸어간 곳을
보고 싶어하지 않는 여인.
만약 그녀가 어머니의 아이를 데리고 온다면
그것은 참으로 놀라운 은총
그녀의 친구인 우리 모두는 그녀와 함께 경주를 할지니
청년처럼 소녀로 인정받은 유로타스의 연못 옆에서
스파르타의 꽃이자 자랑인 숙녀들
메넬라우스의 신부와 견주어도 부족함이 없어라.

아, 밤의 여인, 동트는 낮의 얼굴을 환하게 스치고
한 해의 하얀 봄과도 같아서
더 이상 겨울은 이곳에 있지 않지만
황금의 헬렌처럼 밝게 빛나리.
기름진 들판에 자라난 곡식처럼
그녀가 자라난 삼나무 정원처럼
그가 알고 있는 마차를 끄는 테살리 말처럼
하지만 헬렌은 장미꽃처럼 붉고
조국의 이름에 부끄럽지 않아라.
불어오는 바람에 그녀의 바구니를 채운 실이 흔들리게 해선 안 돼
직공의 도투마리도 그토록 멋진 작품을 만들 수는 없고

하늘에 있는 여신처럼 깃털을 다는 솜씨도 있을 수 없어
아, 모든 욕구와 사랑이 넘치는 밝은 눈빛의 현명한 처녀여.

아름다움의 처녀, 은총의 처녀,
그대 이제 한 남자의 아내가 되었으니
하지만 우리는 꽃들이 움트는 곳으로 달려가리라.
있는 힘을 다해 멋진 화환을 만들어
어미의 젖꼭지가 길어지기를 기다리는 어린 양처럼
아, 헬렌이여
이제 그대를 기다리는 것은 토끼풀로 만든 화환
그 화환을 플라타너스나무에 걸고
그 나무 사이의 은빛 입술에서 떨어지는 기름방울을 담아
그 껍질에 도리스의 속담을 새기고
그대로 하여금 그 글귀를 읽게 하리라.
'나는 헬렌이니, 나를 숭배하라.'

그것은 신부의 작별, 신랑의 작별
강력한 폐하의 아들 레토여, 당신의 열망에 자녀를 부여하소서.
키프리스여, 언제까지나 똑같은 사랑을
그리고 제우스여, 고귀한 부모의 영광을
하루도 빠짐없이 영원히 내려주소서.
잠자고 휴식하며 양쪽 가슴에서 사랑의 숨결이 새어나오게
이제 잠들어도 아침이 그대를 깨우리니
머지않아 일어나게 된다는 것을 잊지 말기를
우리는 새벽이면 다시 돌아와
제일 먼저 일어난 노래의 여신처럼

깃털 같은 목청을 높이리니.

결혼을 축하하는 노래를 부르고
신랑 신부를 축하하는 노래를 부르며
그것을 만든 이에게 감사하라!

이 시를 머릿속으로 그려보자. 여자친구들의 노랫소리는 부드러운 피릿소리와 함께 울려퍼지고, 젊은 부부는 함께 하는 첫날밤의 기쁨을 맛본다. 이 풍습을 아무런 멋도 없는 호텔방에서 첫날밤을 보내는 우리의 경우와 비교해보라. 고대의 테오크리투스 학자인 스콜리아스트가 결혼 축시의 아름다운 풍습을 어떻게 설명하고 있는지 귀기울여보자.

"결혼 축시는 설사 남편의 완력에 흐느끼는 젊은 신부의 울음소리가 있다 하더라도, 그것을 소녀들의 노래 속에 묻히게 하기 위해 불려졌다."

그것을 "신부의 친구들이 들려주는 섬세하면서도 활기찬 축제의 노래가 허공을 감싸는 신방"이라는 말로 표현한 핀다르 역시 시인이었음에 틀림없으리라(Pythia, iii, 17).

그러나 아무리 달콤한 첫날밤이라 할지라도, 혹은 그것이 그리스인들의 말처럼 '비밀의 밤'이라 할지라도, 결국은 끝이 나고 만다. 인간에게는 모든 신과 사람의 아버지인 제우스가 알크메네와 함께 누웠을 때 스스로에게 부여한 특권이 주어지지 않기 때문이다. 그

때 제우스는 태양의 신에게 사흘 동안 떠오르지 말 것을 명령하여 첫날밤이 72시간 동안 지속되게 하였다. 제우스가 헤라클레스를 얻은 것도 바로 이날 밤이었다(Lucian, Dialog. Deorum, 10).

다음날 아침 친구들의 노랫소리에 잠이 깬 신랑 신부는 친척들이 보내준 온갖 선물들을 바라보며 기뻐한다. 이때 신부는 베일을 벗어 결혼의 여신인 헤라에게 바친다(Anth. Pal., vi, 133). 이날은 신랑 아버지의 집, 또는 신랑 자신의 집에서 식사를 하게 되는데, 갓 결혼한 신부는 그 식사에 참석하지 않는 것이 중요한 풍습이다 (Is., Pyrrh. her., 14).

하지만 이것도 알고 보면 처음으로 자신의 요리솜씨를 공개하게 되는 신부의 입장을 고려한 풍습임에 틀림없다. 그 의미는 명료하다. 결혼식 날 밤 신랑은 아내에게 할 일을 알려주었고, 그녀가 주방에서 자신의 임무를 수행하는 동안 신랑은 다시금 친구와 남자 친척들과 시간을 보낼 수 있기 때문이다.

이 식사는 아무리 늦어져도 아무도 탓하지 않으며, 이것으로써 합법적인 결혼 예식이 모두 끝나는 자리이기 때문에, 가능한 한 많은 손님을 증인으로 초대한다.

결혼 그 이후의 생활

그리스인의 아내

결혼한 부부의 이후 생활에 대해 간단한 설명을 덧붙이고자 한다. 일반적으로 아내는 '기나이코니티스'라고 불리는 방을 벗어나지 못하게 되는데, 우리는 이것을 아내의 왕국이라 할 수 있는 모든 방을 의미한다고 이해하면 된다. 따라서 가장이 집으로 초대할 친구가 없다는 전제하에서, 부부가 함께 쓸 수 있는 방은 오직 침실과 식당밖에 없는 셈이다.

식사에 여자가 동석하는 경우는 절대 있을 수 없다. 예외가 있다면, 남편이나 그의 친구들과 함께 식사를 함으로써 자신이 매춘부나 첩임을 과시하고 싶어하는 경우뿐이다.

우리로서는 이것을 지나치게 일방적인 관습이라고 생각할 수도 있다. 그러나 식탁에서의 지적인 기쁨이 이러한 약속에 의해 크게 고무된다는 사실은 그런 풍습과 함께 살아온 사람이라면 누구에게나 대화의 본질을 생각하게 할 것이다. 현대사회에서는 식탁에서의 대화가 말하기 좋아하는 숙녀들에 의해 온갖 잡다한 수다로 이어지는 경우가 많고, 따라서 신사들은 식사를 마치면 끽연실로 피난을 가게 마련이다. 고대 그리스 사회에는 '여성에 대한 친절'이라는 개념 자체가 존재하지 않았지만, 다른 한편으로 삶을 영위해가는 까다로운 기술은 그들에게 더욱 익숙했을 것이다.

여성이 상당한 지적 수준에 올라 있는 남자들 사이의 대화에 관심을 가지는 것은 천부적인 재능과 배치된다고 생각할 수도 있지만, 다른 한편으로는 여성에게 그보다 훨씬 더 중요한 임무가 주어졌다는 것 또한 부정할 수 없다. 이름하여 아내에게는 아들이 남자들의 교육에 적응할 수 있을 때까지, 또한 딸이 결혼을 할 때까지 기르고 양육해야 하는 책무가 주어져 있었던 것이다.

남편이 아내의 이러한 역할을 얼마나 중요하게 생각했는지를 입증하기 위해, 수많은 자료들 중에서도 알렉시스의 멋진 한 마디 (frag. 267(Kock), in Stobaeus' Florilegium, 79, 13)를 인용하는 것만으로도 충분할 것이다.

"신은 다른 그 무엇보다도, 어머니에게서 스스로를 우리에게 드러낸다."

그 이상의 아내의 역할 — 이를테면 집안의 동산과 부동산에 대한 관리, 남녀 노예의 감시, 주방 관리, 병든 자에 대한 간호, 기타 아내의 영역에 속하는 모든 일들 — 에 대해 자세히 설명하는 것은 이 책의 임무가 아니다.

그리스인의 아내는 언제나 부엌에만 매달려 있어야 하는 가련한 신데렐라의 운명이며, 반면 남편은 절대적인 권력을 휘두르는 가장이라고 하는 관점은 진실과는 아주 거리가 멀다. "누구도 사람을 갈고리로 쫓아낼 수는 없다."라고 한 호라케의 유명한 언급(Epist., i, 10, 24)은 그리스의 여성에게도 그대로 적용된다. 언제나, 누구든, 여성의 본성은 결코 그 자신을 부정할 수 없다. 여성이 남성보다 육체적, 정신적 우위를 획득할 수 있었던 헬레니즘 시대는 세 가지 중요한 요인을 가지고 있었다. 일시적으로 여성의 지적 능력이 남성보다 뛰어났던 점, 혹은 여성 특유의 세련된 권력욕, 혹은 지나치게 많은 지참금 등이 그 요인이다.

우리는 이러한 주장의 실례를 들기 위해 소크라테스의 아내였던 크산티페의 경우를 들먹일지도 모른다. 사실 그녀는 역사의 부당한 대우를 받은 여성이다. 그녀는 한번도 자신에게 주어진 한계를 넘어선 적이 없는 훌륭한 가정주부였다. 바가지가 심한 여자는 어디서나 찾아볼 수 있지만, 인간의 정신을 가장 진실되게 반영한다고 할 수 있는 신화에 등장하는 사례는 무엇보다도 믿을 만하다.

그 전형적인 인물이 바로 리디아의 여왕 옴팔레인데, 그녀는 그리스의 영웅들 중에서도 가장 위대하고 영광스러운 인물인 헤라클레스를 일개 종자(從者)의 처지로 강등시킨 업적을 가지고 있다. 헤라클레스는 여자 옷을 입은 채 옴팔레의 발 밑에 엎드려 바느질을 해야 했으며, 그 동안 옴팔레는 사자가죽을 뒤집어쓰고 몽둥이를 흔들며 실내화를 신은 발을 그의 목에 얹어놓고 있었다(Aristoph., Lysistr., 657 ; Anth. Pal., X, 55 ; Lucian, Dial. Deor., 13, 2).

그럼으로써 실내화는 이른바 '치마 통치'의 비참한 처지에 놓인 유부남을 상징하는 물건이 되었고, 또한 화난 아내가 남편의 버릇을 고치는 무기가 되기도 했다. 이 방법은 대단히 현실적인 것이었는데, 실내화는 언제나 여자가 마음대로 다룰 수 있는 물건이었기 때문이다. 만약 실내화 대신 단단한 지팡이를 이용하려 했다면 마땅한 물건을 찾아나서야 했을 것이다. 그리스의 지팡이는 대단히 가볍고 신축성이 있는 '나르텍스(파슬리)' 줄기로 만들어졌기 때문이다. 그때까지만 해도 열대 지방에서 대나무 지팡이를 수입하기 전이었다.

따라서 결혼한 여자를 '엠푸사이'(Aristoph., Frogs, 293, Scholiast, Eccles., 1056 ; Demosthenes, xviii, 130, and Scholiast) 또는 '라미아이'(Apuleius, Metamorph., i, 17, v, 11)라고 부른 것도 무리는 아니다. 그런 단어들은 널리 알려진 바와 같이 흡혈귀 비슷한 유령(다리 하나는 청동, 나머지 하나는 당나귀 똥으로 만들어져 있다)이나 험상궂은 할머니를 뜻하고 있다.

그리스의 대중 여론에는 한 남자가 끝없이 이어지는 일부일처제도의 굴레를 극복하기 위해 지적이고, 자극적이며, 마음이 맞는 정부의 품에서 변화를 모색하는 것, 혹은 아름다운 소년과 잡담을 나눔으로써 일상생활의 지루함을 떨치는 것을 비난해야 할 이유가 전혀 없었다. 우리는 그것을 '간음'이라고 부르겠지만, 고대 그리스에는 아예 그런 단어 자체가 존재하지 않았다. 그 당시에는 남편이 결혼을 미적 쾌락에 대한 속박으로 간주할 의도가 전혀 없었고, 아내 또한 그런 '희생'을 기대하지 않았기 때문이다.

따라서 그리스인들은 우리보다 덜 도덕적이었던 것이 아니라, 더 도덕적이었다. 왜냐하면 그들은 일부다처제를 지향하는 남자의 성향을 인정했고, 거기에 맞게 행동했으며, 다른 사람들의 자유로운 행동에 대한 판단을 무시한 반면, 우리는 똑같은 지식과 욕구를 가지고 있음에도 불구하고, 그리스인과 같은 결론을 이끌어낼 만한 용기가 없는 것에 지나지 않기 때문이다. 또한 드러난 죄악보다는 숨겨진 죄악이 더 무서운 법이다.

동시에 대단히 드문 일이기는 하지만, 그리스 사람들 중에는 이소크라테스(Nicocles, 40)의 경우와 마찬가지로 부부간에 똑같은 도덕적 의무를 요구한 사람도 있었다는 점을 잊어서는 안 된다. 아리스토텔레스(Repub., vii, 16, 1335) 역시 어떤 면에서는 '다른 여자 혹은 남자와 성적 접촉을 범한' 결혼한 남자는 시민권을 박탈해야 한다는 이른바, '아티미아(Atimia)'를 요구한 바 있다. 앞에서도 말한 것처럼 처음에는 그런 목소리를 찾아보기가 대단히 어려웠고, 실제로 그렇게 행동한 사람이 있었다는 기록도 남아 있지 않다.

대신 플라우투스의 《메르카토르》(iv, 6)에 나오는 여든네 살의 노예 시라가 다음과 같은 푸념을 늘어놓는 것을 보면, 그것은 어디까지나 상황에 따른 문제였음을 짐작할 수 있다.

"오, 저런! 여자는 남자에 비해 훨씬 더 부당하고 가련한 처지로 살아가지 않는가. 아내 몰래 매춘부를 집에 데리고 왔다가 들킨 남편이라도 벌금을 내지는 않는다. 하지만 아내가 남편 몰래 집을 나선 경우, 남편은 서슴없이 이혼을 강요할 것이다. 아, 나는 남편에게나 아내에게나 똑같은 법률이 적용되기를 소망하노라! 훌륭한 아내라면 남편에게 만족할 터인즉, 왜 남편은 그런 아내에게서 만족을 찾지 못한단 말인가? 어쩔거나, 음탕한 아내가 이혼을 당하듯 바람난 남편에게 책임을 묻는다면, 내 단언하노니 외로운 여자보다는 외로운 남자가 훨씬 더 많아질 것을."

필자가 서기 5세기 경의 낭만파 작가 아킬레스 타티우스(viii, 6)가 이른바 '처녀 테스트'라는 것을 언급한 바 있음을 소개하는 것은 단순한 호기심 때문이다. 에페수스에는 판이 아르테미스에게 바친 동굴이 하나 있었는데, 판은 여기에 자신의 피리를 걸어두었다고 한다. 그것은 오직 처녀만이 그 동굴 속으로 들어갈 수 있게 하기 위해서였다. 젊은 여자의 순결에 의심이 갈 경우, 그녀를 동굴 속에 집어넣고 문을 닫는다.

만약 그녀가 결백할 경우, 피릿소리가 크게 울려 자동으로 문이 열리고, 소녀는 떳떳하게 밖으로 나올 수 있다. 하지만 그렇지 못한 소녀가 들어가면 피리가 침묵을 지키는 대신 기나긴 신음소리만이 들려온다. 한참 후에 문이 열리기는 하지만, 소녀는 이미 감쪽같이 사라져버린 다음이다.

스파르타에서는 결혼의 순결이 칭송의 대상이었다는 플루타크 (Lycurg., 15)의 기록이 사실에 근거한 것인지, 우리로서는 입증할 수 없지만, 그래도 다음과 같은 대목은 상당히 인상적이다.

"옛날에, 스파르타 사람 게라다스는 어떤 손님으로부터 스파르타에서는 간음을 저지른 자를 어떻게 벌하느냐는 질문을 받고 이렇게 대답했다.
'우리들 중에는 간음을 범하는 자가 없습니다.'
손님은 순순히 물러나지 않았다.
'하지만 그래도 혹시 있으면요?'
그러자 게라다스가 대답했다.
'그렇다면 그자는 벌로 타이게토스 산에서 고개를 길게 늘여 유로타스 강의 물을 마실 수 있을 만큼 커다란 황소를 바쳐야 합니다.'
손님이 놀란 얼굴로 되물었다.
'아니, 도대체 그렇게 큰 소를 어디서 찾습니까?'
게라다스는 웃음을 터뜨리며 이렇게 대답했다.
'그러니 어떻게 스파르타에 간음하는 자가 있겠습니까?'"

플루타크는 이 이야기의 서두에 '옛날에'라는 단서를 달기는 했지만, 그는 그밖에도 역시 스파르타에, 자기보다 나은 후손을 생산할 수 있다고 생각되는 다른 남자를 신방에 대신 들여보낸 신랑이 있었다는 기록을 남기고 있다.

적어도 아테네에서는 모욕을 당한 남편이 자기 아내와 간음한 남

페드라와 히폴리투스의 석관(石棺)

자를 살해하는 것이 조금도 이상한 일이 아니었다. 예를 들어, 유필
레투스는 자기 아내와 함께 침대에 누워 있는 에라토스테네스를 죽
인 것으로 되어 있다. 리시아스의 한 대목을 인용해본다.

"내가 침실 문을 열어제치고 들어갔을 때, 먼저 들어간 남자는 그때
까지 내 아내 옆에 누워 있고, 나중 들어간 남자는 벌거벗은 채 침대
위에 서 있더군. 나는 그자를 때려눕힌 다음 두 팔을 등뒤로 묶고 무
엇 때문에 우리 가문의 명예를 더럽히느냐고 물었지. 그자는 자기가
잘못했다는 것을 인정하면서, 원하는 만큼 돈을 줄 테니 목숨만 살려
달라고 애원하더군. 그래서 나는 이렇게 대답했지. '나는 네 놈을 죽
이지 않는다. 하지만 이 나라의 법이 너를 죽일 것이다(Lysias, De

Caede Eratosthenis, 24).'"

고대 아테네에서는 나무랄 데 없는 여자가 유혹을 받으면, 그야 말로 야만적인 처벌이 가능했다. 아이스키네스(Contra Timarchum, 182, 183)의 한 대목을 읽어 보자.

"우리 선조들은 영예를 대단히 소중하게 여겼으며, 자녀의 도덕적인 순결을 높이 평가했다. 한번은 자신의 딸이 폭행을 당해 결혼할 때까 지 처녀의 몸을 유지하지 못하게 된 것을 알아버린 한 아버지가, 딸 을 말 한 마리와 함께 텅 빈 집에 가두어 결국 굶어 죽게 했다. 지금 도 그 집터가 남아 있는데, 그곳은 흔히 '말과 소녀'라는 이름으로 불린다."

스콜리아스트에 의하면 그 말은 야생마였고, 참을 수 없을 만큼 굶주리자 먼저 소녀를 잡아먹은 후 자기도 결국 굶어 죽었다고 한 다. 이 끔찍한 이야기가 사실인지는 알 길이 없지만, 아마도 지명에 서부터 그런 이야기가 유래된 것이 아닌가 싶다. 물론 왜 그런 지명 이 생겼는지 역시 확인할 길은 없지만.
아이스키네스는 간음을 하다가 발각된 여자에 대한 처벌을 이렇 게 설명한다.

"도저히 더 이상 나무랄 수가 없을 만큼 타락한 여자가 아닌 이상, 일체의 장신구를 착용할 수 없고 사원을 찾아갈 수 없다. 만약 여인 이 장신구를 착용하거나 사원을 찾아갔을 경우, 그 여인을 제일 먼저 발견한 남자가 그녀의 옷을 찢고 장신구를 떼내야 한다. 하지만 그 남자는 그녀를 죽이거나 불구자로 만들지는 않고, 단지 치욕을 안겨주어 삶의 모든 쾌락을 빼앗아버린다. 하지만 뚜쟁이(남자든 여자든)가 고발을 당해 죄가 입증되면, 가차없이 사형에 처한다. 단지 욕정에 눈이 먼 사람들은 수치심을 느낄 수도 있지만, 대가를 바라고 그런 죄악이 성사될 수 있도록 뻔뻔스러운 행동을 한 사람은 용서할 수 없기 때문이다."

물론 지역에 따라서 다양한 형태의 풍습이 나타난다. 플루타크 (Questiones Grace, 2)에 따르면, 키메라는 곳에서는 간음한 여인을 시장으로 끌고 가 모든 사람들이 볼 수 있는 바위 위에 세워두는 풍습이 있었다고 한다. 그것이 끝나면 그 여인을 당나귀에 태워 마을을 돌아다니게 한 다음, 다시 바위 위에 그 여인을 세우고 일생 동안 '당나귀를 탄 여자'라고 불리도록 치욕스러운 이름을 붙여준다.

엘리스의 레프레움(Heracleides Ponticus, Pol., 14)에서는 간음한 자를 사흘 동안 사방으로 끌고 다닌 다음, 평생토록 시민권을 박탈했다. 간음한 자가 여자일 경우에는 속옷을 벗기고 투명한 조끼만 입힌 채 열하루 동안 시장에 세워두는 풍습이 있었다.

간음은 이러한 문제에 유별난 관심을 가진 간사한 하녀와 탐욕스러운 몸종 등이 주도했다. 그들은 쪽지와 선물, 과일이나 꽃다발, 특히 사과 등을 주고받는 역할을 했다(Alciphron, Epist., iii, 62 ; Lucian, Tox., 13, Dial. Meretr., 12, 1 ; Theocritus, xi, 10). 여기서도 사과가 이브의 경우와 비슷한 역할을 했다는 것은 주목할 만한 대목이다.

간단히 말해서, 그들은 은밀한 사랑의 교환이 이루어질 수 있도록 모든 준비를 책임지는 자들이었으며, 이는 오비드의 《사랑의 기술》(i, 351 ff ; ii, 251 ff)에 생생하게 묘사되어 있다.

자신의 아름다운 양자 히폴리투스와 걷잡을 수 없는 사랑에 빠져버린 페드라, 그녀의 몸종은 에우리피데스가 자신의 《히폴리투스》에 장중한 어조로 소개한 바와 같이, 온갖 계략을 짜내어 뚜쟁이 비슷한 역할을 해냈다.

하인들의 도움으로 사다리가 설치되면, 남자는 창문을 통해 여자의 방으로 몰래 들어갈 수 있었고(Xenarchus, frag. 4(Kock) ; Ath., xiii, 569), 그밖에도 온갖 속임수가 동원되었다. 별로 많은 기록이 남아 있지는 않지만, 중간 다리를 놓는 자들에 대한 보상으로는 흔히 현찰이 이용되었던 듯하다(Dion Chrysost., vii, 144).

이와 관련하여 아름다운 다나이의 신화는 널리 알려져 있다. 그녀의 아버지는 앞으로 닥칠 곤경을 걱정하여 이중 삼중으로 자물쇠를 단 다락방에 딸을 가두어두었지만, 그래도 그녀는 제우스와의 밀회를 즐기고 있다.

물론 사랑의 금지된 쾌락을 만들어내는 것이 몸종이나 하녀의 몫인 것만은 아니었다. 이른바 '기회를 만드는 사람'인 전문적인 뚜쟁이들이 생겨나기 시작한 것이다.

헤론다스(B.C. 3세기)는 《미미암비》(1891년에 발견됨)에서, 완벽한 조형미와 고도의 사실적 기법을 동원하여 그런 인물의 형상을 묘사하고 있다. 그는 지체 높은 귀부인 메트리케의 방으로 우리를 인도하는데, 그녀는 하인과 함께 앉아 바느질을 하고 있었다. 사업 때문에 이집트로 간 그녀의 남편은 열 달이 넘도록 소식 한 자 없다. 그때 대문에서 문 두드리는 소리가 들린다.

메트리케는 혹시나 그토록 기다리던 남편이 돌아온 것이 아닐까 하는 희망에 가슴이 설렌다. 하지만 정작 찾아온 사람은 남편이 아니라, 헤론다스에 의해 더할 나위 없이 밉살스럽고 비겁한 인물로 묘사되는 길리스라는 여인이다. 바로 그 여자가 교활하기 짝이 없는 전문 뚜쟁이다. 잠시 이런저런 인사를 주고받던 두 여인은 다음과 같은 대화를 나눈다.

메트리케 : 트레이사, 누가 문을 두들기는구나. 혹시 시골의 친구분
　　　　　이라도 오셨는지 나가보렴.
트레이사 : 거기 누구세요?
길 리 스 : 날세.
트레이사 : 내가 누구에요? 가까이 오시기가 두려운가요?
길 리 스 : 지금 가까이 가고 있잖아.
트레이사 : 근데, 정말 누구시죠?
길 리 스 : 필라이니온의 어머니, 길리스야. 어서 들어가서 메트리케
　　　　　에게 내가 왔다고 전해.
메트리케 : 들어오시라고 해라. 누구시더냐?
트레이사 : 길리스라는데요.
메트리케 : 길리스 부인이? 너는 이만 나가보렴, 트레이사. (트레이

사 나간다) 무슨 바람이 불어 여기까지 찾아오셨나요, 길리스? 마치 신이 인간을 찾아오듯 하시는군요. 부인께서 내 집에 들어오는 것을 본 지가 꿈속에서도 다섯 달은 넘은 것 같아요.

길 리 스 : 그 동안 먼 데를 좀 다녀왔지. 진흙이 무릎까지 빠지는 거리를 돌아다니느라 말일세. 나는 이제 파리보다도 하찮은 늙은이야. 나이를 먹으니 죽음의 그림자가 자꾸만 어른거리는구먼.

메트리케 : 흥, 그런 거짓말로 나를 속일 생각은 마세요. 아직도 사내 서너 명을 품을 수 있을 만큼 정정하시잖아요.

길 리 스 : 그래, 마음껏 놀리려무나. 너희 같은 젊은 여자들은 늘상 그런 식이지. 하지만 흥분하지는 말게. 그래, 그 동안 독수공방 하느라 얼마나 외로웠나? 만드리스가 이집트로 떠난 지 열 달이 넘는데 아직 소식 한 자 없다니 말일세. 아마 자네를 잊어버리고 다른 사랑의 잔에 흠뻑 취해버린 모양이지.

그곳은 아프로디테의 고향일세. 이집트에는 예나 지금이나 없는 게 없지. 부와 체육관과 권력과 평화와 영광과 여신과 철학자와 황금 쟁반과 두 신성한 형제의 성지와 훌륭한 임금과 박물관과 포도주 등등 모든 게 다 있다네. 특히 여자는 또 왜 그렇게 많은지. 하데스의 여왕에 의해 하늘도 그토록 많은 별들을 품을 수 없고, 여자들은 아름다움을 심판받기 위해 파리스에게 몰려든 여신과도 같지. 그들의 이름은 일일이 기억하지 못하지만 말일세.

그래, 적적한 침대에 혼자 눕는 기분이 어떤가? 자네도 모르는 사이에 자네의 잘 익은 아름다움이 시들어가고 있다는 사실을 아는가? 이제 주변을 둘러보고 며칠쯤 색다른 생활을 살아보게. 다른 친구들을 만나 즐거운 시간을 보내기도 하고 말일세. 닻이 하나뿐인 배는 안전하지가 않은 법, 만드리스가 죽어버리기라도 하면 그 누구도 우리를 무덤에서 끄집어낼 수는 없다네. 바람 한 점 없는 날씨에 갑자기 태풍이 몰아닥칠 수도 있듯이, 우리의 미래는 아무도 알 수 없는 걸세. 젊을 때는 모든 게 불확실한 법이지 ― 그나저나 근처에 아무도 없나? (문쪽을 바라본다)

메트리케 : 쥐새끼 한 마리도 없어요.

길 리 스 : 그럼 이제부터 내가 하는 말을 잘 듣게. 파타이키온의 딸인 마탈리네에게 그릴로스라는 아들이 있는데, 이 사람은 벌써 다섯번이나 승리를 거둔 경력을 가지고 있지. 어렸을 때 피토에서 한번, 막 두 뺨에 화색이 돌기 시작하던 무렵에 코린트에서 두번, 또 피사에서도 두번이나 권투시합에서 이긴 적이 있다네. 게다가 재산도 많고 성격도 얼마나 차분한지 몰라.

그런 그가 미세의 장례식 때 자네를 본 뒤로 그만 열정으로 혈관이 부풀어오르고 심장에 광기가 가득한 지경이 되어버렸다네. 밤이건 낮이건 내 집을 떠나지 않고 나를 '작은 어머니'라고 부르며 큰 소리로 울부짖는다네. 자네에 대한 욕망 때문에 당장이라도 쓰러질 것만 같더군. 그러니 메트리케, 내 이번 딱 한번만 죄를 저지르게 해주게. 더 이상 나이가 자네 육신을 좀먹기 전에 여신이 한번 되어보게나. 그렇게만 하면 자네에게 두 가지 이점이 생기지. 그때부터는 쾌락을 누리며 살아갈 수 있을 뿐만 아니라 자네가 생각도 하지 못한 많은 대가를 받게 될 걸세. 내 말 잘 듣고 생각해보게, 내가 자네를 얼마나 사랑하는지는 잘 알 것 아닌가.

메트리케 : 길리스, 회색 머리칼 때문에 지혜마저 어두워지셨나 보군요. 내가 원하는 것은 오로지 만드리스가 안전하게 돌아오는 것뿐이에요. 이 세상의 어느 누가 찾아온다 하더라도 방금 부인께서 말씀하신 그런 이야기에는 귀를 기울이지 않을 거예요.

내 집에 들어올 때는 사악한 흉계를 가슴에 품고 왔겠지만, 나갈 때는 나의 증오를 한몸에 받고 절룩거리게 될 테니까요. 그러니 길리스, 두번 다시 그런 이야길 가지고 나를 찾아오지는 마세요. 그런 건 다른 데 가서나 알아보시고, 피데스의 딸인 이 메트리케는 혼자서 외로운 침대에 누울 수 있도록 내버려두세요. 만드리스가 아내 때문에 남들의 비웃음을 사게 할 수는 없어요. 하지만 이것이 길리스가 원하는 대답은 아니겠죠? 트레이사, 주전자를 잘 닦아서 최고급 포도주를 좀 내오너라. 부인께 제일 큰 잔을 드리렴.

트레이사 : 여기 있어요, 길리스 부인, 어서 드세요.

길 리 스 : 고맙구나. 내가 여기 온 것은 자네를 타락의 길로 빠뜨리려는 것이 아니라 축제 이야기를 들려주기 위해서였어.

메트리케 : 그런 이유 때문이었다면, 길리스 부인, 더 이상 하실 말
씀이 없으시겠군요.

길 리 스 : 아마 자네 가슴 속에도 하고 싶은 말은 많을 걸세. 그건
정말로 달콤하지. 길리스는 한번도 메트리케보다 더 달
콤한 와인을 마셔보지 못했다네. 자, 그럼 행운을 비네.
메트리케. 몸조심하고. 나는 이 길리스의 숨이 붙어 있는
한 내 딸 미르탈레와 시메가 젊음을 유지하기를 원한다
네.

이것은 확실히 뚜쟁이가 운이 없었던 경우이다. 메트리케는 자신
의 단호한 입장을 밝히며 길리스를 돌려보냈지만, 마실 것을 내놓
은 것은 정말 현명한 처사였다. 그녀는 그런 여자들의 약점을 잘 알
고 있었고, 헤론다스는 그들이 포도주를 무척이나 좋아한다는 사실
을 몇번이나 강조하고 있다. 특히 희극에서는 그것이 언제나 박수
를 받는 모티브를 형성하고 있다.

하지만 여자가 메트리케처럼 단호한 입장을 보이지 않을 경우,
뚜쟁이는 자신의 집을 밀회 장소로 제공하기도 한다.

고대의 저술에 이런 밀회 장소에 대한 언급이 그토록 많다는 사실
은 그런 종류의 불륜이 얼마나 광범위하게 퍼져 있었는지를 증명한
다. 말하자면 수요와 공급이 직접적인 상호관계를 맺고 있었던 것
이다.

친구가 자기 집을 불륜의 보금자리로 빌려주는 경우도 있었다.
카툴루스(lxviii, 67)가 자신의 친구인 알리우스에게 고마움을 이루

다 표현할 수 없었다는 유명한 예가 그 사실을 뒷받침한다.

"그는 울타리가 쳐진 들판을 가로지르는 널찍한 오솔길을 열어주었다. 그는 내가 그 집의 안주인에게 접근할 수 있도록 해주었으며, 우리는 그 지붕 밑에서 서로의 사랑을 즐겼다. 저쪽에 나의 여신이 우아하게 걸어들어와 눈부신 발을 문턱에 올려놓고, 갸름한 샌들을 지그시 누르고 있었다."

결혼한 남자가 아내의 불륜을 알면서도 그냥 말없이 참는 경우도 있었다. 그럴 경우 그는 실질적인 이득을 볼 수가 있는데, 네아이라(데모스테네스로 잘못 알려져 있다)에 대한 연설에서 아내는 자신의 육체적 매력을 이용하여 가사 비용을 떠맡아야 하는 것으로 되어 있다. 하지만 아내가 불륜을 범했을 경우, 남편은 이혼을 할 수도 있다. 그런 이혼에 대한 법적인 절차를 파고드는 것은 우리의 임무가 아니지만, 그밖에 여러 가지 사정으로 인해 이혼이 이루어질 수 있다는 사실만큼은 언급해둘 필요가 있겠다.

그 가운데는 특히 플라톤(Laws, vi, 784)이 마음에 들어했을 법한 성격상의 차이로 인한 것도 있고, 심지어는 자손을 볼 수 없는 상황도 이혼의 사유가 되었다. 그리스인들은 자손의 번식을 결혼의 주요 목표 가운데 하나로 생각했으므로 그것은 상당히 일리가 있는 관행이다. 이런 이유 때문에 아이를 낳지 못한 아내들은 각종 미신에 의지하기도 했는데, 그것은 디온 크리소스톰(xv, 8)의 말을 빌면 "모든 아내들은 남편을 지키고 싶어했기" 때문이었다.

따라서 이른바 '시험 결혼'이라는 개념이 전혀 불가능하지 않았음은 그 자연스러운 귀결이라 할 수 있다. 견유학파인 크라테스 (Diog. Laert., vi, 93)의 기록에는 이러한 대목이 있다.

"그는 자기 입으로 자신의 딸을 30일간 시험 결혼을 위해 건네주었음을 털어놓았다."

지금까지 그리스의 결혼과 관련해 소개한 이상과 같은 내용은 많은 저술가들이 자신의 저서에서 결혼과 아내에 대해 언급한 것들을 여기저기 각종 문헌에서 찾아내어, 전체적인 윤곽을 구성해보기 위한 시도였다. 그렇게 해서 얻어진 결과에 각종 일화와 사례들을 덧붙인다면, 한층 다양하고 생생한 그림을 그려볼 수 있을 것이다. 이미 고대에서부터 그런 시도들이 행해졌는데, 지금까지 전해 내려오는 것들도 상당수에 이른다.

결혼과 관련된 플루타크의 철학적 저술이 안고 있는 문제점은 많은 학자들의 연구 주제이기도 하다. 필자는 여기서, 마르쿠스 아우렐리우스의 시대에 활동했던 이집트 나우크라티스의 아테나이우스가 쓴 열다섯 권짜리 저서 《지성인의 연회》라는 책을 소개하고자 한다.

로마의 뛰어난 학자 라렌시우스의 집에서 저녁 만찬이 벌어졌다. 각계의 학자 스물아홉 명이 손님으로 초대되었는데, 그중에는 철학자와 수사학자, 시인, 음악가, 의사, 법관 등이 포함되어 있었다.

아테나이우스는 자신의 저서(처음과 끝 부분을 제외하면 거의 완벽하게 보존되어 있다)에서, 친구인 티모크라테스에게 그 연회에서 논의되었던 모든 이야기들을 들려주고 있다. 제13권의 서두에서 화제는 결혼과 결혼한 여인에 대한 주제로 넘어간다.

> "스파르타에서는 결혼 적령기에 이른 모든 소녀들을 캄캄한 방에 가두어놓고, 미혼의 청년들을 그들과 함께 있도록 하는 풍습이 있었다. 청년들은 각기 마음에 드는 처녀를 골라 지참금도 받지 않고 데려간다."

솔리의 클레아르쿠스가 남긴 기록에 의하면, 어떤 축제에서는 여자들이 미혼 남자들을 제단으로 끌고가 지팡이로 때렸다는 이야기가 나온다. 남자들이 그런 수모를 피하기 위해서라도 적당한 나이가 되면 상대를 찾아 결혼을 하도록 유도하기 위해서라는 것이다.

아테네에서는 케크롭스가 처음으로 일부일처제도를 도입했는데, 그전에는 성적인 접촉을 제한하는 아무런 규정도 없었다고 한다. 아리스토텔레스의 시대까지 거슬러 올라가면, 소크라테스 역시 크산티페 외에도 유명한 아리스테이데스의 증손녀 미르토 등, 두 여인을 합법적인 아내로 거느렸다는 것이 일반적인 견해이다. 그 당시에는 인구가 부족했기 때문에, 그런 제도가 합법적으로 용인되었다고 볼 수도 있다.

페르시아 사람들 사이에서는 왕의 아내가 나머지 첩들의 존경과 경외의 대상이었다. 프리암(Iliad, xxiv, 496) 역시 상당한 수의 첩을 거느렸는데, 그래도 아내인 헤쿠바와의 사이에는 아무런 문제도 없었다.

"아카이안스의 아들들이 왔을 때, 나에게는 50명의 아들이 있었다. 그 가운데 열아홉은 한 배에서 태어났고, 나머지는 궁궐 내의 다른 여자들에게서 태어났다."

아리스토텔레스(frag. 162)가 지적한 것처럼, 호머가 《일리아드》에서 메넬라우스가 첩과 동침하는 장면을 한번도 언급하지 않은 것은 놀랄 만한 일이다. 물론 메넬라우스 역시 한 사람 이상의 아내를 둘 수 있는 자격이 있었음에도 불구하고 말이다.

심지어는 네스토르와 포이닉스 같은 노인들도 첩들과 동침을 했다. 그들은 과음과 과식과 정력의 낭비로 젊음을 날려버리지 않았기 때문에, 그 노령에도 활력을 유지할 수 있었다. 만약 메넬라우스가 첩을 두었다면, 그것은 어디까지나 자신의 본처인 헬렌을 위해서였을 것이다. 그는 그녀를 위해 군대까지 만들지 않았던가. 하지만 아가멤논은 많은 아내를 두었다 하여 테르시테스의 질책을 받았다(Iliad, ii, 226).

"그대의 막사에는 청동이 가득하고, 그대의 막사에는 여자들이 가득하니, 우리가 성을 점령한 이후 제일 먼저 그대에게 부여한 타락이 바로 그것이라."

아리스토텔레스는 계속해서 이렇게 덧붙인다.

"물론 그렇게 많은 여인들은 실질적인 필요에 의해서가 아니라 영예의 선물로 주어진 것에 지나지 않는다. 그가 취하기 위해 그토록 많은 포도주를 공급받은 것이 아니지 않은가."

이루 헤아릴 수도 없을 만큼 많은 아내를 거느렸던 것으로 유명한 헤라클레스(그는 사실 여자를 무척 좋아했다)는 원정을 나가거나 다른 나라를 여행하는 동안 한 번에 한 여자하고만 관계를 가지곤 했다. 헤로도루스(FHG II, 30)의 기록에 의하면, 그는 7일 동안 테스티우스의 딸 50명과 관계를 맺었다고 한다.

이스트루스는 자신의 《다락방 이야기》(FHG I, 420)에서 테세우스의 여러 아내들을 소개하고 있는데, 그 중에는 사랑 때문에 결혼한 여인들도 있고, 전리품으로 데려온 여인들도 있었지만, 합법적인 아내는 한 사람뿐이었다고 한다.

마케돈의 필리프는 원정을 나갈 때 여자를 데려가지 않았지만, 알렉산더에게 무릎을 꿇은 다리우스는 시시각각 목숨을 건 전투를 벌이면서도 항상 360명의 첩을 거느리고 다녔다는 기록이 디카이아르쿠스의 《헬라스 생활》(FHG II, 240)이라는 책에 남아 있다.

시인 에우리피데스 역시 여자를 무척 좋아했다. 히에로니무스(frag. 6)는 《역사적 비망록》이라는 저서에서, 누군가에게서 에우리피데스는 여자를 싫어하는 사람이라는 말을 들은 소포클레스가 이렇게 대답했다고 적었다.

"그래, 그의 비극에서는 그렇지. 하지만 침대 속에서는 전혀 그렇지 않아."

여성에 대한 비난들

유불루스의 희극 《화환을 두른 거간꾼들》이라는 작품에는 결혼한
여인들에 대한 신랄한 비판이 쏟아진다.

"당신네들이 여름철에 외출을 하면, 두 눈에서는 두 줄기 검은 광채
가 흐르고, 뺨에 돋은 땀방울은 붉은 주름이 되어 목덜미로 굴러떨어
지며, 이마의 머리칼에는 백분이 잔뜩 묻어 회색으로 보인다."

알렉시스의 희극 《예언자》(frag. 146, Kock)에는 손님 한 사람이
다음과 같은 대사를 읊조리는 장면이 있다.

"삶의 자유와 욕정을 팔아먹은 우리는 불행하도다. 자유는 커녕 마누
라에게 매인 노예 신세와 다를 바가 무엇인가. 우리가 어떤 보상을
바라고 이런 처지를 참아내야 하는가? 지참금을 제외하면 남는 것이
라곤 여자의 증오뿐, 그나마 거기에 비하면 남자의 증오는 꿀과도 같
도다. 아내 때문에 상처를 입은 남편은 아내를 용서하지만, 그들이
나쁜 짓을 저질렀을 때는 오히려 우리를 더 미워하지 않는가. 그들은
시작하지 말아야 할 행동을 시작하고, 시작해야 할 행동은 무시해버
리며, 조금만 고난이 닥쳐도 언제나 고난을 벗어날 날이 없다고 푸념
하는도다."

크세나르쿠스(frag. 14, Kock)는 암컷이 목소리를 낼 수 없는 메

뚜기에게 찬사를 돌리고, 유불루스(frag, 116, 117, Kock) 역시 아리스토폰(frag. 5, Kock)과 마찬가지로, 처음으로 결혼을 한 남자는 아직 그 '썩어빠진 사기'를 알지 못하기 때문에 비난을 할 수 없다고 말하고 있다. 물론 그들에게 있어 두번째로 결혼을 한 남자는 도저히 구제가 불가능한 인간들이다.

같은 희극에서 등장 인물 한 사람은 아내들을 보호해주고 싶다며 그것을 '가장 훌륭한 축복'이라고 말한다. 그는 또 페넬로페를 아내로 둔 메데아, 알케스티스를 아내로 둔 클리타임네스트라 등을 예로 들며, 악명 높은 이간쟁이들과 맞서는 데 성공한다.

"하지만 더러는 페드라를 비난하는 사람도 있을 것이다. 그렇다면 제우스에게는 과연 누가 좋은 여자였을까? 나는 불행한 남자이니, 머지 않아 좋은 여자들이 나를 버리리라. 하지만 나에게는 아직 언급할 못 된 여자들이 많이 있다."

안티파네스(frag. 221, Kock)는 다음과 같은 말을 인용한다.

"그가 결혼을 했다고? 자네 무슨 소리를 하는 건가? 그가 정말로 어제 내가 차버린 여자와 결혼을 했단 말인가?"

다음의 두 구절은 메난데르에 나오는 것들이다(frag. 65, 154, Kock).

"자네가 조금이라도 머리가 돌아가는 남자라면 결혼을 하지 않을 걸세. 자네 인생을 자네 것으로 지켜야 하지 않겠나. 물론 자네에게 이런 말을 하는 나는 결혼을 했지. 그래서 이런 충고를 할 수 있는 걸세. '결혼하지 말라' 이건 누구에게 물어봐도 결론은 마찬가지야. 과감하게 주사위를 던지게! 그리고 밀어붙이는 거야! 하지만 하늘은 그런 자네에게 안전을 보장해줄 걸세. 이제 자네는 참된 고난의 바다로 나아가고 있는 거야. 리비아에서도 에게에서도 시실리아 바다에서도 마찬가지지. 서른 척의 배 가운데 세 척만이 간신히 난파를 면할 수 있다네. 하지만 구조된 사람 중에서 결혼한 남자는 단 한 사람도 없었네."

"누구든 제일 먼저 결혼하는 사람, 이어서 두번째로 결혼하는 사람, 이어서 세번째, 네번째로 결혼하는 사람, 끝내는 마지막으로 결혼하는 사람조차, 뿌리와 가지까지 모조리 썩어 없어지리라."

시인 카르키누스(frag. 3, Nauck)의 비극에는 이런 대목이 나온다.

"오, 제우스여, 여자에게 벌을 줄 이유가 뭐 필요합니까? '여자' 라는 그 이름만으로 충분하지 않던가요?"

물론 마음만 먹으면 여기에는 다른 비슷한 사례를 얼마든지 추가할 수 있다. 하지만 여성에 초점을 맞춘 그리스 저술가들의 글을 다 모으려면, 그것만으로도 책 한 권 분량이 훨씬 넘을 것이다. 비극을 많이 쓰는 사람들, 특히 에우리피데스 같은 이가 여성에 대해 퍼부었던 공격을 한 마디로 정리한다면, 다음과 같은 좌우명으로 압축될 수 있을 것이다.

"여자와 결혼을 하느니 차라리 여자를 태워버리는 것이 낫다."

그러나 필자는 희극에서 몇몇 사례를 인용하는 것으로 만족할 테니, 독자 여러분께서는 그리 걱정하지 않아도 되겠다. 지금까지 전해져 내려오는 아티카 희극 가운데 대부분이 그 첫머리에 여성에 대한 공격을 포함하고 있다는 사실은 단순한 우연만은 아닐 것이다.

6세기 초반에 희극을 아티카의 이카리아 도시로 전파시킨 메가라의 수사리온은 대중 앞에 나타나 여자와 함께 사는 것은 끔찍한 일이라고 주장했다. 하지만 어차피 끔찍한 일을 피할 수는 없기 때문에, 그는 결국 다음과 같은 결론에 도달한다.

"결혼을 하건 하지 않건, 나쁘기는 똑같다(CAF, p.3, Kock)."
아리스토파네스의 문장도 하나 인용해보자(Lysistr., 368, 1014, 1018).

"에우리피데스보다 더 현명한 시인은 없다. 여자만큼 뻔뻔스러운 동물은 존재하지 않기 때문이다 …… 여자보다 더 정복하기 힘든 야생동물은 아무것도 없다 …… 그대도 이것을 알고 있으면 나에게 싸움을 걸라. 나를 친구로 만들 힘이 있다면 말이다 …… 나는 절대로 여자에 대한 증오를 포기하지 않을 것이다."

아리스토파네스는 종종 여자들이 자기 입으로 자신의 천박함을 털어놓게 만든다. 《테스모포리아주사이》(383 ff.)에는 유난히 인상적인 대목이 있다.

"숙녀 여러분, 내가 이렇게 일어나서 이야기를 하는 것은 괜히 잘난 척하고 싶어서가 아닙니다. 단지 나 자신이 오래 전부터 고난에 찬 불행한 여인이었기에, 자기 자신도 여자의 아들이면서 끊임없이 여자를 박해하기 위해 온갖 꾀를 짜내는 에우리피데스에게 여러분이 모욕을 당하고 있음을 알기 때문입니다. 도대체 그는 지금까지 어디서, 어떻게 우리를 비난하고 모략했습니까? 그가 우리를 간음한 자, 정부, 술꾼, 배신자, 수다쟁이, 파산자, 남자에게 전염병과 같은 존재라고 부르지 않은 연극이 단 한 편이라도 있을까요? 그러니 그런 연극을 보고 집으로 돌아온 남자들은, 괜히 우리를 빤히 노려보거나 혹시 벽장 속에 정부라도 숨겨 놓지 않았나 집안을 뒤지곤 하는 것도 무리는 아니지요. 덕분에 우리는 옛날 같은 행동을 할 수가 없게 되었습니다. 에우리피데스가 남편들에게 의심하는 법을 가르쳤기 때문에, 이제는 뜨개질로 모자만 뜨고 있어도 바람을 피운다고 의심받고, 꽃병을 하나 깨뜨리면 대번에 우리 남편들은 어떤 놈팽이 때문에 정신이 나갔느냐고 몰아세우지요. 아마 그 놈팽이는 코린트의 이방인일 겁니다! 여자가 병에 걸리면, 그녀의 오빠가 달려와 '나는 이런 안색을 가진 여자를 좋아하지 않아.' 하고 쏘아붙입니다. 그래요, 아이가 없는 여자들은 아이의 역할을 대신하고 싶어하지만, 그것조차 들키지 않고는 할 수 없습니다. 예전에는 나이 든 남자들도 이따금 우리네 여자들과 결혼을 하곤 했는데, 에우리피데스가 '늙은 남자는 아내와 결혼하는 것이 아니라 폭군과 결혼하는 것이다(Phoenix).'라는 시를 쓰고부터는 돈 많은 노인들이 우리와 결혼할 엄두조차 내지 않습니다. 이제 조금만 있으면 남편들은 자물쇠와 빗장을 채워 우리를 감시하겠지요. 심지어는 우리의 정부에게 겁을 주기 위해 몰로시안 개까지 기를 거예요. 친구 여러분, 우린 이 모든 것을 참아낼 거예요. 하지만 이제 우리의 지극히 사소한 특권, 즉 주부로서 빵과 기름과 포도주를 관리할 권리조차 머지않아 빼앗겨버릴 거예요!"

물론 이상과 같은 모든 인용들이 그리스인의 결혼과 여성에 대한 관념을 전혀, 혹은 거의 설명해주지 못한다고 하는 반론도 있을 수 있다. 이 대부분은 주로 희극에서 인용한 것들이고, 널리 알려진 바와 같이 희극은 현실을 있는 그대로 표현하는 것이 아니라 그로테스크한 왜곡을 통해 굴절된 형태로 보여주기 때문이다. 맞는 말이다. 하지만 아무리 희극이라 해도, 하루 아침에 이전에는 전혀 없던 새로운 관념을 만들어내지는 않는다. 대신 이미 있던 것들을 풍자하고 과장할 뿐이다. 따라서 희극을 시대의 거울로 간주한다 해서 무리가 될 것은 없다.

또 한 가지 언급해둘 것은, 결혼과 여성에 대한 공격이 오직 희극을 주로 쓰는 시인에게서만 발견되는 것이 아니라, 그리스 문학 전반을 통해 나타난다고 하는 점이다. 불행히도 지면의 제약 때문에 가장 대표적인 사례만을 추려서 실었으나, 심지어는 희극이라는 개념이 등장하기 훨씬 이전부터 여성에게는 단 하나의 장점도 부여하지 않으려 하는 목소리들이 존재해왔다.

기원전 7세기 초반, 아모르고스의 시모니데스(PLG., ii, 446)는 놀랄 만큼 명쾌하고 솔직한 어조로 여성의 생리적, 도덕적 약점을 지적하는 시를 남겼다(이 시는 아직까지도 전해 내려오고 있다). 시인은 열 명의 여자 가운데 아홉은 무용지물에 지나지 않는다고 단언하는데, 이것 역시 여성의 기원 때문에 나타나는 현상으로 설명하고 있다. 음란한 여자는 암퇘지에서, 지나치게 현명한 여자는 여우에서, 호기심 많은 여자는 개에서, 먹는 것 말고는 아무것도 모르는 멍청한 여자는 둔감한 땅에서 태어났다는 것이다. 변덕스러운 여자는 수시로 변신하는 바다와 같아서 아무도 그 속을 파악할 수 없고, 게으른 여자는 당나귀를 조상으로 삼고 있으며, 짓궂은 여자는 고양이의 후손이다. 옷과 장신구에 욕심을 내는 여자, 언제나 고상한 품위를 찾는 여자는 말에게서 태어났고, 마지막으로 못생기고 추한 여자는 원숭이의 자손이다.

> "원숭이의 제9대손, 이는 제우스가 남자에게 안겨준 최악의 선물이다. 외모는 추하기 그지없어서, 이런 여자가 거리에 나타나면 사람들이 모두 비웃는다. 목은 짧아서 거의 움직일 수도 없으며, 엉덩이도 없는 것과 다를 바 없다. 그런 여자를 안아야 하는 남자라면 기분이 좋을 리 없다. 게다가 그녀는 마치 원숭이처럼 온갖 음모와 속임수를 알고 있으며, 좀처럼 웃지도 않는다. 누구에게도 호의를 베풀지 않지만, 매일같이 세우는 계획의 목적은 남자에게 최대한의 상처를 주기 위함이다."

이러한 여성의 약점에 대한 고발은 무려 82행에 걸쳐 상세히 다루어지는 반면, 건설적인 한 집안의 안주인이자, 어머니이며, 벌의 후손이기도 해서 '사랑을 받을 수 있으며 사랑을 줄 수 있고, 남편과 함께 나이를 먹어가고, 아름다우면서도 유명한 종족의 어머니인' 진실된 아내에 대해서는 불과 9행으로 설명이 끝나고 만다. 따라서 그 의도는 아내에 대한 칭찬을 하지 않으려는 것으로 볼 수밖에 없다.

스토바이우스의 방대한 앤솔러지(iv, 22, No.4)에는 몇개의 장에 걸쳐 결혼에 대한 문제를 상세히 언급한 대목이 있다. 먼저 수많은 시인과 철학자들의 언급이 나열되는데, 그 중에는 증오심과 존경심이 뒤섞인 것들도 있다. 희극 작가 알렉산드루스(CAF., iii, 373, No.5)의 경우는 "고귀한 아내는 덕의 창고와도 같다."라고 말하며, 테오그니스(1225)조차 "세상에 정직한 아내보다 더 달콤한 것은 없다."라는 견해에 동감을 표하고 있다. 에우리피데스(TGF, 566)는 모든 여성들을 싸잡아 비난하는 것은 잘못이며 "세상에는 많은 여자가 있다. 나쁜 여자를 발견하는 경우도 많겠지만, 좋은 여자도 많다."라고 하였다.

이런 종류의 언급을 몇개 더 인용하는 것은 어려운 일이 아니지만, 아무튼 아무런 단서나 조건이 붙지 않은 여성에 대한 칭찬을 찾아보기란 결코 쉬운 일이 아니다. 앞서 언급한 스토바이우스의 글에는 아예 '여성에 대한 비난'이라는 제목이 붙은 절이 있기까지 하지만, 그에 대응할 만한 여성에 대한 칭찬은 어디서도 나타나지 않는다.

우리는 플루타크가 잘 아는 신혼부부를 위해 썼다는 '부부에게 주는 충고'라는 멋진 소책자를 가지고 있다(62페이지 참조). 플루타크는 또 '여성의 덕목에 대하여'('여성의 영웅주의'라고 번역하는 것이 더 나을 뻔했다)라는 제목의 독백을 쓰기도 했는데, 이것은 페리클레스가 장례 연설 때 한 유명한 말을 사례와 함께 수집한 내용으로, 아직까지 전해 내려오고 있다. 좋은 쪽으로든 나쁜 쪽으로든, 말이 적은 여자가 가장 좋으며, 소피스트 시대 이후 그 주제 — 여성의 덕목을 남성의 덕목과 비교할 수 있느냐 라는 것 — 는 철학을 가르치는 학교에서 자주 언급되었다는 것이 이 글의 요점이다. 하지만 결론은, 뛰어난 여성들이 보여준 역사적 실례에 의해 입증되는 것과 마찬가지로, 도덕적으로 남성과 여성은 평등하다는 것으로 내려진다.

2

그리스인이 추구한 육체의 미

의 복

벌거벗은 남성들

인간의 의복이 수치심에서 비롯된 것인지, 아니면 의복을 입기 시작한 이후로 수치심이 발달하기 시작한 것인지의 문제는 예전에 전개되었던 활발한 토론에 따라 후자가 맞는 것으로 결말이 났다. 이것은 더 이상 이론이 아니라, 증명된 사실로 간주될 수 있는 문제이다. 따라서 자주 언급되어온 증거들을 새삼스럽게 거론하는 것은 번거로운 일이 될 것이다.

의복에 대한 기술이 가장 최초로 나타난 것은 혹독한 기후로부터 신체를 보호하기 위해서였으며, 먹이로 삼기 위해 도살한 동물의 가죽이 사용되었다. 단지 몸을 가리기 위한 옷은 매우 천천히 생겨났는데, 한편으로는 무언가 가릴 것이 있다는 감정이, 다른 한편으로는 신체를 꾸미거나 신체에서 가장 두드러지는 부위를 장식함으로써 가장 매력적인 부분을 강조해야겠다는 희망이 나타나기 시작했다. 오늘날에도 찌는 듯한 열대기후 지역에 사는 사람들에게 있어서 '의복'의 주요한 목적은 신체의 장식에 있다.

문명의 진보가 소위 수치심이라는 감정을 발전시켜온 뒤임에도 불구하고, 개인이나 전체 민중의 속성이 되어버린 수치심(지금은 '도덕'이라고 불려진다)이 요구하는 바에 따라, 신체 전부나 일부를 가리는 것이 옷을 입는 행위의 목적으로 지속되고 있다. 따라서 복식의 역사가 요구하는 세부적인 항목에 대해서까지 그리스인들의 의생활을 묘사할 필요는 없을 것이다. 우리의 과제는 수치심이라는 감정이 어디까지 진전되었으며, 주도적인 유행의 흐름 속에서 장식의 필요성이 어디까지 진전되었는가를 밝히는 것으로 제한하기로 한다.

그리스인들의 정신이 표출됨으로써 고도로 발달한 문화가 정점에 이른 시기에서, 수치심이라는 감정과 기후에 대해 신체를 보호해야 할 필요성의 두 가지 요소는 의복에 대해서 언급할 때 분리될 수 없는 것이므로, 남성의 의복에 대해서는 많은 언급을 하지 않겠다. 여성의 의복에 대해서도 비교적 간결하게 다룰 것이다. 거의 격리된 채 생활했던 그리스 여성들의 처지와 그들이 공공생활에서 거의 아무런 역할도 하지 않았다는 사실을 고려해볼 때, 특별히 화려한 옷을 입고 거리를 걸을 기회가 거의 없었을 것이므로, 그리스 여성들의 생활에 있어서 유행의 중요성은 오늘날의 그것과는 사뭇 다를 수밖에 없다.

짤막한 클라미스(chlamys)는 젊은 육체를 그대로 보여줄 수 없었으므로, 그리스 소년들의 입장에서는 불편한 복장이었다. 클라미스는 오른쪽 어깨 위나 가슴 윗부분에서 단추나 걸쇠를 사용하여 동여매는 일종의 숄 같은 것으로, 젊은이가 에페비(ephebi, 대략 16세 정도)의 지위에 이를 때까지 착용하는 복장이었다. 펠레폰네소스 전쟁 당시까지 적어도 아테네에서는 좀더 어린 소년들은 얇은 셔츠의 일종인 짤막한 키톤(chiton)만을 입었다.

아리스토파네스는 과거의 체제가 지니는 신체를 단련하는 효과와 단순성에 대해 칭찬을 했다(Clouds, 964).

"그러므로 내가 정의를 옹호하는 활동을 펼치고 절제가 사회의 기풍이 되었을 당시에, 고대의 교육체제는 어떻게 정비되었는지에 대해 서술해보겠다. 우선 중얼거리는 아이들의 목소리에 아무도 귀를 기울이지 않는 것이 의무처럼 되어 있었다. 다음으로 아이들은 굵은 눈발이 날릴 때조차도 벌거벗은 채 질서정연하게 열을 지어 거리를 지나 학교로 행진해가야 했다."

리쿠르고스 또한, 12세가 될 때까지는 여름이나 겨울이나 똑같이 키톤 한 벌만을 입히고, 그후에는 엉성한 직물로 만든 짤막한 겉옷인 트리본(tribon)만을 입게 함으로써 스파르타의 소년들을 강하게 만들어야 한다고 열렬하게 주장했던 것은 잘 알려진 사실이다

(Lycurg., 16).

소년들의 육체가 지니는 아름다움에 대해 이해하고 있었던 그리스인들이 마치 벌거벗고 다니는 낙원처럼 가장 아름다운 옷을 입고 있는 소년과 청년들을 계속적으로 지켜볼 수 있는 기회를 지니기 위해 좀더 편리한 복장을 궁리해내지 않은 까닭이 무엇인가 하는 의문이 일어날 수 있다. 그러나 그리스의 소년들은 하루의 4분의 3을 목욕탕과 체육관, 그리고 무도장과 레슬링 학교 등에서 벌거벗은 채, 정말이지 수영복 같은 팬티조차도 걸치지 않은 완전한 나체로 생활했으며, 이에 대해서는 뒤에 다시 언급할 기회가 있을 것이다.

남성의 의복은 기본적으로 키톤과 그 속에 입는 울과 리넨으로 만든 내의(셔츠와 비슷함)로 구성되었으며, 여기에 히마티온(himation)을 걸쳐입었다. 히마티온은 커다란 사각형의 천조각으로, 왼쪽 어깨 위에 걸친 뒤 오른쪽 등이나 오른팔 밑으로 늘어뜨리고 나서 다시 왼쪽 어깨나 왼팔에 걸치는 식이었다. 남성의, 이와 같은 의류를 입는 어느 정도 세련된 방식으로부터 사람들의 일반적 문화를 감지할 수 있다.

온화한 기후는 히마티온을 걸칠 필요 없이 간단한 키톤만 입고도 외출할 수 있게 했으나, 반대로 많은 사람들은 키톤을 입지 않고 히마티온만 입은 채 외출했다. 소크라테스도 거의 언제나 그와 같은 차림이었다(Xenophon, Memor., i. 6. 2). 그러기는 스파르타의 걸출한 왕이었던 아게실라우스도 마찬가지여서, 그는 날씨가 혹독하게 추울 때에도 히마티온만 입었으며, 늙어서도 키톤을 필요로 하지 않았다(Aelian, Var. hist., vii, 13). 시러큐스의 통치자였던 겔론을 비롯한 그밖의 많은 사람들이 히마티온만 입은 차림을 즐겼다(Diod. Sic., xi, 26). 포키온 또한 특별하게 언급되고 있다(Duris in Plutarch, Phocion, 4).

"그는 언제나 신발을 신지 않고 키톤을 걸치지 않은 채 다녔다. 날씨
가 심하게 춥지 않을 때면, 병사들은 농담삼아 포키온이 키톤을 입을
때면 맹추위가 올 것이라는 얘기를 주고받을 정도였다."

대개 '벌거벗은'이란 의미를 갖는 '김노스(gymnos)'라는 어휘는 키톤을 입지 않고 외출하는 사람들에 대해서 사용되었다. 일반적으로 히마티온은 무릎 근처에 닿거나 그보다 조금 짧은 정도였다. 그 것을 길게 입는 것은 사치나 긍지의 상징이었다. 예컨대 알키비아데스(Plato, Alcib., i, 122 ; Plutarch, Alcib., 1)는 젊은 시절에 히마티온의 끝자락이 무릎 위로 올라가는 사람들을 단정치 못한 것으로 간주하면서 그와 같은 차림에 대한 공격을 서슴지 않았다. 특히 앉은 상태에서 히마티온이 무릎 위로 미끄러져 내리는 것을 뻔뻔스러운 행동으로 간주하고 속에 팬티를 입지 않은 것과 마찬가지로 취급했다. 따라서 루키안이 견유학파에 대해 설명하면서, 알키다마스(Sympos., 14))가 반나의 상태(즉 무릎 위로 치켜올라가는 히마티온을 입은 상태)로 식탁에 앉아 켄타우루의 동굴 벽화에 등장하는 헤라클레스처럼 팔꿈치를 괴고 잔을 움켜쥐었다고 묘사한 까닭

크레타 벽화에 등장하는 귀부인들의 의상

을 이해하게 된다. 이와 같은 차림은 당시만 해도 개인의 노출에 대
한 모티브를 생각하지 못한 상태였으므로 보기 흉한 행동으로 여겨
졌다. 따라서 알키다마스가 자신의 육체가 순결할 정도로 하얗다는
것을 보여주기 위하여 극단적으로 자신을 노출시킨다면, 그것은 그
야말로 관객들을 열광시키는 웃음거리가 되었을 것이다.

성적 매력을 위한 여성의 옷들

지금 여기서 거론한 남성의 의복은 그리스 역사의 전 기간 동안
지속되어온 것으로서, 몇가지의 부차적인 변형물들은 제외되었다.
여성 의복의 경우에는 다소 길게 살펴봐야 하며, 서로 다른 시기로
구분해야 한다. 그리스의 전 역사를 통틀어 보통 '에게 문명'이라

고 불려지는 고대 헬레니즘 선사시대보다 더 여성 의복이 화려하고 우아하게 발달한 적이 없었다는 사실은 특히 재미있는 일이다. 몇 가지 기념비와 그림, 크레타에 있는 크노소스 신전터의 조형물들 덕분에 우리는 문자로 이루어진 증거가 남아 있지 않은 고대 상류층 여성들의 유행에 관한 정보를 제공받을 수 있다. 이를 통해 우리는 기원전 2000년에 황실 여성들이 현대사회였다면 분명히 음란하다고 낙인이 찍혔을 정도로 화장을 한 모습을 확인할 수 있다. 그 여성들은 엉덩이에서 발치까지 수없이 많은 조각들이 서로 포개지는 식으로 구성되어 마치 몇개의 스커트로 이루어진 듯한 치마를 입었다. 상체는 소매가 있는 재킷과 같은 아주 꽉 조이는 겉옷을 입었다. 이러한 겉옷은 잘 익어서 먹음직스러운 두 개의 사과처럼 보이는 가슴선의 둥근 윤곽을 그대로 드러내보였다.

　나체와 노출이 서로 연관관계에 있다고 얘기할 때, 우리는 이와 같은 화장의 문제로 다시 돌아가게 된다. 어쨌든 크레타의 발굴품들은 목 부분과 어깨를 가리지 않고 가장 도발적이면서도 예술적인 방식으로 드러내보이는 것이 가장 오래 된 그리스 문명에서도 그리 낯선 것이 아니었음을 입증하고 있다. 더 나아가서 그것은 또한 당연하게도 상류층만을 위해 유보된 권리로 온전한다.

　목과 어깨 부위의 노출은 크레타에서는 그토록 전도유망하게 시작되었지만, 좀더 발전된 그리스 문명에서는 유행으로부터 사라져버렸다. 귀부인들이 현란할 정도로 가슴을 노출시키고 미모를 뽐내던 성대한 궁정 연회는 서서히 잊혀져갔다. 그리스의 '참주정치' 가

실시되던 짧은 기간을 제외하고는 궁중의 모임이 어느 곳에서나 열릴 수 있었기 때문이었다. 남성적인 문명이 더욱더 발전해나간 탓에 여성들은 공공의 모임에서 자취를 감추게 되었고, 따라서 우아한 의복을 입고 ― 좀더 정확하게는 옷을 벗고 ― 남성들의 감각을 자극할 만한 기회를 더 이상 가질 수 없게 되었기 때문이라는 이유도 빈번하게 지적되고 있다.

우리는 다소 수줍어하는 듯한 느낌을 주면서도 대개는 어깨 부분이 드러난 그리스의 야회복, 즉 데콜레타게(decolletage)라는 길고 헐거운 겉옷을 입은 그리스의 여성 조각상들을 여기저기에서 보게 된다. 그렇다고 해서 그런 옷차림이 선호되는 패션이었다고 말할 수는 없다. 그후에, 날씨가 따뜻해짐에 따라 가슴의 형태가 뚜렷하게 보이는 얇은 상의를 입는 것이 대안적인 관습으로 다시 유행하였다. 그와 같은 차림은 파르테논 신전의 동쪽면 삼각형 박공에 있는 거대한 여인상의 예에서처럼 오늘날에도 수많은 조형물들에서 발견된다.

완벽함을 위하여 우리는 여태까지 한번도 알려진 적이 없었던 데콜레타게에 관련된 이면의 이야기를 거론할 수도 있다. 여하튼 바로의 풍자시(Satires of Varro) 중에 등장하는, 옷을 걷어붙인 여성 사냥꾼을 묘사한 한 단락에 대해선 여태까지 제대로 된 설명이 이루어지지 않았다. 풍자시의 필자에 따르면 그 여자 사냥꾼이 옷을 너무 치켜올리고 걸어다니는 바람에 사람들은 그녀의 허벅지뿐만 아니라 엉덩이까지 볼 수 있을 정도였다고 한다.

이어지는 에게 문명시대에 그리스 여성들의 복장은 비교적 단순한 형태를 취하고 있었다. 알몸 위에 셔츠 모양의 키톤을 입는 형식은 그리스를 통틀어 기본적으로 같은 양상을 보였는데 다만 스파르타만은 예외여서 스파르타의 여성들은 짧은 키톤을 입었다고 한다. 여성들은 대개 키톤 이외에는 아무것도 입지 않았는데, 그 옷의 앞부분은 무릎 위까지 늘어지고 측면은 길게 찢어져 있어서 걸어다닐 때는 허벅지가 거의 다 노출되었다고 한다. 몇몇 저자들이 이러한 언급에 동의하고 있기 때문에 이는 논쟁할 필요가 없는 진실일 뿐만 아니라, 화병이나 또 다른 회화적 기념품들을 통해서도 확인할 수 있다. 또한 어느 곳에서나 그에 대한 확실한 근거를 찾을 수 있다. 이처럼 나체에 가까운 차림이 일반적으로 그리스 사람들에게는 매우 익숙한 풍경이었음에도 불구하고, 스파르타 여성들의 그런 차림은 웃음거리가 되었을 뿐이었다. 따라서 그런 차림의 여성들은 '허벅지를 보여주는 여자' '허벅지를 내놓고 다니는 것들'이라고 불렸고, '도리아식 패션'이라는 표현은(Eustathius on Iliad, xiv, 175) '신체의 대부분을 자유롭게 드러내놓고 다니는 사람들'이란 의미로 사용되었다. 김나지움과 체력 단련장에서 스파르타의 소녀들은 그 한 조각 옷마저도 벗어 던지고 완전한 나체가 되었다.

그리스의 나머지 지역에서 단벌 차림의 키톤은 집안에서만 입는 것이었고, 공공장소에서는 히마티온이 여성들의 필수불가결한 옷차림이었다. 히마티온은 시간과 장소와 유행에 따라 사소한 변화는 어쩔 수 없었음에도 불구하고, 여성들의 체격 조건에 따른 다소간의 변형을 예외로 한다면, 기본적으로는 남성들의 히마티온과 큰 차이가 없었다. 이 책에서 의복의 문제는 그리스의 윤리와 성생활과 관련이 있는 한에서만 주제에 속하므로, 그와 같은 세부적인 사항에 대해서까지 언급할 필요는 없을 것이다.

엉덩이를 감싸주고 옷차림을 지탱해주는 것들은 처녀성의 상징으로서 에로틱한 의미를 지녔다. 이로부터 호머의 작품에 종종 등장하는 "처녀의 거들을 벗긴다."는 표현을 쉽게 이해할 수 있을 것이다. 그리스의 여인과 소녀들은 코르셋이나 지지대는 전혀 사용하지 않았지만, 오늘날의 브래지어에 비교할 수 있는 가슴띠 또는 '가슴 보조대'라는 것을 착용했다. 대개 키톤 밑, 가슴의 맨살 위에 두르게 되는 밴드 모양의 이 띠는 가슴을 오똑 서보이게 했고, 가슴이 보기 흉하게 흔들거리는 것을 막아주었으며, 또한 가슴선을 강조하거나 아름다움의 결점을 보완하는 역할을 했다(Ovid, Remedia Amoris, 337). 또한 가슴이 지나치게 발육하는 것을 막아줘서, '한 손으로 감싸쥘 수 있는 물건'으로 만들어주는 역할을 하기도 했다(Martial, xiv, 134). 이 모든 것들은 결과적으로 현대적인 코르셋의 기능에 부합하는 것이었다. 다만 고대의 가슴띠가 현대의 코르셋과 다른 점은 허리 부분을 꽉 졸라매는 끈이 전혀 없었다는 것이다.

그밖에도 매력이 결핍된 부분을 실제처럼 보이도록 감쪽같이 모조해내거나, 아니면 최소한 결함을 배제하는 등의 몇가지 화장 비법은 아주 먼 옛날부터 여성들에게 이미 알려져 있었다. 그러한 화장법은 점잖은 가정주부들보다는 당시에는 고급 매춘부, 또는 동료라는 우호적인 의미인 헤타이라이(Hetaerae)라는 이름으로 구별되었던 사교계 여성들에 의해 주로 사용되었다. 이 중에는 신체를 완강하게 조임으로써 임신하지 않은 것처럼 보이도록 하는 붕대와 같은 띠도 포함되었다(Pollux, vii, 65).

알렉시스의 희극 중 한 단편(Frag. 98, in Ath. xiii, 568a)은 미모를 돋보이게 하기 위한 수단과 관련된 좀더 많은 정보를 제공해 준다.

> "소녀 시절에 여자아이들은 신발 안에 코르크로 된 높은 신발창을 바느질해서 신는다. 키가 크면 아주 얇은 슬리퍼를 신고 고개를 꼿꼿이 세운 채 외출을 한다. 엉덩이가 빈약한 사람은 옷 안에 그것을 대체할 만한 물체를 넣는다. 그리고 나서 사람들은 그녀가 자신의 '유피기아(eupygia, ; 예쁘장한 엉덩이)'에 대해 자화자찬하는 모습을 목격하게 된다."

여성 의류를 만드는 재료 중에서는 아마와 실크만을 우리의 중요한 관심사로 고려할 필요가 있다. 가장 질 좋은 아마는 아모르고스 섬에서 재배되었으며, 그로부터 그 아마로 만든 옷을 '아모르기나'라고 부르게 됐다(Pollux, vii, 74). 그것은 굉장히 얇고 투명해서 아름다운 여인들 사이에서는 대단히 애호되는 물품이었다. 유명한 코안(Coan) 드레스는 훨씬 더 매혹적이었는데, 에로틱한 분위기가 최고조에 달한 발명품이었다. 이 드레스는 코스(Cos)라는 섬에서

나는 실크 직물로 만들어졌는데, 한 작가(Dionysius Periegetes, 753, 242)가 그 옷의 빛깔은 마치 꽃으로 뒤덮인 들판과 같고, 거미줄도 비교가 안 될 정도로 얇다는 말을 할 만큼 완벽한 의복이었다. 처음에는 코스 섬으로 누에고치를 수입해서 사용했지만, 나중에는 누에고치 자체도 사육되었다. 그러나 많은 기성 실크 의류들이 특히 아시리아로부터 그리스로 수입되었다. 그 때문에 아마도 이러한 수출입관계를 지칭하는 말로 보여지는 봄비키나이 베스테스 (bombycinae vestes)라는 라틴어 표현은 그후부터 로마 시대까지는 쓰여지지 않았다. 이러한 코안 드레스의 효과는 히폴로쿠스의 글(Ath., iv, 129a)에서 찾아볼 수 있다. 그는 어떤 결혼 피로연에서 있었던 일을 다음과 같이 설명하고 있다.

"나는 잔치에 참석한 르호드 섬 출신의 플루트 연주가들이 완전한 나체 차림인 줄 알았다. 나중에 다른 손님들의 귀띔을 받고서야 비로소 그들이 모두 코안 드레스를 입고 있다는 사실을 알았다."

루키안은 이 드레스에 대해 "완전히 벌거벗은 것처럼 보이는 것을 방지하기 위해서 거미줄처럼 섬세한 섬유 조직만이 존재했을 뿐"이라고 말했을 정도이다(Amores, 41).

페트로니우스(§ 55)는 그 드레스를 '공기처럼 가벼운 직조물'이라고 불렀으며, 다소 현학적이었던 세네카는 그와 같은 옷차림으로 노출하기를 좋아했던 여성들의 작태에 대해 다음과 같은 말로 분노를 표시했다(De Beneficiis, 7, 9).

"그것을 옷이라고 부를 수 있다면, 나는 신체의 가장 은밀한 부분만을 겨우 가릴 수 있는 실크 옷을 보고 있다. 여성이 그런 옷차림을 하고서 벌거벗지 않았을 때와 같은 건전한 양식을 그대로 유지할 수 있다고 장담하기 어려울 것이다. 우리는 여자들이 거리에서가 아니라 침실에서 자신의 연인에게 보여줄 때밖에는 쓸모가 없는 이 옷들을 아주 멀리 떨어져 있는 나라들로부터 꽤나 많은 비용을 들여서 수입하고 있다."

고대의 작가들이 이 코안 드레스에 대해서 빈번하게 언급하고 있다는 사실로부터 우리는 이 옷이 매우 대중적이었음을 알 수 있다. 타렌티네 베일(Tarentine Veils)도 코안 드레스와 매우 비슷한 것으로 종종 거론되고 있다.

물론 고급 매춘부들이 자신들의 매력을 한껏 드러내기 위해 이러한 의상을 이용하는 경우가 좀더 많았겠지만, 테오크리투스의 글(Idyll xxviii)을 통해서 볼 때, 점잖은 여성들도 그와 같은 차림을 하는 데 커다란 두려움을 느끼지 않았다는 사실을 알 수 있다. 테오크리투스는 '흠뻑 젖은 옷차림(Wet garments)'이라는 납득할 만한 표현으로 그러한 의류들을 불렀는데, 그 표현은 현대 예술가들이 육체의 윤곽을 그대로 드러내보이는 의류를 지칭할 때도 사용되고 있다.

나체의 이유

신체에 대한 경외심

우리가 이미 살펴보았듯이, 의복을 흉내낸 것에 불과한 코안 드레스는 신체를 가리지 않았을 뿐만 아니라, 오히려 육체의 형태를 에로틱하게 강조하는 것이었으므로, 이로부터 우리는 그리스인의 생활에 있어서 나체가 차지하는 역할에 관한 논의로 접어들게 된다. 우리는 이에 대해서 스파르타 여인들의 옷차림에 관한 묘사와 데콜레타게의 문제 등을 통해 살펴본 바 있다.

그리스인들 사이에서 나체가 꽤나 보편적인 것이었다는 견해는 가장 뛰어난 저자들의 저술을 섭렵하지 않은 채 고대에 관해 많은 것들을 알고 있다고 생각하는 지식인 사이에서도 상당히 광범위하게 퍼져 있다. 그러나 이러한 가정에는 기본적인 한계 설정이 요구된다. 문제의 근원에 도달하기 위해, 우리는 나체에 대한 자연스러운 강조와 에로틱한 강조를 구별해야 한다.

그리스인들이 아마도 우리들보다 좀더 빈번하게 공공장소에서 부분적으로, 또는 완전히 벗은 상태로 나타났다고 말하는 것은 분명히 옳은 얘기다. 발란트가 《그리스 예술의 이상형에 대한 에세이》에서 그리스인들이 나체를 다루는 데 있어서 뛰어난 솜씨를 보인 것은 나체 차림이 일상적으로 목격할 수 있는 광경이었기 때문이라고 말한 것은 의심할 여지없이 타당하다. 그는 계속해서 말한다.

"그리스인들이 그들의 자연 조건과 시대 상황에 따라 스스로를 표현하는 아름다움을 관찰하고 연구하고 그려낼 수 있었던 기회와 자유는 현대 예술가들보다 더 많았다. 김나지움, 대중적인 경기 장소, 레스보스와 테네도스에서 벌어지는 미인 콘테스트, 아르카디아의 바실리스에 있는 케레스 사원, 스파르타와 크레타 등지에서 벌거벗은 소년과 소녀 사이에 벌어지는 레슬링 경기, 서정 시인인 핀다르가 얼굴도 붉히지 않고 그 여사제들을 칭송하는 노래를 지어 불렀던 코린트의 악명 높은 비너스 신전, 성대한 연회에서 나체로 춤을 추었던 테살리아의 춤꾼들 등등 가장 활력있는 움직임과 경쟁적인 미의 추구, 변화무쌍한 여건과 분위기 속에서 은폐되지 않은 지고의 아름다운 형체들을 볼 수 있었던 이 모든 기회들은 아름다움의 이상형을 향한 의식의 고양을 준비하기 위해 아름다운 것을 좀더 아름다운 것에 비교하는 방식으로 예술가들의 상상력을 충만하게 채워주었다."

혹자는 나체가 그리스인들에게 어떤 상황에서도 결례가 아니었을 거라고 생각할는지도 모른다. 그러나 중요한 증언을 통해 이러한 생각은 오류라는 것이 입증되었다. 플라톤은 다음과 같이 분명하게 말했다(Repub., v, 452).

"남성들이 자신의 벌거벗은 모습을 볼 수 있도록 용인하는 행위가 대부분의 비그리스인들 사이에서처럼 그리스인들에게도 우스꽝스러운 짓이 되어버린 것은 그리 오래 전의 일이 아니다."

또한 헤로도토스(i, 10)도 '리디아인과 기타 비그리스인들'에 대해 똑같은 견해를 펼치고 있다. 그는 "나체는 그들에 의해 커다란 수치로 간주되었다."라고 단언하고 있다. 이러한 관점을 확증하는 데 있어서 오디세우스의 일화를 예로 들 수 있다(Odyssey, vi, 126).

"그는 배가 난파당해 표류하게 된 육지의 기슭에서 나체로 몸을 씻게 되었는데, 주위에서 처녀들의 웃음소리가 들려오는 것을 듣고는 그의 억센 팔로 잎사귀가 무성하게 달린 굵은 나뭇가지를 부러뜨려 벌거벗은 몸을 가렸다."

올림피아에서 열렸던 국가적인 경기에서도 대략 B. C. 720년 이후부터는 주자들이 완전히 벌거벗은 모습이 아니라, 앞치마 같은 것을 엉덩이 부분에 두르고 등장했다고 한다. 이에 대해서는 투키디데스의 수많은 논의를 거친 유명한 글 속에서 명확하게 증명되고 있다(Thuc. i, 6). 다만 우리는 이처럼 신체를 부분적으로 가리는 것이 '도덕적' 이성으로부터 유래한 것이라고 보는 데 대해서 주의해야 하는데, 그것은 플라톤과 헤로도토스의 언급에서 명백하게 확인되듯이 동방으로부터 받은 영향의 흔적이다. 이것은 그리스인들이 동양적인 관점으로부터 자유로워진 720년 이후로는 주자들과 다른 모든 선수들에 대해서도 나체 상태를 허용했다는 사실의 결과이기도 하다. 결과적으로 역사상 가장 건강했으며, 체력적으로 가장 완벽했던 민족으로 알려진 그리스인들은 신체의 다른 부분은 가리지 않음에도 불구하고, 성기 부분을 가리는 것은 부자연스럽다는 것을 느끼게 되었으며, 도덕적으로 열등한 가치를 성기의 기능 탓으로 돌리는 한에 있어서만 그러한 가림은 의미를 지닐 뿐이라고 인식했다는 것이다.

그러나 정반대의 경우도 그와 같아서, 그리스인들은 신체 기관에 대해 부끄러움을 느끼기는커녕, 경외심을 느껴야 할 대상으로 간주하면서, 생명을 창출하고 고갈되지 않는 다산성을 보장하는 자연의 상징이자, 번식의 신비한 도구로서 거의 종교적 숭배물로 취급했다. 따라서 우리는 '아이도이온(αιδοιον)'과 '아이도스(αιδως)'의 개념을 수치심을 느껴야 하는 '부끄러운 부분' 또는 '은밀한 부분' 이 아니라, '아이도스(αιδως)'의 감정을 북돋우는, 말하자면 자연에 속하면서 스스로를 끊임없이 갱신하고, 인류를 보호해주는 번식력의 불가해한 비밀에 대한 경외와 숭배의 감정으로 이해해야 한다. 이리하여 남근이 종교적 상징물이 되는 것이다. 가장 변화무쌍한 형태에 있어서도 남근 숭배는 자연의 고갈되지 않는 생산성에 대한 소박한 숭배심과 자연적으로 민감한 인류의 번식력에 대한 감사의 표현이다.

우리는 다른 곳에서도 남근 숭배의 문제를 거론하게 될 것이다. 여기서는 무지 또는 악의에 찬 단언처럼 남근 숭배가 전면적인 부도덕성에 근거하는 것이 아니라, 그것이 세대를 극단의 끝까지 이어주는 과정 곧 신성한 자연이라는 관점과, 따라서 자연에 의지하고 결과적으로 가장 높은 수준의 도덕성과 성적 관념에 근거한다는 점을 강조하는 것으로 충분할 것이다. 그러한 관념이 더욱 진전된 결과는 의복이 불필요하고 짐스럽게 느껴지는 모든 경우에 있어서 그리스인들은 은밀한 부분을 가리는 자그마한 앞치마나 천조각조차도 사용하지 않고 완전한 나체로 행동했다는 것이다.

고대 그리스에서도 그런 경향이 결여되지 않았다. 김나지온 (Gymnasion)이라는 말('벌거벗은'을 뜻하는 gumnos가 어원이다)에서 보여지듯 육체적 운동을 할 때에는 모든 의복을 벗어 던졌다. 이는 전혀 새로울 것이 없는 사실이다. 따라서 무수히 인용되었을 고대의 문헌들을 통해서 이처럼 일반적으로 잘 알려진 사실을 확인하는 것은 불필요한 일이 될 것이다. 김나지움의 풍경을 주제로 삼은 수많은 미술품들의 대표작들, 특히 도자기의 그림들은 그들이 완전한 나체였다는 것을 증명하고 있다. 또한 키케로에 의해 보존된 엔니우스의 운문(Tusc. Disp., iv, 33, 70)에 "수치심은 공중 앞에서 벌거벗는 것으로부터 시작되었다."고 기록된 것에서 확인되듯, 단조로운 고대 로마인들이 완전한 나체에 대해 느꼈던 것과 같은 반감의 원인이 되지는 않았다.

그러나 로마인들은 자라나는 소년이 아버지와 목욕을 하거나 사위가 장인과 목욕하는 것을 단정치 못한 일로 여길 정도였다(Cicero, De Officiis, i, 35, 129). 플루타크가 이것을 확인해주고 있는데(Cato Minor, 20), 로마인이 그리스인들로부터 나체에 대한 이해를 배우자마자, 그리스인들은 남녀가 함께 목욕하는 관습을 도입했다는 사실을 추가하고 있다.

체력 단련

김나지움의 모습과 규칙들

이제 우리의 주제로 다시 돌아가서 체력 단련장인 김나지아
(gymnasia)에서 나체 차림을 했다는 것이 대부분의 사람들에게 잘
알려진 사실이라 해도, 현대적인 어휘의 영향으로 인해 많은 사람
들이 잘못된 생각을 가지고 있을지도 모르는 김나지아에 대해 일반
적인 언급을 몇마디 해두는 것은 그리 지나친 일이 아닐 것이다. 그
리스의 김나지온(gymnasion)의 일반적인 배치는 아우구스투스 황
제 시대의 사람으로 중요한 건축물을 남긴 비트루비우스(v, 11)에
의해 다음과 같이 묘사되고 있다.

김나지움(라틴어로 동의어)은 우선 세 모서리가 단순한 형태의 주

공놀이를 하고 있는 청년들

랑으로 둘러싸인 둘레가 2스타디아(stadia, 1200피트) 정도 되는
안뜰이 있다. 그곳은 이 중 주랑에 의해 남쪽을 향하고 있는데 그
안에 체력 단련장인 에페베이온(ephebeion)이 있다. 그곳에서 청
소년들은 아테네에서는 18세가 되면 치르는 것이 규칙으로 되어 있
는 성년식을 치르고, 독립적인 시민으로서 도시 구성원으로 등록되
었던 것이다. 그 측면으로는 목욕실과 홀 그리고 기타 공간들이 배
치되었으며, 그곳에서 철학자와 웅변가, 시인과 남성적인 아름다움
을 지닌 모든 사람들이 함께 어울리며 친교를 나눴다. 그밖에 또 다
른 주랑들이 안뜰에 인접해 있었고, 그중에는 주로 남자들이 이용
했던 옥내 경기장인 크시스투스(xystus)가 있었다. 김나지움은 일

반적으로 레슬링 도장인 팔라이스트라(palaestra)와 함께 있었는데, 이곳은 소년들이 연습과 경기를 하는 주요 원형 경기장이었다.

그 모든 공간들은 예술 작품들과 헤르메스와 헤라클레스, 특별히 에로스와 뮤즈 그리고 다양한 신들의 조각상과 제단으로 장식되었다는 점을 구태여 강조할 필요는 없을 것이다. 정규적인 체력 단련에 의해 극도로 조화롭게 단련된 소년과 청년 그리고 장년들의 육체의 아름다움에 수많은 대리석 예술품을 일상적으로 바라보는 아름다움이 더해졌다. 이를 통해 그리스인들이 지구상에 나타났던 그 어떤 민족보다도 가장 아름다움을 숭상하는 민족으로 발전해나갔던 이유와 과정을 이해할 수 있다. 또한 그리스의 김나지움이나 팔라이스트라 중에서 에로스의 조각상이나 제단이 없는 곳이 한 군데도 없는 까닭을 이해할 수 있을 것이다. 그러나 극도로 아름다운 남성미를 매일 보게 되는 것은 모든 사람들이 호모 섹스에 빠져들어가는 계기가 되기도 했다.

괴테는 이탈리아 기행문에서 베로나 경기장에서 관람한 공놀이에 대해 다음과 같이 서술하고 있다.

"대리석 조각상을 그대로 본뜬 듯한 가장 아름다운 자태들이 그곳에 나타난 것 같았다. 잘 훈련된 선수들은 모두 짧고 날렵한 하얀 옷을 입고 있는 늠름한 젊은이들이었기 때문에, 가슴에 달고 있는 빛깔이 있는 배지로 양쪽 편을 분간해야 했다. 특히 팔을 뻗어 공을 치고 비스듬한 경사면을 달려가는 타자의 자세가 아름다웠다."

그리스의 청명한 하늘 아래에서 벌거벗은 몸으로 늠름한 육체를 드러내놓은 청년들의 유쾌하고 왁자지껄한 웃음소리로 가득 찬 아테네나 스파르타의 팔라이스트라를 상상해본다면, 바로 그곳이 지상에 꽃핀 아름다움이 자신의 자랑스러운 승리를 축복하는 곳이라는 사실을 인정하지 않을 수 없을 것이다.

그리하여 원래는 젊은이들이 온갖 종류의 체력 단련을 통해 자신의 육체를 극도로 조화로운 상태로 발달시켜 나가는 곳이었던 그리스의 김나지움과 팔라이스트라는 하루 중에 많은 시간을 그곳에서 꾸물거리고 바로 그곳 안에 있는 지고의 아름다움에 대해 이런저런 잡담을 나누는 장소가 되었다. 철학자와 저명한 스승들이 제자와 청중들을 불러모으곤 했던 기둥으로 둘러쳐진 넓은 홀은 정규적인 산책로로 사용되기도 했다.

아테네에 있는 에페베이(ephebi)라는 교육기구가 재조직되고, 커다란 도서관과 그 양옆으로 수많은 교실이 있는 디오게네움(Diogeneum)과 프톨레나이움(Ptolenaeum)에서 육체 교육과 지성 교육을 결합시켜 수행하기 시작한 것은 B. C. 2세기가 얼마 지나지 않아서였다. 또한 김나지움이 — 카르타고에 있는 것을 포함하여 — 어학 교육과 기타 일반 교육을 실시하는 기관으로 명백하게 불려지기 시작한 것을 우리가 발견하게 되는 시기는 A. D. 5세기경이다(Salvianus, De gubernatione dei, vii, 275 ; vel linguarum gymnasia vel morum).

모든 저자들 사이에서 일치하는 증언에 따르면, 그리스의 김나지

아는 여성들로부터 자유로운 장소였다고 한다. 말하자면 남성들을 위해 마련된 교육을 받을 목적으로 그 어떤 여성도 김나지움 안으로 한 발자국도 들여놓을 수 없었으며, 심지어는 거국적인 경기를 하면서 벌어지는 공식 축제에 관객으로서도 참석할 수 없었다고 한다.

파우사니아스(v, 6, 7)는 올림피아에 있는 티파이움(Typaeum)이라는 바위에 대해 언급하면서, 올림픽 경기를 보러 몰래 숨어들다 잡히거나 또는 출입이 금지되어 있는 기간 중에(결과적으로 축제 기간도 포함되는) 알페우스 강(축제가 벌어지는 지역과 그 나머지 지역을 구분하는 강이다)을 건너다 잡힌 여인들을 그 바위에서 아래로 던져버리는 관습이 있었다고 소상하게 증언하고 있다. 이러한 관습이 무시된 경우가 딱 한번 있었는데 페이시르호두스의 어머니가 아들의 승리를 염원하는 마음에서 경기에 참석하기 위하여 기꺼이 모험을 감행하다 발각되었을 때라고 한다. 다소 비극적인 코미디 없이는 이런 사건이 벌어지지 않았을 것이다. 그녀는 발각되는 위험을 피하기 위하여 트레이너로 변장하였다. 그러나 아들의 승리를 축하하기 위하여 경기장에 접근하는 트레이너를 막기 위해 쳐놓은 장벽을 넘으려다가 불행하게도 엉성한 옷차림 때문에 성별이 노출되어 여성이라는 사실이 밝혀졌다. 물론 그녀의 모성애도 인정받았겠지만, 그보다는 올림픽의 우승자를 몇사람이나 배출한 그녀의 가족의 내력을 고려하여 처벌당하지는 않았다고 한다. 그러나 비슷한 사고를 미연에 방지하기 위하여 트레이너들은 나체로 경기장에 입장해야 한다는 명령이 내려졌다.

물론 공공 경기에 대한 여성의 관람을 배제하는 금지조항이 그리스 전역에 걸쳐 동일한 엄격성을 가지고 지켜지지는 않았다. 적어도 핀다르의 증언(Pythia, ix, p.328)에 따르면, 아프리카에 있는 그리스의 식민지였던 키레네에서 벌어진 시합에서는 여성들도 관객으로 참석하는 것이 허용되었다고 한다. 또한 파우사니아스(vi, 20, 9)는 결혼하지 않은 처녀들은 올림피아의 경기를 관람하는 것이 금지되지 않았다고 말하고 있다. 같은 저자에 따르면, 농업의 신이었던 데메테르를 섬기는 여사제에게는 관람할 수 있는 권한이 부여되었다고 한다. 그 경우에도 그녀의 자리는 하얀 대리석으로 만든 제단으로 제한되었다.

고전학자들은 벌거벗은 소년들이 벌이는 시합을 관람할 수 있는 권한이 기혼 여성에게는 허용되지 않고 처녀들에게만 허용되었던 까닭을 규명하기 위하여 골치를 썩여왔다. 그리스인들이 역사상 존재했던 그 어느 민족보다 미에 대해 가장 커다란 쾌감을 느꼈다는 사실을 기억한다면, 이 문제는 아주 쉽게 풀릴 수 있다. 그들은 자신들의 범국가적인 축제가 온통 아름다운 것들만으로 둘러싸이기를 갈구했기 때문에, 결혼한 주부들은 집에 머물러 있어야 했던 반면에 아름다운 소녀들에게는 구경이 허용되었던 것이다.

이상의 내용들은 이미 어느 정도 언급했듯이 이런 문제에 대해서는 좀더 자유스러운 관념을 지니고 있었던 도리스 지방 쪽에서만 제대로 전승되었을 뿐이다. 반면에 아티카의 다소 현학적인 주민들 사이에서는 소녀들이 젊은 남성들의 시합을 구경하지 못하도록 금하고 있었음이 분명하다.

도리스와 특히 스파르타는 이런 방면의 편견으로부터 좀더 자유로웠다. 플라톤이 성별의 차별 없이, 당시의 사정에 따라 벌거벗은 몸으로 젊은 남성과 여성들이 함께 어울려 김나지움에서 운동하게 해야 한다고 요구했을 때(Laws, vii, 804), 우리는 스파르타인들의 관점이 바로 이와 같았다는 것을 알아야 한다. 그러나 당시에 지배력을 갖지는 못했지만 분명히 존재했던 현학적이면서 고루한 사람들이 이러한 제안을 못마땅하게 여겼던 까닭을 우리는 이해할 수 있다. 그럼에도 불구하고, 그의 제안은 도리아 지방 이외의 도시국가들, 적어도 키오스 섬의 주민들에 의해서는 그대로 시행되었다. 아테나이우스의 명확한 증언에 따르면(xiii, 566e), 그 지방에서는 김나지아에서 벌거벗은 소년들과 소녀들이 벌이는 경주와 시합에 참석하게 되어도 반감을 느끼는 사람이 아무도 없었다고 한다.

스파르타에 대해서 우리는 그곳의 소녀들이 소년들과 똑같이 강도 높은 체력 단련을 했다는 것을 잘 알고 있다. 이 경우에 있어서도 그들이 완전한 나체였는지, 아니면 가벼운 옷가지를 입고 있었는지에 관한 세부적인 논란이 고대와 현대를 모두 공부한 사람들 사이에 있어 왔다. 그러나 이 문제는 절대적인 확실성에 따라 결정될 수는 없다. 이미 언급했듯이 김노스(gymnos)라는 어휘는 '벌거벗은'과 '키톤만 걸친'이라는 의미를 모두 가질 뿐만 아니라, 그것을 밝히기 위해 많은 시간을 쏟아부을 만한 값어치가 있을 정도로 중요한 문제는 아니기 때문이다.

어쨌든 스파르타의 소녀들은 완전한 나체 차림은 아니었음에도 불구하고, 우리 시대의 도덕가들이 충격, 좀더 정확하게는 감정적 흥분 없이는 받아들이지 못할 정도의 지극히 가벼운 옷차림으로 모든 체육 활동에 임했다는 것은 확실하다. 그리고 그런 문제에 관련된 관습들은 때에 따라 다소간의 변화를 겪었을 가능성이 높다. 그와 관련된 정보들을 제공해주는 고대 작가들의 수많은 문헌들을 편견없이 고찰해보면, 우리는 그들이 완전히 나체였다고 생각할 수밖에 없다. 프로페르티우스나 오비드 그리고 마르티알 같은 로마의 저자들(Prop. iii, 14 ; Ovid, Heroides, xvi, 149 ; Martial iv, 55)도 스파르타의 소녀들이 나체로 레슬링을 연습하는 장소였던 누다 팔라이스트라에 대해 언급하면서 그와 똑같은 견해를 피력했다. 이것은 '도리스풍으로 차려입다.'는 표현이 어떻게 '알몸을 드러내다.'와 동의어가 되었는지 설명해주고 있다. 또한 그 덕분에 그 소녀들은 이미 서술했듯이 아주 가벼운 일상복 차림으로 운동을 해도 나머지 그리스인들로부터 '허벅지를 보여주는 여자들'이라는 조롱을 그다지 받지 않을 수 있었던 것이다.

남성 관객들이 그와 같은 식으로 옷을 입은(좀더 정확하게는 옷을 벗은) 소녀들이 경기하는 모습을 볼 수 있도록 허용되었는가 하는 문제는 확실하게 해결되지 않고 있다. 이 문제와 관련된 정보들이 서로 상반되고 있기 때문이다. 예컨대 플루타크(Lyc., 15)는 플라톤(Rep. v, 458)에 반박하면서 옷을 벗은 소녀들의 경기는 젊은 남성들의 눈앞에서 벌어졌다고 주장하고 있으며, 그렇게 함으로써 젊은 이들이 결혼할 수 있는 능력을 배양하도록 하기 위한 성적인 이유가 있었다고 덧붙이고 있다. 이것은 스파르타의 김나지아에서는 "옷을 벗고 함께 체력 단련을 하라, 그렇지 않으려면 나가버려라."라는 원칙이 잘 지켜졌다는 플라톤의 분명한 진술에 반하는 것이다.

로마인들에게는 역겹게 느껴졌던 이러한 원칙(Seneca, De brevitate vitae , 12, 2)을 통해 결과적으로 한가롭게 입을 벌리고서 구경만 하고 있는 구경꾼들을 김나지움에서 내몰 수 있었다는 것이다. 바로 이 점이 완전히 옷을 벗고 있음에도 불구하고 김나지아에서 예절과 중용이 지켜질 수 있었던 이유이다. 아리스토파네스의 글은 이와 같은 사정을 다음과 같이 명쾌하게 설명하고 있다 (Clouds, 973).

"소년들은 김나지아의 교실에 앉아 있는 동안에는 외부인에게 예의에 어긋나는 그 어느것도 노출시키지 않도록 허벅지를 가리고 있어야 했다. 또한 운동장에서 일어난 후에는 그들의 연인이 될 소녀들에게 사람이 있었다는 흔적을 남기지 않도록 주의를 기울이고 바닥의 모래를 부드럽게 매만져 놓아야 했다. 그리고 당시에는 그 어떤 소년도 배꼽 아래의 하반신에 올리브유를 발라 신성하게 여기는 짓은 하지 않았으므로 마치 풋풋한 사과에서 꽃이 피어나듯 그의 은밀한 부분에서도 최초의 부드러움이 피어났던 것이다."

육체에 대한 탐미와 미인 대회

나체를 즐긴 그리스인

"그리스인들은 인간의 나신을 예술적으로 표현하는 데 있어서 완전하게 벌거벗은 아름다운 신체를 볼 수 있는 기회가 자주 있었기 때문에 그토록 완벽한 성취를 이루어냈는가, 아니면 예술을 통해 인간의 나신의 경이적인 아름다움을 이해할 수 있는 능력과 안목을 획득한 것인가?"라는 의문에 대해 어떤 결정을 내리기는 쉽지 않을 것이다. 두 개의 사실 사이에는 조화로운 보완적 상호작용이 존재하고 있을지도 모른다. 즉, 예술에 의해 나체에 대해 느끼는 즐거움은 상승되고, 이상적으로 아름다운 육체를 볼 수 있는 수많은 기회는 예술에 대해 생산적인 반작용을 했음이 틀림없을 것이다.

그리스인의 인간의 육체에 대한 무제한에 가까운 탐미가, 이미 어느 정도 언급했듯이, 어느 곳에서나 인기를 끌었던 미인 경연대회로 그들을 이끌었다는 사실은 확실히 더 이상 놀라운 일이 아니다. 우리는 아테나이우스(xiii, 609e)를 통해 대부분의 미인 대회에 관한 정보를 얻을 수 있다. 그는 아쉽게도 미인 대회 자체에 대해서는 간략하게 언급을 했지만, 우승한 소녀들에게 수여되는 상에 대해선 독자들을 싫증나게 하지는 않을 정도의 수준에서 비교적 상세하게 설명하고 있다. 어쨌든 상을 다투는 소녀들은 거의 벌거벗은 상태로 이러한 경연대회에 참가했다.

여신들 그 자체가 그러한 미인 대회의 멋진 본보기였다. 헤라와 팔라스, 아테네, 그리고 아프로디테는 그들 중에서 누가 가장 아름다운가를 다투었다. 그러나 제우스는 현명하게도 자기가 직접 결정을 내리지 않고, 트로이의 왕자 파리스에게 결정권을 떠넘겼다. 이 미인 경연은 고대와 현대를 통틀어 문학과 예술에서 셀 수도 없이 표현되어 왔는데, 그중에서도 아마 루키안이 20세기에 쓴 《신들의 대화》가 가장 흥미를 끄는 작품일 것이다.

그리스인들의 남성미에 대한 태도를 고려해볼 때 아마도 그들이 젊은 청년들 사이의 미인 대회도 열었을 가능성이 충분히 있다. 이는 적어도 엘리스에 대한 아테나이우스의 증언(xiii, 565, 609)에서 뚜렷하게 표현되고 있다. 상을 받은 사람들은 신을 모시는 특별한 임무를 부여받음으로써 다른 사람들과 구분되었다고 한다. 또한 파나테나이아(앞으로 언급하게 될 것이다)의 선발대회에서는 여러 부족으로부터 온 젊은이들 중에서 아름다움과 횃불 경주를 수행하는 능력에 따라 승자를 뽑았다고 한다.

그러므로 나체를 즐기는 것이 남방 민족뿐만 아니라 그리스인들의 일반적 특징이기도 했다면, 각 개인의 일상생활에서 나체의 아름다움을 감상함으로써 눈을 즐겁게 하는 수많은 기회가 존재했고 또 창출되었을 것임이 당연하다. 이러한 즐거움은 다른 곳에서 존재하는 그 어떤 도덕적(좀더 정확하게는 관습적) 고려보다도 더 강력한 것이었다. 우리는 리디아의 왕인 칸다우레스의 사례가 유일한 것이 아니라고 가정해볼 수 있다. 그와 마찬가지로, 미친 듯이 아름다움을 뽐냈던 전설 속의 인물들 사이에서는 고통스러운 결과를 — 예컨대 편견으로 인해 눈이 먼 리디아인들이 갖게 된 고상한 척하는 태도처럼 보일 수 있는 — 필요로 하게 되는 것이다.

칸다우레스는 그의 아내를 몹시도 사랑했으며, 그녀의 미모에 대해 대단한 긍지를 지니고 있었다. 그는 사람들 앞에서 그 미모를 뽐냈으며, 총애하는 신하였던 기게스가 아내가 옷을 벗었다는 것을 확인할 때까지는 잠자리에 들지 않았다. 기게스는 옷을 벗고 있는 여인은 자신의 수치스러운 모습에 박탈감을 느낀다고 생각했으므로, 그와 같은 임무를 전력을 다해 거절했다. 그러나 칸다우레스는 자신의 생각을 포기하지 않았다. 그는 신하를 다루는 방법을 알고 있었으므로, 기게스는 결국 여왕의 방에 숨어들어서 밤에 그녀가 옷을 벗을 때를 염탐하게 되었다.

이 이야기는 헤로도토스(i, 8)에 의해서 전해지고 있는데, 그는 여왕의 행동에 대해 더 많은 정보를 제공해주고 있다. 여왕은 기게스의 존재를 알아챘음에도 불구하고, 처음에는 부끄러움 때문에 아무 말도 하지 못했다고 한다. 후에 여왕은 그에게 "칸다우레스를 죽이고 나의 주인이 되어 리디아 왕국을 얻든가, 아니면 지금 있는 그곳에서 즉시 자결하라."고 선택적 제안을 한다. 그리하여 기게스는 칸다우레스를 죽이고, 아내와 왕국을 소유하게 되었다.

나체 차림으로 또는 나체의 성적인 효과를 강화하기 위하여 코안 드레스를 걸치고 사적인 축제에 등장하는 플루트 연주자들에 대해서는 결혼 피로연의 정경을 묘사한 히폴로쿠스(Ath., iv, 129d)에 의해 일찍이 언급된 바 있다. 그리하여 벌거벗은 소녀(또는 조건에 따라서는 벌거벗은 소년)들은 바쿠스 신뿐만 아니라, 사랑의 신에 대한 경배심과 알코올의 효과를 증대시키기 위해 향연과 술자리로 초대되었던 것이다. 알렉산더 대왕이 총애하는 신하였던 아낙사르쿠스는 아름다운 소녀가 벌거벗고 포도주를 따라주는 것을 좋아했다고 한다(Ath., xii, 548b). 안티고누스 왕의 절친한 벗이었던 스토아 학파의 철학자 페르사이우스의 진술에 따르면(Ath., xiii, 607c), 한 번은 왕이 베푼 연회가 열렸는데, 그 자리에서 처음에는 매우 심각하고 과학적으로 대화가 진행되었다.

"그러나 여러 가지 여흥이 진행되는 사이에 술을 마시는 양이 늘어나고 있는데, 테살리아에서 온 무용수들이 연회장으로 들어와 거들만을 제외하고 옷을 모두 벗은 채 춤을 추기 시작했다. 그 장면을 보고 손님들은 몹시도 흥겨워하면서 마술에 홀리기라도 한 듯 성원을 보내

며 자리에서 일어나서 왕은 이런 장면을 언제나 즐길 수 있으므로 행
복한 사람이라고 단언하였다."

히폴로쿠스가 우리에게 이야기해준 결혼 피로연에는 "칼을 가지
고 위험한 묘기를 펼치고, 불길을 통과하기도 하는 벌거벗은 여성
곡예사도 등장했다."라고 한다. 완전한 나체나 또는 짧은 치마만을
입은 여성 연희자들이 그려지고 있는 수많은 도자기의 그림들은 그
러한 공연이 드문 것이 아니었으며, 특히 헬레니즘이 융성하던 시
기에는 일반적인 인기를 누리며 진행되었다는 것을 입증하고 있다.

나체에 대한 그리스인들의 편견으로부터 벗어난 태도를 고려해볼
때, 신에 대한 경배와 관련이 있는 행사들에서 나체 차림의 사람들
을 배제하지 않았다는 사실은 자명한 것이다. 그러므로 이는 하나
의 단일한 사례에 의해서 예증될 필요가 있다. 예술적 표현물들로
부터 우리는 디오니소스 축제의 과정에서 청년과 처녀들이 그들의
아름다움을 공연을 통해 노출시켰다는 사실을 잘 알고 있다. 자유
분방한 창조적 예술가들의 변덕으로부터만 그러한 행위들을 발견
한다는 것은 논리적으로 부당한 일이다. 이에 대해 루키안은 다음
과 같이 분명하게 언급했다(De Baccho 1).

"그들은 군사들을 염탐하는 첩자들로부터 이상한 보고를 들었다. 병
사들로 밀집된 대형이 사슴가죽으로 만든 갑주에 상아로 만든 관을
쓰고, 쇠가 아니라 상아로 만든 창을 든 미쳐 날뛰는 듯한 여자들에
의해 구성되었다는 보고였다. 그들은 작은 방패를 들고 있었으며, 진

군을 하면서 그 방패와 흡사하게 생긴 북을 두드려 요란한 소리를 냈다. 그 행렬 속에는 또한 나체 차림의 거친 젊은 남자들도 포함되어 있었는데, 그들은 대열의 후미를 이루며 뿔나팔을 들고 전투적인 춤을 추었다고 한다."

목욕의 풍습

그리스인들은 공중 목욕탕에서 벌거벗은 사람들을 볼 수 없었다는 사실에 대해 간단하게 언급해두는 것이 좋겠다.

호머 시대처럼 초기에는 바다나 강에서 수영하고 목욕하는 것이 일반적 관습이었다. 그러나 당시에도 그리스인 거의 전부가 사치스러운 것으로 여겼던 호화판 온탕이 보편화되어 있었다. 또한 방금 도착한 손님들을 위해 먼저 따뜻한 목욕물을 준비해두는 것이 당연한 일로 여겨졌다. 목욕탕에서 그 손님은 '미지근한 물을 부어주고 오일을 온몸에 문질러주는' 하나 또는 그 이상의 소녀들의 시중을 받았다. 말하자면, 소녀들은 손님의 피부를 부드럽게 하기 위해 기름을 묻힌 촉촉한 손으로 격렬하게 마사지를 했던 것이다. 나중에는 욕실 안에 소년 한 명을 대기시키는 것이 선호되었다(소녀의 시중에 대해선 Odyssey, vi, 224 ; x, 358. 소년의 시중에 대해선 Odyssey, viii, 454 ; Lucian, lexiphanes, 2).

초기에는 좀더 풍족한 가정에는 개인 목욕실이 있었으며, 그밖에도 도처에 공중 목욕탕이 있었다(Xen., Resp. Atheniensium, ii, 10). 그리고 이러한 공중 목욕탕이 없는 곳은 아주 드물었는데, 파우사니아스(x, 36, 9)에 따르면, 이런 곳에서는 포키스의 안티키라처럼 김나지움과 팔라이스트라의 목욕탕이 일반에게 공개되었다고 한다.

고대에도 공중 목욕탕이 성별에 따라 구분되어 있었는지에 대해선 확실하게 말할 수 없다. 혹자는 남자의 출입이 금지되어 있는 '여성용 목욕탕'이라는 표현이 나오는 헤시오드의 글(Works and days, 753)로부터 성별의 구분이 있었다는 추측을 하고 있다. 그 표현은 '여성의 목욕탕'이라는 의미와 '여성적 방식에 따라 목욕하기'라는 두 가지 의미를 모두 거론하고 있는 것 같다. 만일 후자의 의미가 맞다면, 이는 좀더 따뜻한 온도에서 여성에게 어울리는 방식으로 목욕한다는 의미가 된다.

이와 같은 생각은 좀더 야만적인 관습을 지녔던 스파르타만큼은 따뜻한 물로 목욕하는 것이 사람을 나약하게 만든다는 이유로 금지했으며, 유로타스에서 찬물로 목욕했다는 사실에 의해 뒷받침될 것이다. 헤르미푸스의 단편(Ath. i, 18)에 따르면, 부유층 자제에게는 온수 목욕이 음주처럼 금지되어 있었다고 한다.

한편 고대의 문헌에서 목욕이라는 말이 거론될 때에는 규칙적인 온수 목욕을 뜻한 듯싶다. 플루타크에 따르면, 포키온은 단 한번도 공중 목욕탕에 모습을 드러내지 않았으며(Phocion, 4), 데모스테네스는 그러한 행동을 목욕탕을 자주 찾아야 하는 선원으로서의 덕목에서 크게 어긋나는 것으로 간주했다(Demosthenes, Adv. Polycl., 35). 그리고 이와 같은 점은 아리토파네스가 '온수 목욕은 남성을 갸냘프게 하고 여성화하기' 때문에 도시 내에서는 허용되지 않았다고 젊은이들을 향해 경고했으며(Clouds, 991, 1045), 또한 플라톤도 자신의 이상 국가에서는 노인과 병든 사람에게만 온수 목욕을 허용하도록 했다는 사실(Laws, vi, 761) 등과 일치를 보이고 있다.

이와 같은 판단들은 현대적 사고에 따르면 매우 야만적인 것임에 분명하지만, 남부 지방의 따뜻한 기후를 염두에 둔다면 충분히 납득할 만한 일이다. 그러나 시간의 경과에 따라 위와 같은 주장들은 변화되었으며, 펠로폰네소스 전쟁 이후에는 온수 목욕이 일상적인 관습이 되었다는 사실을 수많은 고대의 문헌들을 통해 분명히 확인할 수 있다.

규칙적으로 목욕을 할 기회를 가진 것 이외에도, 헤로도토스가 이미 언급했듯이(iv, 75), 한증탕을 할 기회도 당연히 있었다. 그러나 서로 다른 공간과 욕실, 홀 등등에서 이루어졌던 고대 목욕에 대한 세부적인 기술은 현대의 시각으로는 잘 납득이 가지 않는다. 우리처럼 어정쩡한 목욕 가운 같은 것을 입지 않고 완전히 벌거벗은 상태로 목욕했다는 사실에 대해선 특별히 언급할 필요가 없을 것이다.

비록 몇몇 저술들이(Becker Goll, Charicles, iii, p.109) 공중 목욕탕에서 남녀가 구분되었다는 사실(결코 확실한 것은 아니다)을 지적하고는 있지만, 이 점은 지나치게 비판이 난무하는 우리 시대의 현학에 의해서 설명될 수 있는 것이 아니다. 그것은 이미 몇차례 언급했듯이 그리스인들은 공공생활에서 '공평한 성(性)'을 배타시했으며, 그러한 성적 평등을 표현하는 소년과 소녀들은 동료로서의 필요성에 대해 완벽하게 만족하고 있었다는 사실에 의해 설명될 수 있는 것이다.

또한 자신들만을 위한 목욕탕에서 완전히 벌거벗은 채 목욕하는 여인들의 모습은 수많은 도자기 예술에서 확인된다. 단지 거미줄처럼 얇고 아주 작은 슬립을 걸치고 목욕하는 소녀의 모습이 지극히 예외적인 사례로 존재할 뿐이다. 그러나 시간이 흘러감에 따라 남성과 여성이 함께 목욕하는 풍습이 발달되었다. 다만 사전 편찬자였던 폴룩스(콤모두스 황제 시대에 활동했던 인물)가 주장했던, 시중을 드는 소년과 소녀뿐만 아니라 목욕을 하는 남성과 여성이 모두 목욕 가운을 사용했다는 증거를 확인할 수 없는 상당히 의심스러운 언급만은 별도로 취급한다. 그는 동시에 테오포무스의 희극에서 이 주제와 연관된 두 줄의 문장을 인용하고 있기도 하다.

우리가 적어도 의심해볼 필요가 있는 최초의 문헌으로부터 발췌된 그의 문장의 일반적인 의미를 올바르게 이해한다면, 그 내용이 시기적으로 상당히 후대의 사실에 관해 언급하고 있다는 것을 분명히 파악할 수 있다. 페레크라테스의 희곡에 나오는 이러한 문장과 언급(Pollux, x, 181 : Kock., CAF., I, 161)을 제외한다면, 그리스인들 사이에서 목욕을 하는 동안에 은밀한 부분을 가리기 위한 의류를 사용했다는 문자적인 증거는 더 이상 찾아볼 수 없다.

축제의 풍습

전국적 축제

신성한 올림피아 제전

오늘날 우리는 고대 그리스 문명을 숭상하고 있으며, 앞으로도 그와 유사한 삶을 살아갈 것이다. 우리의 현대 문명은 분명히 고대의 정신과 밀접하게 연관되어 있기 때문이다. 고대 그리스의 과학과 예술이 오늘날의 삶을 얼마나 풍요롭게 만들어왔으며, 또 오늘날까지도 지속되고 있는지를 현대인들이 간과하고 있다면, 이는 수세기를 거쳐오며 그것이 지극히 일상적인 것의 속까지 녹아들었기 때문일 것이다. 그러나 지상에 완전함은 없듯이 그리스 문명도 완벽한 것은 아니었다. 사실 정치적으로 그들은 많은 오류를 범했으며, 그들의 내부 분열, 조잡한 정당정치, 그리고 끊임없는 질시와

반목은 독일의 정치사에서 나타나는 것과 비견할 만하다. 한 마디로 고대 그리스에는 정치적, 민족적 구심이 없었던 것이다.

시간이 흐름에 따라 그리스인들은 지역적 성향을 잃고, 국가 개념에 집착하게 되었다. 그러나 기원전 776년부터는 시간마저도 고대 올림피아 경기대회가 벌어지는 간격인 4년간을 지칭하는 '올림피아드' 개념에 의해 계산했음에도 불구하고, 펠로폰네소스 북서부 엘리스에서 열렸던 이 유명한 스포츠 제전은 중심으로 자리잡지 못했다. 이런 여러 종류의 경기들은 분명히 전국적이라고는 하였지만, 이는 단지 국가 전체(좀더 정확하게는 모든 부족들)가 경기에 출전한다고 해서 붙여진 이름이다. 비록 5일간의 축제 기간 동안 특별한 유대감을 상징하는 에케케이리아(Ekecheiria, 신에 의한 휴전)가 지속되었지만, 국가적 유대감이라는 관념으로 실현되지는 못했다.

그럼에도 불구하고, 이 스포츠 제전에서 벌어지는 도시와 지방들 간의 명승부는 하나의 추진력이 되었으며, 시기나 질투에서 비롯된 불협화음이 갑자기 폭발하는 것을 지연시키고 억제하는 역할을 하기도 했다. 어쨌든 알페우스 언덕에서 축제가 계속되는 동안의 생활은 그 무엇에도 비유할 수 없는 환희와 신선함으로 가득 차 울려 퍼졌던 것만큼은 분명하다.

올림피아 제전과 그밖의 국가적인 축제들을 시시콜콜하게 기술하는 것이 이 책의 의도는 아니다. 이 책의 의도는 그리스인들의 성생활의 여러 형태를 살펴보고자 하는 것이다. 가장 중요한 것은 독자들에게 그리스인의 성생활에 대해 알려주고 그 기억을 새롭게 하는 것이다. 올림피아에서 제우스 신을 숭배하는 의식이 벌어진 것은 아주 오래 된 일이었으므로, 헤라클레스나 펠로프스가 여러 가지 스포츠 경기를 만들어냈을 것으로 보인다. 오랫동안 잊고 지내던 이 축제는 대략 기원전 800년경에 엘리스의 왕 이피투스에 의해 부활되었다. 축제는 매 5년마다 하지가 지난 후 처음 보름달이 뜨는 7월 초순에 열렸다. 제전이 열리는 동안에는 무기 사용이 금지되었으며, 국가적 성역이 자리잡고 있는 엘리스 지역은 신성불가침한 구역이 되었다.

일부 경기는 나체 차림으로 진행되었다. 예를 들어, 육상, 레슬링, 복싱, 투원반 그리고 몇마리의 말과 팀을 이루어 하는 히픽 등의 경기는 벌거벗은 육체의 힘과 민첩성이 결정적인 영향을 미쳤다. 올림피아드는 운동 경기의 일환으로써만 축제를 열었던 고대에 대한 경건한 회상 속에서 달리기 시합에서 일등상을 수상한 우승자의 이름을 따서 붙인 것이다.

초창기 승자에게 수여한 상이 델포이 신탁의 지배 아래 특정한 가치를 지니는 것이었다면, 훗날의 승자에게는 그리스인의 정서를 잘 보여주는 올리브 나뭇잎으로 만든 월계관이 수여되었다. 월계관은 부모가 살아 있는 잘생긴 소년이(그리스인들은 이 소년에 대해 '양쪽으로부터 피어나는' 이라는 독창적인 신조어를 만들어냈다) 황금 나이프를 가지고 영예로운 흔적이 남아 있는 신성한 나무에서 잘라내 만든 것이었다. 남자는 오직 명예와 영광을 위해 싸워야 했으며, 키케로에 따르면, 올림피아의 승자에게는 전쟁에서 승리한 장군보다 더 높은 명예를 수여했다고 한다.

승리의 월계관은 황금과 상아로 된 테이블에 놓여 제우스 신전 안에 있는 여러 신들의 형상 앞에서 전시되었다. 이 때 승자 역시, 역대 수상자들의 자리인 헬라노디카이(Hellanodikae)의 위치에 서게 된다. 승자는 벗과 친지들 그리고 공간이 허락하는 범위에서 수많은 군중들에게 둘러싸인다. 모든 사람들에게 신전 내부의 홀에 들어가는 것이 허용되며, 그리고 나서 헬라노디카이 출신의 전령이 나서서 양모로 된 띠를 머리에 두르고, 승자들의 이름과 출신지를 또다시 일일이 호명하며 승리의 월계관을 씌워준다.

핀다르에 따르면(Olympia, iii, 10), 이때 헤라클라스를 위한 오래 된 의식에서부터 불리어져왔던, "그의 반듯한 이마에 광채 있고, 올리브 가지 꽂은 머리 위에 축복 있으라."는 내용의 거룩한 찬가가 엄격한 심판과 영광스러운 선수들을 위하여 은은히 울려퍼졌다고 한다. 이어서 승자들은 벗들과 함께 제단에 제물을 바친다. 이때에도 승리의 노래가 우렁차게 울려퍼진다. 이러한 특별한 의식을 위한 찬가들은 시인들이 새로 만들어 부르는 경우도 간혹 있었으나, 대개의 경우는 헤라클레스와 그의 동료 이올라우스를 기리는 아르킬로쿠스가 지은 다음과 같은 옛 노래를 불렀다고 한다.

승리의 화환 속에 있는 그대들
위대한 헤라클레스를 찬양하라.
이올라우스를 찬양하라.
거룩한 경쟁자를 찬양하라.

트랄라라 승리를 찬양하라.

그리고는 신전의 심장부에 위치한 프리탄네움이라는 식당에서 승자를 축하하는 연회가 이어진다. 연회가 끝나는 순간까지 환희의 웅성임이 프리탄네움 안팎에서 울려퍼진다. 그리스의 서정 시인 핀다르는 이 정경을 다음과 같이 노래했다.

"아름다운 달빛은 축제의 밤을 밝히고, 축제의 마당에선 승리의 노래가 메아리치도다."

올림피아의 우승자는 전쟁에서 승리한 로마의 장군보다도 더 귀하게 여겨졌다. 핀다르의 표현에 따르면, 승리자는 헤라클레스의 기둥에 도달한 것이며, 지상에서 가장 큰 행복을 얻은 것이었다. 그러나 이 현명한 시인은 그 승리자가 더 높이 올라가 신의 경지에 이르고 싶다는 욕망을 갖지 않도록 훈계한다. 일곱 현인 중 하나인 스파르타의 킬로는 아들의 승리를 기뻐하다가 죽고 말았다. 헤라클레스의 혈통을 이은 집안 출신으로 권투에 출중했던 인물인 르호데스의 디아고라스는 올림피아에서 두 번이나 승리를 거두었고, 그밖의 국가 제전에서도 여러 차례 우승한 바 있다. 그의 두 아들까지 올림피아의 우승자가 됐을 때, 한 스파르타인은 울면서 다음과 같이 외쳤다.

"오, 디아고라스여! 그대 이제 죽어 천국에 가도 여한이 없으리!"

그가 죽자, 그의 젊은 두 아들은 그를 끌어안고 승리의 월계관을 아버지의 머리에 얹어놓았다고 한다. 승자의 친구들과 친지들에게는 제우스의 신전이 있는 신성한 숲속에 승리자의 동상을 세울 수 있는 특권이 부여되었다. 또한 올림피아에서 세 번 승리한 사람은 실물 크기로 살아 움직이는 듯한 생생한 동상을 세울 수 있었다.

승자는 대개 자신을 돋보이게 하는 경기에서 대표 선수가 되었으며, 그가 주로 승리를 쟁취하는 경우는 바로 이 순간이었다. 알티스에는 아주 많은 동상이 세워졌으며, 가장 출중한 선수였던 파우사니아스를 위해서는 200여 개가 넘는 동상이 세워졌다. 돈 많은 승리자는 스스로의 공적을 자찬하며, 직접 자신의 신체, 마부, 말 그리고 마차 등을 청동상으로 제작했다.

승리의 소식이 전해진 승자의 고향에서는 커다란 영광이 그를 기다리고 있었다. 승자는 보랏빛 가운을 두르고, 네 마리의 백마가 이끄는 마차에 앉아, 말과 마차에 나누어 탄 벗들과 친지들에 둘러싸여 그를 환호하는 마을로 들어섰다. 마을 사람들은 승리자가 탄 커다란 마차 행렬을 지나가게 하기 위하여 담과 문의 일부를 헐기까지 했다. 올림픽 우승자를 배출한 마을 주민들은 사람들을 갈라놓는 담장 따위는 필요 없는 것으로 생각했다고, 그리스의 역사가 플루타크는 기록하고 있다.

축제의 행렬은 마을 중심가를 지나 주요한 신이 모셔져 있는 신전으로 향한다. 승리자는 그의 승리의 월계관을 신전에 바친다. 신전에서의 의식이 끝난 후에는 승리를 기리는 화려한 향연이 벌어진다. 전체 의식과 향연에 걸쳐 웅장한 합창곡이 울려퍼진다. 핀다르 같은 유명한 시인이 승자를 축하하기 위하여 축제에서 부를 노래를 만드는 것은 더할 나위 없는 영광과 행운이었다. 그 노래가 계속 불려짐으로써 그의 승리가 길이 빛나게 되기 때문이었다. 승리의 축제는 노래와 더불어 다음 해에도 다시 열렸다. 승자에겐 그외에도 원형 경기장과 체육관, 그리고 사원 입구에 동상을 세워주는 등 여러 가지 보상이 따랐다.

아테네에서는 솔론의 법에 따라서 올림피아 승자에게는 500드라크마(약 20파운드)의 상금과 함께 공공장소에서 명예석에 앉을 권리가 부여되었다. 또한 프리탄네움에서 특별 대우를 받는 특권이 부여되었다. 스파르타에서는 이와 비슷한 특별 대우 이외에도 전쟁터에서 황제의 옆에서 싸울 수 있는 영광이 주어졌다.

많은 국가들이 올림픽에 특사를 보내 축제를 더욱 빛나게 했고 특사들은 이를 커다란 명예로 여겼으며 그들 국가의 명예이기도 했다.

축제와 더불어 커다란 시장이 열렸다. 시장에는 각지로부터 몰려든 여행객 및 남녀노소가 함께 어우러졌다. 그곳에서는 온갖 그리스 방언들을 들을 수 있었으며, 수년간 못 만났던 벗들을 만나볼 수도 있었고, 새로운 친구를 사귀고 일자리를 구하거나, 심지어는 새로운 가족관계가 맺어지기도 했다.

기원전 5세기 중반 이후부터는 수사학자, 소피스트, 역사가 그리고 시인들이 올림피아 제전에서 강연을 열었다. 세월이 흐름에 따라 올림피아에서는 새로운 일들을 만들어내 그 유대관계를 더욱 확고하게 했다. 서기 165년에는 반미치광이로 알려진 철학자 페레그리누스 프로테우스가 자신의 이름을 널리 알리기 위해서 올림피아 축제장에서 스스로의 몸에 불을 지르겠다고 떠들고 다녔다. 그는 대중들의 압력 때문에 그의 말을 실행에 옮겨야 했다. 분명히 그는 자신의 지나치게 경솔한 행동을 후회했을 것이다.

이 책을 써 내려온 맥락에 따라 올림피아 축제의 참가자들이 입었던 의상이 관심거리 중의 하나로 떠오르는데, 여기서 중요한 사실 한 가지를 발견하게 된다.

그리스의 역사가 투키디데스의 저술에 따르면(i, 6 ; Herodotus, i, 10), 고대 그리스 올림픽에서 참가 선수들이 엉덩이에 두르는 앞치마 같은 작은 천조각 외엔 아무것도 걸치지 않고 경기장에 입장했다고 하는데, 이 주장은 분명히 논란의 여지가 있다. 설득력 있는 주장이기는 하나, 독자들은 국부를 가리는 것을 현대인들의 가치 기준에 따라 일말의 도덕적 수치심 때문이었을 것이라고 단정해서는 안 된다. 그리스의 정신적 뿌리의 일부가 동양에서 기원하고 있음을 생각해볼 때, 그러한 차림은 동양의 유풍이라고 여기는 게 더 정확할 것이다. 앞서도 언급했듯이 동양적 특징은 나체를 부끄럽게 여겼으며, 나체에 대한 저항감을 이러한 오래 된 관념과 결부시킨다면, 크게 어긋나는 일은 아닐 것이다. 어쨌든 그리스의 운동 선수들, 특히 육상 선수들은 기원전 720년의 15회 올림피아드 이후부터는 국부를 가리는 천마저 두르지 않고 입장했다. 그 이후로는 완전한 나체로 경기장에 입장했던 것이다.

다양한 축제의 풍습

델포이에서 개최된 피티안 아폴로의 축제인 피티아는 원래 하프처럼 생긴 그리스 전통 악기를 연주하며 노래하는 가수들이 벌이는 음악 축제와 더불어 9년마다 열렸다. 이 축제는 기원전 586년 이후로는 5년마다 개최되었으며, 올림픽이 열린 해와는 3년의 간격을 두고 개최되었다. 음악 축제도 플루트 연주자와 플루트를 연주하며 노래하는 가수가 참여하는 등 규모가 점점 커졌다. 체조와 마차 경주도 추가되었는데, 아폴로에게 바쳤다는 신성한 월계수 잎으로 관을 만들어 승리자에게 수여했다.

이스트미아(Isthmia)와 네메아(Nemea)도 국가적인 차원의 경기였다. 이스트미아는 포세이돈 근처에 위치한 코린트 지방의 협곡에서 열렸고, 네메아는 네메아에 있는 제우스의 숲에서 열렸는데, 두 제전 모두 3년마다 개최되었다. 이외에도 많은 지방 제전이 있었다. 그러나 그것들은 이상에서 설명한 네 개의 대표적인 제전, 특히 올림피아 경기와는 비교할 만한 수준이 아니다. 이 책에서는 지방 제전 중에서 대표적인 두 개의 제전에 대해서만 기술하려 한다.

코린트에서는 이스트미아 경기 외에도 헬로티아(Hellotia)라는 행사가 팔라스의 영광 속에서 열렸다. 경기 종목 가운데에는 멋진 젊은이들이 횃불을 들고 달리는 경주도 있었다(Pindar, Olympia, xiii, 40).

봄이 시작될 즈음에 메가라에서는 민족의 영웅인 디오클레스를 기리기 위한 디오클레리아 제전이 열렸다. 디오클레스와 그의 죽음에 관해서는 여러 가지 설이 나돌고 있다. 전투에 나간 그는 자신이 좋아하는 위치에서 싸웠는데, 위험한 순간마다 방패로 몸을 가려 위기를 넘겼으나, 결국에는 전사하고 말았다고 한다. 자신의 목숨을 던진 그의 희생 정신을 기리고 아테네 사람들의 추모심을 생생하게 간직하기 위하여 이러한 경기들이 열리기 시작했으며, 경기 기간 중에 젊은이들의 키스 대회까지 열렸다고 한다. 그리스 전원 시인 테오크리투스는 이 키스 축제에 대해 다음과 같이 기술하고 있다(xii, 30).

"봄이 오면 젊은이들은 그의 무덤가에서 키스 축제를 벌인다. 모두 입술과 입술을 맞대며 가장 멋진 키스를 하기 위해 애쓴다. 그리고는 기쁨과 환희에 가득 차 어머니의 품으로 달려든다."

이 아름다운 소년들의 입맞춤 축제는 후세 사람들이 고대의 정신을 부활시키면서 소설의 소재로 사용하는 와중에서 더욱 생생하게 윤색되었을 것이다. 아이메 기론과 알버트 토자가 쓴 《안티누스》라는 사랑 이야기에서는 이집트의 테베에서 벌어진 유사한 축제를 표현하면서 키스 축제를 상세하게 설명하고 있다.

대중적 인기가 높았던 김닉(Gymnic) 축제는 주로 춤과 노래의 경연이었는데 후에 엘레우시니아 축제와 결합되었다. 신성함을 중시하는 분위기에도 불구하고 엘레우시니아 축제에서는 에로틱한 분위기를 배제하지 않았으며, 덕분에 테스모포리아의 닷새간의 축제는 보다 높은 수준을 유지할 수 있었다.

테스모포리아 축제는 두 명의 테스모포리, 즉 농사와 결혼의 여신 데메테르와 그녀의 딸인 페르세포네을 기리기 위해 여성들만에 의해서 열렸다. 물론 다소 설득력이 부족한 이야기지만, 축제 저변에 깔린 의도는 데메테르에 대한 추모였을 것이다. 데메테르는 인간에게 처음 정착생활을 가능케 해준 농업의 여신인 동시에, 여성의 삶에 결정적인 영향을 미치는 결혼의 여신이다. 씨앗을 뿌리는 일과 2세를 출산하는 일은 고대 그리스인들에겐 가장 중요한 일이었다. 따라서 축제는 씨 뿌리는 계절에 열렸으며, 그 무렵 크레타 섬과 시실리 섬에서는 테스모포리스, 보이티아에서는 다마트리오스, 아티카에서는 피아네프시온이라고 불렸는데, 이 말들의 의미는 다소간의 차이는 있지만, 우리의 10월에 해당하는 것이다. 헤로도토스가 남긴 기록(ii, 71)에 따르면, 이 축제는 그리스 민족의 뿌리가 살고 있는 펠라스기안에까지 퍼졌다고 한다. 어쨌든 이는 헬라전역에 걸쳐 열렸던 축제였고, 트라케, 시실리, 아시아의 미노르, 그리고 흑해 연안에까지 퍼졌다.

아리스토파네스의 희극 덕분에 우리에게 부분적으로 알려진 아티카의 테스모포리아에서는 그리스 달력으로 피아네프시온 달의 9일에서 13일 사이에 축제에 참가하는 여인인 테스모포리아주소이를 축복하는 모임을 가졌다. 축제에 참가하기를 원하는 여인들은 축제 시작 9일 전부터 성교를 하지 말아야 했다. 영악스런 사제들은 경건함을 이유로 여인들을 설득했으나, 실제 이유는 축제 시작 전에 절제를 하여 더욱 에로틱한 상태에서 왕성한 욕구를 축제를 통해 자유롭게 즐기게 하려는 의도에서였다. 성교가 금지된 기간 동안 여인들은 성기능 강화를 위하여 약초를 복용하고, 나뭇잎 특히 정조를 상징하는 나무인 정조수를 침대 속에 넣어두고 생활했다. 포티우스에 따르면(ii, 228, Naber), 여인들은 이 기간 동안 마늘을 먹어 입에서 악취가 나게 함으로써 남자들의 접근을 막았다고 한다.

각 지역의 특징적인 축제

계속되는 축제와 다양한 풍습들

디오니시아에서는 거대한 남근상을 가지고 행렬을 지어 엄숙하게 돌아다니는 축제가 있었다. 이 축제에서는 온갖 외설스런 언행이 허락되었는데 괴상한 춤, 익살스런 농담 등등 축제 행렬은 그야말로 외설의 극치였다.

축제 둘째날 아스콜리아(Askolia)에서는 아주 특별한 오락이 벌어졌다. 벌거벗은 소년들이 기름을 가득 채운 자루에 두 다리를 넣고 자루를 손으로 잡고 뛰어나왔는데 넘어지지 않으려 안간힘을 쓰는 모습 자체가 큰 웃음거리였다. 물론 자루 속에 들어가 있는 소년들의 메뚜기처럼 팔팔한 모습도 볼 만했을 것이다. 로마의 시인 베

떠들썩한 취객과 유녀들

르길리우스에 따르면(Georgica, ii, 384), 이 놀이는 이탈리아에서
도 유행했다고 한다.

디오니시아의 축제에 바로 뒤를 이어 레나이아(Lenaea)라고 하
는 포도를 짜는 축제가 아테네에서 벌어졌다. 축제의 하이라이트는
연회였다. 이 연회를 위해 국가에서 음식을 제공했으며, 도시 전체
가 디오니소스 축제와 같은 익살과 농담으로 가득했다. 또한 여기
에는 오늘날의 가면 무도회에 견줄 수 있을 만큼 많은 사람들이 가
면을 쓰고 참가했다. 사람들은 주로 아름다운 처녀인 님프, 계절의
여신 후르스(Hours), 술의 신 바쿠스 그리고 호색을 상징하는 신인

사티르스의 가면을 선호했다고 한다. 신화적 전통에 근거하여 가벼운 옷차림이었을 것이 분명한 참가자들은 온갖 성적인 농담을 즐겼을 것이다. 롱구스는 다프니스와 클로이의 사랑 이야기에서(ii, 36) 생생하고 아름답게 바람둥이 춤을 추는 과정을 묘사했다.

> "구경꾼들은 조용히 서서 즐겼다. 그러나 드리아스는 디오니소스를 위해 피리를 연주하고 노래하게 했다. 이어서 포도 농사의 풍년을 기원하며 춤을 추었다. 그들은 수확한 포도를 바구니로 운반하여 통에 가득 채워 술을 담고 다 익은 술의 맛을 보는 일련의 과정을 춤을 통해 보여주기도 했다. 드리아스가 그의 모든 춤에서 이 과정을 분명하고도 지혜롭게 묘사하였으므로 구경꾼들의 눈에는 정말로 포도덩굴이 보이는 것 같았고, 즙을 짜내 통에 담는 것을 보고는 드리아스가 실제로 술을 마시는 줄로 착각할 정도였다."

많은 사람들이 마차를 타고 축제 장소에 모여들었다. 여기서 그들은 온갖 우스개와 농담을 떠들어대며 즐겼다. 여기서 오늘날 우리가 사용하는 속담 '마차에서 생겨난 농담'이라는 표현이 유래되었다. 사람들은 익살스러운 이야기를 나누며 색종이를 뿌려대고 로마의 산책길인 코르소를 거닐며 즐겼을 것이다.

디오니소스 축제에서 새로 빚은 포도주를 시냇물에 붓는 것은 그다지 관심을 끌 만한 일은 아니었으나, 디오니소스의 찬가를 부르는 가운데 벌어지는 콘테스트는 관심을 끌 만했다. 이 콘테스트는 디오니시아에서는 이미 관습으로 자리잡은 것이었다. 그리고 연극도 공연되었는데, 이 연극 공연은 축제 그 자체의 이름을 따서 레나이움이라고 불렸다. 레나이움은 아크로폴리스 남쪽에 있는 디오니소스 신을 모시던 지역으로 두 개의 신전과 한 개의 극장이 있었다.

그 다음 달인 안테스테리온 달에는 안테스테리아 축제가 열렸다. 축제 첫날에는 잘 익은 포도주를 꺼냈다. 다음날에는 술을 담는 단지를 뜻하는 피처의 축제가 벌어졌는데, 공공장소에서 모두 함께 모여 새 술을 마셨고, 두번째로 높은 정부 관리인 아르콘 바실레우스의 아내를 비밀리에 디오니소스에게 제물로 바쳤다. 그녀와 신의 결합은 하나의 상징이 되었다. 세째날인 항아리 축제일에는 포도주 항아리와 삶은 야채를 신들의 사자이며, 상업과 교역의 수호신인 헤르메스와 죽은 자들의 영혼에게 바친다.

마지막으로 오늘날의 3월에서 4월 사이에 해당하는 엘라페볼리온 달에 디오니소스 축제가 열렸다. 며칠간에 걸쳐 벌어지는 이 축제는 나라 안팎의 사람들을 끌어모으기에 충분한 요소를 가지고 있었고 역시 기지 넘치는 행사로 가득 차 있었다.

이 축제에서도 주신 디오니소스를 찬양하는 합창이 울려퍼졌고 아름다운 소년들의 춤판도 벌어졌다. 노래와 춤을 가르치는 교사와 배우는 소년들에게 상이 수여되었다는 기록이(Corpus Inscriptionum Atticarum, ii, i, 203, No.420) 오늘날까지 전해 내려오고 있다. 해가 지면 사람들은 즉석에서 긴 의자를 만들어 그 위에서 남근 조각을 가지고 장난을 치고 놀면서 거리를 돌아다녔다. 2, 3일간 거대한 군중들 앞에서 희극과 비극이 번갈아 계속 공연되었으며, 바야흐로 축제는 절정을 맞이하게 된다.

그리스의 많은 지방에서 열렸겠지만 키타이론과 파르나수스, 여러 섬들, 아시아의 미노르에서는 디오니소스 축제가 2년에 한번 꼴로 열렸으며, 이 야간 축제에는 여인들과 소녀들만이 참여했다는 사실에 대해서도 언급해두어야 할 것 같다.

바쿠스 신의 가면을 쓰고 몸에는 염소가죽을 두르고 헝클어진 머리 모양의 가발을 쓴 여인들이 디오니소스 신의 지팡이와 탬버린을 손에 쥐고 마을 언덕에 올라가 온갖 제물을 바치고 춤을 춘다. 포도주를 마신 덕에 그들은 곧 긴장이 풀어져 흥청대는 분위기에 휩싸인다. 오늘날 우리는 그때의 분위기를 묘사하는 수많은 운문들을 통해 당시의 상황을 충분히 미루어 짐작할 수 있다.

과거 그리스 전국 각지에서 열렸던 축제 하나하나를 상세히 기술하는 것이 이 책의 목적은 아니다. 성적인 충동이 하나의 요소를 이룬 고대 그리스 축제들을 선별하여 보다 자세히 기술하는 데 이 책의 목적이 있다.

오늘날의 7, 8월에 해당하는 헤카톰바이온(Hekatombaion) 달에는 히아킨투스를 기리기 위한 히아킨티아 축제가 열렸다. 히아킨투스는 아폴로가 너무나도 사랑한 미소년이었다. 그런데 바람의 신 제피루스 역시 이 소년을 사랑하고 있었다. 아폴로가 히아킨투스와 원반던지기 놀이를 하며 즐겁게 놀고 있는 장면을 목격하고 질투심에 사로잡힌 제피루스는 아폴로가 던진 원반의 방향을 바꿔 소년의 머리를 향하도록 했고, 결국 소년은 원반에 맞아 죽었다. 축제는 3일 동안 열렸다. 축제 첫날은 조용한 분위기 속에서 이 미소년을 추모하며 소년의 영정에 제물을 바쳤다. 둘째날에는 갖가지 즐거운 행사와 경연이 아폴로 신을 기리는 가운데 벌어졌다. 아테나이우스는 히아킨티아 축제에 대한 자세한 기록을 제공해주고 있다(iv, 139d).

"스파르타인들은 히아킨티아라는 희생의 축제를 3일 동안 열었다. 히아킨투스의 죽음을 애도하며 그들은 좋은 음식을 삼가했고 심지어는 식탁을 차리지도 않았다. 신에 대한 찬가도 없었고 다른 축제에서 흔히 볼 수 있는 대부분의 의식들이 생략되었다. 단지 조용히 식사를 하고는 축제장을 떠났다.
둘째날엔 정반대의 일이 벌어졌다. 많은 구경거리가 생겼다. 키톤을 걸친 소년들이 하프를 연주하고 피리를 불고 다니며 장단을 맞춰가며 가늘고 높은 음성으로 노래를 부르며 신을 예찬했다. 잘 차려입은 다른 사람들은 말을 타고 집회 장소에 모여들었다. 수많은 젊은 남성들로 구성된 합창단이 나와서 민요를 불렀다. 무희들이 그 속에 뒤섞여 노래와 피리 연주에 맞춰 춤을 추었다. 처녀들은 버들가지로 엮은 마차나 나무로 조각한 사치스러운 이륜마차를 타고 다니기도 했다. 다른 이들은 마치 자신들이 서커스 대회라도 나가는 것처럼 이륜마차를 타고 나란히 열을 지어 행진하였다. 도시 전체가 흥분의 도가니였고 기쁨으로 가득 찼다. 많은 제물을 준비했고 시민들은 주변사람들 그리고 노예들과도 기쁨을 나누었다. 남녀노소 모두 이 신성한 축제에 참가했다. 시가지는 사람들이 모두 축제 구경을 나가 마치 텅 빈 도시처럼 조용했다."

문자 그대로 해석하면, 소년들이 나체로 추는 춤을 의미하는 김노포이디아는 체육 축제였다. 스파르타에서는 기원전 670년 이전까지 이 축제가 매년 열렸다. 그 이후인 기원전 544년부터는 티레아에서 죽은 스파르타인들을 기리는 의미에서 나체 차림을 한 소년들의 춤과 운동 경기로 변형되었다. 아름다운 소년들을 찬미하기 위해 엿새에서 열흘 정도의 기간 동안 치러진 이 축제는 스파르타인들에게는 무엇에도 비길 수 없는 큰 행사였다.

김노포이디아 축제에 대해서는 상당히 불확실한 점이 있으나, 아래에 기술한 내용들에 대해선 부인할 여지가 없다. 베커는 그의 저서(Anecdota, i, 234)에서 스파르타의 김노포이디아 축제에서 벌거벗은 소년들이 아폴로를 기리기 위해 노래를 부르고 춤을 췄다고 기록한 바 있다. 헤시키우스에서는 다음과 같은 내용을 찾아 읽어 볼 수 있다.

"혹자에 따르면, 이 축제 때 스파르타의 소년들은 아미크라이온에 있는 제단 주변을 뛰어다니며 동시에 서로 등을 두드렸다고 한다. 그러나 이는 사실과 다르다. 사실 그들은 축제를 시장에서 열었다. 또한 나체 차림을 한 소년들의 합창 행렬이 이어졌다."

파우사니아스(iii, 17, 9)와 수이다스(s. v.) 그리고 아테나이우스(xv, 678b)도 비슷한 설명을 하고 있다. 이러한 설명은 아미클라이의 성지에서 발견된, 독특한 운문이 새겨진 합창단의 리더를 조각한 청동 조각상을 보면 충분히 수긍할 만하다(Wolters, Archaologie, vol. i, 11, 96, 70).

9월에서 10월에 해당하는 보에드로미온 달에는 곡물의 신인 데메테르에게 제사를 올리는 엘레우시니아 제전이 성대하게 치러졌다. 9일이 넘게 열리는 이 축제에 대해선 그 특징을 명확히 규정하기가 어려우므로, 이 책에서는 자세한 기술을 생략하기로 한다.

국가 축제의 기원은 훨씬 오래 전으로 거슬러 올라간다. 사람들은 곡물을 땅에 뿌린 뒤 수확하고 다시 그 곡물이 시들어 죽어가는 일련의 과정을 보면서, 하데스에게 납치된 후 그의 아내가 되어 여섯 달은 지상에서 살고 여섯 달은 지하의 어둠에서 살게 된 페르세포네의 신화를 만들어냈고, 이 이야기가 점점 변형되면서 영혼불멸의 사상이 더해짐과 동시에 심오한 종교적 특색을 지니게 되었다. 이 축제는 비밀 의식으로 발전해갔고, 사람들은 신비스런 관습을 만들어냈다. 축제에 관한 비밀을 누설하는 행위는 절대적인 금기사항이었다. 빵, 포도주 그리고 피를 흘리는 신의 고난, 죽음과 부활이라는 일련의 과정이 신비로움을 묘사하는 데 한몫을 했다.

축제 첫날 사람들은 바다로 향해가는 축제 행렬에서 종종 요란스런 행위를 해가며 스스로를 정화했다. 엿새째 되는 날에는 커다란 축제 행렬이 아테네에서 엘레우시니아까지 약 9마일에 이르는 성스러운 길에서 펼쳐지는데, 축제 행렬의 선두는 이아쿠스였을 것으로 추정된다. 곡물의 신인 데메테르에게 제사를 지내는 엘레우시니아 제전에서 이아쿠스는 디오니소스로 알려져 있는 이름이다. 수천명의 사람들이 담쟁이덩굴과 향나무 가지를 머리에 쓰고 손에는 햇불과 농기구, 그리고 곡식의 이삭을 들고 행렬에 참가했다. 밤하늘에 빛나는 별과 같은 존재인 이아쿠스는 엘레우시니아 제전의 집전자를 엘레우시니아 만에 위치한 축제장으로 인도했다. 여러 날 밤동안 계속되는 열광의 노래가 산과 산 사이에 메아리쳤으며, 환한 횃불들로 바다의 물결은 더욱 빛나게 출렁였다.

11월에서 12월에 해당하는 피아네프시온 달에는 피아네프시아 축제가 아테네, 스파르타, 키지쿠스 등지에서 열렸다. 이 축제의 이름은 아폴로와 아르테미스에게 수확이 끝났음을 감사드리기 위해 바치는 첫번째 수확물인 콩을 담는 접시인 피아노스로부터 유래했다. 이 제전에서 남자아이들은 에이레시오네를 가지고 다니는 풍습이 있었다. 에이레시오네는 모직과 올리브 나뭇가지로 둥글게 엮어 만든 머리에 쓰는 관으로, 소년들은 이것을 쓰고 집집마다 돌아다니며 유행가를 부르면서 선물을 요구했다.

같은 시기에 아테네에서는 오스코포리아 제전이 펼쳐졌다. 이 축제 이름은 포도가 달려 있는 포도나뭇가지를 의미하는 그리스어 '오스코이(Oschoi)'에서 유래했다. 모든 그리스 종족을 대표하여 선발된, 부모가 살아 있는 미소년 둘을 뽑아 여자 옷을 입힌 뒤 축제 행렬 맨 앞에 세워 오스코이를 운반하게 했다. 또 부분적으로는 디오니소스 신전에서 팔레룸 항구에 위치한 아테네 스키라스 신전까지 경주를 벌이던 아름답고 활기찬 소년이 운반을 맡기도 했다. 그 경주 우승자는 상으로 다섯 가지 성분으로 이루어진 음료(Ath., xi, 495f)가 담긴 항아리를 받았다. 이 음료는 다섯 가지 생산물 즉 포도주, 꿀, 치즈, 고기 그리고 기름으로 만들어진 것이며, 다른 여러 소년들의 흥겨운 춤과 노래가 곁들여졌다.

축제에서는 오늘날 우리가 보기에는 생소한 가면으로 변장한 두 명의 소년이 등장했다. 이 축제의 기원이 그리스 신화 속의 영웅 테세우스에서 비롯됐다고 언급한(Theseus, 23) 그리스의 역사가 플루타크는 이에 대해 다음과 같이 기록했다.

"테세우스는 동시에 그를 수행할 모든 처녀들을 추첨으로 고르는 대신에 여성스럽고 섬세한 용모를 지녔으며 또한 용기도 있는 그의 절친한 벗 둘을 선택한다. 그는 태양과 공기를 차단하고 따뜻한 물에 목욕하게 한 후 머리와 몸에 기름을 바름으로써 그들이 전혀 다른 모습이 되게 하였다.

그는 소년들에게 가급적이면 여성스런 목소리, 걸음, 행동을 하게 했다. 그리고 그들을 소녀들 사이에서 지내게 만들어 여자들과 이질감을 느끼지 않도록 했다. 돌아와서 그는 축제 행렬에서 포도나무덩굴을 운반하는 사람으로 치장한 두 젊은이와 더불어 신성한 행렬을 주관했다. 이야기에 따르면 이 축제는 술의 신 바쿠스와 아리아드네를 기리기 위한 것이었다고 한다. 축제의 기원에 대한 더욱 설득력 있는 설명은 테세우스가 포도를 수확하는 시기에 돌아와서 잔치를 열었다는 것이다."

포도나무덩굴을 운반하기 위해 가장 아름다운 소년들이 뽑혔다는 것은 알키프론(Alciphron iii, I)의 편지에서 더 분명해진다. 이 편지는 축제를 구경하러 아테네에 왔던 한 소녀가 그녀의 어머니에게 보낸 것이다.

"어머니, 난 더 이상 참을 수 없어요. 나는 메팀나에서 온 그 젊은이와 결혼할 수 없어요. 아버지는 얼마 전에 그가 나의 남편이 될 거라고 하셨어요. 축제를 구경하라고 어머니가 아테네로 나를 보내셨던 그날, 축제 행렬에서 포도나뭇가지를 운반하는 한 소년을 보았어요. 어머니, 그는 정말이지 너무나 아름다웠고 난 반해버렸어요. 그의 부드러운 머리칼은 개암나무 꽃보다 더 부드럽고 윤기가 흘렀어요. 그의 미소는 여름 바다보다 더 아름다웠구요. 그가 날 바라보았을 때, 두 눈은 흑진주처럼 빛을 발했어요. 마치 태양 아래 바닷물이 출렁이며 빛을 발하는 듯했어요. 그리고 그 얼굴! 그의 얼굴은 기쁨과 영광으로 빛나요. 그의 입술은 마치 사랑과 미의 여신 아프로디테의 가슴에서 장미를 훔쳐 그의 얼굴에서 다시 피어나게 한 것처럼 붉어요."

테세이아는 순수한 소년들의 축제로서 오스코포리아 제전에 연이어 아테네에서 개최되었다. 운동 경기와 더불어 아테네 젊은이들의 행진이 축제의 절정을 이루었다. 축제에는 다양한 연령층의 소년들과 젊은 남자들로 가득했다.

사람들은 그리스 신화의 영웅 테세우스를 이상형으로 여겨 존경을 보냈으며 그를 닮으려고 노력했다. 체육인으로서 명성을 날린 이들은 자신들이 테사이드라고 불려지는 것을 자랑스럽게 여겼고 책임과 임무의 상징인 테세우스는 아티카 소년들에겐 삶의 본보기가 되었다. 에피타피아에서조차도 수많은 젊은 남성들이 벌이는 운동 경기 축제는 아주 흔한 일이었다.

4월과 5월에 해당하는 무니키온 달에는 고대 세계 전반에 걸쳐 커다란 영향을 미친 아도니아 축제가 벌어졌다. 동양에서 기원하는 신화에 따르면 아도니스는 그 준수한 용모가 후세에까지 이야깃거리로 전해지는 젊은이로서, 아프로디테의 연인이었으나, 사냥 도중에 멧돼지에 받혀 죽었다고 한다. 그의 죽음을 여신이 너무나 슬퍼했기 때문에, 제우스는 1년에 한번씩 잠시 그를 저승에서 불러내 여신과 만나게 했다. 아도니스 축제는 바로 여기서 유래한다.

축제 첫날 사람들은 그의 죽음을 애도하지만, 다음날에는 그의 귀환을 기뻐하는, 즐겁고 환희에 넘치는 축제를 벌였다. 축제는 특히 여성들에 의해서 장대하게 치러졌다. 아도니스와 아프로디테의 조각상을 만들어 거리를 행진했고, 그의 죽음을 애도하고 그가 다시 돌아온 기쁨을 알리는 노래가 울려퍼졌다. 이에 대해선 당시 아름다움의 표본이었던 테오크리투스와 비온의 시 속에 잘 묘사되어 있다(Theocritus, xv ; Bion, i).

5월과 6월에 해당하는 타르겔리온 달에는 9년에 한번씩 다프네포리아 축제가 열렸다. 다프네포리아는 '월계수 수확 축제' 라는 뜻으로 이 축제에서는 장엄한 행렬 속에서 일명 다프네포루스(Daphnephorus, ; 월계수)라고 불려지는, 부모가 모두 살아 있는 미소년이 코포라는 올리브 나뭇가지를 운반한다. 소년은 월계수와 꽃으로 꾸민 후 모직천을 두르고 아폴로 이스메니우스의 신전까지 행진했다. 소년은 청동 장신구로 치장하는데, 이것은 당시 아름다운 육체를 상징하는 것이었다.

살라미스 해전에서의 승리를 기리기 위해 열린 무니키아 축제에서 아테네인들은 살라미스까지 행진했다. 또한 이 기간 중에 보트 경기가 열리며, 제물을 바치고 기타 다른 체육 경기도 개최되었다. 특히 햇불 행진과 달리기 경기가 이 축제의 특색이었다고 전해진다.

사냥의 여신인 아르테미스와 아폴로를 기리기 위한 타르겔리아 (Thargelia) 축제에서는 성인 남자와 소년들로 구성된 합창단이 등장했다. 합창단 속의 소년들은 모두 아름다웠다.

콜로폰에서 열린 타르겔리아 축제에서는 재난과 질병으로부터 벗어나기 위한 파르마코스(Pharmakos)라는 의식이 있었는데, 이는 오염과 혼탁을 씻어내려는 의도에서 도시 곳곳에서 벌어졌다. 파르마코스는 다른 이들을 위하여 속죄양으로 바쳐지는 사람을 의미하며, 이는 인류가 가장 혐오했던 습속 중의 하나였다. 시 외곽에서 사람들은 그의 손에 빵, 치즈, 무화과 열매를 쥐어주었다. 히포낙스에 따르면, 그는 국부를 야생 무화과나무와 지중해 지방에서 자라는 다년생 식물인 해총으로 가렸다고 한다(PLG., frag. 4-9). 그가 지나갈 때는 특별한 피리 연주가 울려퍼졌다.

에로틱한 축제 분위기

기록으로 미루어보아 고대인들이 여러 가지 음란한 춤을 즐겼다는 사실을 알게 되면 우리는 꽤나 놀라게 된다. 엘리스에서는 이름 자체에서 이미 음란한 성격을 드러내는 아르테미스 코르다카를 기리는 춤이 있었다(Pausanias, vi, 22, I). 닐손은 다른 관능적인 춤을 열거하며 다음과 같이 관찰한 내용을 기술했다.

"처녀 신들에게 제사를 올릴 때 종종 노래나 무언극과 더불어 진행되는 이 음란한 춤은 라코니아, 엘리스, 시실리, 이탈리아를 포함하는 고대 그리스 세계에서는 흔한 일이었다. 성생활은 종교의식 속에서 노골적으로 숨김없이 묘사되었다. 남근 숭배 장치가 아르테미스 숭배 사상에 일정하게 기여했다. 그리고 디오니소스와 데메테르 숭배의식에서도 우리는 이를 보아왔다."

디오니소스의 시종은 남근 숭배의 신, 다산의 신, 그리고 발육의 신으로 구성되었다. 그들의 춤은 참배자들의 행동에서 따온 것으로 그들이 공연하는 무언극 속에서 당시 사람들의 정신을 엿볼 수 있다.

오늘날은 아르테미스 축제와 같이 수확의 여신을 숭배하는 의식은 찾아볼 수 없다. 한 가지의 불확실한 사례를 제외하고는 그녀의 시종은 모두 여자였다. 호색가나 그런 종류에 상응하는 여신들은 지나치게 고상하여 혈족 따위는 더 이상 의식하려 하지 않았다. 그러나 우리는 박물관에서 공개 전시를 하지 않는 호메로스의 찬송이 아프로디테(v, 262)와 그 꽃병에 기록되었음을 유념해야 한다.

그런 종류의 춤은 아르테미스 코리탈리아의 제사의식에서 볼 수 있었다. 그러나 아르테미스를 기리는 제전인 티테니디아를 '유모들의 축제'라고 불렀다. 사람들은 그 춤을 같은 여신을 찬미하는 다른 축제에서도 즐겼다. 여신을 숭배하는 의식은 축제 이름으로 미루어 예측하는 것보다 훨씬 광범위하게 퍼져 있었기 때문에 그 축제들을 그저 티테니디아의 한 부분으로 봐도 무리가 없다.

티테니디아 축제의 기원을 더듬어보면 축제 역시 일반적으로 중요시했던 수확의 축제였다. 도시에서는 일종의 천막 축제가 열렸는데, 그 장소는 히아킨티아라는 곳이었고 보모들은 어린 소년들을 아르테미스 코리탈리아로 데리고 나왔다. 이 임시 천막은 그리스 주변 나라들의 추수와 수확의 축제에서도 볼 수 있었다. 카르네아에 있었던 천막들 또한 눈여겨볼 만했다(Ath., iv, 141e). 왜 남자아이들만 어머니가 아닌 유모가 데리고 나왔는지 알 수 없으나, 미루어 짐작컨대 축제의 품격이 다소 떨어졌음을 반증하는 것 같다. 어떤 경우였든 여신들은 어린아이들에게 축복을 내렸을 것이며 아이들은 그 축복을 받아 더 건강히 자랐을 것이다.

아르테미스 축제에서는 요란스럽고 난잡한 춤을 추었으나 자세히 살펴보면 이미 앞서 언급한 내용이 반복됨을 알 수 있다.

열광한 여인들의 흥청거리는 행동에 대해서는 이미 잘 알려져 있으니 더 이상 언급할 필요는 없다. 아크로폴리스에서 발견된 붉은 무늬 꽃병에서 완전한 나체로 열광하는 여인들을 볼 수 있다. 여인들은 황홀경에 빠져 남근 조각상을 흔들어가며 음란한 춤을 추었다.

대대적인 발굴 작업을 통하여 이미 돌로 조각한 남근과 다른 물건들을 쥐고 춤을 추는 조각품들이 발견되었다. 디오니소스의 난교 파티가 본래 신의 다산을 위하여 열렸다면, 파티는 점점 신성하고 차원 높게 미화되었을 것이다. 신성한 것은 무아지경 상태나 남성의 본성에 내재하는 충동을 통해 얻을 수 있는 것으로 받아들여졌을 것이다. 이는 또 그리스 사회 전체에 영향을 미친 디오니소스의 승리를 기리는 일이기도 했다.

아주 희미해진 어떤 비문(Corpus Inscriptionum, ii, 321)으로
부터 우리는 전시에도 남근 숭배의식을 치르는 대열이 안전하게 도
시를 통과할 수 있도록 대책이 강구되었다는 것을 알 수 있다.

식민지에서는 아테네에 있는 거대한 디오니시아로 음경을 보낼
의무가 있었다. 이러한 목적을 위하여 델로스 섬에서 나무로 만들
어진 43드라크마짜리 거대한 남근을 우리가 아직도 가지고 있다는
사실에 주목하는 것은 재미있는 일이다. 카이쿠스가 그 나무를 깎
았고, 소스트라투스가 색칠을 했다는 얘기가 전해진다(Bulletin de
Correspondance Hellenique, xxix, 1905, p.450).

불행하게도 파우사니아스는 디오니소스와 데메테르를 기리기 위
한 이 신비한 관습에 대해 이렇게 거론하고 있다.

"디오니소스를 기리기 위해 연례적으로 밤중에 열리던 제례의식을
일반 대중들에게 알려주는 것은 불경스러운 일로 여겨졌다."

다른 구절에서 그는, 아르카디아에서 열리는 스키에리아 축제에
서는 여인들이 매질을 당했으며, 스파르타의 소년과 청년들이 매질
을 하는 상대자였다고 말하고 있다(Pausanias, ii, 37, 6 ; viii, 23,
1).

테스모포리아와 데메테르 미시아 축제, 또한 이들과 크게 다르지
않은 펠로폰네소스의 펠레네 축제에서는 남자들의 입장이 금지되
었고. 심지어는 수캐조차도 축제의 장소에 들어갈 수 없었다

(Pausanias, vii, 27, 10). 축제는 7일 동안 계속되었다. 사흘째 되는 날 밤에 주요 행사가 벌어졌으며, 그 다음날에는 남성과 여성이 서로에게 짓궂은 농담을 퍼부어대며 질펀하게 어우러졌다고 한다.

데메테르 축제에서 잠시 동안이라도 수컷의 성을 가진 모든 것들이 배제된 것과 유사한 사례들이 빈번하게 거론되고 있다. 예를 들어 라코니아의 아이길라 축제(Pausanias, iv, 17, 1), 코스 섬에서 벌어진 데메테르 비밀 제례(Panton-Hicks, Inscriptions of Cos, No.386) 등이 있고, 그밖의 수많은 사례들에 대해선 특별히 새롭게 거론할 만한 사항이 없으므로 굳이 언급할 필요가 없을 것이다.

사랑의 위대한 분배자였던 아프로디테도 원래는 경작과 수확의 여신이었다. 그리스의 그 어느 곳에서도 사이프러스 섬만큼 그녀를 숭배하지는 못했을 것이다.

사이프러스의 파포스에서 매년 열렸던 대중 축제에는 섬의 전지역에서 남성과 여성들이 몰려들었다. 양성(兩性)은 무리를 지어 그리 멀지 않은 거리에 있는 팔라이파포스로 몰려갔다. 그곳에서는 온갖 종류의 에로틱한 비밀 제례가 벌어졌다. 이에 관해서는 주로 교회의 사제들을 통해 정보를 얻을 수 있지만, 그들의 기록은 지성적이며 종합적인 설명보다는 기독교인의 편견에 가깝다. 제례의 인도자들에게는 소금과 남근이 전달되었고, 이어서 그들은 여신들에게 보답하는 선물로 동전을 선사했다.

이와 함께 종교적 관습에 따른 매음행위도 계속되었다. 헤로도토스에 따르면 이는 파포스에 국한된 것이 아니라 사이프러스 섬 전역에 걸쳐 일반화된 것이었다고 한다. 이와 유사한 바빌론의 풍습과 비교해볼 때, 우리는 소녀들이 그들의 인생에서 한 번씩은 아프로디테의 성전에서 보냈으며 자신을 선사하는 첫번째 친구에게 굴종했었다는 결론을 내릴 수 있다(H. V. Schumacher, Berlin, 1922).

양성적(兩性的) 인생관

양성 신에 대한 숭배

우리는 뒷장에서 그리스인들의 동성 연애에 관해 좀더 상세하게 다루게 될 것이다. 그러나 여기에서 그리스인들이 태아 상태에 있는 인간 존재에 대해 놀라울 정도로 양성적인 관념을 지니고 있었으며 이는 생활 일반에서도 마찬가지였다는 것을 전제해두고 넘어가야 할 것 같다. 그리하여 우리는 그리스의 문명사를 통해 인간 존재와 개별적인 신의 특질에 대해 그들이 원래부터 지니고 있었던 관념으로부터 유래하는 생각의 실체와 관행을 적잖이 접하게 된다.

사이프러스 섬의 아마투스에서는 자웅동체의 신이 숭배되었으며, 그 신을 숭배하는 젊은이들은 1년에 한 번씩 어린아이의 침대에 누

위 출산하는 여성의 고통을 흉내내야 했다. 이러한 풍습은 아리아
드네를 기리기 위해 생겨났다고 하는데, 테세우스와 함께 사이프러
스에 온 아리아드네는 아기를 낳지 못한 채 아이의 침대에서 죽어
갔다고, 역사가 파이온은 전하고 있다(Plutarch, Theseus, 20).

파이온은 또한 아프로디토스라는 양성적인 신에 대해서도 언급하
고 있다. 마크로비우스에 따르면(Saturnali a, iii, 8, 2), 그의 조각
상은 수염이 나 있었고, 몸매와 옷차림은 여성의 형상이었지만 생
식기관은 남성이었다고 한다.

희생물을 바치는 의식에서도 남자는 여자의 옷을, 여자는 남자의
옷을 입었다. 이러한 관행을 이해하기 위해서, 우리는 먼저 자웅동
체라는 의미를 갖는 헤르마프로디토스의 양성적인 형상에 대해 다
루어보아야 한다.

오비드가 표현한 가장 상세한 이야기에 따르면(Metamor
phoses, iv, 285), 헤르마프로디토스는 보는 이로 하여금 아찔한
기분이 들게 할 정도로 아름다운 소년이었다고 한다. 그는 열다섯
살 때 샘물의 요정인 카리아와 같은 이름인 살마키스와 사랑을 하
게 되었다. 그러나 헤르마프로디토스는 살마키스의 유혹에 이끌려
그의 의지와는 관계없이 물속으로 끌려들어가서 강제로 관계를 맺
게 되었다. 자신의 연인으로부터 결코 분리되고 싶지 않았던 여신
은 자신들을 합쳐서 두 개의 성을 하나의 존재로 만들었던 것이다.

헤르마프로디토스의 갈망에 따라 헤르메스와 아프로디테는 그가
빠졌던 샘물에서 목욕을 하는 모든 사람이 세미비르(semivir ; 반

은 남자 반은 여자라는 뜻)가 되거나 여성화되는 특징을 그 샘물에 부여했다고 한다. 이를 통해 그리스인들의 잠재의식 속에는 생활에 대한 근원적인 양성적 사고와 동양적인 양성적 숭배심이 결합되어 있었을 가능성이 대단히 높다고 추측할 수 있다.

동양적 관점이 그런 식으로 전파된 양상은 그리스에서는 빈번하게 확인할 수 있으며, 결혼 예복의 변화를 그 예로 고려해볼 수 있다. 즉, 스파르타에서는 신부가 남자의 복장을 입었으며, 코스 섬에서는 신랑이 헤라클라스의 사제들처럼 여성의 복장을 했다 (Plutarch, Lycurgus, 15 ; Cos, Moralia, 394). 아르고스에서는 남성과 여성이 서로 이성의 옷을 바꿔 입는 축제가 매년 열렸는데, 후에 그 향연은 히브리스티카(Hybristika)라고 불려졌다.

헤르마프로디토스라는 이름은 호머와 헤시오드의 시대에는 나타나지 않다가 테오프라스토스(Characters, 16)에서 최초로 등장하게 된다. 그러나 신화에 대한 고찰을 통해 양성적인 신에 대한 관념은 소위 후대의 산물이 아니라 이미 고대에서부터 존재하고 있었다는 것을 입증할 수 있다.

테오프라스토스의 글로 미루어볼 때, 집안에 안치된 하나 또는 그 이상의 헤르마프로디토스의 형상에 대해 축제가 벌어지는 달의 제5일과 제7일째 날에 제례를 지냈으며, 프로클루스에 따르면(On Hesiod, 800) 제4일째 되는 날은 헤르메스와 아프로디테를 기리는 날로서 성적인 쾌락을 특별히 중시했다고 한다.

헤르마프로디토스는 대중적인 경배의 대상 이상으로 가정적이며 개인적인 인생을 중시하는 바람직한 정신으로서 숭상되었던 존재이다. 그러므로 우리는 여기에서 미학적인 열정에 의해 완성되었던 양성적 인생관의 맹아적 뿌리를 찾을 수 있다.

헤르마프로디토스를 위해서 마련된 특별한 성소나 사원 따위는 거의 찾아보기 어렵다. 다만 알로페케라는 아티카의 행정구역에 그런 장소가 있었는데, 증언(Alciphron, Epist., iii, 37)에 따르면, 그곳도 작은 예배당에 불과했다고 한다.

그러나 조형 예술에 있어서 헤르마프로디토스의 중요성은 대단히 크다. 기원전 4세기 이후로는 일반 가정이나 김나지아 그리고 목욕탕 등에 헤르마프로디토스를 나타내는 조각상과 그림이 장식되었는데, 대부분의 작품이 여성의 옷차림에 발달된 엉덩이 근육과 남성 생식기를 지닌 혈색 좋고 아름다운 젊은이의 모습이었다고 한다. 특히 잠자는 모습이 아름다운 헤르마프로디토스 형상들이 우리에게 전해 내려온다. 그 형상들에서 헤르마프로디토스는 남성과 여성의 특징이 혼재된 신체로 화려한 소파에 옆으로 비스듬히 누워 팔베개를 하고 우아한 자태로 편안한 휴식을 취하며 매력을 뽐내고 있다.

전해 내려오는 수많은 작품들이 이러한 유형을 보여주고 있다. 그 중에서도 가장 아름다운 것은 플로렌스의 유피지, 로마의 빌라 보르게제와 테르마이 박물관, 파리의 루브르, 그리고 페트로그라드의 헤르미타게 박물관의 작품들이 볼 만하다.

이미 언급했듯이 헤르마프로디토스에 대한 숭배적 이미지를 담고 있는 작품들은 매우 드물다. 그런 작품으로는 로마의 폴리클레스에 조각상이 있으며(Pliny, Hist. Nat., xxxiv, 80), 베를린 박물관에 도 아름다운 조각상이 한 점 있다(No. 192).

헤르마프로디토스를 표현한 보편적인 작품들은 감각적인 매력을 나타내고자 하는 의도만으로 제작된 것들이다. 이와 관련하여서는 에로스, 디오니소스 그리고 프리아프스 등의 양성적 형태에 대해 언급할 수 있을 것이다.

로마와 아테네에서는 양성적인 무용수들의 부조 조각상을 볼 수 있다. 또 발기한 부분에 대한 주의를 끌기 위해 옷을 치켜올리고 있 는 헤르마프로디토스의 조각상이 보이기도 한다. 화려한 옷을 입고 있는 헤르마프로디토스 앞에 프리아프스가 거울을 들고 있는 모습 이 그려져 있는 폼페이의 아름다운 벽화는 그가 어떻게 치장했는지 알려주고 있다.

현대적인 관점으로 볼 때 헤르마프로디토스에 대한 다분히 감각 적이고 외설적이기까지한 표현은 목양신(牧羊神)인 판 또는 호색가 인 사티르스와 성적으로 연관되어 있는 것들이 많다. 에로스가 그 의 옷을 선정적으로 잡아당긴다거나, 사티르스가 그의 매력적인 육 체를 격정적으로 애무하거나, 완벽에 가까운 포옹으로 서로 얽혀 있는 모습 등이 그것들이다.

또 다른 양성적인 신으로는 레우키푸스를 들 수 있다. 크레타의 파이스투스에서는 그를 기리는 아포디시아 축제('벌거벗은 축제'라 는 뜻)가 열렸다. 레우키푸스는 원래 여자아이로 태어났는데, 그녀의 어머니의 청원에 따라 레토에 의해 소년으로 바뀌었다. 이 이야기를 거론한 안토니누스 리버랄리스에 따르면, 이 소녀를 위해 남성의 생식기를 만들어준 창조자인 레토 피티아를 위해 파이스투스에서는 제물이 바쳐졌다고 한다.

이 축제와 더불어 파이스투스에서는 결혼하기 전날 밤 신부가 여성의 형상을 하고, 여성의 의복을 입고는 있지만 남성 생식기를 달고 있는 레우키푸스의 나무 형상 옆에 누워 있는 풍습이 있었다고 한다. 아포디시아(Apodysia)라는 축제의 이름은 바로 이러한 의식 중에서 나무 형상의 옷을 벗겨냈던 데서 비롯된 것 같다. 사원에서 벌어졌던 매음행위에 대해 우리가 알고 있는 바를 기억해본다면, 예비 신부가 그 동안에 어떤 행동을 했을 것인지를 추측해보는 것은 그다지 어려운 일이 아닐 것이다.

이러한 기이한 풍습은 희극에서도 그 사례가 종종 발견되곤 한다. 그러나 비극으로는 메난데르의 《안드로기노스》 혹은 《크레탄스》의 편린만이 보존되고 있다. 이 책의 이중적인 제목으로 미루어 볼 때, 그 내용에는 양성적인 장면과 목욕탕에서 일정한 역할을 하는 신부에 대한 더 이상의 언급이 있었을 것이라는 결론을 내릴 수 있다(CAF., iii, pp.18, 19).

카이실리우스 스타티우스도 《안드로기노스》에 대한 기록을 남겨 놓았다. 아르기베스가 스파르타의 왕 클레오메네스에게 무릎을 꿇었을 때, 텔레실라가 이끌고 온 여인들이 무기를 들고 도시를 구해냈다고 한다. 이 일을 기념하기 위하여 여성과 남성이 서로 옷을 바꿔 입는 히브리스티카 축제가 열렸다(Plutarch, De mulierum virtute, 245e).

인구를 증가시키기 위한 목적으로 여성 시민들에게, 자유민이긴 하지만 정치적인 권리는 전혀 가질 수가 없었던 신민 계급과의 결혼이 완전히 허용되었다. 그러나 플루타크에 따르면, 신민 계급의 남자는 다른 남성들과 동등하게 취급되지 않았기 때문에 그들과 결혼하는 여자들은 남자와 잠자리에 들기 전에 자신의 얼굴에 수염을 그려 넣었다고 한다.

코스 섬에도 이와 비슷한 풍습이 있었는데(Plutarch, 304e), 젊은 남성들이 결혼할 때 여성의 옷차림을 하고 아내를 받아들였다는 것이다. 그 곳에서는 또한 여자 옷을 입은 사제가 헤라클레스에게 제물로 바쳐지기도 했다. 이와는 반대로 스파르타에서는(Plutarch, Lycurgus, 15) 신부가 짧은 머리에 히마티온을 입고 구두를 신는 등 남장을 하고 남편을 기다렸다고 한다.

이러한 비슷한 관행들을 반복해서 설명하려는 모든 시도들이 나에게는 잘못된 것으로 보인다. 나 자신은 그러한 관행들이 그리스인의 잠재의식 속에 생활에 대한 양성적 사고의 뿌리가 있었다는 결론의 새로운 증거를 제공해주고 있는 것이라고 확신하고 있다(Plutarch, An seni, 875e ; Non posse suaviter vivi secundum Epicurum, 1097e).

대중적인 축제들

인기 높은 아프로디시아 축제

그리스 지역 어느 곳에서나 찬양을 받던 아프로디시아 축제는 국가적인 축제로서 인정을 받지는 못했지만 대중적인 인기는 매우 높았다. 이름에서 보여지듯이 이 축제는 원래 아프로디테를 기리기 위한 축제였으며, 따라서 아프로디테에게 바쳐진 하인들이나 매춘부 그리고 고급 매춘부를 뜻하는 헤타이라이 등도 축제에서 배제되지 않은 것으로 보인다.

실제로 플루타크에 따르면, 적어도 후대에 이르러서는 이 아프로디시아라는 이름이 여성이 없는 상태에서 오랜 항해를 마치고 돌아온 선원들이 회포를 푸는 무절제한 연회를 지칭하는 것이 되었다고 한다.

고급 매춘부인 헤타이라이들을 위한 진정한 축제는 아이기나 섬에서 벌어졌는데, 이 축제는 포세이돈 축제의 결과로 생겨난 것이었다. 프리네는 이 축제에서 아테나이우스가 다음과 같이 묘사한 (xiii, 590 f.) 유명한 장면을 연출했다.

"그러나 은밀한 부분이 좀더 아름다운 사람은 바로 프리네 그 자신이었다. 그 때문에 그녀의 나체를 목격하기란 그리 쉬운 일이 아니었다. 프리네는 몸에 꼭 끼는 작은 키톤을 입었으며 공중 목욕탕엔 드나들지 않았기 때문이었다.
그런 그녀도 모든 그리스인들이 지켜보는 엘레우시니아와 포세이돈 축제에서는 히마티온을 벗고 머리카락을 길게 늘어뜨린 뒤 바닷속으로 들어갔다. 그러면 예술가들은 그녀를 모델로 삼아 아프로디테를 재현해냈다."

아프로디시아는 여러 가지 언어가 혼재되어 있는 코린트의 시끌벅적한 항구에서 가장 감각적이고 음란한 방법으로 치루어졌다. 알렉시스에 따르면(Ath., xiii, 574b), 그곳에서는 수많은 매춘부들이 모여 아프로디테를 찬양하는 자신들만의 축제를 열었다. 물론 그러한 축제들은 밤중까지, 심지어는 다음날 아침까지도 계속되었다고 한다.

그 동안에 '아프로디테의 새끼들' 인 헤타이라이들은 무리를 지어 음란한 동작을 취하며 거리를 행진했다. 그렇게 밤을 새워가며 벌어지는 축제를 '판니키스' 라고 불렀고, 그 이름은 또한 헤타이라이의 애칭이 되었다.

유불루스는(Ath., xiii, 568e) 헤타이라이들을 이렇게 묘사했다.

"아름답게 직조되어 길게 늘어진 의상 속에는 거의 아무것도 입지 않
은 채 모든 사람들이 아무런 위험 없이 즐길 수 있도록 싼 값에 사랑
을 팔았다."

테살리에서 벌어진 아프로디테 아노시아 축제는(Ath., xiii, 589a ;
Plutarch, Amatorius, 767f) 남성들의 참가를 배제했으므로 동성애
적인 배경을 가지고 있었던 것으로 짐작된다. 세부적인 사항은 알려
지지 않아 우리가 알고 있는 유일한 사실은 에로틱한 분위기에서 채
찍질을 하는 행위가 벌어졌다는 것뿐이다.

헤르메스 축제

거의 언제나 사랑에 빠져 있는 친근한 신인 헤르메스를 대한 축제
는 그리스에서는 비교적 적은 편이었다. 그러나 반면에 그에 대한
기억은 소위 헤르메스의 기둥, 좀더 정확하게는 헤르메스의 주랑의
멋진 배열에 의해 거의 모든 구석마다 생생하게 살아 있다. 꼭대기
부분이 정교하게 장식된 주랑은 헤르메스를 표현하는 것이며, 그
다음으로는 다른 여러 신들과 남근 숭배사상을 반영하는 의미를 갖
는다.

이미 언급한 사실에 비춰볼 때 헤르메스 신을 기리는 소수의 축제
에는 에로틱한 배경이 적지 않았다는 것을 쉽게 이해할 수 있다. 그

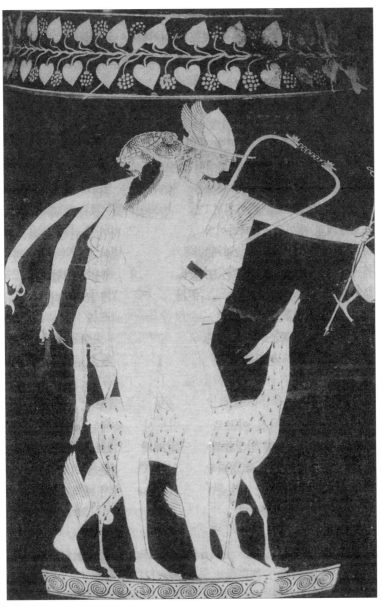

오레이마코스와 헤르메스

러나 그리스인들은 헤르메스를 남성미의 꽃으로 간주했으며, 소년에서 청년에 이르는 과정의 지고한 순수함을 나타내는 존재로 여겼다.

오디세우스가 키르케의 영토에 도착하여 사람이 있는지, 있다면 어떤 사람들이 있는지 탐험한 과정을 그린 호머의 글에 나오는 단락을 기억해보라(Od., x, 277 ; Aristoph., Clouds, 978 ; Plato, Protagoras). 탐험 도중에 그는 당연히 잘 모르고 있던 헤르메스를 만났다.

그는 헤르메스의 아름다움을 다음과 같이 표현하였다.

"막 청년이 되어가는 과정에 있어 젊은 혈색이 참으로 매력적이었으며, 입가에는 막 피어나기 시작한 수염으로 덮여 있었다."

그러므로 타나그라에서 벌어지는 헤르메스 축제에서, 에페비의 젊은이 중 가장 아름답고 준수한 사람이 어깨에 숫양을 짊어지고 도시를 한 바퀴 도는 것은 결코 우연이 아닌 것이다.

파우사니아스(ix, 22, 1) 또한, 이러한 방법으로 도시에 도는 전염병을 막은 적이 있었던 헤르메스에 대한 기억을 보존하기 위하여 이와 같은 관습이 생겨났다는 것을 추가로 지적하고 있다. 이러한 행사가 끝나고 도시 외곽에서 제물로 바쳐졌음이 분명한 숫양은 도시 전체의 죄악을 홀로 짊어지고 그것을 대속하는 의미를 지니고 있었다. 이러한 임무를 수행하기 위하여 도시에서 가장 아름다운 소년이 뽑혔다는 것은 다른 곳에서도 우리에게 알려져 있는 관습이다.

크레타 섬에서도 헤르메스 축제가 열렸는데(Ath., xiv, 639b ; vi, 263f), 이 축제는 흡사 로마의 농신제를 연상하게 한다. 이 축제 기간 동안에는 주인과 하인의 관계가 역전된다. 주인은 그를 때릴 수 있는 권한을 부여받은 노예를 위해 대기하고 있어야 한다. 그날 만큼은 성적인 권리까지도 허용되었다고 한다.

소년과 청년들이 벌이는 운동 경기와 결합된 헤르메스 축제에 대해서는 더 많은 정보들이 있다. 정확하면서도 상세한 내용들이 전해 내려오고 있지만, 다른 평범한 운동 경기들과 구분하기란 그리 쉽지 않다. 헤라클레스와 아폴로, 그리고 뮤즈와 함께 헤르메스는 김나지아의 수호신이었으며, 모든 김나지아에서 눈에 띄는 에로스의 형상 이상으로 특별한 숭배를 받았다.

사모스 섬에서는 엘레우테리아를 기리는 축제가 벌어졌는데, 여기에서는 진정한 애국주의와 남자와 남자간의 굳건한 동지애의 원형이 되었던 그의 해방을 추구하는 정치적 행동을 기념했다 (Eleutheria, Ath., xiii, 561).

흑해의 키오스 - 프루시아스 거주자들이 거행한 히라스를 기념하기 위한 축제에 대해 알려진 것은 거의 없다(Antoninus Liberalis, 26 ; Strabo, xii, 564). 하지만 우리는 이 축제가 원래 동성애에서 비롯되었음을 알고 있다. 히라스는 헤라클레스가 그 누구보다도 사랑했던 아름다운 소년으로 이 영웅과 함께 아르고나우츠 여행에 동행하기도 했다. 하지만 샘에서 물을 마시다가, 그에게 반해버린 요정들에 의해 물속으로 끌려 들어가고 만다.

따라서 헬레네스 땅에서도 많은 축제가 벌어졌음을 알 수 있다. 지금까지 전해 내려오는 방대한 자료 중에서, 우리는 이 작업의 목적에 부합되는 것들만을 선별했다. 그밖의 다른 축제에 대해서도 알려진 것들이 있지만, 이미 앞에서 다루어진 내용이기 때문에 중복을 피하기 위해 생략한다.

4

연극에 나타난 사랑과 性

그리스 연극과 性의 관계

한 민족의 성격을 알기 위해서는 축제 및 축제 풍습과 함께 대중 공연이 커다란 비중을 차지한다.

우리가 소개하고자 하는 그리스 연극은 성생활과 관련된 것으로 국한되며, 또한 최소한 지금까지 전해 내려온 희곡 작품이 문화 전반을 대변한다고 전제할 수밖에 없다. 따라서 우리의 임무는 그리스 연극의 관객들에게 어떤 에로틱한 모티브가 제공되었는가, 혹은 그리스의 대중들이 접할 수 있었던 공연 예술의 성적인 배경은 무엇인가 하는 문제에 한정될 것이다. 그와 동시에 그리스 연극에서 역시 동성애적인 요소가 어떤 이유로도 무시되거나 억압받지 않았다는 사실이 드러날 것이다.

반면 연극은 결정적인 영향력을 행사하는 가장 중요한 부분이다. 따라서 뒤에서 다시 한 번 언급될 내용들도 여기서 상세하게 짚고 넘어갈 필요가 있다.

아티카 비극

에스실루스와 소포클레스의 희곡은 각각 일곱 편, 에우리피데스의 작품은 열아홉 편이 완벽하게 보존되고 있다. 여기에 대해서는 나중에 설명하기로 하고, 여기서는 단편적으로밖에 남아 있지 않은 아티카 비극들만 살펴보자. 완벽하게 보존되어 있는 작품들이 일부분만 남아 있는 것들보다는 훨씬 접근하기가 쉽기 때문에, 뒤에서 따로 자세히 다룰 가치가 있을 듯하다.

에스실루스의 《라이우스》

에스실루스의 희곡은 우연한 인용을 통해서만 우리에게 알려지고 있는데, 여기서는 소년들의 사랑을 다룬 《라이우스》라는 작품을 살펴보기로 한다. 이 작품은 시인이 테아게니데스 집정관 치하의 제78회 올림피아드(B. C. 467)에서 1등상을 수상한 4부작의 제1편이다. 나머지 작품들로는 《오이디푸스》《테베에 저항한 7인》, 풍자 희곡 《스핑크스》 등이 있다.

불행히도 《라이우스》는 별로 중요하지 않은 두 개 대목이 전해지고 있을 뿐이다. 하지만 그렇다고 해서 전체적인 플롯에 대한 언급을 완전히 생략할 수는 없다.

펠로프스의 아들인 미소년 크리시푸스에 대한 라이우스의 사랑이 이 불행한 왕의 비극적인 운명의 배경이 되었다는 추측이 일반적이다. 사실 여러 가지 정황으로 미루어보면, 그리스인들은 라이우스가 소년에 대한 사랑의 시초라고 생각했음을 알 수 있다. 또한 아들을 강탈당한 아버지 펠로프스가 그 강탈자에게 끔찍한 저주를 퍼부은 사실, 또한 그것이 몇세대에 걸쳐 전해 내려오며 라이우스의 아들과 손자들을 지배했다는 사실을 덧붙여둘 필요가 있다. 이 저주는 슬픔으로 가득 찬 기나긴 생애로 하늘의 힘에 의해 용서를 받은 오이디푸스의 죽음에 이르러서야 끝나게 된다.

여기에는 많은 학자들이 빠지기 쉬운 위험한 함정이 하나 있다. 펠로프스는 라이우스가 소년을 사랑했고, 또 그와 친밀하게 지냈기 때문에 저주를 내린 것이 아니라는 점이다. 다시 말하면 남색(男色)이라는 현대적 개념에서 생기는 오해처럼, 그의 열정이 '부자연스러운 본성'을 드러냈다고 해서 저주가 내린 것은 아니다. 그 이유는 오로지 라이우스가 소년을 훔쳤고, 그 아버지의 바람을 무시한 채 유괴했다는 점뿐이다. 라이우스의 행동을 단죄하려는 충동이 왜곡된 것은 아니지만, 그는 결국 폭력을 택했다. 원시시대의 성적인 접촉은 모두 강간에서 시작되었다고 볼 수 있으며, 일종의 종교적 의식으로 여인이나 소년을 유괴하는 행위는 문명이 대단히 발전한 시점까지도 존속되었다. 하지만 우리는 강간이 명백한 것으로 남아 있었다는 점, 또한 실질적인 폭력 행사 역시 여론이나 법률에 의해 똑같이 심판받는 것이었다는 점을 알게 되었다. 라이우스의 죄에 대한 이러한 관점은 뒤에서 설명할 크레타에서의 통상적인 유괴 형태와 비교해보면 대단히 타당한 것이라는 사실을 알 수 있다.

따라서 우리는 에스실루스의 비극에서, 주인공 라이우스가 일반적인 관습에 위배되는 행동을 함으로써 저주받은 사나이가 되었다는 사실에서 독특한 테마를 발견하게 된다.

그는 자신이 자유롭게, 또한 공공연하게 미를 추구할 수 있었으므로 소년을 유괴하는 것도 용인될 것이라고 생각했다. 하지만 그에게 내려진 저주에는 끔찍한 아이러니가 포함되어 있다.

그가 젊었을 때 가장 큰 기쁨을 발견한 아름다운 소년, 하지만 정작 그가 결혼을 했을 때는 그런 소년을 아들로 둘 수 없었다. 그의 결혼생활은 자녀를 잉태하지 못하며, 그럼에도 불구하고 운명을 거스르며 아들을 원했을 때, 그는 그토록 간절히 원하던 아들의 손에 의해 죽임을 당하는 끔찍한 운명의 사슬에 얽매이게 된 것이다. 역시 운명의 분노에 의해 인도된 아들의 저주받은 손은 그 아버지가 저지른 죄악을 단죄하는 역할을 수행한다. 하지만 아들의 손에 의해 죽임을 당하는 사태는 처음에는 가공할 스핑크스의 모습으로 나타난다. 라이우스는 무시무시한 역병으로부터 자신의 땅을 구하기 위해 빛의 신에게서 도움이나 충고를 받으려고 델포이로 여행을 떠났다. 여기서 돌아오는 길에 그는 서로를 알아보지 못하는 아들과 마주친다. 그 덕분에 우리는 스핑크스의 수수께끼가 품고 있는 깊은 뜻을 이해할 수 있게 된다.

"아침에는 싱싱한 젊음과 기쁨에 찬 희망을 안고 있지만, 저녁에는 힘을 잃고 쓰러지는 사람."

라이우스가 바로 이런 비참한 인물이었고, 그 수수께끼를 풀 수 있을 만큼 현명한 사람은 아버지를 죽인 그의 아들밖에 없었다. 에스실루스가 밝히지는 않았지만, 이러한 비극 예술의 영향을 받지 않은, 현대적 관점에 따르는 사람이라면, 그 누구라도 펠로프스의 아들을 사랑한 라이우스의 죄를 발견할 수 있을 것이다.

앞에서 나는 호머의 시에서는 소년과의 남색의 흔적이 발견되지 않는다는 견해가 지배적이라는 언급을 했다. 하지만 그것은 호머의 작품에서 그런 요소가 나타나지 않는다고 믿었던 타락한 시대가 되기 전까지의 이야기였다.

이제 에스실루스는 《미르미돈스》라는 희곡에서 아킬레스와 파트로클루스의 애정관계가 오로지 성적인 배경을 가지고 있을 뿐이라는 사실을 보여주고 있다. 그것은 타락의 시대에 처음 등장하는 것이 아니라, 일찍이 헬레니즘 문명의 전성기에도 분명히 나타났던 현상이었다. 이 작품에는 아가멤논의 맹렬한 공격을 받고 전쟁터에서 물러나온 아킬레스가 파트로클루스의 막사에서 스스로를 위안했다는 내용이 포함되어 있다. 그러나 아킬레스가 미르미돈스의 설득을 뿌리치지 못하고 파트로클루스가 지휘하는 전투에 개입함으로써 비극이 시작된다. 결국 이 작품은 파트로클루스의 죽음과 아킬레스의 절망에 찬 슬픔으로 끝을 맺고 있다.

위대한 비극 작가 소포클레스

아직까지 보존되어 있는 소포클레스의 희곡 작품의 단편에서는 소년과 청년 사이의 사랑이 자주 언급된다.

이 시인의 생애를 아는 사람이라면, 아무도 그런 사실을 놀라운 것으로 받아들이지 않을 것이다. 라테란의 장엄한 조각상만으로도 그 아름다움을 충분히 엿볼 수 있는 이 위대한 비극 작가는 어렸을 때부터 남달리 우아하고 준수한 용모를 가진 소년이었다.

그는 춤과 음악, 그리고 각종 체육 활동으로 단련되어, 그 검은 머리칼 위에 승리의 왕관이 씌워진 적이 한두번이 아니었다. 그리스인들이 살라미스에서의 승리를 축하하기 위해 축제를 열기로 했을 때, 젊은 소포클레스는 더할 나위 없이 완벽한 용모와 몸매를 가지고 있었기 때문에, 벌거벗은 채 손에 수금을 들고 춤을 출 소년들의 대장으로 뽑히기도 했다(Ath., i, 20).

《일리아드》의 영웅인 아킬레스는 풍자 희곡으로 보이는 《아킬레스의 연인들》이라는 작품에 대단히 아름다운 미소년으로 등장한다. 이 작품은 극히 일부분밖에 남아 있지 않지만, 펠리온의 정상이나,

영웅들의 교사이자, 유명한 켄타우르(Centaur)인 케이론의 동굴에 새겨진 장면이 바로 이 작품을 근거로 한 것이라는 추측이 가능하다. 다음의 한 구절을 통해 이 소년이 얼마나 아름다웠는지를 엿볼 수 있다.

"그가 눈을 들어 슬쩍 쳐다보면, 마치 날카로운 창이 날아오는 것만 같았다(Sophocles, frag. 161)."

좀더 긴 아홉 행짜리 단락(Soph., frag. 153)은 사랑을 소년의 손바닥 위에서 녹아가는 눈덩이로 비유하고 있다. 따라서 케이론이 소년에 대한 불확실한 갈망을 가지고 있었다는 추측도 할 수 있다. 이윽고 테티스는 자신의 아들을 스승에게서 데려가 버렸고(Soph., frag. 157), 사티르스는 사랑하던 제자를 잃은 케이론을 위로하기 위해 애쓰고 있다. 아마 코루스(Chorus)를 형성한 사티르스는 동성애를 즐기는 것으로 묘사되었을 것이다. 결국은 그들이 속임을 당해 길들여지지 않으면 안 되었을 것이라고 추측할 수 있다.

《일리아드》를 통해 알려진 트로일루스(xxiv, 257)는 비극 작가 프리니쿠스가 열성적으로 그 아름다움을 찬미한 바 있는 프리암의 아들인데, 소포클레스에 의해서도 같은 이름으로 아킬레스가 가장 좋아했던 인물로 등장하고 있다. 이 작품의 주제에 대해 우리가 아는 것이라곤 아킬레스가 운동 연습을 하다가 실수로 그토록 좋아하던 상대를 죽였다는 사실이다. 뜻하지 않은 사고로 히아킨투스를 죽인 아폴로처럼, 그에게도 엄청난 불행이 따라다닌 셈이다. 아킬레스는 그의 죽음을 크게 슬퍼했다. 그의 슬픔을 묘사한 유일한 대목이 트로일루스가 '남성에 맞먹는 지혜를 가진 소년'이라고 표현한 문장 속에 보존되어 있다(Soph., frag. 562). 그 외설스러운 표현이 소포클레스의 희곡에도 등장한다는 사실에는 의심의 여지가 없다.

에우리피데스와 아름다운 아가톤

라이우스가 가장 좋아하는 젊은이인 크리시푸스에 대한 이야기는 에우리피데스도 자기 희곡의 주제로 삼고 있다. 주인공의 이름을 따서 《크리시푸스》라는 제목이 붙은 이 희곡은 시인 자신의 개인적인 경험을 소재로 했다.

헬레니즘의 감각적인 쾌락의 시대에, 아테네의 거리에서 가장 아름다운 소년들 중에서도 주목을 끌었던 사람은 티사메누스의 아들인 아가톤이었다. 이 아가톤은 아리스토파네스가 《테스모포리아주소이》에서 재기 넘치는 인물로 묘사했던, 또한 아리스토텔레스가 비극적 시인으로 높이 평가했던 아가톤과 같은 사람이다.

그는 동시대인들에 의해 하늘에서 내려와 속세의 인간 세계를 방황하는 신으로 인식되었다. 하지만 많은 사람들은 이 아가톤의 사랑을 얻기 위해 안간힘을 다했다. 그의 아름다움은 플라톤이 생생하게 묘사한 바 있는 소크라테스와 알키비아데스 사이의 질투 장면을 이끌어내기도 했다.

우리는 냉소적인 태도를 견지했던 에우리피데스조차 이 놀라운 현상의 비범한 매력에 압도되었다는 사실을 발견하게 된다. 사실 그는 이 이야기를 《크리시푸스》라는 희곡에 담아 무대에 올리기까지 했다. 만약 이 언급이 사실이라면 — 달리 의심할 이유도 없는 듯하지만 — 이 작품의 주인공 크리시푸스가 그의 아름다운 원형인 아가톤으로부터 창조되었을 것이라는 추측을 할 수 있다. 다시 말하면 시인은 자기 자신이 라이우스의 편이었다고 상상했던 것이다.

하지만 키케로의 노트(Tusc. Disp., iv, 33, 71)에 의하면, 소년에게 호의를 베푼 라이우스의 바람이 이 작품의 기초가 되었다는 사실을 알 수 있다. 또한 우리는 그것이 에우리피데스와 아름다운 아가톤이 등장하는 대중 앞에서의 연극의 문제였다는 사실을 명확히 인식해야 한다. 따라서 5세기가 끝날 무렵의 아테네에서, 이 유명한 시인은 그의 아름다움과 세련된 문화를 경축하기 위해 이 탁월한 소년을 찬양했던 것이다.

몇개 남지 않은 단편들만으로는 이 희곡의 차례가 어떻게 구성되었는지에 대한 상세한 정보를 파악할 수 없다. 에우리피데스는 다른 자료에서도 수시로 드러나듯이, 라이우스가 그리스에 소년을 상대로 하는 남색을 최초로 도입한 장본인이라는 견해에 동의하고 있다.

라이우스는 당시만 해도 사랑은 하나의 질병이며, 마음의 평화를 깨뜨리는 그 무서운 병과 맞서 싸우기 위해서는 이해라는 무기로 무장하지 않으면 안 된다고 하는 것이 그리스인들의 보편적인 관점이었다는 점을 감안하면서, 자신의 그런 열정을 억누르기 위해 많은 노력을 기울였을 것이다. 야손에 대한 사랑 때문에 고민했던 메데아(Ovid, Metam., 720)와 마찬가지로, 라이우스 역시 사람들이 옳은 것은 잘 알면서도 잘못된 것은 알지 못한다고 불평하고 있다. 이 희곡이 크리시푸스의 죽음으로 끝을 맺고 있으리라는 추측은, 그것이 비극으로 간주된다는 점에서 설득력을 갖는다. 굳이 전통을 무시해가면서까지 더 많은 것을 이야기할 필요는 없었던 것이다.

아티카 희극

　그리스의 희극은 포도주에 의해 촉발된 유머의 결과물이라 해도 과언이 아니다. 그 뿌리는 보호와 기쁨의 화신이며, 언제까지나 젊음을 간직하는 결실의 신 디오니소스에게 맞닿아 있다. 따라서 희극은 어쩔 수 없이 결실의 정신과 결부될 수밖에 없는 음란성과 연결되어 삶을 반영하는 그로테스크한 캐리커처이므로, 그리스 희극의 도처에서는 성생활을 묘사한 장면들이 눈에 뜨인다. 마녀의 냄비, 괴물들의 파티 등에서는 온갖 에로틱한 변형과 섹스의 실제들이 정상적인 감각을 혼란시키기 위해 소용돌이친다.

　그리스의 성생활에서 소년들에 대한 사랑은 최소한 아내에 대한 사랑과 동등한 중요성을 가진다. 따라서 우리는 그리스 희극의 어디를 펼쳐보아도 그러한 표현을 발견할 수 있을 것이라고 추측할 수 있다. 사실 그리스 희극은 다른 모든 종류의 시와 마찬가지로, 소년에 대한 사랑 없이는 생각조차 할 수 없다. 이것은 디오니소스의 기괴한 음란성이 도착된 형태일 뿐만 아니라, 그리스, 특히 아티카 희극이 채택하고 있는 생략법이 초점을 맞추는 부분이기도 하다.

하지만 이미 말했듯이, 우리는 캐리커처를 무시할 수 없다. 따라서 겸손한 에로스 소년이 괴팍한 프리아푸스로 변화하는, 여기서는 부드러운 논조가 침묵을 지킨다. 카리스는 부끄러워 얼굴을 가리겠지만, 과학은 결코 그것들을 그냥 넘길 수 없다.

페레크라테스의 풍자

페레크라테스의 알려지지 않은 희곡(frag. 135)에는 알키비아데스가 지나치게 남자에 집착하는 것을 꼬집는 신랄한 풍자가 나온다. 이것은 여성에 대한 접근을 경고하는 의미를 가지고 있기도 하다.

"전에는 남자가 아닌 듯이 보였던 알키비아데스가, 지금은 모든 여인의 남편이 되어 있다."

유폴리스의 재치가 돋보이는 작품들

아테네의 유폴리스는 보다 풍부한 자료를 제공하고 있다. 그는 펠로폰네소스 전쟁 당시에 전성기를 구가했으며, 기원전 411년경

헬레스폰트에서 조국을 위해 싸우다 죽음을 맞이한 인물이다. 그는 구세대 희극 작가 중에서도 가장 훌륭한 지성인의 한 사람이었으며, 그가 죽은 뒤에도 오랫동안 그의 재치 넘치고 우아한 작품은 많은 사랑을 받았다. 적어도 일곱 편 이상의 그의 희극이 1등상을 수상했는데, 그 수치에 대해서는 14편에서 17편에 이르기까지 다양한 견해가 있다.

89회 올림피아드(기원전 421년)의 네번째 해에 유폴리스는 자신의 희극 《아우톨리쿠스》를 무대에 올렸는데, 이것은 그로부터 10년 후 새롭게 개작되어 두번째로 상연되었다. 아우톨리쿠스는 리콘과 르호디아 사이에서 태어난 아들이었는데, 크세노폰(Symposion, i, 9)은 그의 젊음과 아름다움을 이렇게 칭송했다.

"밤의 환한 섬광이 그에게로 떨어지면, 아우톨리쿠스의 그 눈부신 아름다움은 모든 이들의 시선을 집중시키곤 했다. 그의 모습을 한 번이라도 본 사람들은 절대로 마음의 상처를 피할 수 없었다."

아우톨리쿠스는 칼리아스가 가장 총애하는 애인이었다. 칼리아스는 엄청난 재산과 경솔한 행동으로 유명한 인물이었는데, 422년 파나테나이아에서 벌어진 판크라티움 경기에서 승리를 거둔 이후, 이 아름다운 젊은이를 위해 유명한 《심포시온》에서 크세노폰이 묘사한 연회를 베풀어주었다. 하지만 그는 리산데르가 아테네를 정복한 이후, 사형에 처해지는 비참한 말로를 걷게 된다. 이 작품에서 칼리아스와 아우톨리쿠스의 사랑은 극히 부정적으로 묘사되었으며, 역시 그 연회에 참석했던 청년의 부모조차 그 추한 모습에 눈을 돌렸다는 점이 특징이다(Ath., v. 216e ; Eupolis, frag. 56 ; frag. 61).

415년, 유폴리스는 탁월한 재치가 돋보이는 《밥타이(세례를 베푸는 사람이라는 뜻)》를 선보이는데, 여기서는 알키비아데스의 개인적인 삶에 신랄한 비판을 퍼붓고 있다. 이 세례를 베푸는 자들 가운데 알키비아데스의 동지가 있었는데, 그는 밤마다 코티토를 기념하는 야단스러운 파티를 벌이곤 했다. 코티토는 음란의 여신인데, 이 파티의 참석자들은 여자의 춤을 흉내내거나, 외설스러운 목욕을 하기도 했다. 이 작품은 루키안(Adv. Ind., 27)이 "당신은 이 작품을 읽고도 얼굴을 붉히지 않았단 말입니까?"라고 말했을 정도로 음란한 내용이 많았다.

《아첨꾼들》(423년에 상연됨)은 전적으로 소년에 대한 동성애에 초점을 맞춘 작품이었음이 분명하다. 돈을 받고 자기 자신을 팔겠다고 나선 데모스는 다음과 같은 불만을 터뜨린다. "포세이돈에 의해, 문은 쉴새없이 여닫힐 것이다." 다시 말해서 수많은 방문객들이 그의 모습을 보기 위해 들락거릴 것이라는 이야기다. 페리클레스의 아테네인 친구이자, 피릴람페스의 아들인 데모스는 아리스토파네스의 작품에도 유명한 인기인으로 등장한다(Wasp, 97 ; cf. Plato's Gorgias, 481d).

연극에서는 알키비아데스와 B와의 대화도 나온다. 이 B라는 알려지지 않은 인물은 알키비아데스가 엉뚱한 짓으로 비난을 받을 때마다 열심히 그것을 칭찬하는 사람이다. 여기서는 스파르타인의 음식을 뜻하는 단어가 알키비아데스가 좋아했던, 보다 사치스러운 '프라이팬에 구운' 음식을 의미한다. 하지만 B는 이 단어에 새로운 의미를 부여하고 있다. 그 단어가 수이다스에 의하면, '소년을 좋아하는 것'을 의미한다는 것이다. 그 덕분에 알키비아데스는 자신의 장점을 한결 잘 이용할 수 있게 된다.

알키비아데스는 사람들에게 일찍부터 술을 마시라고 가르쳤다. 이제 아테네인들은 너무 일찍 술을 마시는 것을 반대하게 되었다. 바톤의 문장에는 자기 아들이 연인을 통해 이런 나쁜 습관에 물들게 되었음을 격렬히 불평하는 아버지의 이야기가 나온다. 플리니 역시 알키비아데스가 이런 행위의 창시자라는 언급을 잊지 않고 있다.

아리스토파네스

아리스토파네스가 그리스 희극의 역사에서 차지하는 비중은 대단히 중요하다. 따라서 다음과 같은 대목들을 직접 살펴볼 필요가 있다.

가. 아카르니안스(기원전 425년에 상연됨) ; 이 작품의 262ff에는 팔루스의 노래가 나온다.

전진하라, 오 팔레스여, 바쿠스의 동료여, 밤을 호령하는 사랑과 색욕의 친구여. 그대를 소개받은 지 6년만에 우리 마을의 기쁨이 되어,

온갖 곤란과 싸움과 라마키에게서 해방되어 마음의 평화를 얻었도다.

나. 엑클레시아주소이(기원전 389년 혹은 392년에 상연됨) ; 늙은 창녀와 젊은 창녀가 번갈아가며 노래를 부르는 장면으로, 문학사상 유례를 찾아볼 수 없는 대목이다.

늙은 여자 : 도대체 왜 남자들이 찾아오지 않는 거지? 마지막이 언제였는지 기억도 나지 않네. 나는 화려하게 치장한 채 한가롭게 서성이며 지나가는 남자들을 잡으려고 멋진 노래까지 흥얼거리고 있는데. 아, 뮤즈여, 내 입술로 내려와 이오니아의 감미로운 노래를 부를 수 있게 해주오.

소   녀 : 이 못생기고 늙은 여자가 또 선수를 쳐서 먼저 내다보고 있네. 마치 내가 여기 없는 것처럼 내 포도를 훔치려하고 있어. 흥, 노래를 불러서 남자를 유혹하겠다니! 그래, 계속 불러보렴, 나도 부를 테니까. 듣는 사람에게는 지겹다 해도, 이건 아름답고 재미있는 노래니까. (못생긴 늙은 남자 하나가 무대를 가로질러간다)

늙은 여자 : 이봐요, 갈 때 가더라도 이리 와서 이야기나 좀 해요. 피리를 꺼내 당신과 내가 들을 만한 멋진 곡조를 연주해주세요. (노래한다) 나와 동침하는 희열을 경험하고 싶은 사람이라면 젊은 여자보다는 성숙한 여인의 품이 더 낫다는 것을 알고 있겠지요. 젊은 여자가 나처럼 충실하고 진실되며 변함없는 사랑을 줄 수 있겠어요? 천만에, 젊은 여자는 쉴새없이 다른 남자에게로, 또 다른 남자에

게로, 또 다른 남자에게로 날아가 버릴 거예요.

소　　녀 : 젊은 여자를 질투하지 마세요. 젊은 여자의 나긋나긋한 팔다리와 팽팽한 가슴 속에 쾌락이 있는걸요. 하지만 당신처럼 늙은 여인들은 아무리 눈썹을 세우고 얼굴에 화장을 한다 해도, 마치 저승사자처럼 보이기만 할 뿐이에요.

늙은 여자 : 이빨을 뽑고 침대를 망가뜨려 놓을까 보다. 네가 남자의 품에 안기려는 순간, 그 남자가 뱀으로 변해버리면 얼마나 좋을까. 난 네가 뱀을 안고 있는 모습을 보고 싶어 죽을 지경이야.

소　　녀 : 그러면 내가 어떻게 될까요? 내 친구는 오지 않을 거예요. 나는 그들 생각은 하나도 하지 않아요. 어머니는 나를 혼자 버려두고 나가버렸어요. 불쌍한 나를 위로해주세요. 나를 오르타고라스에게 데려다주세요. 이렇게 기도할게요. 그대와 함께 있으면 언제까지나 행복할 거예요. 그대에게 순종할 수 있도록 허락해주세요.

늙은 여자 : 이거야말로 이오니아 매춘부의 음란스러운 속임수로구나. 너는 내가 보기에 레즈비언의 유행을 쫓는 라브다에 지나지 않아.

소　　녀 : 하지만 당신은 내 연인을 빼앗아가지 못할 거예요. 조금도 내 시간을 빼앗거나 방해하지도 못할 거예요.

늙은 여자 : 그래, 지칠 때까지 실컷 노래부르렴. 그리고 족제비처럼 엿보기나 해! 그들은 반드시 나에게 먼저 올 테니까.

소　　녀 : 뭘 하려요? 당신 장례식에요? 새로 생긴 농담인가요?

늙은 여자 : 천만에! 조금도 새로운 게 아니지!

소　　녀 : 당신처럼 늙어빠진 쭈그렁 할멈에게서 어떻게 새로운
　　　　　게 나올 수 있겠어요?

늙은 여자 : 내가 나이 먹어서 너에게 피해준 것 있어?

소　　녀 : 그럼 없다고 생각하세요? 당신이 바른 분만 봐도 속이
　　　　　이상해요.

늙은 여자 : 왜 나에게 말을 걸지?

소　　녀 : 왜 훔쳐보세요?

늙은 여자 : 내가? 나는 사랑하는 에피게네스를 위해 숨죽여 노래부
　　　　　르고 있을 뿐이야.

소　　녀 : 난 그 늙은 게레스가 당신의 하나밖에 없는 친구인 줄
　　　　　알았는데요.

늙은 여자 : 이제 곧 알게 될 거다. 지금 그이가 여기로 오고 있어.
　　　　　틀림없이 나에게 올 거야! 봐라, 저기 그이가 오고 있
　　　　　어! (저 멀리, 한 젊은이의 모습이 나타난다)

소　　녀 : 저 사람은 당신에게 바라는 게 아무것도 없을 거예요.

늙은 여자 : 그래, 이 못된 계집애야.

소　　녀 : 그가 어떻게 행동하는지를 보면 알죠. 난 보이지 않게
　　　　　숨어 있겠어요. (창가를 떠난다)

늙은 여자 : 그렇다면 나도 숨어 있을 테다. 이제 곧 내 말이 옳고
　　　　　너는 틀렸다는 걸 알게 될걸.

젊 은 이 : (화환을 머리에 쓰고 횃불을 든 채 들어온다) 어디 젊은
　　　　　여자와 하룻밤 같이 잘 수 없겠습니까? 난 늙은 여자하
　　　　　고는 아무런 볼 일이 없어요. 나 같은 젊은이는 그렇게
　　　　　늙은 여자를 상대할 수 없답니다.

늙은 여자 : (옆에 와서 훔쳐본다) 그렇다면 돈을 내세요. 지금은 카

릭세나 시대가 아니니까요. 민주적인 정부하에서는 법을 지켜야 해요! 난 달려가서 당신이 무슨 짓을 하는지 지켜볼 거예요. (다시 퇴장한다)

젊 은 이 : 아, 신이여! 내가 포도주를 따르고 그리움을 털어놓을 사람은 하나밖에 없습니다.

소　　녀 : (위에서 내려다본다) 빌어먹을 늙은이 같으니! 내가 멋지게 속여 넘겼군. 내가 아직 안에 있다고 생각하고 그냥 간 거겠지? 하지만 우리가 이야기하던 청년이 바로 저 사람이잖아. (노래한다) 이리 오세요, 이리 오세요, 내 사랑! 이리 와서 내 품에 안겨 이 밤을 함께 새워요. 당신의 곱슬머리가 나를 흥분하게 만들었고, 당신의 신비로운 갈망이 나를 지쳐 떨어지게 했어요. 아, 사랑의 신이여, 나는 그대를 위해 눈물을 흘립니다. 나를 불쌍히 여겨 자비를 베푸소서. 저이가 내 침대로 오도록 해주세요.

젊 은 이 : (소녀의 창문 밑에서 노래한다) 이리 오세요, 이리 오세요, 내 사랑. 당장 위에서 달려내려와 문을 열어주세요. 그러지 않으면 나는 길바닥에 드러누워버리고 말 거예요. 아, 사랑하는 이여, 어서 와서 나를 그대 품에 안아주오. 아, 키프리스여, 왜 내 가슴에 이토록 큰 욕망을 심어주셨나이까? 아, 사랑의 신이여, 애타게 그대를 부르노니, 그녀가 내 침대로 들어오게 해주십시오. 이미 나의 번뇌는 충분히 말씀드렸으니, 사랑하는 이여, 어서 내려와 나를 따뜻이 맞아주오. 나는 그대를 위해 고통을 감내합니다. 황금의 빛으로 장식한 그대, 아프로디테의 딸

이여, 뮤즈의 꿀벌이여, 그레이스의 귀염둥이여, 어서 문
을 열고 나를 안아주오. 그대 때문에 이 무서운 고통을
참고 있습니다.

늙은 여자 : 여보세요! 왜 문을 두드리고 있죠? 나를 찾고 있나요?

젊 은 이 : 천만에, 아닙니다!

늙은 여자 : 하지만 당신은 내 집 문을 열심히 두드리고 있잖아요.

젊 은 이 : 만약 그렇다면, 차라리 죽어버리고 말겠습니다.

늙은 여자 : 그럼 당신은 무엇 때문에 횃불을 들고 있죠? 여기서 무
얼 찾고 있나요?

젊 은 이 : 아나프리스티안의 시민을 찾고 있습니다.

늙은 여자 : 그 사람 이름이 뭔데요?

젊 은 이 : 아닙니다, 당신이 생각하는 사람이 아니에요.

늙은 여자 : 아프로디테의 이름으로(청년의 팔을 움켜쥐며) 당신이
그걸 좋아하는지 아닌지 보자구요.

젊 은 이 : 하지만 우린 60세가 넘는 여자하고는 동침할 수 없습니
다. 그런 일은 훨씬 나중에야 가능하겠지요. 그대신 우린
20세 미만의 여자와 같이 자야 합니다.

늙은 여자 : 그러나 젊은이, 그건 옛날 세상에서나 통하던 얘기지요.
지금은 먼저 우리와 같이 자지 않으면 안 되니까요.

젊 은 이 : 이해가 가지 않는군요. 난 틀림없이 이 문을 두드렸는데
요.

늙은 여자 : 그래, 하지만 당신은 먼저 내 집 문을 두드렸어요.

젊 은 이 : 하지만 난 당신 같은 여자는 원하지 않습니다.

늙은 여자 : 난 내가 많은 사랑을 받고 있다는 사실을 알고 있어요.
당신은 나를 만나러 왔으니, 어서 들어와 나에게 키스나

해주세요.

젊 은 이 : 아니, 안 됩니다. 당신의 애인에게 들킬까봐 두려워요.

늙은 여자 : 그게 무슨 뜻이죠?

젊 은 이 : 최고의 화가 말입니다.

늙은 여자 : 무슨 소린지 모르겠군요.

젊 은 이 : 죽은 자의 관에 그림을 그리는 장의사 말입니다. 저리 가세요, 그 사람이 보고 있을 거예요.

늙은 여자 : 알았어, 당신이 무얼 바라는지 알겠군.

젊 은 이 : 나도 당신이 무얼 바라는지 알겠어요.

늙은 여자 : 아프로디테에게 맹세하건대, 죽어도 당신을 그냥 보내지 않을 테다.

젊 은 이 : 당신 미쳤군요.

늙은 여자 : 말도 안 돼! 너를 내 침대로 끌고 가겠다!

젊 은 이 : 그렇다면 우린 무엇 때문에 바구니를 끌어올리기 위해 갈고리가 필요한 거죠? 당신 같은 여자가 손톱으로 우리 우물에서 모든 바구니를 끌어올리는데 말입니다.

늙은 여자 : 이제 농담은 집어치우고 당장 나를 따라와.

젊 은 이 : 하지만 난 그럴 필요가 없습니다. 당신이 세금을 내지 않은 이상 말입니다. 평생토록 5분의 1의 세금을 내야 될걸요!

늙은 여자 : 그래, 그래야겠지. 나는 너 같은 젊은이와 같이 자는 게 소원이니까 말야.

젊 은 이 : 하지만 나는 당신 같은 여자와 같이 자고 싶은 마음이 조금도 없습니다.

늙은 여자 : 그래, 그렇겠지. 하지만 이걸 알면 그런 소린 못할 걸?

젊 은 이 : '이거'라뇨?

늙은 여자 : 네가 내 말을 들어야 한다고 되어 있는 법령이지.

젊 은 이 : 그게 어떻게 되어 있는데요?

늙은 여자 : 그래, 어떻게 되어 있는지 가르쳐주지. 정신차리고 잘 들어. '우리 숙녀들은 다음과 같이 법률을 제정한다. 젊은이가 아가씨와 동침하고자 할 때는 반드시 그 전에 나이 든 여자와 먼저 동침을 해야 한다. 만약 젊은이가 이 법령을 거부할 때는, 늙은 여자는 폭력을 이용하여 그를 끌고 들어갈 수 있다.'

젊 은 이 : 세상에 그런 법이 어디 있습니까!

늙은 여자 : 아무튼 너는 이 법에 순종해야 해.

젊 은 이 : 다른 남자, 그러니까 친구나 다른 동료 시민이 와서 나를 석방시킬 수는 없습니까?

늙은 여자 : 다른 남자? 지금은 어떤 남자도 믿을 수 없어.

젊 은 이 : 앞으로는 그러지 않겠다고 맹세를 하면 안 됩니까?

늙은 여자 : 안 돼! 어떤 속임수도 쓸 수 없어.

젊 은 이 : 상인인 척하면 되지 않습니까.

늙은 여자 : 그럴 수도 있겠지. 하지만 그래도 돈은 내야 돼.

젊 은 이 : 그럼 어떻게 하죠?

늙은 여자 : 넌 내 집으로 나를 따라 들어와야 돼.

젊 은 이 : 꼭 그래야 하나요?

늙은 여자 : 그렇고 말고.

젊 은 이 : 그렇다면 소파에 박하를 뿌리고 잘 다듬은 덩굴가지 네 개를 놓아두십시오. 당신 머리에는 리본을 묶고, 기름은 옆에 놔두고, 입구에는 물이 든 꽃병을 놔두세요.

늙은 여자 : 물론 넌 나에게 화환을 사주겠지?

젊 은 이 : 밀을 먹은 화환이라면 얼마든지 사다주지요. 그걸 쓰면 아마 당신 몸이 부서져버릴 겁니다.

소　　녀 : (자기 집에서 나오며) 그 사람을 어디로 끌고 가는 거죠?

늙은 여자 : 내 남편을 집으로 데리고 가는 거야.

소　　녀 : 그건 별로 현명한 대답이 아니군요. 그이처럼 새파랗게 젊은 남자가 당신과 같이 잔다구요? 당신은 그 사람의 아내라기보다는 어머니에 가까워요. 만약 당신이 그 법령을 강요한다면, 머지않아 집집마다 오이디푸스가 생기고 말 거예요.

늙은 여자 : 사악한 계집애 같으니라구! 질투심에 눈이 멀어 그딴 소리를 지껄이지만, 내 반드시 복수하고 말 테다.(퇴장한다)

젊 은 이 : 아, 제우스 신이여. 그대는 나를 위해 저 늙은 여자에게 겁을 주어 쫓아버렸으니, 오늘 밤에는 그 대가로 내가 기꺼이 당신을 위해 봉사하겠습니다.

알렉시스

알렉시스는 이탈리아 남부 투리 출신으로, 기원전 392년부터 288년까지 생존했으며, 수이다스에 따르면 245편의 희극을 남겼다고 한다.

이 중에서 가장 우리의 관심을 끄는 것은 《아고니스(어느 고급 창녀의 이름이다)》이다. 전해 내려오는 분량이 얼마 되지 않아 정확한 주제를 파악할 수는 없지만, 아티카의 도시 콜리투스의 미스골라스가 상당한 역할을 했음은 분명하다. 그는 류트를 연주하는 아름다운 소년을 대단히 좋아했는데, 이를 나타내는 대목들이 더러 눈에 뜨인다.

"콜리투스에 사는 나우크라테스의 아들 미스골라스에 대한 이야기가 있다. 그는 아름다운 육체와 영혼을 가진 인물로 다른 사람들의 존경을 받고 있었지만, 항상 소년들을 좋아했고, 곁에는 언제나 남녀를 가리지 않고 류트를 연주하는 사람들을 데리고 다니곤 했다(Tim., i, 41)."

안티파네스(frag. 26, 14-18)도 《낚시꾼》에서 그를 언급한 바 있고, 티모클레스(frag. 30)의 《사포》에도 그에 대한 이야기가 나온다. 알렉시스의 《아고니스》에는(frag. 3) 한 소녀가 자기 어머니에게 이렇게 말하는 대목이 있다.

"아, 사랑하는 어머니, 제발 저를 미스골라스에게 보내지 말아주세요. 저는 류트를 연주할 줄 모르잖아요."

또 다음과 같은 구절도 찾아볼 수 있다(frag. 242).

"젊은 남자들은 골파를 먹지 않는다. 애인과 키스를 할 때 좋지 않은 냄새를 풍기지 않기 위해서이다."

티모클레스

그의 희극 《오레스타우토클레이데스》에서는 아우토클레이데스가 중요한 역할을 한다. 하그누스의 아우토클레이데스는 웅변가 아이스키네스가 티마르쿠스에 대한 유명한 연설(I, 52)에서 언급한 사람을 의미한다. 푸리에스가 오레스테스를 추적함으로써 남색꾼인 아우토클레이데스는 일단의 창녀들에게서 쫓기는 신세가 되는 상황이 묘사된 것으로 알려져 있다. 제25편에는 최소한 11명 이상의 창녀가 그 불행한 남자를 감시했다는 대목이 나온다. 그들은 그가 잠들었을 때조차도 감시의 눈길을 떼지 않았다고 한다.

메난데르

아테네의 메난데르는 기원전 342년에서 291년 사이에 생존했던 인물로, 디오페이테스와 헤게시스트라테의 아들이자, 위에서 언급한 알렉시스의 조카이기도 하다. 알렉시스가 메난데르에게 희극의 기법을 가르쳐준 것으로 알려져 있다. 그는 약관 21세의 나이에 이미 승리를 경험했지만, 그러한 성공을 일곱 차례 이상 거두었다면 아마도 그는 누구보다도 많은 사랑과 존경을 받은 시인 가운데 한 사람으로 간주될 수 있을 것이다. 우리는 이미 그의 《안드로기노스 혹은 크레탄스》에 대해 언급한 바 있다.

363편에서 한 '키노이두스(음란한 사람)'가 묘사되는데, 그는 쾌락을 따르기 위해서라면 자기 아버지의 무덤에 있는 비석까지 팔아

먹을 위인이었다고 한다.

"이것 보오, 마누라. 나도 한때는 젊은이였지만 하루에 다섯번씩 목
욕을 하지는 않았수. 하지만 지금은 하고 있지 않수. 그때는 변변한
망토도 하나 없었지만 지금은 있고 말이우. 머리에 염색을 하고 말끔
하게 차려입으면, 크테시푸스가 발칵 뒤집힐 거유."

비극 및 희극 시에 나타난 사랑의 묘사

더 이전 시기의 비극이 에로틱한 모티브를 채용한 경우는 거의 없
다. 질투심에 사로잡힌 부정한 아내의 손에 죽임을 당한 아가멤논
의 이야기를 다룬 에스실루스의 《아가멤논》을 제외하면, 이미 언급
한 동성애적인 모티브말고는 사랑을 핵심 주제로 한 비극은 거의
찾아볼 수 없다. 처음에는 비극적인 결말로 이어지는 사랑 이야기
가 인간으로 하여금 신들의 향연에서나 구경할 수 있는 비극적 운
명의 장엄함을 느낄 수 있도록 허용되지 않는 것으로 간주되었다.

소포클레스는 사랑의 열정을 보다 빈번하게 묘사했지만, 그것도
어디까지나 부수적인 모티브에 지나지 않았다. 예를 들면, 《콜키스
의 여인들》에 나오는 야손에 대한 메데아의 사랑이나 《오이노마우
스》에 소개되는 펠로프스에 대한 히포다메이아의 사랑 등이 그러하
다. 사랑의 열정을 주제로 한 유일한 희곡은 《페드라》인데, 여기서
는 아름다운 양자 히폴리투스에게 반해버린 페드라의 이야기가 펼
쳐진다. 하지만 이것은 결국 범죄행위로 연결되어 이야기 전체가

그쪽으로 흘러가고 만다. 이것은 그리스의 사랑 – 비극이라는 표현에 걸맞는 가장 오랜 사례다. 우리는 이 열광적인 사랑이 관객들에게 강렬한 감동을 주었고, 또한 그 후대의 에로틱한 이야기를 다루는 방식에 커다란 자극으로 작용했을 것이라는 추측을 할 수 있다.

에우리피데스도 두 개의 희곡에서 이와 똑같은 모티브를 원용했을 뿐만 아니라 — 그 가운데 하나는 아직까지 전해 내려오고 있다 — 파우사니아스(i, 22, I)에 의하면, 페드라와 히폴리투스의 이야기가 "심지어는 그리스어를 배운 비그리스인들에게까지도 널리 알려지게" 되었다고 한다. 에우리피데스는 에로틱한 소재를 선호했던 것으로 알려지고 있는데, 그 덕분에 영웅적인 비극을 해피 엔딩으로 끝나지 않는 일종의 부르주아 연극으로 변환시키게 된 것이다. 그가 영웅 시대의 인물과 성격을 빈번히 이용했음에도 불구하고, 그 등장 인물들은 자기 당대의 사람들이었고, 시인이 표현한 감정과 열정은 더 이상 한정된 시기와 관련되지 않은 보편적인 인간의 감정과 열정이었다.

에로틱한 묘사는 그리스 연극 무대의 단골 손님이 되었고, 에우리피데스를 비롯한 후대의 비극 작가들은 지치지도 않고 사랑의 전지전능한 힘 — 최고의 환희와 가장 격렬하게 불타는 열정 — 을 묘사함으로써, 관객들로 하여금 인간이 사랑이라고 부르는 모든 수수께끼의 가장 깊은 심연을 탐구할 수 있게 했다.

에우리피데스는 또한 근친상간이라는 모티브를 처음으로 무대에 올린 장본인이기도 한데, 문제의 작품 《아이올루스》(frag. in

Nauck, TGF, p.365)에는 결국 비극적인 종말을 맞는 카나케와 그녀의 남동생 마카레우스의 사랑이 주제로 등장한다. 후대의 비극작가들 역시 더욱 빈번하게 그와 유사한 모티브를 이용했다. 이와 관련하여 우리가 기억해야 할 것은 남동생 카우누스에 대한 비블리스의 사랑뿐만 아니라, 아버지인 키니라스에 대한 미르하의 사랑도 포함된다는 사실이다. 또한 하르팔리케 역시 자신의 아버지인 크리메누스와 사랑에 빠진 것으로 묘사되고 있다. 오비드(Tristia, ii, 381-408)가 에로틱한 비극의 목록을 길게 소개한 다음, 시간의 제약 때문에 그 이름을 일일이 열거할 수 없다고 말한 것은 결코 과장이 아니었을 것이다. 사실 제목만 전부 나열하더라도 책 한 권을 충분히 채울 수 있을 만한 분량이었기 때문이다.

구세대 희극을 대표하는 아리스토파네스(Clouds, 1372 ; Frogs, 850, 1043ff., 1081)가 에우리피데스에게서 비롯된 사랑의 열정에 대한 묘사로 무대가 점령당하는 것, 다시 말해서 에로틱한 장면이 연극의 핵심을 차지하는 사태를 맹렬히 공격한 것은 사실이지만 — 그 자신의 작품 역시 에로틱한 요소로 채워져 있지 않던가 — 신세대 희극으로 넘어오면서 사정은 많이 달라졌다. 고대와 비교할 때 활동의 폭이 훨씬 넓어진 여성들이 등장함으로써, 여성에 대한 남성의 사랑이 점점 더 희극의 많은 비중을 차지하게 된 것이다. 시간이 흐를수록 사랑을 둘러싼 음모와 감각적인 애정생활이 희극의 주된 흐름을 장악하기 시작했다. 따라서 플루타크(Stobaeus, Florilegium, 63, 64)가

"메난데르의 시는 사랑이라는 유일한 끈에 의해 서로 묶여 있다. 그의 모든 희극은 오로지 그 사랑에서부터 비롯되기 때문이다."

라고 지적했던 것은 옳은 이야기다. 하지만 사랑의 감각적 측면이 주조를 이루었다고 해도, 신세대 희극에서 남자들이 염원하는 젊은 여인들은 하나같이 고급 창녀였다는 사실에 주목할 필요가 있다. 남자들은 그때까지도 결혼은 의무를 다하는 것에 지나지 않는 반면, 창녀와의 관계야말로 진정한 사랑의 행위라고 생각했던 것이다.

널리 알려져 있듯이, 고대의 연극 무대에는 몇 안 되는 배우들만이 등장했고, 여성 역할도 남자가 대신 하는 경우가 많았다.

고대의 희극은 이상한 가면이나 비상식적인 농담과 함께, 신의 노예로 분장한 배우들이 대부분 가죽으로 만들어진 남근 모형을 입고 등장했다는 사실로 특징지워진다. 남근상에 대해서는 앞에서도 언급한 바 있지만, 이 풍습은 적어도 더 이상 무지의 소치로 보이지만은 않았을 것이다. 희극은 남근상 행렬의 노래에서부터 비롯된 것이니 말이다.

나체로 연기해야 할 부분이 있으면 배우는 가슴과 복부는 물론 젖꼭지와 배꼽까지 선명하게 드러나는 몸에 꽉 끼는 바디스를 입고 등장했다. 하지만 남근상은 시간이 흐를수록 점점 자취를 감추게 되었다. 적어도 각종 도자기에 새겨진 그림을 통해 우리는 그런 사실을 짐작할 수 있다. 신화적 모티브가 코믹하게 이용되고, 상황의 희극성을 그로테스크하게 강조한 장면은 흔히 구세대 희극에 등장한다. 풍자 희곡의 합창단은 남근 앞을 염소가죽으로 만든 앞치마로 가리고 있는데, 그 뒤로 사티르스의 꼬리가 살짝 엿보이기도 한다.

요즘 사람들은 외설스럽고 음란한 장면이 많은 이런 희극이 여성이나 어린이들이 관람하도록 허락되었겠는가 하는 의문을 품을 것이다. 물론 금지되지는 않았음이 분명하다. 존경받는 시민의 아내보다는 매춘 여성들이 즐겨 희극을 구경했으리라는 예측을 할 수는 있지만, 소년들은 아무런 제약 없이 이런 희극을 관람할 수 있었다. 이런 사실에 거부감을 느끼는 사람이라면, 고대에서는 성적인 문제에 대한 시각이 상당히 순진했음을 상기할 필요가 있다. 고대인들은 성을 신비의 베일로 감싸둔 것이 아니라, 모든 존재의 전제조건으로써 거의 종교적인 경외심을 가지고 있었다는 사실은, 다소 그로테스크하게 왜곡된 면이 없지 않지만, 충분히 이해할 수 있을 것이다.

풍자 희곡, 팬터마임, 발레

감각적 매력으로 가득 찬 팬터마임

널리 알려진 것과 마찬가지로, 심각한 비극이 상연된 뒤에는 이른바 풍자 희곡이라고 하는 것이 뒤따르는 것이 관례였다. 이것은 초기 디오니소스 축제의 활기를 소생시키는 것으로, 비극적인 운명에 정신적 충격을 받은 관객들이 보다 발랄하고 가벼운 것을 구경하고자 하는 욕구를 충족시킨다.

이러한 풍자 희곡 가운데 지금까지 보존되는 작품은 에우리피데스의 《키클롭스》 한 편밖에 없는데, 우리로서는 이 작품의 주제를 정확히 파악할 길이 없지만, 알렉산드리아 시대에 이르기까지 많은 사람들의 사랑을 받았던 것으로 알려져 있다. 구세대 아티카 희극 역시 그 모방자들을 만나게 된다. 테오스 섬의 높은 자리를 차지하고 있다가 왕자의 궁전이나 군사기지, 혹은 크고 작은 도시로 퍼져나간 이른바 '디오니시안 예술가'들이 그런 희극을 재현했던 것이다.

이러한 소극(笑劇)의 한 측면이 끊임없이 확대되어 나갔는데, 만약 폴리비우스(xxxii, 25 ; cf. Ath., x, 440)가 수많은 배우와 가수와 무용수 등을 거느릴 수 있었다는 사실을 믿는다면, '이오니스의 방종과 부도덕'이 도처에 범람하게 된 사실을 발견할 수 있을 것이다. 로마 제국 시대에도 비극이나 희극의 대화 부분이 상연되기는 했지만, 그후 점점 사라지기 시작하여 기원후 3세기 경에는 오로지 감각적 매력에만 의존해야 하는 팬터마임에 그 자리를 물려주고 만다.

팬터마임 연기자들은 부단한 연습과 엄격하게 규정된 생활방식을 통해 자신의 신체의 모든 것을 통달하고 있었기 때문에, 모든 동작 하나하나를 완벽하게 연기해낼 수 있는 능력을 갖추고 있었다. 따라서 가장 아름답고 우아한 형태의 연기는 바로 그 팬터마임 연기자들에 의해 이루어졌다.

"외설적인 장면은 이 연극의 조미료와도 같은 구실을 하는데, 부끄러움을 전혀 모르는 뻔뻔하고 대담한 연기가 행해진다. 미소년 바틸루스가 춤을 출 때, 마임계 최고의 여배우로 꼽히는 레다는 그 세련된 감수성을 보며 마치 시골 처녀가 된 듯한 기분이었다(L. Friedlander ; Roman Life and Manners, English trans., ii, p.106)."

이 시기에는 신화의 재해석도 상당한 인기를 누렸다. 아풀레이우스(x, 30-34)의 《메타모르포세스》에 등장하는 신화적인 발레에 대한 상세한 묘사가 그 대표적인 예이다.

무대는 이다 산을 표현하며 울창한 숲과 관목으로 덮여 있으며, 거기서부터 맑은 샘물이 흘러나온다. 프리지안의 드레스를 입은 아름다운 청년 파리스가 염소를 먹이는 장면도 구경할 수 있다. 이어서 그림처럼 아름다운 소년 하나가 왼쪽 어깨에 걸친 짧은 망토를 제외하면 완전히 알몸인 채 무대 위로 등장한다. 두 개의 황금 날개가 돋아 있는 부드러운 머리칼은 황금 머리띠로 묶여 있고, 벌거벗은 등에는 파도가 치는 듯하다. 그가 바로 머큐리다. 그는 가볍게 춤을 추며 파리스에게 주피터의 심부름이라는 몸짓을 해보이며 황금 사과를 건네준 다음, 우아한 동작으로 퇴장한다.

이어서 왕관과 홀을 쓴 아름다운 여인 주노가 들어선다. 그 다음에는 미네르바가 반짝이는 투구와 방패를 들고 창을 휘두르며 뛰어 들어온다. 그 다음 세번째 인물이 등장한다. 이루 말로 표현할 수 없는 우아함이 그녀의 온몸을 휘감고, 얼굴에는 환한 사랑의 꽃이 피어 있다. 그녀가 바로 비너스이다. 어떤 의상도 그녀 육신의 아름다움을 가리지 못하며, 투명한 실크 베일만을 걸친 채 알몸으로 무대 위를 걸어다닌다. 이제 짓궂은 바람이 가벼운 베일을 들어올리면, 젊음의 빛이 환하게 드러난다. 또 다시 바람이 불어 베일이 그녀의 몸에 착 달라붙으면, 그 속으로 풍만한 육체의 곡선이 그대로 드러나보인다.

사랑의 신 에로스에 둘러싸인 비너스와 마르스

여신 역할을 하는 세 명의 여인은 각기 특별한 수행원들을 거느리고 있다. 주노는 카스토르와 폴룩스와 함께 등장한다. 주노는 즐거운 플루트 소리에 맞추어 엄숙한 자태로 들어오고, 진지한 몸짓으로 그 목동에게, 만약 그가 그녀의 아름다움에 상을 준다면 아시아의 왕국을 선물하겠다고 약속한다. 다소 전투적인 복장을 한 미네르바는 여느 때와 같이 동료들, 창기병들, 공포와 두려움의 영혼들을 데리고 나와 칼을 휘두르며 춤을 춘다.

비너스는 조그만 큐피드 한 무리를 이끌고 있다. 그녀는 달콤한 미소를 지으며 자신의 아름다움을 한껏 강조함으로써 관객들의 기쁨을 이끌어낸다. 관객들은 아마도 그 통통하고 우윳빛 피부를 가진 소년들이 진짜 큐피드라고 생각했을 것이다. 그들은 마치 결혼 연회에라도 가는 것처럼 여신 앞에 횃불을 밝혀들고 있다. 아름다운 그레이스 세 여신과 후르스도 눈부신 나체를 뽐내며 여신을 에워싸고 있다. 그들은 비너스에게 아름다운 꽃들을 바치며 예술적인 춤을 추고, 그 후에는 봄을 맞아 처음 나온 과일들을 위대한 여신에게 선물한다.

플루트가 아름다운 곡조를 토해내기 시작하면, 모든 심장은 기쁨으로 두근거린다. 이제 그 어떤 음악보다도 매력적인 비너스가 움직이기 시작한다. 먼저 천천히 발을 든 다음, 고개를 가볍게 끄덕이며 허리를 굽힌다. 그녀의 자세 하나하나는 감미로운 플루트 소리와 완벽한 조화를 이룬다. 그때 파리스가 들어와 승리의 상인 사과를 비너스에게 건네준다.

주노와 미네르바는 못마땅한 표정으로 무대를 떠나지만, 비너스는 승리감에 도취되어 황홀한 춤을 춘다. 그때 이다 산의 정상에서는 샘물이 흘러 내려오고, 사프란 꽃과 포도주가 온 극장 안에 짙은 향기를 드리운다. 이윽고 산이 천천히 가라앉아 사라져버린다.

루키안은 팬터마임과 그 춤에 대해 대단히 훌륭한 독백을 쓴 적이 있다. 거기에 의하면(De Saltat., 2, 5 ; Libanius, De Saltat., ch. 15), 수많은 신화적 주제 중에서도 에로틱한 것들이 가장 큰 인기를 끌었다고 한다. 물론 그 당시에도 철학이라는 가면 뒤에 자신을 숨긴 학자연하는 사람들이 이에 대한 반대 의사를 표명했는데, 그 대표 주자 격인 크라톤은 다음과 같은 언급을 남겼다.

"하지만 위대한 선생이시여, 당신처럼 많은 교육을 받고 철학적 지식으로 무장한 사람이 고귀한 학문과 현자들과의 교류를 거부한 채 음탕한 남자가 여자 옷을 입고 춤을 추며 음란한 노래와 동작으로 페드라와 파르테노페스와 르호도페스와 기타 온갖 부정한 여인들의 악명 높은 행동을 흉내내는 것을 구경하며 앉아 있을 때, 사람들이 당신을 어떻게 생각할 것이며 또 어떻게 당신을 용서할 수 있겠습니까."

뒤에는 다음과 같은 구절도 나온다.

"솔직히 말하건대, 긴 수염과 회색 머리칼을 가진 내가 어리석은 여인과 미친 남자들의 무리 속에 끼어 앉아 아무 짝에도 쓸모 없는 춤과 노래를 지켜보며 환호성을 질러야 했다."

루키안이 여기서 언급한 주제들 중에는 데모폰(루키안은 아카마스로 착각하고 있다)과 그의 여동생 필리스의 정사, 페드라와 그녀의 양자 히폴리투스의 사랑, 스킬라와 그녀의 아버지 미노스의 관계 등등 근친상간을 다룬 것들도 포함되어 있다. 물론 동성애적인 모티브도 얼마든지 찾아볼 수 있다. 무대 위에서 춤추는 소년들에 대한 음모로 루키안은 아폴로와 히아킨투스의 이야기를 들고 있다. 팬터마임에서 제시되는 수많은 장면들이 루키안의 저작을 채우고 있다. 우리는 그리스 신화의 거의 모든 에로틱한 모티브(물론 그 숫자는 엄청나게 많다)가 팬터마임으로 연기되었다는 사실을 알 수 있다.

심지어는 신화라는 망토 아래 동물을 상대로 사랑을 나누는 장면도 표현되었다. 그중에서도 가장 널리 알려진 것은 《파시파이》라는 팬터마임이다(Lucian, De Saltat., 49 ; Suetonius, Nero, 12 ; Martial, Spectacula, 5 ; Bahrens, Poetoe Latini Minores, v, p.108). 이 팬터마임이 전하는 이야기에 의하면, 자기 제안이 거부당해 잔뜩 화가 치민 포세이돈이 크레타 미노스 왕의 아내인 파시파이로 하여금 대단히 아름다운 황소에게 걷잡을 수 없는 욕정을 느끼도록 했다는 것이다. 유명한 건축가인 다이달루스가 그녀를 돕기 위해 달려왔는데, 그는 나무로 암소상을 만들고 그 위에 진짜 가죽을 씌워주었다. 파시파이는 그 속으로 들어가 결국 황소와 사랑을 나누게 되는데, 그 덕분에 그녀는 반은 황소이고 반은 사람인 유명한 괴물 미노타우르를 낳게 된다(Ovid, Ars Amatoria, ii, 24 ;

Semibovemque virum semivirumque bovem.).

그런 장면이 제국 시대의 그리스 극장에서도 나타났다는 사실은 신화적 모티브와 동물가죽을 벗어 던지고 인간과 동물이 결혼하는 장면이 공공연히 무대에 올려졌다는 사실에서도 확인할 수 있다. 루키안의 유명한 작품 《루키우스 혹은 당나귀》의 주제는 마법에 걸려 당나귀로 변해버린 루키우스가 인간의 사고와 감정을 그대로 유지한다는 내용이다. 이 당나귀 인간의 모험은 테살로니카의 귀부인의 러브 스토리에 의해 마무리되는데, 루키안은 이 모험을 대단히 자세하게 묘사하고 있다. 여기서는 특별히 흥미로운 에피소드 하나만 간단하게 살펴보기로 하자. 그것으로 호기심이 채워지지 않는 독자라면 원전을 찾아보기 바란다(Asinus, 50 ff).

그 부유하고 현명한 부인은 놀라운 재능을 가진 당나귀가 있다는 소문을 듣는다. 물론 그 당나귀가 사람이 변한 것이라는 사실은 아무도 알지 못하고 있다. 결국 그 부인은 그 당나귀를 찾아내어 사랑에 빠지고 만다. 그녀는 당나귀를 사서 마치 진짜 연인처럼 대한다. 하지만 다른 사람들이 이 당나귀를 발견해서는 그 놀라운 능력을 사람들 앞에서 자랑하게 만든다. 당나귀가 사형 선고를 받은 어떤 여인과 결혼식을 올리게 된 것이다.

"이윽고 그날이 되자 나의 주인은 나를 극장의 무대 위에 올려 사람들에게 구경시키기로 작정했다. 나는 다음과 같은 방식으로 무대 위에 올라갔다. 우선 내가 인도의 거북 껍질로 만들어진 침대 위에 눕혀지고, 여자도 내 옆에 누우라는 명령을 받았다. 우리가 나란히 누운 뒤 어떤 기계 장치를 통해 침대가 무대 한가운데로 내려갔는데, 내가 모습을 드러내자 관객들은 환호성을 지르며 박수를 쳐댔다. 그 다음에는 우리 앞에 테이블 하나가 놓여졌는데, 거기에는 온갖 진수성찬이 차려져 있었다. 우리 옆에는 아름다운 소년들이 술잔을 들고 서서 우리에게 황금 잔에 담긴 포도주를 건네주었다. 주인은 내 뒤에 서서 그 음식을 먹으라고 명령하였다. 하지만 나는 그렇게 극장 한가운데 나가 있는 것이 대단히 부끄러울 뿐만 아니라, 갑자기 곰이나 사자가 나타나 나를 덮칠지도 모른다는 불안감을 가지고 있었다.

이때 한 남자가 꽃을 들고 지나갔다. 나는 그 꽃다발 속에 방금 잘라 낸 장미 이파리 몇개가 들어 있다는 사실을 알아차렸다. 그 순간 나는 조금도 망설이지 않고 얼른 침대에서 뛰어내렸다. 관객들은 내가 춤을 추기 위해 침대에서 내려온 것이라고 생각하는 모양이었다. 하지만 나는 곧장 그 꽃다발을 향해 달려가, 여러 가지 꽃 중에서 장미만 골라 잽싸게 먹어치웠다. 그러자 놀랍게도 당나귀의 모습은 온데간데없이 사라지고, 그 대신 당나귀였던 루키우스가 벌거벗은 채 무대 위에 서 있는 것이었다."

처음에는 속았다고 펄펄 뛰던 관객들이 조용해지기 시작한다. 하지만 루키우스는 인간으로 돌아온 것이 너무나 기쁜 나머지, 당나귀였던 자신을 그토록 사랑해준 여인에게 작별 인사라도 하는 것이 예의라는 생각을 한다. 부인은 그를 따뜻하게 맞아주었고, 함께 저녁식사를 하자고 초대까지 했다.

"하지만 나는 내가 당나귀였을 동안 그토록 나를 사랑해준 부인에게 경의를 표하는 것이 의무라고 생각했다. 그녀는 아마 이제 인간의 몸으로 돌아온 나를 한층 아름답다고 생각할 것이었다. 사실 그녀는 나를 보고 무척 기뻐했으며, 세상에 이상한 일도 다 있다고 놀라워했다. 심지어 그녀는 나를 저녁식사에 초대하며 그날 밤을 자기와 함께 보내자고 하는 것이었다. 나는 이제 인간의 몸이 되었다고 당나귀 시절에 따뜻하게 대해준 여인의 청을 거절하는 것은 옳지 못한 일이라고 생각하여 그녀의 초대를 수락했다. 나는 그녀와 함께 저녁을 먹고 몸에 향수를 뿌린 다음 나를 다시 사람으로 만들어준 그 고마운 꽃으로 화환을 만들어 썼다.

밤이 무르익어 물러갈 시간이 되자, 나는 부인을 위해 무언가 멋진 일을 해야겠다는 생각을 했다. 그래서 나는 테이블에서 일어나 옷을 벗기 시작했다. 이윽고 나는 알몸이 되어 그곳에 서서 부인이 당나귀였을 때와 지금의 나를 비교하며 한층 흐뭇해할 것이라고 생각했다. 하지만 그녀는 나를 머리에서 발끝까지 훑어보더니, 이렇게 말하는 것이었다.

'저리 가버려요! 당장 내 집에서 나가 어디 다른 데 가서 자란 말이에요.'

나는 내가 무슨 큰 죄를 저질러서 그렇게 화를 내느냐고 물어보았다. 그러자 그녀는 이렇게 대답했다.

'솔직히 말해서 나는 당신을 사랑한 게 아니에요. 내가 사랑한 건 당나귀였어요. 내가 그 수많은 밤을 지새우며 행복해했던 건 당신하고가 아니라 그 당나귀하고였어요. 나는 그래도 당신이 여전히 당나귀의 그 큼직한 물건을 달고 있을 거라고 생각했는데, 이제 보니 당신은 그 아름답고 쓸모 있는 짐승에서 우스꽝스럽고 조그만 원숭이로 변해버렸군요.'

그녀는 그렇게 말하며 하인들을 불러 나를 바깥으로 쫓아내게 했다. 그리하여 벌거벗은 채 몸에는 향수를 뿌리고 머리에는 화환을 쓴 채

길거리로 쫓겨난 나는 하는 수 없이 땅을 껴안고 대지의 품에 안겨 잠이 들었다. 날이 밝자 나는 여전히 벌거벗은 채 배가 있는 곳으로 달려가 형에게 그 동안 일어났던 일을 모두 털어놓았다. 이윽고 바람이 불어오자 우리는 항해를 하기 시작했고, 며칠 뒤 나는 드디어 조국으로 돌아왔다. 나는 나를 안전하게 집에까지 데려다준 수호신을 위해 제물과 선물을 바쳤다. 그토록 힘들고 기나긴 여행을 마치고 무사히 돌아왔다는 사실이 그렇게 고마울 수가 없었다."

5

춤과 술, 오락

춤, 주연, 여행, 매춘

춤, 주연, 여행, 매춘

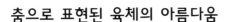

춤으로 표현된 육체의 아름다움

고대에서 언제나 일종의 전시로 행해진 춤은 넓은 의미의 연희에 포함시킬 수 있다. 고대인들은 남녀 춤꾼들이 스스로의 흥에 겨워 음악에 맞춰 몸을 움직이는 현대적 사교 댄스 같은 것을 알지 못했다. 그리스인들의 춤은 리듬과 모방의 예술이었다. 다시 말해서 마치 언어를 통해 시가 표현되듯이, 동작을 통해 내적인 이념이 표현되는 형태였던 것이다. 따라서 그리스의 춤은 일종의 진정한 예술이었고, 무의미한 동작은 최대한 절제하는 대신, 손과 팔을 비롯한 온몸을 이용하여 내적인 사고의 과정을 겉으로 표현하는 리드미컬한 동작이었다.

아름다움을 찬미하는 그리스인들은 젊었을 때부터 각종 연회와 파티, 주연 등을 한층 장엄하고 우아하게 장식하기 위해 열심히 춤을 연습하곤 했다. 이것은 아주 오랜 옛날에도 마찬가지였다. 크레타의 유적들을 살펴보면, 선사시대 에게 지방의 아름다운 무희와 그들의 대단히 자유분방한 의상을 확인할 수 있다. 호머(Od., vii, 263ff ; 370ff ; Ath., xiv, 628) 역시 관객들에게 기쁨을 선사하기 위해 몇차례에 걸쳐 리드미컬한 춤을 언급한 바 있다. 우리는 고대 문명 전체를 통틀어 육체의 아름다움과 우아한 동작을 표현하기 위한 수단으로 춤이 이용되었다는 사실을 알 수 있다. 고대인들의 저술에서 흔히 발견되는 춤에 대한 언급을 제외하더라도, 전적으로 춤을 취급한 전문적인 연구 논문과 오늘날까지 전해 내려오고 있는 폼페이의 벽화, 혹은 도자기 그림 등을 통해 젊은 남녀 무희들의 완전히 혹은 부분적으로 벗은 나신을 얼마든지 찾아볼 수 있다.

그리스 춤의 역사를 제대로 연구하려면 그것만으로도 몇권 분량의 책을 쓸 수 있을 것이다. 하지만 우리는 우리의 목적을 벗어나지 않기 위해, 특별히 성적인 충동이 강하게 표출된 그리스의 다양한 춤의 형태만을 살펴보고자 한다.

앞에서 그리스인들은 우리가 말하는 사교 댄스의 개념에 익숙하지 않았다고 했지만, 여기에는 약간의 보충 설명이 필요하다. 플라톤(Laws, vi, 771e)에 의해서, 축제 때 젊은 남녀들이 짝을 지어 춤을 추는 것은 결혼에 앞서 서로를 보다 잘 알 수 있는 기회가 된다는 점에서도 바람직하다는 견해가 피력된 바 있다. 이것은 '도덕이

허락하는 한' 남녀는 서로 상대방의 벗은 육체를 자주 접해볼 필요
가 있다는 주장과도 일맥상통한다. 하지만 플라톤의 그러한 진술이
정말로 현대식으로 남녀가 짝을 지어 함께 춤을 추었다는 의미인
지, 혹은 남자가 춤을 출 때는 여자가, 반대로 여자가 춤을 출 때는
남자가 그냥 구경만 했다는 것인지에 대해서는 의문의 여지가 많
다. 설혹 플라톤이 비교적 오늘날의 사교 댄스와 근접한 개념을 생
각하고 있었다 하더라도, 실제로 사람들이 그런 춤을 추는 경우는
흔하지 않았을 것이다. 적어도 아티카에서는 그런 일이 거의 없었
다. 또 그 후대에도 그런 춤이 보편적으로 행해졌다는 기록은 어디
서도 찾아볼 수 없다.

《일리아드》(xviii, 593 ff)에는 아킬레스의 방패에 새겨진 글이 현
대적 사교 댄스에 상응하는 것이라는 견해도 있다. 이것은 젊은 남
녀들이 한꺼번에 무리지어 둥글게 원을 그리며 추는 춤이었다.

"많은 젊은 남녀들이 서로의 팔을 잡고 춤을 추었다. 이들 중에는 아
름다운 리넨 드레스를 입은 사람도 있고, 기름을 약간 바른 튜닉을
입은 사람도 있었다. 어떤 이들은 아름다운 화환을 쓰고 있고, 또 어
떤 이들은 은빛 허리띠에 황금 칼을 늘어뜨리고 있기도 했다. 때로는
발을 빠르게 움직여 원을 그리며 빠른 속도로 빙글빙글 돌기도 했고,
또 때로는 그저 질서없이 서로 뒤섞여 빠른 속도로 움직이기도 했다.
그럴 때면 구경꾼들도 많이 모여들었고, 방랑 시인이 나타나 노래를
불렀다. 시인이 노래를 부르기 시작하면 재주꾼 두 사람이 가운데서
재주를 넘었다."

이것은 스파르타의 춤에 대한 이야기를 들려주는 루키안(De Saltat.,10)의 글과도 비슷하다.

"지금도 젊은 남자들이 무기 사용법을 배울 때만큼이나 열심히 춤을 배우고 있는 것을 볼 수 있다. 그들은 팔을 뻗으면 서로 닿을 정도의 거리를 두고 있기 때문에, 춤 연습을 하는 동안 무수히 얻어맞기도 하고 때리기도 한다. 돌아가면서 휴식을 취하고, 경연은 춤으로 끝이 난다. 피리 부는 사람이 가운데 앉아 악기를 연주하며 발로 박자를 맞춘다. 다른 사람들은 박자를 맞춰가며 질서정연하게 몸을 움직인다. 때로는 호전적인 동작도 있고, 때로는 보다 춤에 적합한 동작도 있지만, 그 모든 것은 디오니소스나 아프로디테를 기쁘게 하기 위해 추는 춤이다. 그들이 춤을 추면서 부르는 노래가 아프로디테를 비롯한 사랑의 신들을 불러들여 함께 춤을 추게 되는 것이다. 이 노래 가운데 하나는 춤추는 방법에 대한 교훈을 담고 있다. '두 발을 번갈아 들어올리며 가능한 한 즐겁게 움직이라.' 다시 말해서 가능한 한 춤을 잘 추라는 말이다. 그들은 '호르무스(Hormus)'라고 불리는 춤을 출 때도 같은 동작을 했다.

'호르무스'는 젊은 남녀가 함께 추는 춤으로서, 사람들은 목걸이처럼 몸을 동그랗게 말고 서로 나란히 서서 몸을 움직인다. 남자들은 합창의 노랫소리에 맞춰 후일 전쟁터에서 써먹게 될 젊음의 혈기를 한껏 발산한다. 한편 다른 한쪽에서는 젊은 여자가 그의 뒤를 따르며 친구들에게 시범을 보인다. 그리하여 전체 춤판은 힘과 조심성이 결합된 균형을 유지할 수 있다."

소년이나 젊은 남자의 춤이 그리스 어디서나 큰 인기를 누렸다는 사실은 굳이 다른 저자들의 언급을 인용하여 설명할 필요도 없다. 대표적인 예로 루키안(De Saltat., 16)의 글을 읽어보자.

"델로스에서는 제물을 바칠 때마다 반드시 음악과 춤이 뒤따랐다. 소년들의 합창과 플루트 혹은 시타라를 연주하는 소리가 울려퍼졌다. 대부분의 청년들은 서로 어울려 춤을 추었고, 그중에서도 가장 솜씨가 뛰어난 자는 혼자서도 춤을 추었다. 이러한 합창을 위해 만들어진 노래는 '히포르케마타(Hyporchemata)'라고 불리웠는데, 이는 노래와 함께 춤을 춘다는 의미이고, 여기에서 서정시가 꽃을 피우게 된다."

이어서 그는 수많은 춤의 종류를 열거하고 있는데, 상세한 설명 없이 이름만 나열하고 있으므로 굳이 여기서 소개할 필요는 없을 듯하다. 지금까지 논의한 춤들도 에로틱한 요소가 전혀 가미되지 않은 것이라고 할 수는 없으나, 내가 아는 한 춤에서 처음으로 에로틱한 요소가 등장한 것은 헤로도토스의 글에서 찾아볼 수 있다(vi, 126 ff).

시키온의 강력한 통치자 클레이스테네스에게는 아가리스테라는 이름의 그림처럼 아름다운 딸이 하나 있었는데, 그리스 전역은 물론 이탈리아에서까지 내로라 하는 신랑감들이 그녀에게 청혼을 하기 위해 몰려들었다. 신랑 후보들은 클레이스테네스의 궁궐에서 1년 동안 머물며 철저한 테스트를 받았는데 아테네의 히포클레이데스가 막강한 재력과 뛰어난 용모를 무기로 가장 높은 점수를 받게 되었다.

이윽고 결정을 내릴 날이 되자, 클레이스테네스는 제물을 바치고 성대한 연회를 개최한 다음, 구혼자들에게 자신의 음악적, 사교적 재질을 펼쳐보이게 했다. 이미 포도주를 마시고 잔뜩 취해 있던 히포클레이데스는 문득 장난기가 발동했다. 플루트 소리에 맞추어 괴상한 춤을 추기 시작한 것이다. 클레이스테네스는 갑자기 분위기가 이상해지는 것을 알아차렸으면서도 그냥 가만히 두고보았다. 하지만 히포클레이데스는 테이블 위로 올라가 한층 더 음란한 춤을 추기 시작했다. 이윽고 그가 물구나무를 서서 다리를 훤히 다 드러내자, 그의 장인 될 사람은 더 이상 참지 못하고 점잖게 타일렀다.

"테이산데르의 아들이여, 그대는 그 춤 때문에 신부를 잃었도다."

그러자 그 말을 들은 히포클레이데스는

"히포클레이데스는 개의치 않습니다."

라고 대답하여 사람들의 웃음을 자아냈다.

여기서 언급된 뻔뻔스러운 춤은 몇몇 사람들만 지켜보는 앞에서 이루어진 것이지만, 대체로 춤이란 그 속성상 많은 사람들 앞에서 추는 것이 보통이다. 아르테미스 축제 때 추어진 춤이나 칼라비데스의 춤, 심지어는 악명 높은 시킨니스의 춤도 그렇게 외설적인 성격을 가지고 있었다. 고대 사람들은 춤의 명칭이 갖는 의미를 알지 못했지만, 적어도 우리는 음란한 연극에 등장하는 호색가들이 그런 춤을 추는 습관이 있었음을 알 수 있다. 괴상야릇한 동작이나 옷을 벗어 던지는 행동 등은 '외설'이라는 우리의 개념에서 크게 벗어나지 않을 것이다. 플루트의 감미로운 선율은 자극적인 효과를 한층 고무시키는 데 커다란 기여를 했다. 주로 앞뒤로 비틀거리는 듯한 동작으로 이루어진 '코르닥스(Cordax)'라는 춤은 어떻게 보면 단순히 술취한 모습을 표현한 것이라고 할 수 있지만, 사실은 대단히 음란하고 에로틱한 춤이었다(Dion Cassius, Lix, 27 ; Alciphron, iii, 18 ; Dem., ii, 18 ; Bekker, Anecdota, 101, 17, 267 ; Ath., xiv, 630 e ; Pausanias, vi, 22 ; Aristoph., Clouds, 532, 547 ; Lucian, Bacch., Ⅰ ; Theophrastus, Characters, vi). 여기에다 성행위를 암시하는 듯한 묘한 동작과 옷을 벗는 듯한 동작이 합쳐지기 때문에, '코르닥스'라는 단어가 아예 외설적인 춤을 일컫는 전형적인 명칭으로 굳어져버렸다.

간단히 말하면, 코르닥스는 현대의 성 심리학에서 이른바 '노출증'이라고 표현하는 개념과 유사한 춤이지만, 그리스 사람들에게 신체의 노출을 즐기는 경향이 있었다는 점을 감안한다면 여기에는 근본적인 차이가 있음을 알 수 있을 것이다.

구기 종목은 예술적 공연으로서의 춤과 밀접한 연관이 있다. 육체의 아름다움을 최대한 표현하는 조화로운 움직임은 고대의 감각으로는 거의 춤이라고 해도 부족함이 없을 정도였다. 호머는 그런 게임으로 손님인 오디세우스를 접대하는 파이아키안스을 소개하고 있다(Od., viii, 370 ff).

"알키노우스는 할리우스와 라오다마스를 혼자 춤추게 했다. 아무도 그들과 상대가 되지 않았기 때문이다. 두 사람은 폴리부스가 그들을 위해 만들어준 아름다운 자주색 공을 집어든 다음, 한 사람은 그 공을 구름의 그림자를 향해 집어던졌다. 하지만 다른 한 사람은 허공으로 몸을 솟구치더니, 발이 땅에 닿기도 전에 간단히 그 공을 잡는 것이었다. 그들은 공을 곧장 머리 위로 던져 올리는 묘기를 보여준 다음, 계속해서 춤을 추기 시작했다. 다른 청년들은 군중들 틈에 서서 환호성을 질렀다. 일대 소란이 벌어진 것이다."

아테나이우스는 다양한 형태의 공놀이를 소개하고 있는데, 각각의 명칭과 그 기원에 대한 자세한 설명을 덧붙이고 있다. 그 가운데는 다목세누스(Ath., i, 14d ; Damoxenus, frag. 3 in Kock, CAF., Ⅲ, 353, from ATH., i, 15b)의 희극에서 인용한 다음과 같은 대목도 있다.

"열아홉 살 정도 되었을 듯한 한 소년이 공놀이를 하고 있었다. 그는 신들을 만들어내는 곳으로 알려진 코스 섬 출신이었다. 그가 공을 던지거나 받으면서 군중을 바라볼 때마다, 사람들은
'정말 아름다운 소년이로군! 어쩌면 저토록 우아하고 조화롭게 몸을 움직일 수 있을까?'
라고 하였다. 또한 그가 말을 할 때는
'정말 아름다운 목소리야. 난 지금까지 이렇게 멋진 장면은 듣지도 보지도 못했어! 더 이상 보고 있다가는 무슨 일이 생길지 모르겠군. 벌써 사랑 때문에 가슴이 아파오는군!'
하는 등의 말을 하곤 했다."

술자리에서의 유희

대중적인 축제뿐만 아니라 각종 연회나 주연 등에서도 음악, 특히 감미로운 플루트 소리가 동반된 멋진 춤을 구경할 수 있는 기회가 주어진다. 그리스 사람들은 주연을 '심포시아(Symposia)'라고 불렀는데, 여기에 대한 자세한 기록은 얼마든지 찾아볼 수 있다 (Becker, Charicles, 1840 ; Stoll, Bilder aus dem altgriechischen Leben, 2nd edn., 1875).

이제, 고대 그리스의 정신을 이해하고자 하는 사람이라면 반드시 숙독할 필요가 있는 두 가지 저술을 소개할 차례가 되었다. 바로 플라톤과 크세노폰의 저술인데, 두 권 다 《심포시아》라는 같은 제목으로 되어 있다.

크세노폰의 저술이 그 진실성과 참신성으로 당대의 사회적 조건을 생생하게 전달해준다고 하면, 시적 향취가 물씬 풍기는 플라톤의 지적이고도 평이한 사랑의 본질에 대한 철학은 언제나 읽는 이를 사로잡기에 부족함이 없다. 플라톤은 일상생활의 세세한 구석까지 놓치지 않았으며, 휴머니티가 활짝 꽃피기를 기대하는 간절한 소망을 가지고 있었다. 그는 괴테가 말한 대로 '자신의 영혼으로 그리스인의 대지를 탐험하는' 인물이었던 것이다.

고대 그리스에서는 대단히 싼 값으로 포도주를 살 수 있었기 때문에, 노예나 막노동꾼들도 얼마든지 포도주를 마실 수 있었다. 하지만 여성들은 포도주를 함부로 대할 수가 없었다. 마살리아와 밀레투스를 비롯한 많은 지역에서는 여성이 포도주를 마시는 것이 금지되어 있었기 때문이다. 따라서 그들은 맹물을 마시는 것으로 만족해야 했다.

대개의 경우 주연에서는 식사가 끝날 때까지 술을 마시지 않는 것이 관례였다. 주사위를 던져 대표를 뽑는데, '심포시아르코스' 혹은 '바실레우스'라고 불리는 이 대표가 주연과 관련된 규칙을 정하면, 다른 사람들은 반드시 그 규칙을 따르게 되어 있었다.

그는 물과 포도주를 섞는 비율을 결정한다. 물론 그러한 규정은 그 모임에 참석한 사람들의 지적 수준에 따라 결정된다. 지적 수준이 높은 남자들 사이에서는 플라톤과 크세노폰, 플루타크 등 많은 사람들이 언급하고 있는 바와 마찬가지로, 유쾌한 대화와 함께 포도주를 즐기는 것이 관습으로 되어 있었다. 하지만 그런 자리에서도 갖가지 재담이나 농담을 주고받을 수 있었고, 바쿠스의 선물이 그 효능을 시험받을 동안에는 모든 장애물이 제거되었다.

그런 농담을 비판적인 시각으로 볼 필요는 없다. 플루타크는 어리석다라고밖에 할 수 없는 수많은 사례를 인용하고 있지만, 그것 역시 술로 인해 쾌활해진 분위기를 한층 무르익게 하려는 의도였음은 부정할 수 없다(Plutarch, Sympos., i, 4, 3).

"술자리의 대표는 말더듬이에게 노래를 시키거나 대머리에게 머리를 빗게 하고 절름발이에게 춤을 추도록 하기도 했다. 다리가 무척 약했던 철학자 아가페스토르는 오른쪽 다리로 서서 술잔을 비우라는 명령을 받았는데, 그 명령을 따르지 않을 경우에는 벌을 받아야 했다. 이윽고 그의 차례가 되자, 그는 다른 사람들도 모두 자기와 같은 방식으로 술을 마시며 자신의 발을 지켜보아야 한다고 주장했다. 이어서 그는 빈 통을 하나 가져오게 한 다음, 그 속으로 들어가서 술을 마셨다. 다른 사람들은 그의 발을 볼 수가 없었기 때문에 약속한 벌금을 내놓아야 했다."

루키안에 의하면(Saturnalia, 4), 발가벗고 춤을 추거나 플루트 연주자를 업고 방 안을 세 바퀴 도는 것이 가장 인기있는 '벌'이었다고 한다.

주연에 참석한 손님들은 술잔을 채우는 데 남다른 재주를 가진 젊은 노예들의 시중을 받았다. 루키안이 쓴 《신들의 대화》를 보면, 제우스는 트로이의 왕손인 가니메데라는 소년을 유괴하여 술 시중을 들게 했는데, 임무를 시작하기에 앞서 술잔을 건네주는 방법부터 가르쳤다는 내용이 기술되어 있다.

크세노폰의 저술에 의하면 (Cyrop., i, 3, 8), 이러한 우아한 태도를 가장 잘 이해하고 있었던 사람은 페르시아의 술 시종들로서, 그들은 손가락 세 개를 이용하여 완벽한 동작으로 술잔을 건네줄 수 있었다고 한다.

어떤 경우든 폴룩스(vi, 95 ; cf. Heliodorus, AEthiopica, vii, 27)의 설명처럼, 술 시중을 드는 소년들은 무엇보다도 손가락 끝으로 술잔의 균형을 능숙하게 잡을 줄 알아야 했다. 소년들은 기다리고 있다가 손님들 사이를 돌아다니며 잔을 채워주거나 물을 따라주기도 했다. 비록 정확하게 언급된 기록은 없지만, 그리스의 풍속에 대해 잘 알고 있는 사람이라면 손님들이 이 술 시종들의 몸을 건드리곤 했으리라는 사실을 짐작할 수 있을 것이다. 루키안 (Symposium Lapith., 15, 26, 29, 39)이 남긴 기록을 살펴보자.

"지극히 사소한 하나의 에피소드에 지나지 않지만, 연회를 한층 흥미롭게 만드는 데 기여했던 일을 한 가지 소개하려 한다. 나는 아름답고 젊은 노예 하나가 클레오데무스 뒤에 서서 미소를 지으며 술잔을 들고 있는 모습을 보았는데, 그 이유가 궁금했다. 그래서 나는 그 소년을 유심히 지켜보고 있었다. 조금 있으니 아름다운 가니메데가 다가가 클레오데무스에게서 술잔을 건네 받았는데, 클레오데무스가 그의 손가락을 부드럽게 어루만지며 은화 두 닢을 그의 손에 쥐어주는 모습이 눈에 띄었다. 소년은 손가락이 간지러운 듯 다시 미소를 지었지만, 은화에 대해서는 알아차리지 못한 것 같았다. 따라서 은화는 바닥으로 떨어져 내렸고, 짤랑거리는 소리 때문에 철학자와 소년의 얼굴이 빨갛게 달아올랐다. 옆에 있던 사람들이 누구 돈이냐고 물었지만, 소년은 자기 손에서 떨어진 게 아니라고 했다. 클레오데무스도 바로 옆에 있었기 때문에 은화가 떨어지는 소리를 들었을 것이지만, 아무런 관심이 없는 척하고 있었다. 이내 사람들은 그 일에서 관심을 돌려버렸지만, 무슨 일이 일어났는지를 아는 사람도 몇명 있는 것 같았다. 아마 아리스타이네투스도 그들 가운데 한 사람이었을 것이다. 곧 그는 사람들의 시선을 끌지 않고 그 소년을 홀에서 내보낼 기회를 잡았다. 아리스타이네투스는 노새 마부나 시종 등 위험한 나이를 넘긴 튼튼한 청년 하나를 불러서 그 소년 대신 클레오데무스 뒤에 서 있게 했다. 그리하여 그 조그만 사건은 무사히 지나갔지만, 만약 사람들이 그 일을 알았다면 클레오데무스는 적지 않은 창피를 살 뻔했다. 결국 그는 아리스타이네투스의 지혜로 위기를 넘긴 것이다."

주연이 벌어지고 있는 동안 철학자 헤타이모클레스가 보낸 편지 한 통이 주인에게 건네졌다.

"나는 여러 가지 사실들 중에서 다음 한 가지만 이야기하려 하오. 당신이 어떤 사람을 디필루스에게 보냈고, 심지어 당신의 아들까지 그에게 보냈는가 하는 점에 대해서 말이오. 그는 그 일을 잘 해내고 있소. 그는 소년을 잘 대해주고 있고, 그의 환심을 사기 위해 안달이오. 만약 그게 나 같은 사람에게 음란한 일이 아니라면, 그런 일에 대해 더 많은 것을 이야기할 수도 있소. 하지만 당신이 진실을 알고 싶어 한다면, 그의 스승 조피루스에게 물어보기만 해도 충분할 것이오. 그의 결혼생활의 기쁨을 깨뜨리거나 밀고자에게 수치스러운 부담을 주려는 것은 전혀 내가 의도하는 바가 아니오. 디필루스가 벌써 내 제자 두 사람을 빼앗아갔기 때문에 그에 대한 나의 감정이 좋을 수는 없다는 점은 차치하고라도 말이오. 하지만 나는 철학의 명예를 위해 아무 소리도 하지 않을 작정이오."

루키안은 계속해서 이렇게 덧붙이고 있다.

"하인이 읽기를 멈추자, 모든 손님들은 젊은 제논과 그의 스승 디필루스를 바라보았다. 그들 둘 다 헤타이모클레스의 비난 때문에 무척 당혹해하는 기색이 역력했다. 아리스타이네투스도 초조한 기색을 감추지 못했고, 치밀어오르는 분노를 억누르기가 몹시 힘든 모양이었다. 하지만 그는 우리들에게 술을 권하며 그 일을 덮어버리기 위해 노력했고, 헤타이모클레스의 하인에게는 잘 알았다는 의례적인 대답을 하여 돌려보냈다. 그 직후 제논이 슬그머니 일어나더니, 아버지의 명령에 따라 이만 물러가겠다는 암시를 내비쳤다."

파우사니아스(i, 20, i ; cf. Ath., ii, 39a, x, 423b ; Plutarch, De Nob., 20)에 의하면, 프락시텔레스의 '사티르스' 는 술잔을 건네주는 젊은이에 의해 대변된다고 한다.

12세기의 유명한 개주교 유스타티우스는 소녀를 술 시종으로 삼는 경우도 있다고 주장했지만, 이는 잘못된 견해임이 분명하다. 그리스 사람들의 심리를 조금이라도 아는 사람이라면 그런 주장의 부당성을 알 수 있을 것이며, 그 당시의 문헌을 아무리 뒤져보아도 그 주장을 뒷받침할 만한 근거는 전혀 찾아볼 수 없다(Eustathius on Homer, Od., i, 146, p.1402, 41 ; Ath., xiii, 576a에서 언급된 내용 때문에 유스타티우스가 그런 오해를 했던 듯하다). 물론 술자리의 분위기를 한층 돋우기 위해 창녀들이 옷을 벗고 술을 따르는 등의 일을 하는 경우는 있었을 것이다. 하지만 그리스인들의 미적 견해에 의하면, 이것은 어디까지나 젊은 노예들만이 누릴 수 있는 특권이었다. 미칼리의 기록(L'Italia avanti il dominio dei Romani, plate 107)에 의하면, 세 명의 소녀가 음악을 연주할 동안 다른 한 소녀가 손님들의 술잔을 채워주었다는 대목이 나오기는 하지만, 이것은 하나의 예외로 보지 않으면 안 된다.

술 시종의 임무가 얼마나 막중한 것이었는가는 대중 축제 때 이 임무를 맡을 수 있는 소년이나 청년은 가장 훌륭한 가문 출신이 아니면 안 되었다는 점에서 충분히 엿볼 수 있다. 아테나이우스(x,

424e)는 이렇게 말하고 있다.

"옛날에는 가장 고상한 집안의 자제들만이 술 시종이 될 수 있었다. 호머의 글에서는 메넬라우스의 아들이 그런 일을 하고 있고, 에우리피데스는 자신이 젊었을 때 술 시종으로 일하기도 했다. 테오프라스토스는 술에 대한 자신의 논문에서 이렇게 말하고 있다. '나는 시인 에우리피데스가 아테네에서 무희는 물론 술 시종으로 일하기도 했다는 이야기를 들었다.' 이들은 델리안 아폴로의 신전에서 춤을 추었으며, 테라에서 만들어진 의상을 입었다. 사포는 미틸레네의 프리타네움(시청)에서 술 시종으로 일하고 있는 자신의 남동생을 칭찬하곤 한다. 로마에서도 지체 높은 가문의 자제들은 대중 제사 때 아이올리안을 모방하여 술 시종 역할을 해야 했다."

주연은 취향에 따라 무희나 곡예사, 가수 등의 공연으로 양념을 치는 경우가 많았다. 여성 무희들에 대해서는 테살리안 귀족들의 연회에서 춤을 춘 그들의 사례를 언급한 바 있다. 호머에게 있어서 춤과 노래는 주연과 분리할 수 없는 중요한 요소였다. 플루트나 시타라 연주자를 필요로 하는 장면이 담긴 그림은 거의 없다. 술을 마시는 동안 진지한 대화를 나누고 싶은 사람들은 플루트 연주자를 집안으로 들여보내곤 했다. 에릭시마쿠스는 플라톤의 글(Sympos., 176 ; Protagoras 347)에서 플루트 연주자에게 혼자서 연주를 하거나 방으로 들어가 여인들에게 연주를 들려주게 했다. 플라톤 역시 《프로타고라스》에서 여기에 대해 한층 격렬한 반응을 보이고 있다.

"많은 사람들은 지식이 부족하여 술자리에서 서로 대화를 나눌 만한 능력을 가지고 있지 않다. 그래서 그들은 플루트를 연주하는 여자들에게 적지 않은 대가를 치르고 그 이국적인 소리를 감상한다. 그러나 정직한 신사들, 공부를 많이 한 학자들이 모이는 자리에서는 플루트나 하프를 연주하는 여자, 혹은 춤을 추는 여자들이 등장하지 않는다. 그 대신 그들은 자기네끼리 대화를 나누며 즐거운 시간을 보낸다. 그들은 술을 많이 마신 뒤에도 번갈아가며 이야기를 하고, 상대방의 말에도 열심히 귀를 기울인다."

하지만 그런 견해는 다소 예외적인 것으로 보인다. 일반적으로는 여성 무희를 물리치는 경우가 거의 없었다. 물론 그들은 나중에는 다른 목적으로도 이용된다. 아테나이우스(xiii, 607d)에 의하면, 경매를 통해 여성 무희를 팔고 사곤 했으며, 도자기에 그려진 그림만 보아도 여성 무희나 플루트 연주자들이 성적인 기능을 수행했음을 알 수 있다. 카이레몬의 연극에서는(frag. 14(Nauck, p.786) in Ath., xiii, 608b) 친구들을 위해 항상 대기하고 있던 소녀에 대한 이야기가 나온다.

"한 소녀는 어깨에 걸려 있던 옷을 벗어 던져 가슴을 드러낸 채 달빛을 받으며 누워 있고, 또 한 소녀는 춤을 추는 동안 왼쪽 엉덩이가 노출되어 그림처럼 아름다운 자태를 자랑하고 있다. 또 한 소녀는 동그스름한 팔로 다른 소녀의 목을 휘감고 있으며, 나머지 한 소녀는 드레스의 갈라진 틈 사이로 허벅다리를 훤히 드러내 아름다운 몸매

플루트 연주자

의 매력을 한껏 발산하고 있었다."

아테나이우스(iv, 128c ff.)가 자세히 묘사하고 있듯이, 마케도니
아 카라누스의 화려한 결혼 연회 때는 '삼비케(Ath., xiv, 633 ff.,
Aristot., Pol., viii, 6, 11)' 라고 하는 삼각형의 현악기를 연주하는
'삼비키스트리오' 라는 여인들도 있었다. 이들은 르호데스 섬에서
온 여인들로, 공기처럼 가벼운 옷을 입고 있어서 손님들은 대부분
그들이 옷을 입지 않고 있다고 생각했을 정도였다.

연회가 무르익어가면 '이티팔리(Ithyphalli)' 라는 무희들이 등장
하여 남근을 상징하는 노래를 부른다. 게다가 곡예사까지 등장하여
벌거벗은 채 땅바닥에 꽂힌 칼 위로 춤을 추거나 입으로 불을 내뿜
기도 한다. 그후에는 100명으로 구성된 합창단이 결혼 축가를 부르
며, 다시 여성 무희들이 등장하여 춤을 춘다.

손님들이 술을 마시는 동안 날이 저물면, 하얀 천이 드리워진 방
문이 열린다. 그 방에서 한무리의 젊은이들이 물의 요정이나 에로
스, 아르테미스나 판, 헤르메스, 기타 신화적 인물들의 의상을 입은
채 은빛 촛대를 들고 거의 벌거벗은 우아한 자태를 드러낸다
(Becker-Goll, Charicles, i, p.152, Xenophon, Sympos., 2, I
ff.). 언제나 연주 준비를 갖추고 있는 삼비케 연주자들은 특히 많은
인기를 누린다. 플루타크는 그들을 '키노이디' 와 같은 맥락에서 언
급한 적이 있다.

그리스의 다른 저자들의 글에서도 주연이 진행되는 동안 곡예사

들의 속임수가 큰 인기를 끌었음을 확인할 수 있는데, 베커는 거기에 대해 다음과 같은 글을 남겼다.

"직업적인 무희 한 사람이 매력적인 소녀와 아름다운 소년, 그리고 플루트 연주자를 데리고 들어온다. 소년은 시타라를 집어들고 플루트 소리에 맞추어 현을 뜯기 시작한다. 잠시 후 시타라 소리가 그치면, 소녀에게 몇개의 고리가 주어진다. 소녀는 플루트 소리와 함께 춤을 추며 능숙한 솜씨로 고리를 허공으로 집어던졌다가 받아내는 동작을 해보인다. 점점 더 많은 고리가 그녀의 손에 쥐어지면, 한꺼번에 열 개가 넘는 고리가 허공에 떠 있을 때도 있지만 소녀는 하나도 놓치지 않고 잡아낸다. 구경꾼들은 그 아름다운 자태에 환호성을 지른다."
"이어서 조금 더 큰 고리가 하나 들어온다. 그 가장자리에는 뾰족한 칼날들이 동그랗게 꽂혀 있다. 소녀는 다시 춤을 추며 제비넘기로 그 고리 속을 드나든다. 구경꾼들은 숨을 죽이고 저토록 아름다운 소녀가 혹시 다치지나 않을까 걱정하며 그 모습을 지켜보고 있다. 이어서 소년이 그 춤에 합세하여, 소녀와 함께 대칭을 이루어가며 우아한 동작으로 춤을 춘다. 그의 동작 하나하나에는 최대한의 활력이 넘친다. 구경꾼들은 그의 손과 발이 어떤 식으로 움직이는지 미처 분간할 틈도 없다. 열화 같은 환호가 터져나오는데, 구경꾼들 중에서는 소녀의 춤보다 소년의 춤이 훨씬 보기 좋다고 칭찬하는 사람들도 있다."

여행지에서의 잠자리

고대의 잔치나 주연은 레스토랑이나 호텔 같은 것이 없었으므로 개인의 가정에서 열렸다. 하지만 후기의 아테네에는 사람들이 모여

주사위놀이를 하거나 술을 마시며 사교적인 대화를 나눌 수 있는 공간이 많이 있었다. 아이스키네스(Timarchus, 53)의 글에는 "그는 닭과 메추라기의 싸움판을 벌이거나 주사위놀이를 하는 오락장에서 세월을 보내곤 했다."라는 대목이 나온다. 하지만 그런 장소를 현대적 의미의 레스토랑이라고 부를 수는 없다.

그러나 고대에 호텔과 같은 기능을 하는 곳이 존재하지 않았다고 말할 수도 없다. 호머가 묘사한 시대에만 해도 손님을 환대하는 습관이 있었기 때문에 낯선 지역을 여행하는 나그네들도 따뜻한 대접을 받을 수 있었다. 역사서에서도 그런 대목을 찾아볼 수 있다. 헤로도토스(vi, 35)의 이야기 중에는 밀티아데스가 자기 집 앞에 앉아서 지나가는 사람들을 쳐다보고 있다가, 아는 사람이 나타나면 자리에서 일어나 잠시 쉬었다 가라고 청하는 유명한 이야기가 나온다. 사실 우리는 환대권의 수호자인 제우스 크세니오스를 생각하면 낯선 사람을 따뜻하게 대접하고 환대해줄 권리가 법으로 정해져 있다는 사실을 알 수 있다(Law of Charondas in Stobaeus, Sermones, 44, 40).

그리스인이 아닌 사람들도 이 환대권을 존중했다. 이탈리아 남부 도시인 루카니아(AElian, Var. hist., iv, I ; cf. Heracleides Ponticus, Politika, 18 ; Plato, Menexenus, 91)의 법률에 의하면, 해가 저물고 난 이후 낯선 사람이 찾아올 경우 반드시 그를 재워주어야 하며 그 규정을 어겼을 때는 가혹한 처벌을 받게 되어 있었다.

따라서 자연스럽게 사교적 접촉이 발달했고, 개인적 환대만으로는 그 수요를 감당하기 힘들게 되자 오늘날의 호텔에 상응하는 시설이 나타나게 되었다. 호머와 헤시오드가 언급한 바 있는 '레스케(Lesche)'라는 개념에서 그 시원을 찾아볼 수 있는데 그것은 커다란 공용 강당 같은 공간으로써, 집 없는 사람들이나 경우에 따라서 필요한 사람에게 은신처로 제공되는 장소였다. 악천후를 피하는 곳, 혹은 그저 한가롭게 한담을 즐기는 곳으로 이용되기도 했으며 그런 경우에는 대장장이의 일터도 비슷한 목적으로 이용되었다. 그러나 헤시오드가 그런 장소는 '집에 할 일이 많이 남아 있음에도 불구하고 한겨울의 추위를 피하거나 따뜻한 곳에서 게으름을 피우기 위해 드나드는 곳'으로 전락할 수도 있으므로 조심해야 한다고 경고한 대목은 상당히 인상적이다. 적어도 아테네와 보이오티아에는 사방에 널려 있던 '레스케'라는 곳에 묵는 것이 조금 형편이 나은 계층의 사람들에게는 별로 바람직하지 못한 것으로 간주되어 회피되기도 했다.

그러나 이것은 유명한 델포이의 '레스케'에는 적용되지 않는다. 이곳은 크니두스 사람들이 비용을 부담하여 지은 곳으로, 델포이로 몰려드는 수많은 군중들의 은신처로 작용했기 때문이다. 파우사니아스(x, 25, I)의 상세한 묘사에 의하면, 이 건물의 길다란 두 측면은 폴리그노투스가 그린 대형 그림으로 장식되어 있었다고 한다. 그 그림 가운데 하나는 트로이 정복과 그리스인들의 출발 장면을 묘사한 것이며, 또 하나는 오디세우스가 지하 세계를 찾아가는 장면이었다.

시간이 흐름에 따라 대도시에는 판도케이온이라고 하는 여인숙이 생겨나기 시작했다. 또한 올림피아나 크니두스(Olympia : Schol. Pindar, Olympia, xi, 55 ; AElian, Var. hist., iv, 9 ; Cnidus : Lucian, Amores, 12) 등 유명한 사원과 프락시텔레스가 만든 아프로디테 상을 구경하기 위해 해마다 수많은 이방인들이 몰려오는 곳에는 공공의 비용을 모아 그런 은신처가 운영되었다.

투키디데스(iii, 68)가 헤라 사원 근처의 플라타이아에 스파르타인들이 만든 여인숙의 규모를 길이가 200피트에, 이방인들을 수용할 수 있는 무수한 방이 있었다고 표현한 것으로 미루어, 우리는 이것을 가장 원시적인 형태의 호텔의 원조라고 부를 수 있을 듯하다. 사람들은 반드시 자기 자신의 침구를 휴대한 채 여행을 했는데, 짐을 운반할 한 명 이상의 노예를 데리지 않고 여행을 다니는 사람은 아무도 없었기 때문이다.

물론 이러한 여인숙은 계층에 따라 완전히 달라진다. 언제 어디서나 이방인들이 생명을 보장받지 못하는 도적들의 소굴 같은 곳은 반드시 있어 왔다. 따라서 키케로(Divin., i, 27, 57 ; the second story in Invent., ii, 4, 14)의 다음과 같은 이야기는 주목할 필요가 있다.

"친구 사이인 두 명의 아르카디아 사람이 함께 여행을 하다가 메가라에 이르렀다. 거기서 둘은 서로 헤어져 한 사람은 여인숙을 찾아가고 나머지 한 사람은 친구 집에서 하룻밤 신세를 지게 되었다. 친구 집에 여장을 푼 사람이 식사를 하고 잠자리에 들었는데, 얼핏 잠이 들자마자 여인숙에 들었던 친구가 제발 좀 도와달라고 사정하는 꿈을 꾸었다. 여인숙 주인이 그를 죽일 준비를 하고 있다는 것이었다. 그 사람은 깜짝 놀라서 잠을 깼지만, 까짓 한바탕 악몽에 지나지 않는다고 마음을 가다듬은 다음 다시 잠을 청했다. 하지만 잠이 들자 다시 그 친구가 나타나 애원을 하는 것이었다. 이번에는 자기가 살아 있을 때 도와주러 오지 않았으니, 죽은 다음에라도 자신의 시신이 손상되지 않도록 도와주기는 해야 하지 않겠느냐고 했다. 그러면서 자기는 여인숙 주인에게 죽임을 당했고, 시체는 거름 수레에 실려 있으니, 다음날 아침 수레가 마을을 떠나기 전에 성 입구로 나와서 자신의 시체를 수습해달라는 것이었다. 깜짝 놀란 그는 다음날 아침 성문으로 나가서, 수레를 끌고 오는 사람에게 그 속에 무엇이 있느냐고 물어보았다. 그러자 수레꾼은 겁에 질려 도망쳐버렸고, 거름더미 속에서 죽은 친구의 시체가 발견되었다. 여인숙 주인은 자기 범행을 자백하고 벌을 받았다."

그리스의 여인숙은 각종 이야기에도 자주 등장한다. 역시 키케로가 전하는 이야기 중에는 여인숙 주인이 탐욕 때문에 낯선 이방인을 칼로 찔러 죽인 다음, 의심의 눈길이 자신에게 쏠리는 것을 막기 위해 피묻은 칼을 다른 손님의 것이라고 주장하는 장면이 나온다.

그런 여인숙에 온갖 벌레가 들끓었으리라는 사실은 아리스토파네스(frogs, 114, 549) 등이 특별히 언급하지 않았다 하더라도 얼마든지 상상할 수 있는 일이다. 또, 아리스토파네스는 종종 여자가 여인숙을 운영하는 경우도 있었음을 기록하고 있다. 그런 여인들 가운데 대부분은 여행객들의 은밀한 욕구를 충족시켜주기 위한 의도를 가지고 있었음이 분명하기 때문에, 테오프라스토스(Character, 6)가 여인숙과 매음굴을 같은 맥락으로 묘사한 이유를 짐작하기란 어려운 일이 아니다. 또한 여인숙을 운영하는 여인들에 대한 평판이 대단히 좋지 않았던 것도 그런 이유 때문이었다(e.g. Plato, Laws, xi, 918).

스트라보(xii, 578)는 프리지아에 지진이 났을 때 그 마을에 있던 어느 여인숙에서 많은 수의 여자들이 죽었다는 사실을 전하고 있다. 이는 여인숙 주인이 손님들의 욕구를 충족시키기 위해 여자들을 준비해두고 있었을 뿐만 아니라, 돈을 받고 여자의 몸을 손님들에게 팔아넘기기 위해 직업적인 매춘의 소굴을 마련하고 있었다는 점에서 대단히 흥미로운 사실이다.

반대로, 유난히 재산이 많거나 유명한 사람들은 여자를 데리고 다니기도 했다. 그런 사람들은 이미 친해진 여자들을 버리고 싶지 않을 경우, 목적지에 도착하고 나면 그녀들을 여인숙으로 보내곤 했다. 플루타크(Demetrius, 26)의 기록에 의하면 오랫동안 아테네를 지배했던 데메트리우스도 이와 비슷한 행동을 했다. 아크로폴리스에 갔을 때 파르테논에 숙소를 정했던 것이다. 당시 사람들은 이 사실을 두고 다음과 같은 조롱 섞인 노래를 지어 부르곤 했다.

"그는 아크로폴리스를 자신의 호텔로 삼고, 정부들을 마이덴 신전으로 보냈다네."

좀더 시간이 흐른 후에는 여행객들 사이의 의사소통이 한결 발달되어 손님의 수는 점점 더 불어났고, 플루타크(De Vitioso Pudore, 8)의 언급에 의하면 다양한 선택의 여지가 주어졌다고 한다.

에픽테투스(Dissert., ii, 23, 36 ; Strabo, 801a)는 안락한 호텔이 많이 생겨나자, 여행객들이 필요 이상으로 오랜 시간을 그런 호텔에서 보내곤 했다는 사실을 기록에 남기고 있다. 북아프리카 나일 삼각주에 있는 카노푸스라는 도시는 그 주민들의 호화로운 생활로 유명했는데, 그곳에서는 사시사철 요란한 잔치소리가 끊이지 않았다고 한다. 이에 대해 스트라보는 이런 이야기를 들려준다.

"알렉산드리아와 카노푸스를 잇는 운하에는 밤낮을 가리지 않고 오가는 배들의 자취가 끊이지 않는다. 남자와 여자들은 수치심 따위는 안중에도 없이 마음껏 춤을 추는데, 더러는 배 위에서, 더러는 운하 양편의 여인숙에서 온갖 음란하고 외설스러운 행동을 일삼았다."

6

종교와 에로스

신들의 사랑과 결합

세상의 기원

인간의 도덕적 이상은 지상의 죽음 뒤 가장 높은 보상을 가져다주는 지고의 신앙심에 이르는 것이라고 손짓하는 상상 속의 중성인 천사와의 끊임없는 대화, 즉 '육신의 금욕'으로 구성된다는 것이 유대교적 관점이다. 이를 옹호하는 사람들은 성애와 종교간에 어떤 연관관계가 존재한다는 것을 이해하는 데 상당한 어려움을 겪게 될 것이다. 그러나 그러한 연관은 분명히 존재하며, 또한 매우 내밀한 것이다.

진부하고 뿌연 안개가 낀 듯한 북부식 사고방식을 지니고 있는 프로테스탄트 교회들은 영구적으로 지속되는 그들의 사고방식 속에서 실제로 종교와 감성적인 것들을 어떻게 분리해내야 하는지에 대해 잘 알고 있다. 많은 사람들은 프로테스탄트교가 더 이상 그들의 종교적 영역에서 잠재적인 에로틱한 요소들을 어떤 식으로든 의식하지 않는다고 확언하고 있다. 그들은 그들의 잠재의식 속에 에로틱한 충동은 어떤 것이든 없으며, 또는 그러한 충동들이 비록 관찰하기는 쉽지 않지만 거의 영향을 미치지 않는다는 뜻을 펼치고 있는 것이다.

그러나 카톨릭 국가에서 통용되는 카톨릭적 관습에 자신을 익숙하게 길들여봤던 사람들은 비록 거의 전부는 아닐지라도, 그러한 관습들의 상당 부분은 자연스러운, 따라서 건전한 인간의 감각에 근거하고 있으며, 사실상 많은 부분이 성적인 것에 뿌리를 두고 있다는 사실을 알 수 있을 것이다. 이러한 감각은 카톨릭 종교에 서원한 대부분의 사람들의 의식 속으로 들어갈 수는 없지만, 프로테스탄티즘의 경우에서보다는 훨씬 더 쉽게 전문적 관찰자들의 시야에 포착될 수 있다. 누군가 종교적 필요와 종교적 욕구의 충족은 많은 부분에 있어서 성적 욕구가 대체된 것이며, 단순한 측면에서는 의식적인 것이기도 하다고 단언한다고 해도 그리 지나친 말은 아닐 것이다. 카톨릭 교회는 이러한 사실을 염두에 두고 있으며, 바로 이 점이 카톨릭의 유례 없는 성공을 설명해주고 있다. 고해성사에 대해 생각해보라!

에로틱한 관념은 세상의 기원에서부터 다양한 부면에서 우리와 마주하고 있다. 헤시오드의 견해에 따르면(Theogony, 116 ff.), 유일신이 이 세계를 창조한 것이 아니고, 혼돈 뒤에 무한하고 공허하며 크게 벌어져 있는 공간이 드넓은 지표면을 만들어냈으며, 또한 '모든 불멸의 것들 중에서 가장 아름답고 모든 신과 인간들의 생각과 감정을 지배하는' 에로스를 일깨워냈다고 한다. 그러나 이미 남성과 여성을 분화시킨 신이 부여한 생성과 진화의 자연법칙인 사랑은 스스로를 분기시켜서 남성과 여성들을 짝짓게 했고, 그로부터 결합과 생식을 통해 대대로 이어지는 세대를 만들어내는 원인이 되었다.

그리스인들은 하늘을 우라누스라고 불렀는데, 그 이름을 통해 온기와 습기로써 지상을 관통하며, 대지가 살아있는 모든 것들을 유지해나갈 수 있는 힘의 원천이 되는 하늘의 생장력을 이해할 수 있다. 아이스킬로스의 《다나이데스》라는 문헌에는 다음과 같은 구절이 실려 있다(frag. 44(Nauck) in Ath., xiii, 600b).

"청명한 하늘은 대지를 꿰뚫고 싶어하며, 사랑은 대지를 감싸안고 하나로 결합하기를 갈망한다. 하늘에서 내려오는 빗방울은 대지를 살아 숨쉬게 하며, 그것을 머금고 온갖 식물과 동물들은 태어나고, 데메테르는 유지된다."

하늘의 신 우라누스와 땅의 신 가이아의 결합의 열매는 타이탄인데, 그들의 무리는 매우 다양하며, 하늘과 땅과 바다의 온갖 현상들을 나타낸다. 더 나아가 세 명의 외눈박이 키클로페스(호머에 등장하는 것과 혼동하지 말 것)는 자연의 전능한 힘을 나타내며, 또한 팔이 100개나 달린 거인 헤카톤케이레스도 마찬가지다.

키클로페스와 헤카톤케이레스는 자신들의 아버지에 필적할 정도로 점점 강력해졌으며, 그리스인들의 상상력은 진실로 웅장한 신화를 생각하기에 이르렀다. 아버지는 괴물들을 대지의 품속으로 떠밀어버렸다. 그러나 어머니인 대지의 여신 가이아는 아들인 타이탄들을 찾아, 그들에게 아버지로 인해 상처받은 모성에 대해 복수해달라고 요청한다. 그리하여 불타는 사랑은 복수를 불러일으키는 증오로 변한다. 그러나 아들들은 감히 아버지를 향해 손을 치켜드는 모험을 하지는 않는다. 다만 과격한 크로노스만이 자신은 준비가 되어 있다고 선언한다. 어머니는 그에게 날카롭고 거대한 낫을 주었다. 크로노스는 몸을 숨기고 있다가, 우라누스가 밤을 틈타 가이아와 사랑을 나누러 내려오자 숨어 있던 곳으로부터 몸을 일으켜 우라누스의 거대한 생식기를 자른 뒤 그의 뒤편으로 던져버렸다. 잘려나간 상처로부터 뚝뚝 떨어지는 핏방울을 받아 대지의 여신은 복수와 폭력과 피의 요정인 에리니에스와 자이언트, 그리고 멜리안 님프를 수태했다. 잘려나간 부분은 바닷속으로 떨어졌다. 그리고 그것으로부터 일어난 하얀 거품으로 인하여 매혹적인 사랑의 여신 아프로디테가 태어났다.

크세노파네스(in Sextus Empiricus, Adv. Mathem., i, 289, ix, 193 ; Clem. Alex., Stromata, v, 601)와 피타고라스 같은 종교 개혁가들이 신의 세계에 대한 그리스식의 관념에 집착하는 것은 인간의 실제 세계와는 너무나 동떨어진 것이라고 되풀이하여 지적하고 있음에도 불구하고, 이러한 지적이 성공을 거둔 것처럼 보이지는 않는다. 사람들은 이제 신에 대한 조잡할 정도로 감각적인 관념에 익숙해졌으며, 그 신들을 자신들을 표현하고 묘사하는 예술가이자, 시인으로 여기게 된 것이다.

그리스 신들의 본질은 도덕적이지는 않지만, 그 미학적 개념은 극단의 결과에 이르기까지 일관되며, 그들의 특별한 행복은 고통과 노화, 죽음이 없고, 세련된 감각과 아름다움, 고상함, 밑바닥 끝까지 이르는 즐거움이 충만하게 드리워진 가능성 그 자체에 다름아닌 것이다. "당시에는 아름다움 이외에 신성한 것은 없었다."는 실러의 말은 사실, 그리스 신화와 그리스인들의 일반적 생활을 이해하는 열쇠가 된다.

우리가 인내심을 가지고, 이들 신들이 겪는 무수한 에로틱한 모험들에 직면하려면, 신의 본질에 대한 위와 같은 관념을 명심해야만 한다. 또한 그리스는 나름대로 그 지역만의 이야기를 지니는 수많은 작은 영역들로 분화되어 있었다는 사실을 잊어서는 안 될 것이다. 이러한 지역의 이야기들을 모두 언급하는 것이 이 책의 과제가 아님은 분명하다. 여기서는 완전함에 이르려는 시도를 굳이 행할 필요 없이, 그리스 신화에서 가장 중요한 에로틱한 모티브들을 살펴보고자 한다.

먼저 지고의 태양신이자, 모든 신과 인간의 아버지인 제우스에 관한 이야기부터 시작해보자.

신들의 결혼과 결합의 근저에는 시간이 흘러감에 따라 자연스럽게 잊혀져가는 생장을 촉진하는 하늘의 기운이 게재하고 있다는 생각이 깔려 있다. 그에 대하여 수많은 출중한 가문들은 자신들의 기원을 지적인 허영심을 가지고 제우스에게까지 소급하고 있다. 마침내는 이 모든 것들 중에서 에로틱한 핵심만 남게 된다. 그리하여 제우스는 무수히 많은 신과 인간을 망라하는 여인과 소녀들에 대한 청혼자이자, 시혜자로 나타나게 된다.

또한 이는 다시 수많은 시인과 예술가에게 화려할 정도로 감각적인 작품들에 관한 언제나 새로운 모티브를 제공해줄 뿐만 아니라, 그의 아내이자 누이인 헤라의 끊임없는 질투심의 원천이 되기도 한다. 그리고 이 모든 것들은 제우스가 트로이의 왕족 출신 미소년 가니메데를 데려감으로써, 올림포스의 까마득히 높은 곳에서 소년들에 대한 사랑을 승인했을 때 더욱 극에 달했다.

헤라의 질투심에 대해선 앞에서 이야기한 바 있다. 우리가 도덕적 견지에서 제우스의 셀 수도 없을 만큼 많은 애정 행각을 불순한 간통으로 간주한다면, 헤라의 그러한 질투심을 비난하기란 어려운 일이다. 또한 온갖 화려한 시적 수사를 동원하여 제우스와 헤라의 결혼을 찬양하고자 하는 시도도 무망한 일이 될 것이다. 종교의식에 있어서, 이 결혼은 '신성한 결혼'으로 끊임없는 추앙을 받아왔으며, 지상의 비옥함을 가져다주는 하늘의 두 힘의 축복받은 결합으로 여겨져왔다.

신들의 음식인 암브로시아가 넘쳐 흐르고, 땅에서는 헤스페리데스의 황금 사과가 열리는 나무들이 자라나는 곳이라고 에우리피데스(Hippolytus, 743 ff.)가 묘사한 바 있는, 대양의 축복을 받는 나라에서 이뤄진 첫번째 결혼은 일리아드에서(xiv, 152ff.) 멋지게 설명되고 있다.

그에 따르면, 헤라는 자신의 영원한 육체를 젊고 아름답고 매혹적으로 꾸민 뒤에 남편 곁으로 가까이 다가갔다. 아프로디테는 그녀에게 '영원한 신과 유한한 인간의 마음을 사로잡는 매혹적인 사랑과 갈망 그 자체인' 아름답고 고귀한 거들을 주었다. 그리하여 여신은 늘씬한 자태로 그리스와 트로이 사이에 벌어지고 있는 전투를 높은 산에서 내려다보고 있던 남편의 옆에 가서 섰다. 남편은 아내의 육체적 매력에 매료되어 주위에서 벌어지는 모든 일들을 잊어버리고, 격정에 사로잡혀서 아내를 안았다.

봄철에 그리스 도처에서는 이 신성한 결혼을 기념하며 꽃과 화환의 축제가 열린다. 신부의 복장을 한 헤라의 형상이 등장하며, 꽃으로 장식된 신혼 침대가 그녀를 위해 준비된다. 간단히 말해서, 모든 것들이 인간의 결혼과 마찬가지로 준비가 되는데, 신들의 결혼이 바로 인간의 일반적인 결혼의 기원이자, 표본으로 간주되고 있기 때문이다.

그러나 이러한 신성한 결혼조차도 폭풍과 소란 없이는 마무리되지 않으며, 이는 자연의 힘인 두 신성이 결합하는 중대사의 우주적이며, 논리적 귀결일 뿐이다. 유독 그리스에서는 대기 현상, 예컨대 느닷없이 들이닥치는 광폭한 폭우나 폭풍, 회오리 바람 등에 대해, 두 개의 하늘의 힘 사이에 결혼이라는 유대가 맺어져 손을 맞잡을 정도로 밀착하기 때문이라고 생각했다. 그들만이 가지고 있는 천진함과 생생함으로, 그리스의 시인들은 이러한 것들을 인간적으로 형상화해냈다. 그리하여 호머와 같은 초기의 인물도 일리아드의 첫번째 책 끝에 나오는 장대한 전투 장면에서, 제우스로 하여금 다음과 같은 말로 싸움을 끝맺게 하고 있다.

"'이제 조용히 앉아라. 그리고 나의 명령에 복종하라! 그렇지 않으면 내가 가까이 다가갈 때, 그리고 나의 전능의 손을 너희들을 향해 쳐 들 때면 언제든지, 올림포스에 있는 다른 모든 영원한 것들도 너희들을 보호할 수 없을 것이니라.' 그가 그렇게 말을 하자 도도해 보이던 헤라도 두려움에 떨었고, 마침내는 울화가 치미는 영혼을 가라앉히고 조용히 앉고 말았다(Il., i, 565 ff.)."

호머에 의해서 서술되고 있는 제우스와 헤라의 결혼생활의 또 다른 불협화음 중에서(Il., xv, 18ff.), 우리는 제우스가 그의 아내를 양쪽 발에 무거운 철침을 달아 하늘에 매달아 둠으로써 그녀가 우주를 빙글빙글 맴돌게 한 대목에 주목할 수 있겠다. 프로부스는 (Ecl., 6, 31) 이미 이 단순한 장면을 우주적으로 설명하고 있는데, 그 설명에서 그는 철침을 통해서는 대지와 바다를 보고 있으며, 가장 높은 여신의 전체적인 모습에서는 공허한 상태에 존재하는 공기를 비롯한 모든 것들을 지키는 모습을 설명해내고 있다.

여신 자신이 남편에게 충실했던 만큼 그녀는 모든 기혼 남성들로부터 동일한 것을 기대했으며, 결국 그녀는 결혼의 수호신이 되었다.

대장장이 헤파이스투스

불이 하늘로부터 인간에게 전해짐에 따라 불의 신인 헤파이스투스는 제우스와 헤라의 아들로 여겨졌다. 사람들이 '흔들거리고 깜빡거리는 불꽃' 처럼 보인다고 생각했던 그 신의 불구와 같은 절뚝거림은 호머의 이야기 속에서 다음과 같이 설명되고 있다.

한번은 헤파이스투스가 부부 싸움에서 그의 어머니 편을 들자, 제우스가 그의 발을 잡고 올림포스에서 내던져버렸다. 그리하여 그의 다리가 약한 상태로 남게 되었다는 것이다. 다리를 지탱하기 위하여, 그는 '살아 있는 젊은 하녀' 처럼 보이는 두 개의 소녀 금상을 만들었는데(Il., xviii, 410 ff), 정말로 그 금상들이 생명과 활력을 얻게 되었다. 그의 목덜미는 억셌고, 마치 대장장이처럼 떡 벌어진 늠름한 가슴에는 무성한 털이 덮여 있었다.

렘니안의 이야기에서 그의 아내는 아프로디테지만, 다른 이야기에 따르면 그녀는 아레스의 아내였다고 한다. 그 이야기는 음유 시인 데모도쿠스가 충만한 활달함으로 유쾌할 정도로 후련하게 파이아키안스 앞에서 재현함으로써 쉽게 반향을 얻었고, 그 이후로 고대와 근대를 통틀어 문학과 시각 예술에서 가장 애호되는 모티브로써 끊임없이 새로운 작품들 속에서 재현되었다.

모든 것을 볼 수 있는 태양신인 헬리오스는 아프로디테가 검게 그을은 그녀의 남편이 없는 동안에 잘생긴 아레스와 부정한 사랑을 나누며 쾌락에 자신의 몸을 내던졌다는 사실을 헤파이스투스에게 폭로했다. 분노로 가득 찬 그는 재빨리 그의 작업장으로 가서 쇠사슬이 달린 철망을 담금질해냈다. 그 철망은 너무나 정교해서 신의 눈에나 인간의 눈에 보이지 않을 정도였다. 그는 이 철망을 은밀하게 부부의 침대에 장치한 뒤 태연하게 그의 아내와 작별했다. 그가 떠난 뒤 연인들은 그들을 잡기 위해 장치된 함정 속으로 들어갔다. 그들이 극도로 감미로운 사랑에 열광하며 쾌락에 빠져들어 있을 때, 교묘하게 만든 철망이 그들의 몸을 옥죄기 시작하더니, 이어서 더 이상 몸을 움직일 수 없게 되었다(Ovid, Ars Amatoria, 583).

그 고통스러운 상태에서 그들은 헤파이스투스를 보고 놀라지 않을 수 없었다. 그는 서둘러서 그 부정행위의 증인이 되어달라고 큰 소리로 천상의 모든 신들을 불러모았으며, '수치스러운 딸'을 자기에게 준 그녀의 아버지에게 결혼식을 물러달라고 요구했다.

유머와 통쾌한 구석이 없지도 않은 이 이야기는 고대 문학뿐만 아니라 근대 문학에서도 종종 다루어져왔고, 많은 위대한 화가들의 작품 주제가 되기도 했다. 오비드는 정의의 측면에서라면 올림포스와 관련된 어떤 이야기도 이 이야기보다 더 잘 알려져 있지는 않을 것이라고 말했다(Ovid, Amores, 9, 40). 오비드는 《사랑의 예술》이라는 책에서(ii, 561 ff), 아레스와 아프로디테의 고통스러운 행각을 하나의 일화로서 생생하게 묘사하고 있다. 그는 또한 이 이야기의 몇군데에 코믹한 특징을 가미하는 일을 잊지 않고 있다. 예컨대 아프로디테가 그녀의 정부와 함께 남편이자, 대장장이의 절뚝거리는 걸음걸이를 흉내내면서 즐기는 모습을 들 수 있다.

처녀 여신인 팔라스 아테네와 관련된 제의에도 에로틱한 배경이 있다는 사실에 대해선 이미 언급한 바 있다. 아테네가 제우스의 머리로부터 태어났으며, 헤파이스투스가 도끼를 가지고 그 머리를 쪼갰다는 매우 심각한 원래의 이야기에도 무언가 코믹한 요소가 결합되어 있다. 종교적 심각성을 지니고 있었던 헤시오드(Theogony, 886 ff)나 핀다르(Olympia, vii, 34 ff. ; Homeric Hymns, 28) 같은 옛 시인들에 의해서도 거론된 바 있으며, 수많은 도자기 예술품에서도 접하게 되는 이 이야기는 후세의 사람들에게 웃음과 농담의 기회를 제공해준다. 그리하여 루키안은 그의 《신과의 대화》 제8편에서 이 이야기를 다음과 같이 재치있게 패러디하고 있다.

헤파이스투스 : 제가 뭘 해야 하겠습니까, 제우스? 당신의 명을 받고 가장 날카로운 도끼를 가져왔단 말입니다. 필요하다면 돌멩이조차도 단번에 쪼개버릴 수 있을 정도로 날카롭습니다.

제 우 스 : 잘했다, 헤파이스투스! 내 머리를 단번에 내리쳐서 두 쪽으로 가르거라.

헤파이스투스 : 지금 제가 미쳤는지 알아보기 위해 시험하시는 겁니까? 그러지 마시고 정말로 원하는 게 뭔지 말씀해주십시오.

제 우 스 : 내 머리를 두 쪽 내는 것, 바로 그것이다. 즉시 나의 명령에 복종하라. 그렇지 않으면 나를 화나게 하는 일이니라. 그것도 처음이 아니지 않느냐! 다만 지체하지 말고 너의 전력을 다해야 함을 명심하라. 그렇지 않으면 나의 골이 산산이 흩어지는 고통 속에서 죽어가게

될 테니 말이다.

헤파이스투스 : 제우스여, 아무런 해도 없으리라는 점을 기억하소서. 이 도끼는 날카로우므로 에일리티이아처럼 부드럽게, 피 한 방울 흘리지 않고 산파의 역할을 해낼 수 있을 것입니다.

제 우 스 : 어서 와서 과감하게 내리쳐라! 무엇이 최선인지 내가 알았으니!

헤파이스투스 : 그렇게 하겠습니다만, 마지못해 하는 겁니다. 당신이 명령을 내릴 때 감히 누가 거역할 수 있단 말입니까? (내리친다) 이게 뭐지? 단단한 갑옷을 입은 처녀잖아! 오, 제우스, 머릿속에 커다란 화근덩이를 지니고 계셨군요. 뇌의 점막 아래에 이렇게 억센 처녀, 게다가 갑옷까지 껴입고 있는 처녀를 품고 있었으니 당연히 심기가 불편할 수밖에요. 세상에, 우리들 모르게 머리가 아니라 막사를 짊어지고 있었군요. 게다가 그 처녀는 이미 군무를 추며 펄쩍펄쩍 뛰고, 방패를 흔들며 창을 내찌르며 불 같은 용맹을 떨치고 있다구요. 무엇보다도 가장 놀라운 건 이 여자가 너무나 아름답고 순식간에 성숙해졌다는 겁니다! 고양이처럼 보이기도 하는 갈색 눈이지만, 그녀의 투구가 전혀 어색해 보이지 않아요. 오, 제우스여, 청컨대, 출산을 도운 대가로 그녀를 저에게 하사하여 주십시오.

제 우 스 : 헤파이스투스, 너는 불가능한 요구를 하고 있구나. 그녀는 언제나 처녀로 남아 있기를 원할 테니 말이다. 그렇지만 나로서는 너의 청에 반대할 까닭이 없구나.

헤파이스투스 : 그게 바로 제가 원하는 겁니다. 나머지는 제가 감당하 겠습니다. 이제 전 그녀를 낚아채서 데리고 가겠습니다.

제 우 스 : 그게 쉬울 거라고 생각한다면 그렇게 해라. 그러나 너 는 네가 한 거래로부터 그리 많은 것을 얻지는 못할 것이다!

이 마지막 말을 함으로써 제우스는 결국 그가 옳았다는 얘기를 듣게 되었다. 우리는 아폴로도루스에서 다음과 같은 얘기를 발견할 수 있다(iii, 188).

"아테나는 한번 더 무기를 만들어달라며 헤파이스투스를 만나러 온적이 있다. 그녀를 포기했었던 헤파이스투스는 또 다시 사랑에 빠져 그녀를 쫓아가기 시작했지만, 그녀는 휙 날아가 버렸다. 그가 안간힘을 써서(그는 절름발이였으므로) 거의 그녀의 뒤를 따라잡았을 때, 그는 폭력으로 그녀를 취하려 했지만, 처녀이면서 조신했던 그녀가 허락하지 않았다. 결국 헤파이스투스는 그녀의 다리에 자신의 씨앗을 흩뿌리고 말았다. 기분이 상한 여신은 울로 만든 천으로 그 씨들을 닦아낸 뒤 바닥으로 던져버렸다. 그녀가 날아가 버리고 씨들이 지상으로 떨어지자 에리크토니우스가 태어났다. 아테나는 그를 불멸의 존재로 만들고 싶어했으므로, 그를 모르는 다른 신들에게 그의 양육을 맡겼다."

아폴로의 연인들

태양과 빛의 신인 포이부스의 탄생에는 헤라의 불 같은 질투심에 관한 이야기가 관련되어 있다.

헤라는 제우스의 아이를 가진 레토(라토나)를 쫓아냈다. 레토는 지상의 거의 절반을 찾아 헤맨 끝에 델로스에서 적절한 피난처를 구했다. 당시에 그곳은 바다 위로 불안정하게 삐죽 솟아 있는 작은 바위섬이었다. 세계의 구원자인 빛의 신은 그의 어머니가 증오에 의해 쫓겨간 곳이지만, 가장 온화한 환경에서 태어났다. 우리는 이로부터 그리스도의 탄생과의 유사성을 생각하지 않을 수 없다. 그러나 유대인 크리스천과 고대인들이 지니는 두 견해 사이의 차이점은 금세 뚜렷해진다. 누가복음에는 다음과 같이 적혀 있다.

"마리아가 맏아들을 낳아 강보에 싸서 구유에 뉘였으니 이는 객지에 머무를 곳이 없음이러라."

이 말은 확실히 그림처럼 손에 잡힐 듯하며, 단순하고 직접적이다. 특히 예술에 수없이 많은 자극을 줌으로써 훌륭한 표현들을 이끌어냈다. 그러나 그리스의 시적인 설명은 빛의 신의 탄생을 묘사함에 있어서 아름다움에 대한 진정한 탐닉으로 빠져들고 있다 (Homeric Hymns, iii, 89 ff. ; Theognis, 5 ff).

그리하여 그리스의 구원자는 생명을 얻었으며, 무서운 용으로 형상화된 암흑의 세력과 싸움을 벌이기 시작했고, 후에는 자신만의

시타라를 연주하는 아폴로

특별한 사명을 완수했다. 즉, 인간을 생명의 빛과 태양과 즐거움으로 축복하는 일이었다. 거친 거인인 티티우스가 색정적인 치기로 그의 어머니인 레토를 다룰 때, 그는 백발백중의 활솜씨로 그 괴물을 눕힌 뒤 지하 세계로 축출했다. 그곳에서 괴물은 성적인 탐욕을 저지른 본보기로 영원한 처벌을 받게 된다.

빛과 즐거움의 신인 그는 그의 매력적인 친구이자, 동반자로서 히아킨투스를 선택한다. 그러나 그 모든 아름다운 광영은 아주 짧은 동안만 지속될 뿐이다. 불행한 사고, 또는 다른 문헌에 따르면, 이 아름다운 소년에 대한 사랑에 빠진 바람의 신 제피루스의 질투가, 그들이 함께 놀며 원반 던지기를 할 때, 그 원반의 방향을 바꿔버렸으며, 결국 히아킨투스는 머리를 맞아 부드럽기 그지없는 젊음과 아름다움을 간직한 채 죽게 되었다. 그가 죽은 뒤 흘러내린 피로 인하여 지상에서는 그의 이름을 딴 꽃이 피었고, 태양이라는 구체(원반을 가리킨다)의 뜨거움과 여름날의 찌는 듯한 열기 속에서 금세 시들어버리고 마는 그 꽃은 덧없는 젊음의 혈기와 달콤한 봄날에 대한 독보적인 상징물 — 대중적인 가요에서도 곧 그러한 방식을 찾았다 — 이 되었다. 그토록 일찍 죽어간 아폴로의 아름다운 애인을 기념하기 위해, 7월에는 히아킨티아 축제가 열렸다(p.180).

신화에서 아폴로와 관련된 이야기들 가운데 가장 매혹적인 것들은 그의 목동 생활에 관한 것이다. 호머는(Il., xxi, 448 ; ii, 766) 아폴로가 나무로 뒤덮인 이다 산악지대의 골짜기에서 라오메돈의 황소를 어떻게 돌봤으며, 테살리에서는 그의 친구인 아드메투스에게 어떻게 똑같은 봉사를 행했는지에 대해 벌써부터 알고 있었다 (Eurip., Alcestis, 569ff).

가축떼를 앞장세워 몰고 갈 때, 아폴로는 참으로 멋진 동작을 취하며 노래를 불렀기 때문에, 야생 동물들도 산속의 은신처에서 나와 그 소리에 귀를 기울일 정도였다. 에우리피데스의 아름다운 합창곡에 전해지는 것처럼, 아폴로가 가장 아끼는 동물이었던 얼룩무늬 암사슴은 그 노래에 맞춰 우아하게 춤을 췄다고 한다. 그러나 그는 환한 미남에, 비할 데 없을 정도로 사랑스러운 사람이면서도, 때로는 고독하게 목동의 피리를 즐겼고, 때로는 님프와 장난을 치거나 아이들과 더불어 노닐곤 했다.

아폴로의 사랑을 받은 처녀들 중에서는 아름답지만 새침데기였던 다프네가 가장 잘 알려져 있다. 그녀는 자신의 처녀성을 희생하기를 거부했으며, 아폴로의 박해로부터 탈출하기를 원했다. 그리하여 다프네는 자신의 소원대로 신들에 의해 월계수로 변했지만, 결국은 아폴로에게 바쳐지고 말았다.

각 지역의 개별적인 이야기들을 통해 아폴로의 연인들의 압도적으로 많은 숫자를 셈해볼 수 있다. 이해심이 결핍되어 있는 교회의 교부들은 그리스 전역에 걸쳐 있는 지역의 전통들을 한데 모아 단일한 형태의 이야기를 만들고, 그럼으로써 그 많은 수의 애정 행각들이 모두 한 명의 신의 탓인 것처럼 거의 날조되다시피 한 그 목록들을 도덕적으로 분개하며 대할 것이다. 이제까지 언급되어온 다른 신들의 연애 사건에 대해서도 적용되는 이러한 관점은 단호하게 해결되어야 한다.

이보다는 덜 알려져 있지만 황금과도 같은 진정한 시적 감흥으로 핀다르에 의해 빛을 보게 된 이야기는 아르카디아의 왕 아이피투스의 수양딸인 에바드네에 대한 아폴로의 사랑이다.

그녀가 더 이상 임신을 피할 수 없는 지경에 이르자, 그녀의 양부는 델포이의 신탁에 해답을 구하러 갔다. 그러는 동안 왕의 딸에게는 예로부터의 관습에 따라 물을 길어야 하는 노역의 고통이 부과되었다. 그녀는 숲 속에서 몰래 사내아이를 낳았으며, 고통을 무릅쓰고 그 아이를 숲속에 눕혀놓고 돌아올 수밖에 없었다. 그러자 두 마리의 뱀이 나타나 그 아이에게 꿀을 먹여주었다. 아이피투스는 새로 태어난 사내아이가 아폴로의 아들이라는 답을 가지고 델포이에서 돌아왔으며, 불멸의 예언자들 가계의 일원이 된 것에 대해 긍지를 느끼게 되었다. 그는 도처에 아이에 대해 수소문을 해보았으나 그에 대해 아는 사람이 아무도 없었다. 그러나 에바드네는 그 아이를 숲속에서 데리고 왔으며, 아이는 제비꽃에 덮여 그곳에 누워 있었다. 그리하여 어머니는 그 아이에게 '제비꽃의 아들'이라는 뜻으로 이아모스(제비꽃을 뜻하는 '이온'으로부터)라는 이름을 지어주었다.

이야기는 아폴로가 테살리아의 왕인 힙세우스의 딸, 키레네에게 사랑을 강요한 것으로 이어진다. 이 이야기는 핀다르도 그 자신의 방식대로 훌륭하게 형상화해내고 있다. 아폴로가 강제로 키레네의 사랑을 획득했다는 것은 신에 대한 그의 고귀한 관념과는 양립할 수 없는 것이었다. 그리하여 시인은 아폴로의 열정이 그의 고귀한 영혼으로부터 어떻게 이끌려나오게 되었는가에 대해 서술하고 있으며, 이 갈등을 영웅들의 교사이자, 현인이었던 반인반마의 모습을 한 케이론과 아폴로의 대화를 통해 전달하고 있다. 헤이네만이 말한대로, 아폴로와 케이론, 즉 젊은 혈기와 지혜로운 정신은 신의 가슴 속에 쌍둥이처럼 자리잡고 있는 영혼이었다. 이러한 사실로부터 사실상 조롱하는 듯한 어투인 케이론의 농담에 대해서도 설명을 해낼 수 있다. 그는 나름대로 충고를 하지만 아폴로가 자신의 충고를 따르지 않으리라는 것을 알고 있다(Pythia, ix, 18ff).

"그리고 힙세우스는 당당하게 무장한 그의 딸 키레네를 귀여워했다. 그녀는 베틀 앞에서 길쌈하는 일이나, 같은 또래의 규수들과 어울려 즐겁게 노는 일 따위에는 신경을 쓰지 않고 놋쇠로 만든 화살과 언월도 같은 무기를 사용하여 사나운 짐승을 잡곤 했다. 그리하여 실제로 그녀가 동이 트기 전의 참으로 달콤한 수면을 포기한 채 눈을 부릅뜨고 있는 동안에는 그녀의 아버지의 암소들은 안심하고 충분하고도 완벽한 휴식을 취할 수 있었다. 한 번은 넓은 화살통에 멀리 날아가는 화살을 지니고 있던 아폴로가 그녀가 창도 없이 괴물 같은 사자와 혼자서 씨름하는 모습을 발견했다. 즉시 그는 케이론을 그의 처소로부터 불러내 이렇게 말했다.
'필리라의 아들이여, 당신의 신성한 동굴을 떠나 한 여자의 강력한 힘과 정신을 놀라운 마음으로 지켜보시오. 그녀가 대담무쌍하게 벌이는 싸움을 보란 말이오. 이 처녀는 어떤 고난에도 굴하지 않는 마음과, 그 어떤 두려움에도 정복당하지 않는 정신을 지니고 있습니다. 그녀가 어떤 유한한 존재로부터 태어났을까요? 대체 어떤 운명을 타고났길래 음습한 산골짜기에서 살아야 하는 걸까요? 그녀는 지칠 줄 모르는 힘에 대한 실험을 감행하고 있습니다. 그녀에게 고귀한 손길을 내미는 게 옳은 걸까요? 아니, 그녀와 배우자가 됨으로써 향긋한 사랑의 꽃을 골라주어야 할까요?'

그러자 그의 말에 영감을 얻은 반인반마의 케이론은 온유한 얼굴에 부드러운 미소를 지으며, 즉시 그의 상담자에게 대책을 마련해주었다.

'오, 포이부스여, 비밀은 현자 페르수아시온의 열쇠에 있습니다. 그 열쇠들은 사랑의 묘당을 열 수 있는 것들입니다. 바로 그 열쇠들이 신이나 인간을 막론하고 빛이 있는 낮에 달콤한 신방으로 맨 처음 찾아 들어가는 것을 막아주는 것입니다. 그러니 대놓고 거짓말을 할 수 없는 당신은 당신의 말로 분위기를 꾸며내고 싶은 유혹을 받아왔던 것입니다. 당신은 왕에게 그 처녀의 출생에 대해 물어볼 겁니까? 모든 일들의 소상한 지엽말단과 모든 일이 벌어지는 원리와 봄날에 지상에서 피어나는 나뭇잎의 수와 파도와 바람에 쓸려오고 쓸려가는 강과 바다에 있는 모래알의 숫자까지 당신은 알고 있습니다. 당신은 그 모든 것을 확연히 볼 수 있는 것입니다. 그러나 나 자신이 현명한 인물과는 동떨어진 사람으로 평가되는 한이 있더라도 할 말은 해야겠습니다. 당신은 그녀의 결혼 주관자가 되기 위하여 이 숲 속의 빈터에 오셨습니다. 그리고 당신은 바다를 건너 제우스의 선택된 정원으로 그녀를 데려갈 것입니다. 평탄하고 둥근 언덕 주위로 그곳의 사람들을 불러 모을 때, 당신은 그녀를 그 도시의 여왕으로 만들어줄 것입니다. 그리고 리비아 여왕은 곧 그녀의 것으로 주어질 넓은 목초지 한가운데서 당신의 축복받은 신부로 환영을 받게 될 것입니다.'"

그리스 신화에서 훨씬 더 빈번하게 나타나는 것은 아폴로와 소년들과의 정사에 관한 이야기다. 루돌프 베이어는 그리스인들의 동성 연애에 관한 그의 에세이에서, 아폴로의 연애 상대로 적어도 열아홉 명 이상을 지목하고 있으나, 그 목록에서 그는 헤시오드(frag. 137(Kinkel))가 거론한 바 있었던 일레우스는 누락시키고 있다. 히아킨투스에 대해선 이미 언급한 바 있다. 여기서는 아폴로나 제피루스에 의해서 사랑을 받는 히아킨투스의 모습을 모티브로 포착한 조형 예술품들이 있으며, 특히 현존하는 몇점의 도자기 예술품들이 그러한 사정을 증언하고 있다는 점을 추가로 언급할 수 있겠다. 또한 시인들, 그중에서도 특히 알렉산더 시기의 시인들 사이에서는 아폴로와 히아킨투스의 사랑이 대단한 인기를 끌기도 했다.

많은 젊은 남성들의 연인이기도 했던 아폴로가 그 이상형이자 수호신으로서 숭배되었다는 사실은 그리스인들의 동성 연애의 본질에 대해 조금이라고 천착해본 사람들에게는 쉽게 이해될 수 있을 것이다. 그런 까닭에 그의 형상은 언제나 그리스의 모든 김나지움에서 헤르메스나 헤라클레스의 옆에서 발견되는 것이다.

조형 예술에서 아폴로는 훤칠하고 아름다우며, 젊은 형상으로 묘사되고 있다. 그러한 모티브는 셀 수 없이 많은 변형으로 반복되고 있으며, 우리가 여기서 일일이 거론할 필요가 없을 정도로 많은 수의 작품들이 있다. 그러나 내가 보기에는 그에 관한 해석이 여태까지 정확하게 전달되어온 것 같지는 않으므로 여기서는 가장 매력적인 작품들에 대해 간략하게 논의해보기로 하겠다.

프락시텔레스의 청동 조각품에 대한 플리니의 목록에서 우리는 다음과 같은 내용을 읽을 수 있다(Nat. Hist., xxxiv, 70).

"그는 또한 소년기에서 청년기 사이의 아폴로의 모습을 창조하기도 했다. 손에는 화살을 들고 엎드린 자세로 나뭇가지 위를 기어가고 있는 도마뱀을 노리고 있는 모습이다. 그 모습은 사우록토노스(Sauroktonos ; 도마뱀 사냥꾼)라고 불려졌다."

섬세하고 소녀처럼 보이기도 하는 나체 차림의 소년을 표현하고 있는 조각품 몇 점이 현재까지 보존되고 있다. 그 소년은 왼손으로 나무 밑둥을 짚고, 도망치는 도마뱀을 올려다보며 오른손을 들어올리고 있는 모습을 취하고 있다. 이러한 조각품 중에서 가장 뛰어난 작품은 바티칸과 루브르에 소장되어 있다. 태양의 사랑을 받는 동물이었던 도마뱀이 아폴로를 동정했다는 얘기가 전해지고 있다. 더욱이 이 섬세하고 작은 피조물에는 특별한 예언이 결부되어 있다고 한다(Pausanias, vi, 2, 4 ; Cicero, Div., i, 20, 39).

그러나 도대체 신이 그 동물을 죽이려고 한 까닭은 무엇일까? 편견 없는 고찰을 해보면, 아폴로가 그와 같은 동기를 갖게 된 까닭을 설명해낼 수 있다. 빛과 태양의 신인 그는 화살로 상징되는 따스한 햇살을 이용하여 도마뱀을 숨어 있는 장소로부터 유인해내서 그 동물의 활달하고 우아한 동작을 즐기려고 했다는 것이다.

그러나 나는 그 동기에는 에로틱한 배경도 깔려 있었다고 추측하고 있다. 그리스어로 도마뱀은 특별히 남성 신체의 일부, 그것도 기왕이면 소년이나 청년들의 것을 의미하기도 한다. 지금 우리에게는 다음과 같은 내용의 결혼에 관한 경구가 전해지고 있다.

"당신을 향해 기어오는 도마뱀을 잡아두어라. 그것은 당신의 손가락
속에서 사라져버리고 말 것이다."

이 말은 도마뱀을 죽이는 아폴로의 이미지가 소년들의 친구이며,
작은 동물을 죽이고 싶어하지는 않지만, 그것과 놀기 위하여 결국
은 장난을 치는 자신의 손길 속에서 그것이 죽어갈 때까지 사랑과
욕망으로 인해 유인을 해내고 마는 신의 모습을 상징하고 있다는
관념과 일맥상통하는 것이다.

아르테미스

처녀 아르테미스를 위한 의식에서도 에로틱한 요소가 결여되어
있지 않다는 점은 이미 언급한 바 있다. 그리스인들은 이 여신이 아
름다움을 숭상하는 늘씬한 키에 빼어난 외모를 지닌 처녀일 것이라
고 상상했으며, 따라서 이 여신은 언제나 모든 요정들 중에서도 가
장 아름답고 키가 큰 것으로 여겨졌다. 그녀는 언제나 가벼운 옷차
림으로 옷을 치켜올린 채 사냥을 하거나, 그렇지 않으면 무언가 재
빠른 동작을 취하고 있는 것으로 생각되고 있다. 때로는 말 등에 타
거나 또는 사슴이 끄는 수레를 끌고 다니는 것으로 여겨진다.

그리스의 많은 지방에서 결혼을 하게 되는 처녀들은 자신이 처녀
시절에 입던 키톤이나 거들에 집착했다. 그리하여 결혼하는 처녀를

다른 말로 '거들을 끌르는 사람'이라고 부르기도 했다. 결혼한 여성들은 해산을 한 후에 그들의 거들과 속옷을 헌납했다. 아르테미스 자신은 엄격한 정숙함의 여신이었으므로, 모든 순결한 남자와 처녀들은 그녀의 특별한 사랑의 대상이었으며, 이는 앞서 언급한 바 있는 아름다운 히폴리투스에 관한 이야기에서 잘 드러나고 있다. 아르테미스 오르티아와 그녀의 제단에서 소년들에게 처벌을 가하는 것에 대해서도 이미 언급한 바 있다.

요정들 사이에서 목욕을 하고 있는 아르테미스를 염탐하는 행운을 잡았다가, 나중에 분노한 여신에 의해 숫사슴으로 모습이 변한 뒤, 결국 끌고 다니던 개에 의해 산산이 찢겨지는 신세가 된 멋쟁이 사냥꾼 악타이온에 관한 이야기는 잘 알려져 있다. 여신이 같은 이유에서 시프로이테스를 여자로 바꿔버렸다는 얘기는 그에 비하면 훨씬 덜 알려져 있다(Antoninus Liberalis, 17).

에페수스의 유명한 아르테미스에 대한 제례는 아시아적 사고와 결합되어 있다. 여기에서 그녀는 처녀가 아니라, 제례에 나타나는 수많은 형상에서 가슴이 부각되는 것에서 지적되고 있듯이 자상한 어머니와 유모로 생각되고 있다. 그녀를 섬기는 수많은 사제들도 거세된 남자거나, 사원에 귀속된 노예들이다. 아시아쪽의 이야기에 따르면, 아르테미스에 대한 에페수스식의 숭배는 흑해 근처 스키티아의 여인족이었던 아마존의 전사들에 의해 확립된 것이라고 한다. 그리스인들은 아마존의 전사들을 고대의 수많은 영웅들과 싸움을 벌였던, 호전적인 이방의 여성족으로 여기고 있었다. 그리하여 소아시아 북쪽 연안 테르모돈의 아마존족 여왕이었던 펜테실레아는 트로이를 도우러 가서 용감하게 싸우다가 아킬레스에게 살해당한다. 또한 헤라클레스는 아마존족의 영토에서 승리의 행진을 시작했다.

호머는 오래 전에 아마존족을 '남성들의 호적수'라고 부른 바 있지만, 그러한 전설이 완전한 지위를 얻게 된 것은 훨씬 나중의 일이었다. 남성에 대한 그들의 우월성은 기후 조건과 그밖의 다른 천문 조건에 따른 혹독한 시련에 근거하는 것이었다. 소년들은 출생한 뒤에 장님이 되거나 절름발이가 되었으며, 그렇지 않더라도 적어도 어느 한 곳의 신체적 결함이 있었다. 그리하여 오직 소녀들만이 전쟁과 사냥을 위한 육체적 훈련을 받았다. 칼리마쿠스는 아마존족의 춤에 내재한 호전적 성격에 대해 기술하고 있다.

그들의 이름으로 미루어볼 때, 소녀들은 나중에 활을 잡아당기거나 창을 던질 때 불편을 초래하지 않기 위해 한쪽 혹은 양쪽 가슴을 잘라내거나 불로 지졌을 것으로 생각된다. 이러한 어원 설명이 사실이라고 생각되지는 않지만, 그 이름에 대한 최종적인 해석은 아직 알려져 있지 않다. 그들은 남성처럼 짧은 키톤을 입었으며, 그로 인해 오른쪽 가슴을 그대로 드러내놓고 다니는 경우가 종종 있었다. 즉 그들이 조형 예술에서 한쪽 가슴만 내놓고 등장하는 것은 미학적 이유 때문이지 한쪽 가슴을 절제했기 때문은 아닌 것이다.

그들은 영웅들의 강력한 무기에 대항해서 싸웠다. 하지만 그들도 특히 활과 화살, 그리고 한날 또는 양날이 달린 살벌한 도끼를 좋아했다. 그들은 날렵한 기마족이었지만, 가끔은 전차를 타고 싸우기도 했다. 아마존이 남성적 여성을 뜻하는 '비라고(virago)'라는 이름에 의해 라틴어식으로 명명된 것이라고 생각될 수 있을지라도, 성적 충동의 역전이 일어났을 것이라고 권위 있게 가정할 만한 근거는 어디에도 없다. 더욱이 그들이 사랑에 대해서 탐탁찮게 여겼을 것이라는 관측이 있으며, 후세의 시인들은 그들의 육체적 순결성에 대해 언급하기도 했다. 고대의 조형 예술품에서 아마존족은 즐겨 등장하는 모티브였지만, 성적으로 주목할 만한 것은 없다.

아르테미스는 여성의 다산성을 상징하는 여신으로서 페르시아와 아시아의 기타 지역에서 숭배를 받았다. 그런 지역에서 여신은 아나키티스라는 이름을 지녔고, 매음을 겸하고 있는 신전에서 섬겨지기도 했다.

사랑의 여신 아프로디테

특히 일리아드를 읽어본 사람들에게는 익히 알려져 있듯이 전쟁의 신인 아레스의 모습은 사랑과 부드러운 감정을 지닐 만한 여지가 거의 없었다. 그럼에도 불구하고 그를 둘러싸고 우화적인 이야기들이 직조되었다는 사실은 아레스와 아프로디테의 간통에 관한 이야기에 의해 밝혀지고 있다(p.18). 이러한 모티브도 또한 조형 예술과 무관하지 않다. 로마에 있는 소위 아레스 루도비시는 무기를 옆에 내려놓고 에로스가 그 무기를 가지고 놀고 있는 동안에 편안한 휴식의 자세를 취하고 있는 신의 모습을 보여주고 있다. 그러나 아프로디테와 함께 있는 아레스의 모습을 나타내고 있는 작품 유형들은 특히 대중적이며, 대리석과 보석 그리고 폼페이에서 발견된 그림 등의 형태로 수많은 작품들이 전해 내려오고 있다. 후자는 특히 강렬하게 감각적 주의를 환기시킨다. 일반적으로 그 그림들은 아레스가 탐욕스럽게 사랑하는 여인의 가슴을 움켜잡고, 그녀의 매력을 가리고 있는 옷을 옆으로 밀쳐놓는 모습을 담고 있는 것이다.

이러한 그림들에서 아프로디테는 사랑을 갈구하는 단순한 여인일지라도, 이는 그녀가 지니고 있는 애초의, 훨씬 더 내포적인 기능이 최종적으로 변모한 것일 뿐이다. 아프로디테는 우선 우주의 성장을 지켜보는 즐거움과 어머니인 대지에 대한 하늘의 사랑을 나타내고 있다. 그리고 나서 일반적 생활, 특히 성적인 번식에 있어서의 창조적 본능은 자연 종교가 인간(동물 또한 포함하여)으로부터 신에게로 전화되어 나가는 것이었다. 원래는 동양적 특징을 지녔던 아프로디테에 대한 제례의식은 아름다움과 추함, 숭고함과 비천함, 도덕과(우리의 관점에 따르면) 비도덕이 하나의 혼합물로 융화되는 과정이었다.

아프로디테에 대한 숭배는 추측컨대, 소아시아로부터 바빌론과 아라비아에 이르기까지 퍼져 있던 방대한 셈족 가계를 통해 페니키아를 거쳐 그리스에 도달했을 것이다. 그러므로 페니키아 교역의 두 중심지인 키테라와 사이프러스 섬은 여신의 실제적인 출생지일뿐만 아니라, 그녀에 대한 제례의식이 열리는 가장 오래된 근거지로 여겨졌다.

바닷속으로 내팽개쳐졌던 우라누스의 생식기로부터 여신이 출생

했다는 것에 대해서는 이미 언급한 바 있다(p.284). 아프로디테에 대한 호머의 찬가에 다음과 같은 구절이 있다(Homeric Hymns, 6 ; Hesiod, Theogony, 194 ff.).

"온화한 서풍이 사이프러스 해안에 넘실거리는 파도의 부드러운 물거품 속으로 그녀를 품고 왔다. 그곳에서 사계절을 관장하는 여신들이 그녀를 받아들였으며, 화려한 의복을 입히고 아름답게 장식하여 불멸의 신의 세계로 그녀를 이끌었다. 에로스도 아름다운 히메로스도 그녀와 함께했다. 소녀다운 매력과 미소 그리고 장난기, 달콤한 쾌락과 사랑과 우아한 기품 — 이러한 영광은 인간과 불멸의 신들 사이에서 그녀에게 할당된 몫이었다."

그리스의 시가와 조형 예술은 아프로디테의 탄생 신화와 언제나 새로운 변신으로 신들 사이에서 수용되었던 그녀의 행동거지를 표현하는 일이나, 감각적인 색채를 총동원하여 그러한 사건들을 장식하는 일에 대해서는 결코 지칠 줄 모르고 있다. 실제로 전체적인 고대 시가와 조형 예술은 아프로디테와 에로스의 전능한 힘에 대한 찬가 하나로 귀결되고 있다고 해도 과언이 아니다. 누군가가 그와 관련되는 문장들을 대충대충 수집한다고 해도, 상당한 분량을 채우게 될 것이다.

플라톤 이래로(Sympos., 180d) 전진적인 철학적 사색은 자유로운 사랑과 그 사랑을 돈으로 사들이는 쾌락의 여신인 아프로디테 판데모스로부터 순수와 결혼에 이르는 사랑의 여신인 아프로디테우라니아를 구분해내고 있다. 대중적 의식 속까지 정밀하게 파고들기는 대단히 어렵다. 루키안의 글(Dialogemeretr., 7, 1 ; cf. Ath., xiii, 572d ff.)로 미루어볼 때, 고급 매춘부인 헤타이라이가 우라니아와 판데모스 모두에게 제물을 바쳤던 것만은 분명하다.

아프로디테의 힘은 전세계에 걸쳐 확장되고 있다. 그녀는 지상의 언어에 대해서는 보다 협소한 감각을 지니고 있는 천국의 아프로디테이다. 즉, 그녀는 기상과 하늘의 모든 현상의 여신이라는 것이다. 그녀는 바다를 다스리기도 하고, 폭풍우로 일어난 성난 파도를 잠재우며, 행운의 항해와 즐거운 귀향을 도와주기도 한다.

이 여신의 본성에 내재하는 이러한 두 가지 측면에 대해 우리가 보다 더 세밀하게 다룰 필요는 없을 것이다. 그러나 독자들에게 신화에 대한 안내책자를 보도록 권유할 수도 있겠지만, 신과 인간들에게 사랑의 쾌락을 제공해준 아프로디테에 대해 거론하는 것이 우리의 과제인 것만은 분명하다.

사랑과 아름다움은 그리스인과 불가분의 관계에 있다. 그러므로 아프로디테는 봄의 여신이며, 꽃과 화환, 특히 그녀의 덕을 입어 무럭무럭 자라서, 그녀가 직접 왕관을 만들어 자신을 치장하는 데 사용했던 장미와 도금양꽃의 여신이다. 이른 봄에 그녀의 내면을 통하여 사랑이 깨어난다. 그녀는 꽃으로 자신을 장식하고 숲 속을 따라 사랑을 받을 대상을 찾아 나선다. 그곳에서 그녀는 산악지대의 야생 동물들에게 자신을 드러내보이고, 그 동물들로 하여금 그녀 앞에서 재롱을 부리도록 한다. 동물들은 호머의 시가 말한 대로(iv,

69 ff.) 달콤한 충동 앞에 자신들을 내맡긴다.

아프로디테를 기리는 대부분의 축제들은 봄에 벌어진다. 화사하게 꽃이 핀 정원과 나무 그늘 아래에서 밤중까지 벌어지는 축제에서는 춤과 음악, 그리고 속박당하지 않는 사랑과 '황금으로 치장한 아프로디테의 달콤한 선물'이 함께 어우러진다. 비할 데 없이 매혹적인 섬인 사이프러스에서 벌어지는 사랑의 축제는 특히 화려했다. 그 섬에서는 도금양꽃, 장미, 아네모네, 석류 등등 모두 아프로디테 덕분에 자라게 된 꽃들이 만발했으며, 그 향기가 섬 전체에 진동했다.

축제에서는 그녀가 바다에서 태어난 것과 파포스 해안을 통해 그 아름다운 섬에 첫번째 발자국을 내딛은 것을 기념했다. 사람들은 그녀를 맞이하기 위해 그곳으로 모여들었으며, 축제의 환호 속에서 그녀를 호위하여 신성한 정원으로 데려갔다. 여인과 소녀들은 여신의 형상을 장식한 후에 신성한 바다에서 목욕을 시켰다. 그런 다음에는 다가올 사랑의 주신제에 대비하기 위하여 도금양꽃 덤불 밑의 강가에서 목욕을 했다(Ath., iii, 84c ; Strabo, xiv, 683 ; Ovid, Metam., x, 270 ; Fasti, iv, 133 ; Aeschines, ep.10).

그러한 비너스의 축제들은 감각적인 것을 사랑하는 그리스의 전역에서 열렸는데, 소아시아 연안에 있는 크니두스의 축제가 특히 화려했다. 그곳에서는 멀리 떨어진 곳에 아프로디테를 모시는 성소가 있었다. 루키안은 다음과 같이 서술하고 있다(Amores, 12).

"그곳에 접근하는 순간부터 아프로디테의 미풍이 불어와 우리를 맞

아준다. 다른 곳처럼 현관 바닥에 매끈하고 칙칙한 석판이 깔려 있지
는 않았지만, 아프로디테의 신전에서는 지극히 자연스러운 일로서 살
아 있는 나무와 관목이 완벽하게 심어져 있었다. 무성하게 자란 잎과
꽃들은 한데 어울려 화사한 군락을 형성했고, 그 진기한 향기가 멀리
까지 퍼져나갔다. 특히 열매가 풍성한 도금양꽃은 흐드러지게 피어
서, 다른 모든 나무들이 저마다의 독특한 아름다움을 뽐내는 것과 마
찬가지로 여주인의 신전에서 장관을 연출했다. 그 어느 곳에서도 마
르고 시든 가지를 볼 수 없었으며, 피어난 꽃들은 모두 신선한 싹을
피우며 활짝 만개했다. 정말이지 열매를 맺지 못하는 나무들은 한 그
루도 없었지만, 그 아름다움으로 인해 열매 따위는 안중에도 두지 않
을 정도였다. 사이프러스나무와 플라타너스는 하늘을 찌를 듯했다.
그 나무들 중에는 아프로디테와는 아무 상관 없이 인간의 세상에 존
재하는 것도 있었지만, 그 나무조차도 그녀 앞으로 달려가 있었다.
바로 월계수나무가 그것이었다. 모든 나무들 위에는 담쟁이넝쿨이 달
라붙어서 그 줄기를 펼쳐 부드럽게 포옹해주고 있었다. 빛깔 좋은 포
도넝쿨도 거기에 달린 포도의 무게를 가까스로 지탱할 수 있을 정도
였다.
디오니소스와 어울리는 아프로디테의 모습은 한층 더 즐거워 보였으
며, 두 사람이 함께 더 큰 기쁨을 나눠주고 있었다. 그러나 그 둘이
떨어졌을 때, 그들의 즐거움은 훨씬 덜 했다. 나무들이 빽빽히 들어
차서 그늘이 넓게 드리워진 곳에는 각광받는 쉼터가 자리잡았고, 사
람들은 그곳에서 음식을 먹을 수 있었다. 확실히 도시에 사는 사람들
은 그곳을 자주 이용할 기회가 없었겠지만, 어쨌든 수많은 군중들이
그 장소 자체와 그곳에서 벌어지는 온갖 종류의 사랑의 오락을 즐겼
다."

그러나 니벨룽겐의 몇 안 되는 참으로 아름다운 노래 중의 하나에서 표현되듯이, 쓰디쓴 사실은 아프로디테를 그곳에 잡아둘 수 없다는 것이다. 봄날의 짧은 즐거움에 이어 여름날의 찌는 듯한 열기가 곧 찾아오고, 그 열기는 들판을 아름다움으로 뒤덮고 있던 온갖 꽃들과 수풀과 관목을 시들게 만들었다. 이것을 상징하기 위하여 그리스인들의 상상력은 몇가지 이야기를 만들어냈다. 그 이야기들은 세부적인 사항에 있어선 이야기가 퍼진 지역의 풍경에 따라 서로 차이가 나지만, 본질적인 의미는 똑같다. 온갖 매력적인 것들로 치장한 아름다운 젊은이는 아프로디테의 사랑을 받지만, 덧없는 죽음으로 인해 그녀의 견딜 수 없는 슬픔 속에서 그녀와 헤어져야 하는 것이다. 그 아름다움은 아도니스의 한량없이 애처로운 모습이다 (p.186).

아프로디테는 여성의 아름다움과 사랑의 여신으로 가장 잘 알려져 있다. 시가와 조형 예술에서는 여신에게 언제나 신선한 매력을 부여하는 데 골몰하고 있다. 그녀는 황금으로 장식되어 있으며, 부드러운 미소를 짓고 있다. 값비싼 왕관으로 장식한 그녀는 유혹적인 거들을 입고 있다. 그 거들 안에는 사랑의 모든 마법인 헌신과 갈망 그리고 지칠 줄 모르는 열정이 담겨 있다. 호머는 이미 그 유명한 거들에 대해서 알고 있었다. 그는 그 거들이 지혜로운 정신을 혼란스럽게 만들기조차 한다고 언급하고 있다. 특히 그녀의 커다랗고 촉촉히 젖은 눈과 섬세한 목과 가슴, 시인들이 장미에 비유했던 달콤한 입가에는 기품이 서려 있다. 간단히 말해서 상상할 수 있는 모든 매력들이 그리스인들에 의해 그들의 사랑의 여신 속에서 결합되어 나타나고 있다. 이러한 매력들은 그녀의 황홀한 의상과 화려한 치장에 의해 강조되고 고양된다. 그리고 그 모든 환희에 대한 멋진 그림들의 묘사는 시인들을 열광하게 하고 있다. 여신은 인간의 형상을 한 등허리 부위에서조차도 오늘날의 사회에서는 형용하기 어려울 정도로 신화적인 매력을 타고났다.

오직 그리스에서만이 실질적으로는 입에 담을 수 없는 부분을 찬양하기 위하여 여신의 조각상과 신전을 세우겠다는 발상이 생겨날 수 있었다. 고대 그리스인들 사이에서는 고상한 척하는 바보 같은 행동이 없었던 덕분에 이러한 사실은 그리 놀라운 것처럼 보이지는 않는다. 그리하여 그리스인들은 나라의 한 쪽 끝에서 다른 쪽 끝에 이르기까지 '아름다운 엉덩이를 가진' 여신인 '아프로디테 칼리피고스'를 숭배했던 것이다.

나폴리에 있는 유명한 박물관인 뮤지오 나지오날레를 방문하여 1층의 동쪽 부분에 있는 베네리라고 불리는 작은 방에 입장하는 사람은 누구든지 실내의 중앙에서 회전하는 좌대 위에 놓인, 절묘하게 신체를 드러낸 비너스 조각상을 보게 될 것이다. 그녀는 요염하게 옷깃을 들어올리고 어깨 너머로 수줍어하는 듯한 눈길을 보내고 있다. 그녀는 거의 온화함과 긍지가 혼합된 만족감으로 거의 애무하는 듯한 눈길로 바라보고 있는 것이다. 이러한 자세는 세련된, 그러나 고통과 심지어는 부정한 결과의 원인이 되기도 하는 에로티시즘의 극치를 나타낸다. 이것은 동시에 이러한 형태들을 미학적 관점으로부터 만들어내고 있는 대리석을 사용한 조형 예술에 기초하고 있다. 또한 좀더 소박하게는 그 여신을 전적으로 순수하면서도 즐거운 것으로 여겼다고 말할 수도 있을 것이다.

가장 열정적이면서도 적나라하게 육체적 쾌락을 표현한 작품은 어떤 고통스러운 인상의 원인이 되지 않고 완전한 아름다움이라는 결과를 낳는다. 그것은 조형적으로는 비견할 데 없는 형태와 그러한 아름다움을 소유하는 소박한 즐거움을 결합시키고 있기 때문이다.

어느 누구도 칼리피기아의 매력이 남겨놓은 지배적 인상에 미학적 즐거움을 느끼지 못했으며, 예술과 문학에서 그 표현을 발견하지 못했다. 우리는 아테나이우스의 글(xii, 544c)에서 시골 사람의 아름다운 두 딸에 대한 이야기를 접할 수 있다. 그들은 아름다운 엉덩이로 인해 두 형제의 결혼 상대로 선택되었으며, 그 이후로는 언제나 시민들에게 '칼리피고이(아름다운 엉덩이를 가진)'라고 불리게 된다. 또한 메가로폴리스의 케르키다스가 그의 풍자시에서 말한 대로 시러큐스에는 한 쌍의 칼리피고이가 있었다. 결혼을 통해 상당한 부를 획득한 그들은 아프로디테의 신전을 지었으며, 아르켈라우스가 그의 풍자시에서 언급하고 있는 것처럼 그 여신을 칼리피고스라고 불렀다.

미의 여신은 동시에 사랑의 여신이다. 그녀는 영혼들의 여왕이며, 모든 원소들을 자신의 지배하에 두고 있다. 또한 그녀는 모든 변화무쌍한 것들을 통일시킬 수 있다. 그러나 그녀는 사랑을 간절히 갈망할 만한 가치가 있는 것으로 만들 뿐만 아니라, 남성들과 남신들 사이에서 자리잡게 하고 있다. 그녀는 스스로 신과 인간을 막론하고, 수많은 이들에게 축복을 내려준다. 그녀는 상상할 수 있는 모든 행복을 동원하여 자신의 축복을 선사하며, 아름다움과 젊음, 부와 권력, 기쁨과 매혹을 전해준다.

그래서 사이프러스의 첫번째 왕으로 이미 호머에게 알려져 있던 (Il., xi, 20) 키니라스는 핀다르에 따르면(Pythia, ii, 15), 소년 시절 아폴로의 총애를 받았다고 한다. 그는 또한 사이프러스에서는 최초로 아프로디테의 사제 노릇을 했으며, 남자들에게 양을 기르고 양모를 짜는 법과 대지라는 창고로부터 금속을 캐내는 방법을 가르침으로써 섬에 문명을 도입했으며, 그 문명을 예술적 경지로 끌어올렸다. 그는 황홀한 아름다움으로 강력한 지배자와 문명의 전파자다운 남성다움과 동방의 왕자의 연인다운 화사한 여성다움을 결합시켰다.

동양의 영향은 또한 아프로디테의 또 다른 연인의 외양에서도 그 모습을 드러내고 있다. 트로이 전쟁 이야기로 충분히 잘 알려진 파리스가 바로 그다. 그도 역시 아찔할 정도로 아름다운 젊은이였으며, 온갖 매력적인 수단들로 장식을 했고, 음악과 춤의 연습을 통해 우아하고 세련된 기품을 지니고 있었다. 그러나 그는 호전적이지는 않았고 여성적이었으며, 아주 동양적인 유형이었고, 버질의 표현에 따르면(Aeneid, iv, 215), '절반만 남성'이었다고 한다. 즉, 내시로서 거세당한 것과 상관이 있었던 것이다.

아프로디테는 그에게 여성에 대해 행사할 수 있는 거의 불가사의

한 힘을 부여했다. 그리하여 스파르타에서 메넬라우스 왕의 손님으로 지낼 때, 왕의 부인인 헬렌, 즉 그 아름다운 이방인을 따라 트로이에 가서 통탄스러운 트로이 전쟁의 비극을 촉발시켰던 바로 그 여인을 그가 유혹하는 것은 지극히 쉬웠던 것이다. 아프로디테는 그에게 세상에서 가장 아름다운 부인을 주겠다고 약속함으로써, 파리스의 판단에 승리를 보장할 수 있는 방법을 알고 있었다(p.150).

동시에 관찰할 만한 가치가 있는 상징은 헬렌이 비극과 비탄의 원인이라고 할지라도 스스로에게는 아무런 문제가 되지 않는다는 고통스러운 사실, 즉 그녀가 하찮은 허영심이라는 목표를 달성할 수 있다는 것을 암시하고 있다. 아프로디테의 영향 아래서 그녀의 도움을 받아 파리스가 헬렌의 마음을 사로잡은 방법은 고대의 시가와 예술에서 지속적으로 표현되어왔다. 옛 시가들 중에서는 로마의 모든 시인들 중에서도 가장 우아했던 사랑의 위대한 교사, 오비드 이상으로 파리스의 성격에 있어서 미칠 듯이 몰입하는 측면을 불타오르는 듯한 색채로 더 훌륭하게 색칠해낸 사람은 없을 것이다 (Heroides, 15, 16).

아프로디테에 대한 호머의 찬가 중에서도 위대한 시적 아름다움과 불 같은 감각으로 묘사되고 있는 안키세스에 대한 아프로디테의 사랑 또한 트로이 전설의 범주에 포함된다. 이러한 밀착된 사랑의 결실이 바로 아이네아스였다. 행복과 불행이 교차했던 일생 동안 그는 자신이 태어난 고향 마을이 함락될 때까지는 아프로디테의 지속적인 보호를 기꺼이 받아들였다. 그 후로 오랜 모험과 방황 끝에 그는 마침내 이탈리아의 율리안 가문의 시조가 되었다.

아프로디테 자신이 남성들의 마음의 주인이 되고, 또 그들에게 선택의 여지를 남겨주지 않고 도저히 거역할 수 없는 사랑의 불꽃으로 태워버렸다. 남자들이 비록 잘못 되어가고 있다는 것을 의식하는 경우도 종종 있지만, 여신이 사람의 정신을 앗아가는 악녀가 될 때, 그들은 힘없이 저항을 멈추고 달콤한 열정에 자신들을 내맡기게 된다. 그리하여 일리아드에서 헬렌은 이미 여신에 의해 홀려버린 모습을 보여주고 있는 것이다. 그러기는 메데아도 마찬가지였다. 그녀는 야손에 대한 불 같은 사랑으로 인해 부모와 형제자매, 그리고 가정과 가문에 대한 책무를 모두 망각하고, 그 잘생긴 이방인을 따라 그리스로 갔다. 그리고는 결국 그 남자에 의해 멸시를 당하고는 증오와 복수의 화신이 되어 자신의 사랑하는 두 아이를 희생시키게 된다.

다음으로 아프로디테의 악마적 힘을 경험하는 신세가 된 사람은 아리아드네, 파시파이, 그리고 페드라 등 세 명의 크레타 여인들이다. 형용할 수 없을 정도로 잔혹한 그들의 운명은 분노에 불타오르는 사랑이 어디까지 이를 수 있으며, 좌절한 사랑이 어떤 결과를 초래할 수 있는지를 생생하게 보여주고 있다.

아리아드네는 고독한 여인상이었으며, 파시파이는 비정상적인 육욕의 희생물이었고, 페드라는 살인적인 증오심으로 변질된 경멸적 사랑의 전형적 본보기였다. 이들 세 여인과 다른 많은 사람들은 운명적으로 아프로디테로부터 사랑의 의미를 배우게 됐던 것이다. 후에 에우리피데스는 제목이 알려지지 않은 연극 대본의 파편 중에서 그 사랑의 의미는 죽음과 거역할 수 없는 힘, 불 같은 몰두와 뜨거운 욕망, 쓰라림과 고통, 자연의 위대함일 뿐만 아니라 아름다운 모든 것들의 어머니라고 묘사하고 있다. 그러나 죽음을 맞이한 뒤에도 그러한 악마적 사랑에 사로잡힌 사람들은 여전히 안식을 구할 수 없다. 버질에 따르면(Aeneid, vi, 444f), 사랑으로 인해 불행한 사람은 저승에서도 도금양꽃이 핀 고적한 오솔길을 끊임없이 방황하게 된다고 한다.

그러한 힘은 아프로디테의 특성에서 유전적으로 확립되었을 뿐만 아니라, 그리스인들이 그녀가 발명자일 것이라고 간주하고 있는 사랑의 마력으로부터도 도움을 받고 있다. 핀다르가 말했듯이 (Pythia, iv, 214 ff.), 아프로디테는 야손에게 아이닉스를 데려다 주었고, "그에게 주문를 거는 법을 가르쳐줌으로써 메데아로부터 부모에 대한 공경심을 앗아가게 했고, 그녀의 심장이 온통 활활 타오르고 있는 동안에는 헬라스에 대한 그리움으로 강박의 채찍질을 당하게 했다."

또한 데오크리투스에서는(ii, 17 ff) 버림받은 소녀가 이러한 사랑의 마력을 사용하여 애정을 잃어버린 사랑의 대상을 단죄하고 있다. 아이닉스는 목이 구불구불하고 기다란 딱다구리의 일종인 개미잡이의 그리스식 이름이다. 여러 가지 색상으로 희미하게 빛나는 그 목의 끊임없는 움직임은 사랑의 감정의 쉴새없는 움직임과 변화를 상징한다. 마력을 효과적인 것으로 만들기 위해, 그 새는 '네 개의 살이 달린 색을 칠한 바퀴 위에서 몸을 길게 늘이기'도 했다. 말하자면 날개와 발을 살이 네 개인 바퀴에 단단히 묶은 뒤에 그 바퀴를 빠르게 돌려댔다.

아프로디테는 사랑의 욕구를 불러일으킬 뿐만 아니라, 그것을 채워주기도 한다. 그리스인들은 그 나라의 시인들이 '아프로디테의 달콤한 선물'이라고 부르는 것에 대해 결코 부끄러워하지 않는다. 그리고 사랑의 감각적 쾌락은 여신의 본질에 대한 그들의 견해와 제례의식 속에서 지극히 일관되게 표현되고 있다. 일단 우리가 성적인 쾌락은 신으로부터 받은 규율이라는 것을 깨닫는다면, 종교적인 매춘이라는 제도 — 우리로서는 처음에는 이해하기 어려운 — 도 납득할 수 있게 된다. 이에 대해서는 그리스의 매춘을 다루는 장에서 상세하게 논의할 것이므로, 여기서는 이 정도만 언급해두고 넘어가겠다. 이는 아프로디테가 이미 거론했듯이, 결혼을 수호하는 능력을 지니고 있었음에도 불구하고, 동시에 고급 매춘부인 헤타이라이들의 신이기도 했다는 사실을 훌륭하게 설명해준다(p.200).

자주 언급되는 성에 대한 본질적 개념에 따르면, 아프로디테 헤타이라(헤타이라이들의 수호여신)가 점차 온갖 종류의 성적 쾌락을 의미하거나, 그녀의 보호 하에서 벌어지는 상상할 수 있는 모든 종류의 부도덕한 행위를 의미할 뿐인 아프로디테 포르네(문자 그대로 아프로디테 프로스티투테, 즉 매춘)로 발전했다는 것은 대단히 논리적이다. 스파르타에서는 이와 같은 사실이 단번에 인지될 수 있다. 그곳에서는 아프로디테를 부르는 몇가지 다른 이름이 만들어졌는데, 우리 생각대로라면 그러한 가명들은 극도로 민망할 정도의 수준으로 창안되었을 것이다. 즉 아프로디테 페리바소라는 이름은 거리를 헤맨다는 뜻이며, 트리말리티스는 구멍을 뚫는다는 뜻이다 (아프로디테의 이름에 대해선 Clem. Alex., Protrept., p.33P).

소위 시리안 아프로디테라고 불리는 제례의식은 적절한 시기에 그리스로 옮겨갈 입구를 찾아냈다. 그리하여 초기 헬렌 시대에 몇몇 곳에서 그녀에 대한 예배가 치뤄졌다(Tacitus, Annals, iii, 63 ; CIGr., Nr. 3137, 3156, 3157 ; Diod. Sic., v, 77 ; Pausanias, iv, 31, 2 ; vii, 26, 7). 타키투스에 따르면, 그녀는 스미르나에서 아프로디테 스트라토니키스라는 이름으로 숭배를 받았던 여신과 똑같은 바로 그 여신이라고 한다. 이로 미루어볼 때 시리아의 왕 안티오쿠스 소테르(280-261 B. C.)의 부인인 스트라토니케를 기념하려 했던 것 같다.

루키안은 어떤 에세이에서 남근 숭배와 거세된 남자가 중대한 역할을 했던 문명의 역사와 관련된 매우 재미있는 사실을 언급하고 있으나 여기에서 인용하기에는 너무나 길다.

시리아의 여신을 숭배하는 데 있어서 남근이 상당한 의미를 지녔듯이, 일반적으로 아프로디테의 제례의식에서는 성생활을 상기시켜주고, 감성과 풍성한 결실에 대한 생각을 불러일으키는 모든 요소들이 중요하게 여겨졌다. 물론 무엇보다도 생식기관 그 자체와 그것을 상상하거나 모사한 것들이 아프로디테를 숭배하는 데 있어서 여러 가지 다른 방법으로 이용되었다. 그리고 보다 초기에는 많은 사람들이 호머의 필롬메이데스(우스꽝스러운 사랑)라는 형용어구와 메데아(생식기)에 대한 아프로디테의 애호를 연관시켜보려고 시도했다. 알렉산드리아의 클레멘트에 따르면, 파포스에서는 아프로디테에 대한 제례의식을 거행하는 도입부에서 소금과 생식기가 함께 바쳐졌다고 한다. 또한 폼페이에서 특별히 숭배되었던 비너스 피시카는 생식기를 의미하는 그리스어인 피시스에 의해 쉽게 설명될 수 있을 것이다.

도금양꽃과 사과는 아프로디테에게 바쳐진 식물이었다. 플라톤이 풍자시에서 거론하고 있듯이, 연인들은 자신들의 애정을 보여주기 위해 상대방에게 사과를 선물하거나 던지기도 했다. 카툴루스는 (lxv, 19) 연인으로부터 사과를 받은 소녀를 멋지게 그려내고 있다. 반쯤은 당혹스럽고, 반쯤은 기쁜 표정으로, 그 소녀는 가슴 속에 그 사과를 감추고 있다. 어머니가 갑자기 안으로 들어오자, 소녀는 사과를 잊어버리고 벌떡 일어난다. 사과는 소녀의 품을 떠나 그녀를 배신하고 바닥으로 또그르르 굴러간다. 비밀이 탄로난 탓에 처녀의 뺨에는 부끄러움으로 인한 어여쁜 홍조가 살며시 떠오른다. 그리하여 사과는 이브의 사과가 등장하는 성경 속의 설화에서도 에로틱한 의미의 상징물로 등장하게 되는 것이다.

그리스인들 사이에서 이는 사랑의 보답을 바라지 않고 키디페를 일방적으로 사랑한 아콘티우스에 대한 이야기까지 거슬러 올라간다. 그녀를 얻기 위해 아콘티우스는 사과 위에 "아르테미스의 이름으로 맹세하건대, 나는 아콘티우스와 결혼할 것이다."라는 글을 써서 아르테미스의 신전에 있는 키디페에게 던졌다. 그러나 키디페는 그 글을 크게 소리내어 읽고 나서는 사과를 멀리 던져버리고 말았다. 후에 키디페가 병에 걸리게 되고, 신탁을 통해 그 병의 원인이 심기가 상한 아르테미스 여신의 저주 때문이라는 계시를 받게 되자, 그녀는 아콘티우스의 소원을 들어주었다.

우리는 또한 아름답기는 하지만, 고상한 척하는 아탈란타에 대해서도 언급할 수 있다(Apollodorus, iii, 106 ; Ovid, Metam., x, 560 ff.). 그녀는 자신과의 경주에서 자기를 이기는 사람하고만 결혼하겠다고 했다. 그녀를 사랑하고 있었던 밀라니온은 경주로에 황금 사과를 늘어놓았다. 아탈란타는 사과를 주으려고 시간을 허비했으므로 결국 연인의 사랑에 정복당하고 말았다. 밀라니온은 그 사과들을 아프로디테로부터 선물로 받은 것이었다.

동물의 세계에서는 염소와 양, 토끼와 비둘기, 참새 등이 호색적인 성질로 인하여 아프로디테에게 바쳐졌다. 따라서 사이프러스의 동전에는 양이 종종 눈에 뜨이기도 한다. 염소를 타고 다닌 아프로디테 에피트라기아는 아테네에서뿐만 아니라 엘리스에서도 알려져 있으며, 스코파스의(Pausanias, vi, 25, 2) 장인적 손길로 염소를 타고 있는 아프로디테의 모습을 구경할 수 있다.

비둘기는 여신을 모시는 많은 신전들, 특히 사이프러스와 시실리에 있는 신전들에서 큰 무리를 지어 길러졌다. 비둘기에 대한 제례 의식은 콘스탄티노플에서 전래되었음에도 불구하고, 우리는 오늘날 그에 대한 동양적 관습의 마지막 자취를 베니스에 있는 성 마르코 광장에서 볼 수 있다. 결혼한 커플들이 성 마르코 성당에 있는 비둘기들에게 모이를 주는 일을 특히 좋아하는 것은, 비록 희미해지기는 했지만, 한 때는 번성했었던 이스흐타르라는 제례의식의 잔재라고 할 수 있을 것이다. 비둘기의 그리스 이름인 페리스테라라는 외래의 어휘가 '이스흐타르의 새'를 의미한다는 언어적 사실에 의해 우리는 아직도 이와 같은 관습을 인지할 수 있다.

아풀레이우스에서(Metam., vi, 6) 비너스는 네 마리의 하얀 비둘기가 끄는 거대한 수레를 타고 참새와 기타 다른 새들을 거느린 모습으로 등장한다. 사포는(frag. 1, 10) 아프로디테가 참새가 이끄는 수레를 타도록 하고 있다. 참새는 호색적이고 감성적인 성질로 인하여 아프로디테를 호위하는 동물로 귀속되어 있기 때문이다.

황홀한 우화의 세계

헤르메스 신의 사랑스러운 형태 또한 에로틱한 사고의 영향을 받고 있다. 우리는 이미 헤르메스 신의 선정적 분위기에 대해서 언급할 기회를 가진 바 있다. 그의 형상은 아프로디테의 형상과 자주 등장하는데 파우사니아스는 몇가지 사례를 제시해주고 있다(ii, 19, 6 ; vi, 26, 5 ; viii, 31, 6).

원래는 순박했던 무언가가 양떼와 목동의 신인 그를 사로잡았다. 그것은 그로 하여금 숲과 산속의 요정들과 지속적으로 성교를 하게 하는 다소 천박한 욕구를 빈번하게 불러일으킨다. 이미 요람 속의 어린아이였을 때, 그는 그의 형제인 아폴로와의 유명한 싸움에서 예의에 어긋나는 행동을 한 바 있다. 그리하여 호머의 시에서는(iv, 295 ff. ; Dion Chrysostom, vi, 104) 헤르메스에 대해 다음과 같은 놀라운 묘사가 등장하게 됐다.

> "당시에 계획을 궁리한 아르고스의 강력한 학살자는 손을 들어올려 아폴로를 향해 평지풍파를 일으켰다. 그는 불길한 저주를 퍼부으며 뻔뻔스러운 사신을 아폴로의 계곡으로 보내기도 했다."

헤르메스의 기둥뿐만 아니라, 김나지아, 팔라이스트라와 거기서 만나는 남성적인 젊은이들의 보호자와 관리자로서의 헤르메스가 지니는 의미에 대해선 이미 언급한 바 있다. 마찬가지로 그는 예술가들에게 지속적으로 새로운 표현에 대한 영감을 불러일으켰다. 예술가들은 그를 성숙하고 늠름한 젊은이로 나타냈다. 그의 겉옷인 클라미스는 대개 활짝 열려 있는 경우가 많았으며, 그로 인해 젊은 육체의 우아한 형체가 극도로 아름답게 드러나보였다. 또한 요정들과 함께하는 선정적인 스포츠에 있어서도 헤르메스는 조형 예술이 즐겨찾는 주제가 되고 있다. 아마도 로마의 빌라 파르네시나에 있는 유명한 집단 작품이 가장 아름답고 특징적일 것이다. 이 작품은 헤르메스가 온화한 표정으로 거의 벌거벗다시피 한 요정을 유혹하면서 한 손으로는 그녀의 가슴을 음탕하게 주무르며, 다른 손으로는 얇은 속옷을 벗겨내고 있는 모습을 보여주고 있다.

언제나 색을 밝히는 여신은 새벽의 여신인 에오스(오로라)이다. 호머는 떠오르기 직전의 태양이 활짝 펼친 손처럼 부채살 같은 형상의 장미빛깔을 하늘에 내쏘는 남쪽에서 자주 관측되는 현상으로부터 그녀를 장밋빛으로 물든 손가락이라고 불렀다.

아폴로도루스에 따르면(i, 27), 에오스에게서 이러한 호색의 특징이 나타나는 것은 아프로디테가 아레스와 성관계를 맺었기 때문이다. 그녀는 모든 아름다운 것들을 사랑하는데, 특히 젊은 남자를 좋아한다. 그녀는 그녀의 가슴에 열정을 불러일으키는 사람은 누구든지 강력하게 움켜잡으며, 지체하지 않고 그렇게 꽉 붙잡는 행동의 절박성을 신선한 이슬이 내리는, 순식간에 끝나버리는 아침의 즐거움에 비유한다. 그렇게 해서 그녀는 클레이투스와 케팔루스, 티토누스를 사로잡는다(Tyrtaus frag., 12, 5 ; Hom. Hymn., v, 218 ff. ; Horace, Odes, ii, 16, 30).

너무나 아름다워서 그 이름이 속담에까지 등장하는 마지막 인물인 티토누스는 그녀를 가장 즐겁게 했던 것으로 보인다. 그를 위해 여신은 그가 영원히 죽지 않고 살도록 해달라는 청탁을 해서 제우스로부터 허락을 얻어낸다. 그러나 불행하게도 여왕다운 기품이 있는 에오스는 그가 영원히 젊음을 유지할 수 있도록 해달라는 부탁은 빠뜨리고 말았다. 그리하여 가장 멀리 떨어진 바다의 옆에 있는 그녀의 궁전에서, 백발과 주름살이 티토누스에게 찾아들었을 때, 에오스는 그에 대한 사랑이 식어감을 느끼고 그를 버렸다. 그 기조에 있어서 거의 현대적인 분위기를 풍기는 이 우화는 처음에는 신선하고 아름다웠다가 뜨거운 열기 아래서 말라 비틀어지고 늙어가서 급기야는 언제나 새로운 것으로 대체되어 나가는 젊은 나날과 아침을 상징한다. 이러한 상징은 태양에 대해서도 반복되고 있다.

호머에 따르면, 트로이에서 싸웠던 모든 사람들 중에서 가장 아름다운 인물이었던 멤논은(Od., xi, 522) 아킬레스에게 포로가 된다. 그는 아킬레스의 절친한 친구인 안틸로쿠스를 죽였다. 그리하여 그를 기념하기 위하여 이집트의 테베 근방에 세워진 멤논의 기둥은 오늘날에도 여전히 그의 자애로운 어머니 오로라가 하늘로 올라가면서 맨 처음 빛을 그녀의 아들의 형상에 비출 때의 쓸쓸한 서정을 말해주고 있다.

'밤의 빛나는 눈' 인 달의 신 셀레네(루나)도 색을 밝히는 성질을 지니고 있었다는 것은 특별히 언급할 필요가 없을 것이다. 한 번은 그녀가 제우스의 품안에서 쉬고 있었는데, 그녀는 그에게 아름다운 판디아를 데리고 갔었다. 버질에 따르면(Geor. iii, 391), 아르카디아에서 판은 하얀 양떼를 선물함으로써 여신의 사랑을 획득한 연인으로 간주됐다. 그러나 가장 잘 알려진 것은 엔디미온에 대한 여신의 사랑이다. 라트모스의 숲속 언덕에서 잠을 자다가 여신을 깜짝 놀라게했던 이 아름다운 젊은이는 그 이후로 매일 밤 여신에게서 사랑의 축복을 받았다. 어떤 사람은 여기에서 죽음의 잠이라는 상징을 발견해낸다. 그 어둠 속까지 사랑의 부드러운 빛이 여전히 비추고 있다는 것이다. 실제로 키오스의 리킴시우스는(frag. 3 in Ath., xiii, 564c) 잠의 신인 히프노스가 엔디미온과 열렬한 사랑에 빠져들었다고 쓰고 있다.

가니메데를 유괴한 제우스

"그는 엔디미온의 눈을 너무도 뜨겁게 사랑했으므로, 그가 잠들었을 때조차도 눈을 감지 못하고 뜬 채로 잠들게 했다. 그리하여 그는 그 눈이 반짝이는 기쁨을 언제나 즐길 수 있었다."

고대인들에 의해서 곤봉 혹은 날렵한 무기를 옆구리에 끼고서 하늘을 걸어가고 있는 거인, 또는 능력 있는 사냥꾼으로 신화화된 멋진 성좌인 오리온 자리의 기원에 대해서는 다음과 같은 단일한 이야기가 전해지고 있다.

제우스와 포세이돈, 그리고 헤르메스는 지상을 방랑하던 중에 한 번은 테베에서 히리에우스라는 노인을 우연히 만났다. 그는 가난했음에도 불구하고 그들을 극진히 대접했다. 그에 대한 감사를 나타내기 위한 방법으로 신들은 그가 기원하는 것을 충족시켜주는 특권을 부여했다. 그는 신들에게 자신은 오랫동안 홀아비로 지냈으며, 두번째 부인을 원하는 것은 아니지만, 어쨌든 아들은 하나 갖고 싶다고 말했다. 신들은 그의 기원을 해결해주었다. 거세당한 소를 도살해서 얻은 가죽을 펼쳐놓은 뒤 세 명의 신들은 그 안에 자신들의 씨를 뿌렸다. 그리고 가죽과 그들의 씨를 모두 함께 땅속에 묻었다. 아홉 달이 지난 후에 그곳으로부터 한 소년이 걸어나왔으며, 바로 그가 전능한 힘을 지닌 오리온으로 성장하게 되는 것이다. 의심할 여지없이 잘못된 설명으로부터 발생한 것임에도 불구하고, 이 이야기는 한 명이 아니라 세 명이나 되는 아버지를 필요로 했을 정도로 오리온이 힘센 거인이었으며, 거의 모든 다른 거인들처럼 땅으로부터 나왔다는 점을 지적하고 있다고 평가받는다.

장성한 오리온은 난폭한 기질을 보이면서, 완전히 술에 취한 상태에서 손님과 친구들의 딸(또는 아내)을 범한다(Parthenius, 20 ; Pindar, frag. 72). 이로 인해 그는 아버지에 의해 눈이 멀게 된다. 그러나 그는 떠오르는 태양을 향해 길을 떠나고, 이윽고 그 광선에 의해 잃었던 시력을 되찾게 된다. 후에 그는 아르테미스에게 욕정을 품고, 그녀에게 손길을 뻗칠 기회를 찾는다. 그러나 여신은 그에게 전갈을 보내 독침으로 거인을 죽여버린다(Aratus, Phoen., 636 ff. ; Nicander, Ther., 13ff.; Horace, Odes, iii, 4, 70). 딸이 있는 플레이오네는 오리온의 욕정에 대해 분개를 느끼고 있었다. 그는 오리온과 그 일행을 5년 동안이나 핍박했다. 그후에 제우스는 그들을 모두 별 속에 섞어놓았으니, 유린당했던 여인들은 플레이아데스, 거인은 오리온, 그의 개는 시리우스가 되었던 것이다.

그리스인들에게 아름다움은 지고의 것처럼 보였고, 그들이 계속해서 그것에 대해 경의를 표해왔다면, 아름다움의 제공자이자 분배자로 여겨지며 존중을 받던 다양한 신들의 무리 중에 몇몇 아름다운 존재가 있었을 것으로 생각할 수 있다. 고대 그리스의 감각적 쾌락과 상상이 이러한 신들의 세계를 염두에 두고 창안해온 황홀한 우화의 세계 속으로 훨씬 더 자세하게 들어가는 것은 이 책의 범위를 대책없이 부풀리게 될 것이다. 한정된 목적을 위해 간략하게 뽑아낸 문헌들 속에서 절대적으로 필요한 것들을 가볍게 다뤄보는 것만이 가능할 뿐이다. 따라서 1년 중의 적당한 시기에 꽃과 잎과 열매를 열리게 하는 계절의 상징물들로 간주되고 있는 호라이에 대해서는 대강의 언급을 하는 것으로 만족해야 할 것이다. 시인과 예술가들은 그들을 황금 보석과 꽃과 과일로 치장하고 있지만, 의복은 속이 비칠 정도로 가볍게 입을 뿐인 매혹적인 소녀들로 표현하고 있다.

일반적으로 그 숫자가 셋인 것으로 생각되고 있는 호라이 중에서도 특히 우아한 신은 그리스인들 사이에서는 클로리스로, 로마인들 사이에서는 플로라로 불려지고 있는 봄의 여신이다. 강렬한 북풍의 신인 보레아스와 쾌적한 서풍의 신인 제피루스는 모두 여신과 사랑에 빠졌지만, 그녀는 제피루스에게 애정을 주었다. 불행하게도 일부가 파손된 폼페이에 있는 아름다운 그림은 도금양꽃으로 만든 화관을 쓰고, 왼손에는 활짝 핀 꽃다발을 들고서 잠들어 있는 연인 곁으로 다가가고 있는 젊고 사랑스러운 제피루스의 모습을 표현하고 있다. 연인의 밑에서는 세번째 에로스가 그녀의 옷깃을 잡아끌고 있다(그림에 대한 또 다른 설명은 W. Helbig, Wandgemalde Campaniens, p.194, No. 974). 시간의 경과에 따라 호라이는 낮 시간과 동일한 것으로 취급되며, 계절은 남성적 형태로 표현된다.

아마도 호라이보다 훨씬 더 황홀한 신은 카리티에스, 또는 라틴 사람들이 그레이스라고 부르는 신들이다. 일반적으로 그들도 그 수가 셋인 것으로 여겨지고 있는데, 황홀하고 신나고 우아하고 감각적으로 아름다운 그들 생애의 모든 것에 인간성이 부여되고 있다. 나체의 감각적 매력이 지니는 우아함이 퇴폐주의가 만연한 후기 시대에는 귀속되지 않는다는 사실은 고대 그리스 문명에 있어서 매우 중대한 의미를 갖는다. 후기 시대보다 훨씬 오래 전에 선사시대의 와중에서 명상을 하며 보냈던 옛 시인의 원류들은 — 예컨대 신화적인 시가들을 노래했던 팜포스(Pausanias, ix, 35,4)를 예로 들 수 있다 — 카리티에스와 그들의 감각적인 매력을 노래했다. 이들 여신들은 춤과 놀이, 맛좋은 음식, 악기를 연주하고 노래를 할 때 등등, 좀더 즐거운 인생의 기쁨이 문제가 되는 곳에서는 어디든지 존재한다. 테오그니스에 따르면(Theognis, 15 ; Seneca, De Benef., i, 3), 뮤즈들의 무리는 카드무스와 하르모니아의 결혼식에서 "아름다운 것은 사랑스러운 것, 아름답지 못한 것은 사랑스럽지 못한 것"이라는 가사의 노래를 불렀다고 한다. 이 가사는 카리티에스의 특징을 정확하게 담아내는 것이며, 세계적으로 일반적인 지혜가 된 그리스인들의 정수를 확연하게 보여주고 있다.

여신들 그 자체는 언제나 웃고 춤추고 노래하고 뛰어노는 매혹적인 형태였다. 그들은 샘물과 강가에서 목욕을 했고, 시냇가의 꽃들, 특히 장미로 화관을 만들어 썼다. 좀더 고대의 예술가들은 여신들을 옷을 입은 모습으로 표현하고 있는 데 반해, 시간이 흐름에 따라 그들의 휘장 같은 속옷은 점점 짧아지고 작아지기 시작하더니, 서로 포옹하고 있는 유명한 자세를 취하며 완전한 나체가 되었다. 결국 '그레이스처럼 나체로'라는 표현이 속담이 되기에 이른 것이다.

가장 광범위한 세계에서 예술의 여신이 되고 있는 뮤즈는 그레이스와 짝을 이루는 경우가 자주 있다. 뮤즈의 수는 일반적으로 아홉으로 생각되며, 그들 중에서 에로틱한 시가의 뮤즈인 에라토에 대해서는 특별히 언급할 필요가 있을 것이다.

시인과 조형 예술가들 사이에서 헤베는 후르스, 카리티에스, 그리고 아프로디테의 시종인 요정들과 함께 활짝 핀 젊음으로 의인화되어 나타나고 있다. 그녀가 목욕을 할 때에 아레스를 도와주었던 사정, 아폴로가 놀고 있는 동안에 그녀가 뮤즈와 함께 신들을 위해 춤을 추고 또 그들의 잔치에 포도주 잔을 날라다 주었던 상황 등은 호머를 통해 알려지고 있다(Il., v, 905 ; Hymn. Apol., 17 ; Il., iv, 2.; Horace, Odes, i, 30, 7 ; Hymn. Apol., 195). 전혀 끝이 보이지 않는 분쟁 속에서 일생을 채우고 난 뒤에 헤라클레스가 신들의 세계에 받아들여졌을 때, 그는 헤베를 아내로 맞아들였다. 컵을 나르는 그녀의 책무는 그러는 동안 불필요한 일이 되어버렸다. 에로스가 제우스의 심장에 화살을 날리는 바람에 제우스는 트로이 왕가의 아름다운 소년인 가니메데를 그가 다스리는 하늘나라로 데려갔고, 그 소년에게 포도주 잔을 채우도록 했다. 그리고 제우스는 자기가 원하는 대로 소년과 함께 잠자리를 나누기도 했다. 우리가 소년들의 사랑에 대해 논하는 자리에서 에로스와 가니메데에 관해서는 좀더 상세하게 언급할 기회가 있을 것이다.

마지막으로 우리가 이미 거론한 바 있는 헤르마프로디토스는 아프로디테의 신봉자 중 하나라고 말할 수 있다. 플리니에 따르면 (Hist. Nat., xxxvi, 33), 조형 예술에서도 헤르메로테스에 대해 알고 있었다는 사실을 추가할 수 있을 것이다.

고대의 생각에 따르면, 여성들의 성생활, 특히 분만은 달과 밀접한 관계가 있다. 헤라, 아르테미스, 아프로디테 그리고 아테네 등과 같이 어떤 식으로든 달과 연관되어 있는 모든 여신들은 동시에 여성들의 성생활 전반에 걸쳐서, 주로 아이를 출산하는 시기에 수호신 노릇을 했다. 그러나 특별히 출산의 여신으로 알려진 신은 헤라의 딸일 것으로 여겨지는 일리티이아다. 그 이름은 출산의 고통을 표현하고 있다. 그리하여 호머는(Il., xi, 270) 이미 몇명의 일리티이아에 대해 상상하고 있었던 것이다. 그리스에서는 많은 곳에 그녀를 모시는 성소가 있는데, 가장 유명한 곳은 무릎을 꿇고 있는 일리티이아의 형상이 있는 테게아다. 당시에는 무릎을 꿇고 있는 자세에서 출산하기가 가장 쉬웠을 것이라고 믿었던 것이다.

제우스, 포세이돈 그리고 하데스를 낳았으며, 따라서 신들의 왕국 전체를 창조한 것이나 다름없는 신들의 위대한 어머니는 레아다. 레아에게는 일반적으로 키벨레라는 형용어구가 부여되고 있는데, 크레타 섬뿐만 아니라 그녀가 주로 숭배받는 프리지아의 산악지대의 동굴과 굴곡이 많은 성소를 가리키는 말이다. 숲이 무성한 구릉지대라는 자연 조건에 부응하는 그녀에 대한 제례의식은 야성의 웅장함을 보여주고 있다. 표범과 사자가 그녀의 동료이다. 그러나 다른 측면에서 볼 때, 그녀는 사이프러스와 시리아의 아프로디테와 유사한 점이 있다. 특히 리디아에서 그녀와 아프로디테는 종종 동일시되기도 한다. 그녀와 사제와 숭배자들은 광적일 정도로 열렬해서 활활 타오르는 횃불을 들고, 솥으로 만든 북과 캐스터네츠, 호른과 파이프로 시끄러운 음악을 연주하면서 거친 함성을 지르며 산과 숲속을 누비고 다닌다. 때로는 그 열광의 정도가 지나쳐서, 근대의 고행하는 승려나 탁발승처럼 자해를 하거나, 다른 사람들에게 상해를 입히기도 하며, 심지어는 생식기를 거세하기도 한다.

중세의 플라겔란트, 즉 채찍질 고행 단원들이 행하는 비밀 제례에서 그 비교의 대상을 찾을 수 있는 이러한 종교적 무질서는 주로 상가리우스 강 유역의 페르시누스라는 프리지아의 도시 구역에서 번창했다. 그곳에서 딘디몬이라고 하는 탑처럼 찌를 듯이 높은 곳에 ―그 지명을 따라 여신을 딘디메네라고 부르기도 했다 ― 아그도스라는 이름의 성스러운 바위와 레아 키벨레 아그디스티스를 섬기는 가장 오래된 성소라고 여겨지는 동굴이 있었다. 또한 그녀의 사랑을 받았던 아티스의 무덤도 그곳에 있다. 그리스 신화에서 아도니스, 그리고 그밖의 유사한 경우들과 마찬가지로, 아티스도 감미로운 아름다움의 상징일 뿐만 아니라, 죽음과 삶, 봄과 겨울, 기쁨과 슬픔이 부단히 교차하는 고통스러울 정도로 짧은 인생과 그 덧없음을 상징한다.

파우사니아스는(vii, 17, 10 ; Arnobius, Adv. Nat., v, 5 ; Catullus, lxiii ; Lucian, Dial. Deorum, 12) 다음과 같은 식으로 그 이야기를 들려주고 있다.

"제우스가 한번 정액을 방사했는데 그의 씨앗들이 땅바닥으로 떨어졌다. 일정한 시간이 지난 뒤에 그 씨앗에서 한 영혼이 태어났으니, 남성과 여성의 생식기를 모두 가진 아그디스티스라는 이름의 신성한 존재가 바로 그였다. 그러나 신들은 아그디스티스를 내쳤고 그의 남성 생식기를 잘라버렸다. 그렇게 하지 않으면 그 존재가 너무 강력해질까봐 두려웠던 것이다. 잘려나간 생식기로부터 아몬드나무가 자라났고, 그 나무의 열매가 여문 뒤에 상가리우스 강의 딸이 열매를 조금 따서 가슴속에 품었다. 그런 일이 있은 뒤에 아몬드 열매는 사라졌지만 소녀는 임신을 하게 되었다. 그녀는 사내아이를 낳았고, 그 아이는 시골 들녘에서 염소들과 함께 자라나 숫염소들의 보살핌을 받았다. 그가 완전히 몸의 꼴을 갖출 정도로 자라게 되자 다른 어떤 사람들보다도 훨씬 더 아름다웠다. 그리하여 아그디스티스(레아 키벨레) 여신은 그 소년을 열렬히 애모하게 되었다."

그의 영혼은 그의 몸에서 뚝뚝 떨어지는 피를 머금고 피어난 무화과나무와 제비꽃 속으로 스며들었으며, 부드러운 화관이 되어 무화과나무를 감싸안았다. 죽어간 생명의 영혼이 꽃과 나무 속에서 다시 소생한다는 아름다운 생각이 엿보이고 있는 것이다. 아그디스티스의 슬픔은 형용할 수 없을 정도였다. 그녀는 사랑하던 연인이 없이는 아무것도 할 수 없었으며, 급기야는 제우스에게 그들을 재결합시켜달라고 애원한다. 그러나 제우스가 그녀를 위해 할 수 있는 약속은 아름다운 소년의 육체가 절대로 보기 흉한 몰골로 썩지 않을 것이며 머리카락도 세지 않겠지만, 다시 살아날 수 있는 것은 손가락뿐이라는 것이었다. 이 정도로는 사랑에 골몰하고 있던 여신을 만족시키지 못했다. 그리하여 여신은 귀중한 무화과나무를 뽑아서 자신의 동굴로 가져왔다. 언제나 그것을 응시함으로써 자신의 슬픔을 달래기 위함이었다.

외설적인 의식들

시에 의해 찬양받고 있고, 정교하게 고안된 상징이 있으며, 그를 기리기 위한 축제와 고갈되지 않는 수확이 계속되고 있는 디오니소스 신에 대해서는 이미 언급한 것 이상으로 추가할 말은 거의 없다. 프렐러는 다음과 같이 정확하고도 아름답게 말한 바 있다.

"자연 종교에 전반적으로 퍼져 있는 범신론과 영웅주의에 입각한 다른 어떤 숭배의식 중에서도 그처럼 다양한 측면을 부각시키거나 혹은 놀랄 만한 활기와 적절한 특색을 띠고 나타나는 것은 어디에도 없다. 한편 이 예배의식은 그림에 있어서도 더욱 풍부한 결실을 맺고 있으며, 다른 어떤 것들보다도 많은 영감을 불러일으키고 있다. 기원을 그에게 두고 있는 찬탄할 만한 운문과 미술 작품들의 풍부함을 관찰하게 된다면, 간단한 스케치만으로 그 모든 것들을 포괄하려는 생각을 포기할 게 분명하다. 시 분야에서는 열광적인 합창 송가, 코미디 그리고 비극, 풍자적인 드라마 등의 전부 또는 거의 대부분이 디오니소스 숭배라는 자극으로부터 뻗어나왔다. 좀더 활기찬 음악과 풍류적인 춤과 합창에서 나타나는 이상적 이야기의 동질적인 표현 등은 그의 영향의 범주가 가장 넓은 정도로 발전해나간 것이다. 조형예술이 이 숭배의식으로부터 받은 풍부한 모티브에 대해 알고 싶어 하는 사람이 있다면, 아무 박물관에서든 고대의 조각상, 도자기, 조형예술의 그 어떤 수집품들을 한 번이라도 훑어보라. 언제나 어디서든지, 또한 새롭고 예기치 못한 형태들 중에서 그리고 모두 똑같은 정도의 충만한 완성도를 지니고 있는 다양한 흐름과 유형들 중에서, 디오니소스와 영감을 불러일으키는 그의 동료들을 만나게 될 것이다."

테베와 세멜레에서는 카드무스의 유명한 딸들 중 하나가 제우스와의 사랑을 즐겼지만, 질투심 많은 헤라의 꼬드김을 받고는 제우스에게 천둥과 번개의 신다운 전능한 능력을 모두 보여달라고 요구했다. 그러나 인간이라는 존재는 신의 능력이 연출하는 광경을 견뎌낼 수는 없다. 그리하여 미련한 여인은 섬광 속에서 죽음을 맞이하고 말았다. 그녀가 미숙아를 낳고 죽게 되자, 제우스는 그 아이에게 제2의 생명을 주기 위해서 자신의 허벅지 위에 다시 씨앗을 뿌려준다. 그 후로 아이는 성숙하게 된다(Lucian., Dial. Deor., 9 ; Stephani, Comptes Rendus, 1861, pp.12 ff.). 뻗어나가는 덩굴을 다루는 데 들어가야 하는 끝없는 수고와 노력이라는 깊은 의미를 쉽게 이해할 수 있는 이 이야기는 루키안에게 재치와 해학거리를 제공해주기도 했다. 그는 헤르메스를 '제우스를 위해 물을 길어와야 하고, 여성들이 출산하는 데 일상적으로 필요한 모든 것들을 준비해야 하는' 산파로 만들고 있다.

햇살처럼 아름답고 혈기왕성한 젊은이로 성장해가면서, 디오니소스는 포도넝쿨을 심었고, 직접 가꿔나갔다. 그의 유모들과 모든 신들과 숲속과 들판의 영혼들은 새로 창조된 좋은 술에 취했다. 그는 자신을 따르는 사람들과 함께 요란한, 그러나 다소 약하고 여성적으로 보이면서도 달콤한 욕망과 몽롱한 취기라는 거역할 수 없는 힘을 지닌 무리를 만들어 이곳 저곳을 헤매고 다녔다.

아름다운 아리아드네에 대한 디오니소스의 사랑과 그녀가 별로 환생하는 이야기는 많은 시 속에서 인용되어 잘 알려졌다. 세네카는(Oedipus, 491) 디오니소스와 아리아드네의 혼례에 대해서 묘사하기를, 가장 맛있는 포도주가 바위 틈새에서 흘러나왔다고 했다. 잘 알려진 면이 아니었기 때문에 디오니소스 숭배의식의 초자연적 요소는 주로 아르고스 지역에서 발달했으며, 레나 지역에서는 신을 기리는 종교의식이 발전했는데, 이 의식은 엘레우시니안 의식의 아류에 속했으나, 나름대로의 외설적 요소는 갖추고 있었다. 헤로도토스에 따르면, 멜람푸스가 남근상 행렬을 소개해 곧 흔한 행사의 일부분이 되었고, 헤라클레이투스는(frag. 70) 비슷한 시기에 가사가 아주 외설적인 노래가 불려졌다고 기록했다. 필자의 추측으로는 트라케에서 열린 여신 코티토를 기리는 디오니소스의 비밀의식은 이미 유폴리스의 밥타이와 연관지어 언급했으며(p.222), 가장 외설스러웠던 의식으로 알려져 있었다.

각 지역의 수많은 이야기들이 디오니소스 이야기에 더해졌고, 이는 4세기에 논누스에 의하여 정리되었다. 그는 디오니소스의 이야기를 거대한 서사시로 완성했으며, 수많은 에로틱한 에피소드들로 윤색하였다. 이미 여러 차례에 걸쳐 언급했듯이 남근 조각은 디오니소스 숭배의식에서 가장 중요한 부분으로 자리잡았다. 남근 조각 행렬은 디오니소스를 기리는 축제가 있는 곳이면 어디서나 볼 수 있었다. 파우사니아스(Pausanias x, 19, 3)와 아테나이우스(Athenaeus x, 445)에 따르면, 레스보스에 있는 메팀나에서도 디오니소스의 남근을 숭배했다.

바쿠스의 제사의식에 쓰이는 동물은 황소, 표범, 당나귀 그리고 염소 등이다. 당나귀와 염소는 물론 그들의 정력적인 본능 때문에 제물로 쓰였음이 틀림없다.

봄, 시내, 꽃, 나무, 산, 그리고 숲 등의 부드러운 요소를 갖춘 자연은 님프 신에서 유래한 이름을 지니고 있는 경우가 흔하다. 그것들이 지닌 이름은 자연의 다정스런 보호 성격을 상징하는 것이다. 자연이 바로 노래와 춤, 놀이, 사냥, 방랑, 그리고 사랑을 구성하는 것이기 때문이다. 아폴로와 헤르메스는 서로 끌어안고 아프로디테의 달콤한 선물을 고를 정도로 그들의 각별한 벗이었다. 그러나 이것도 그들로부터 호색가들의 난잡스런 행동을 멎게 하거나, 그들이 지닌 음탕한 욕구를 금하게 하지는 않았다. 그들은 또한 사랑으로 남성들에게 — 특히 미소년과 잘생긴 젊은 남자에게 — 축복을 내리기를 즐겼다. 그들 가운데 히라스는 물을 뿌리면서 봄의 정령에 이끌려나와 차가운 물속으로 뛰어들었다.

산과 숲의 정령은 거친 성격을 지닌 사티르스이다. 사티르스는 가느다랗게 위로 솟은 뾰족한 귀에 짧은 꼬리를 달고 있으며, 몸체가 반은 인간이고 반은 짐승인, 주색을 좋아하는 숲의 신이다. 그는 간교하고 교활했으며, 때로는 어리석었고, 술주정뱅이에다 무엇보다도 호색가였다. 고대 작가들은 종종 방금 기술한 효과들을 자극한다고 알려진 풀을 사티리온(Satyrion)이라는 이름으로 부르기도 했다(plutarch, De Sanitate tuenda, 381). 그러므로 강한 호색은 그들의 근본적이고 가장 기괴한 성격이었으며 이 성격은 시킨니스(Sicinnis)라는 춤에서 잘 드러난다. 이 춤은 특히 사티르스가 즐긴 염소가 뛰어다니는 듯한 춤이었다.

알맞은 정확성과 더불어 그리스의 미적 감각이 어떻게 그리도 빠른 속도로 진전할 수 있었는가는 사티르스를 표현한 그리스 조형미술품 가운데서 엿볼 수 있다. 그것들은 더 이전 시대로 거슬러 올라가면 그저 수염을 기르고, 늙고 추한 그리고 자주 혐오감을 자아내는 모습이었으나, 차차 젊고 아름답고 유쾌한 모습으로 발전해갔다. 그래서 고대의 사티르스 모습은 예술적 형태로서의 남성의 이상향으로 변했으며, 정령들과 바쿠스 신의 사제들과 결합되어 의미 있는 집단을 형성하게 된다.

실레누스는 종종 초창기의 사티르스로 불려졌고, 그 모습을 본떠 늙은 사티르스는 실레누스로 묘사되었다. 그러나 비록 그들이 술을 좋아했고 호색가였다는 공통점이 있었지만, 실레누스와 사티르스 사이에는 차이가 있다. 나이 든 실레누스는 지극히 우스운 용모를 하고 있었다. 본래 디오니소스의 선생이었던 그는 디오니소스의 가장 열광적인 숭배자였다. 그는 항상 술에 취해 있어 두 발로 제대로 서 있지도 못했고, 따라서 항상 굴러 떨어질 위험을 무릅쓰고 나귀를 타고 다니거나 염소가 끄는 수레에 몸을 싣고 다녔다. 사티르스는 곧게 직립보행하기에는 어려움이 있었다. 실레누스는 본래 꽃이 만발하고 풍부한 물과 같은 본성을 지녔지만, 시간이 갈수록 점점 감각적 쾌락을 즐기게 되었다. 그리하여 그들에게 특별한 동물인 음란하고 정력적인 당나귀가 실레누스의 상징인 것으로 여겨지게 되었다.

고대의 많은 시 구절에서 우리는 이 동물과 연관된 재미있는 이야기를 읽을 수 있다. 로마의 시인 오비드에 따르면, 일단은 디오니소스 축제를 치르기 위한 준비가 있었다고 한다. 디오니소스 축제는 격년으로 동지에 열렸는데, 여기서는 모든 신의 시종들이 — 사티르스, 님프, 판, 프리아푸스, 실레누스 등등 — 참가했다. 축제는 즐겁게 진행되었다. 디오니소스는 포도주를 쏟아부었으며, 술은 시내로 흘러들어가 반라의 매력적인 물의 요정 나이아드에게 전해졌다. 포도주를 마시며 많은 여자들이 무리지어 돌아다니는 동안, 도처에서 음란한 일들이 벌어지기도 했다. 주연이 끝나도 사람들은 해질 무렵 다시 모여 열정적으로 즐겼다. 남성 생식력의 신인 프리아푸스는 특히 아름다우면서도 부끄러움에 가득 찬 로티스에게서 깊은 인상을 받았다. 로티스는 신들과 그 어떤 일도 하기를 거부했고 고집스럽게도 자신의 아름다움을 드러내려 하지 않았다. 그러나 일단 밤의 적막이 드리워지면, 포도주로 부끄러움을 잊은 로티스는 벌거벗은 채로 거의 무방비 상태가 되어 단풍나무 그늘이 드리워진 조용한 풀밭에서 잠들었다. 프리아푸스는 숨소리마저 죽여가며 살그머니 다가갔다. 그는 벌써 소원을 이룬 것과 다름없다는 생각에 희열에 넘쳤다. 이 잠자는 미녀는 아무것도 모르고 있었던 것이다. 하지만 그가 그녀의 옷을 들어올리는 순간에, 불운하게도 실레누스의 당나귀가 요란스레 울어댔다. 놀라 잠에서 깨난 로티스는 성가시게 구는 프리아푸스를 밀어제쳤고, 그녀의 비명소리에 다른 신들도 모두 깨어나게 되었다. 모두들 달빛 아래서 실망한 채 서 있는 프리아푸스를 노려보았다. 화가 치밀어오른 프리아푸스는 그의 무고한 당나귀를 죽였고, 그래서 그때부터 당나귀를 제물로 쓰게 되었다고 한다.

이야기 속에서 유감스런 역할을 한 프리아푸스는 가장 거친 형태의 성적인 충동을 보여주는 전형이 되었다. 프리아푸스는 일반적으로 디오니소스와 님프(혹은 아프로디테)의 아들로 인식되었으며, 목초지, 정원, 그리고 포도 농사의 신으로 알려져 있다. 또한 염소와 양, 꿀벌 사육의 신으로 여겨지기도 했다. 일각에서는 비록 조악한 형태이기는 했으나, 그가 사랑의 신 에로스의 원형이라고 말한다. 실제로 아주 오랜 옛날 테스피아이(보이오티아)에서는 에로스를 숭배했는데, 프리아푸스 숭배의식과 형태가 아주 흡사했다. 당나귀를 제물로 바치는 것은, 물론 로마 시인 오비드의 전설적인 이야기로써 설명될 수 있는 것이 아니다. 진짜 이유는 당나귀는 강한 정력을 가진 동물로 알려졌기 때문이었다. 마찬가지 이유로 거위도 그를 위한 제물로 바쳐졌다. 디오도루스(Diod. Sic., iv, 6, 4)에 따르면, 프리아푸스는 디오니소스 숭배의식뿐만 아니라, 상스러운 농담과 웃음이 섞여 있는 고대 그리스의 거의 모든 의식에서 숭배되었다.

고대 그리스의 시가 속에서 프리아푸스는 크세나르쿠스(Xenarchus CAF., II, 472)의 코미디에서도 등장한다. 또한 그는 다른 연극에도 등장하는데, 보통 마크로비우스와 아우구스티네의 격분(Macrobius, Sat., vi, 5, 6 ; Augustine, De Civitate Dei, vi, 7)에서 그 모습을 보인다. 프리아푸스는 알렉산더 시대 문학에서도 많은 역할을 했는데 특히 팔라티네 작품집과 부콜리크 시에서 두드러지게 나타났다. 라틴 시집에서는 지극히 에로틱하고 외설적인 부분은 카르미나 프리아페아라는 이름으로 변형되었다.

조형 예술에서 프리아푸스가 표현되는 경우는 헤아릴 수 없을 정도로 많다. 심지어는 헬레스폰트 지역의 람프사쿠스에서 발견된 동전에서조차도 그의 모습을 찾아볼 수 있다. 적지 않은 경우에 있어서 그는 발기 상태이며, 이는 성에 관한 그들의 사고를 알아보는 데 매우 중요한 점들이다. 로마에서는 다소 뒤늦게 프리아푸스가 소개되었다(Prudentius, Contra Symm., I, 102 ff.).

사람들은 그를 도시에서, 그것도 아주 특별한 성역에서 숭배했다. 그리고 시골에서는 염소, 양, 그리고 벌을 키우는 곳이면 어디서나(Pausanias, ix, 31, 2) 숭배의식을 볼 수 있었다. 항해사와 어부들도 그를 숭배했다. 프리아푸스는 들판의 과일 풍년을 기원할 뿐만 아니라, 도둑과 새를 쫓아내는 역할을 하는 수호자로도 간주되었다. 그래서 나무로 조악스럽게 그 형상을 만들고 벌거벗어 발기한 채 붉은색으로 칠해진 프리아푸스를 들판에서, 그리고 정원에서 볼 수 있었다. 대부분의 프리아푸스 조각은 손에 낫을 쥐고 머리 위를 갈대로 장식하고 있었으며, 갈댓잎이 부스럭거리는 소리를 내 새들을 쫓아내는 역할을 했다. 이런 종류의 남근 조각은 묘지를 지키는 데에도 이용되었다. 그래서 프리아푸스는 묘지를 장식하는 도구들에서도 표현되고 있다.

디오니소스와 프리아푸스가 동일 인물인가 아닌가(Ath., i, 30)에 대해서 더 자세히 알아볼 필요는 없다. 시 속에서 프리아푸스는 디오니소스의 시종으로 여겨졌기 때문에, 모스쿠스(Moschus iii, 27)는 몇몇 프리아피에 대해서 언급했다. 더욱이 그는 남녀가 한몸인 헤르마프로디토스와 밀접한 관계로 묘사된다. 실제로 프리아푸스는 헤르마프로디토스와 흡사한 점이 아주 많았다. 예를 들어, 가면극(Diod. Sic., iv, 6, 5. Bekker, Anecdota Groeca, I, 472, 21 ; FHC., III, 155, 35) 중에서 그가 그의 옷을 들춰올려 자신의 매력적이고 강한 성기를 남들에게 과시하는 내용이 있다. 그리고 종종 그의 가슴을 여성의 유방처럼 불룩하게 만들었는데, 그것은 많은 조각상들에서 의도된 것으로 헤르마프로디토스인지 프리아푸스인지를 구분하기 어렵게 하기 위해서였다고 한다. 또 하나 주목할 것은 프리아푸스가 자주 헤르마프로디토스와 동시에 예술가들에 의해 조각되었다는 점이다(W. Helbig, Wandgemalde Campaniens, No. 1369, Gerhardt, Antike Bildwerke).

프리아푸스로 구체화된 원리가 모든 존재의 기원과 상태를 규정하기 때문에, 그는 신성하고 거룩한 존재로 여겨지게 되었다. 그래서 고대 사람들은 프리아푸스에게 신격을 부여했을 것이다. 고대사회에서는 성적인 충동과 삶의 원리가 동일시되었던 것 같다. 그래서 프리아푸스는 태양의 신 헬리오스(일리아드에서는 유스타티투스, Il., 691, 45) 혹은 코스모스(Cornutus, 27)와 동일시되었다. 다키안 헌납 비문을 보면(CIL., III, 1139), 프리아푸스는 우주의 신으로, 영웅 판테우스로, 그리고 가장 정력적인 성적 매력을 지닌 세상의 구세주로 가면극에서 묘사되고 있다(E. Fuchs, Geschichte der erotischen Kunst(1908, p.172).

그러나 그리스인들은 다른 외설적인 신들에게도 익숙해져 있었다. 그래서 파네스는 장자를 뜻하는 형용어가 된 프로토고노스와 함께 후에 신비주의 밀교에서 숭배된 수많은 이름 중의 하나가 되었다(Phanes, cf. Orphica, ed. Abel. 62 ; 6, 9 ; 56, 4 ; 69, Ⅰ: Stobaeus, Eclog. Ⅰ, 2, Ⅱ ; Nonnus, Dion., xiv, 187). 파네스는 크로노스가 만들어낸 은 달걀에서 정기를 받아 양성으로 태어났다고 한다. 여기서 우리는 현대 자연과학의 결과들이 수천년 전 그리스 신화가 예언한 바로 그대로라는 것을 알고 곤혹스러워진다. 파네스에 관한 다른 이야기들은 — 그 중 일부는 지극히 복잡하고 심오한데 — 이 책의 관심사가 아니다. 그러나 파네스 역시 프리아푸스, 그리고 때로는 아프로디테의 연인이었으며, 양성을 소유했던 것으로 알려진 아도니스와 같은 맥락에서 설명되고 있다.

파네스는 또한 논누스가 이름을 붙인 헬리콘 산에 사는 열두 명의 켄타우르스 중의 하나였다. 켄타우르스의 다른 이름들에는 색욕을 밝힌다는 의미의 스파르게우스, 프리아푸스 같은 정원의 신인 케페우스, 그리고 불변영속의 오르타온 등등이 있는데 우리는 그 이름들로부터 그들의 특징이 성적인 욕망으로 가득 차 있음을 미루어 짐작할 수 있다. 이런 세부적인 설명과 더불어 헬리콘 산에서 열리는 프리아푸스를 위한 제례의식은 지극히 단순한 것이었다는 파우사니아스의 설명은 동의를 얻게 된다.

트리팔레스(세 개의 성기를 지닌 남자라는 의미;CAF., I, 528 ff.)는 아리스토파네스가 즐겼던, 그러나 지금은 사라진 놀이의 이름이다. 아마도 이 놀이에서는 알키비아데스의 성생활이 공격의 대상이었던 듯하다. 바로 역시 남자의 성기를 의미하는 트리팔루스라는 풍자적인 이름을 지어서 사용했다. 겔리우스에 따르면(Noct. Att., II, 19), 이는 또한 나이비우스의 희극 제목과도 일치하는 이름이었다. 티콘은 아프로디테의 시종으로 늘 발기한 상태였던 한 남성의 이름이다. 스트라보에 의하면(xiii, 588), 그 시종은 특히 아테네에서 숭배되었다고 한다. 그리고 디오도루스 시킬루스에 따르면, (iv, 6 ; cf. Etym. Magnum, 773, I, Hesychius, s. v. v) 이 집트인들 사이에서는 그가 프리아푸스로 믿어졌다고 한다.

호감이 가는 형태로는 판이라는 신이 있다. 판은 다정다감한 산의 신으로 가축을 수호하고 평화로운 자연을 상징하는 신이었다. 킬레네는 아르카디아의 숲속에서 그를 낳았다. 염소의 발을 지녔고, 머리에는 두 개의 뿔이 나 있으며, 수염을 지니는 등 기이한 외모였다. 그는 염소의 신이었다. 판은 목초를 먹고, 그리스 산악의 경사면을 이리저리 뛰어다녔다. 그의 동료 요정들은 노래하고 춤추며 그와 놀았다. 그는 요정들이 함께 달콤한 사랑 놀이를 즐기지 않을 때면 언제나 성행위를 즐겼다. 적막한 산속에서 들을 수 있는 유일한 소리인 아르카디아의 찌를 듯이 솟은 바위에 부딪히는 메아리는 판이 숲의 요정 에코를 향한 아름다운 사랑 이야기의 울림이라는 얘기가 전해진다. 그러나 불행하게도 에코는 매력적인 나르시스를 사랑했고, 그를 향한 채워지지 못한 욕망으로 인하여 초췌해져서 그녀의 육신은 점점 여위어갔고, 결국에는 목소리만 남게 되었다(에코의 이야기는 여러 가지 형태로 전해진다 ; Moschus, 6 ; Longus, iii, 23).

호수에 비친 자신의 모습을 지켜보던 나르시스는 자신의 아름다운 외모에 미친 듯 빠져들어 사랑하게 되었다. 자신에 대한 어처구니없는 열정으로 인해 그는 점점 더 여위어간 끝에, 결국 섬세하고 아주 아름다운 봄꽃의 상징이 되었다. 이 꽃이 수선화인데, 물가에서 자라며 봄에 잠시 피었다 지는 꽃이다(나르시스에 대해서는 Ovid를 참고할 것, Metam., III, 339 ff.; Pausanias, ix, 31, 7 ; Conon, 24. 이 이야기가 상징하는 바를 알아보려면, 플루타크, Conviv., 5, 7, 4 참고 ; Artemidorus, ii, 7.).

그리스 시를 보면, 그와 비슷한 순수한 이야기가 강의 요정 시링크스에게도 따라다닌다(Ovid, Metam., I, 690 ff. ; Longus, ii, 34, 37). 목동의 피리를 의인화한 이야기 혹은 소나무를 의인화한 피티스의 이야기(Lucian, Dial. Deorum, 22, 4) 등이 판의 존재를 장식해주고 있다.

판의 성격을 묘사하는 가장 중요한 측면은 그의 지칠 줄 모르는 정력이었다. 롱구스가 앞서 언급했듯이(ii, 39), 어떤 요정도 그에게서 자유로울 수 없었다. 그러나 항상 그의 모험에서 행운만이 따라다녔던 것은 아니었다. 오비드는(Fasti, ii, 303 ff.) 그에 관한 이야

기 하나를 전해주는데, 이 이야기에 따르면 그는 지나친 유머 감각
의 소유자였다고 한다. 한 번은 판이 젊고 활기에 넘치는 헤라클레
스가 옴팔레 여왕과 함께 있는 것을 목격하고는 미쳐버릴 정도로
화가 났다. 헤라클레스는 그녀를 위해서 강제로 봉사를 하던 중이
었고, 이는 살인을 한 데 대한 처벌로 그를 무기력하게 하기 위해
강요된 행동이었다. 그래서 이 봉사를 하는 동안 그는 퇴화하여 여
성처럼 되어버렸고, 결국 실을 짜거나 여자 옷을 걸치게 되었다고,
그리스 시와 다른 예술들은 전하고 있다.

오래지 않아 판은 옴팔레와 정열적인 사랑에 빠진 자신을 발견하
게 된다. 그는 말했다.

"산의 요정들을 쫓아버려라. 난 더 이상 요정들이 필요치 않아!
이제 옴팔레만이 나의 유일한 사랑이다."

그는 끊임없이 그녀를 응시했다. 맨 어깨 위로 길게 늘어뜨린 그
녀의 머리카락에서는 귀한 향수냄새가 풍겨나왔다. 황금빛을 띠고
있는 그녀의 아름다운 유방과 장밋빛 유두는 그의 감탄을 자아내고
있었다. 헤라클라스와 옴팔레는 음식을 준비하여 달콤한 꿈을 찾아
졸졸 흐르는 개울 옆에 있는 목가적인 동굴로 소풍을 갔다. 옴팔레
는 자신의 우아한 거들과 자줏빛 가운을 벗어 영웅에게 입혀주었
다. 그러나 그 옷들은 영웅의 몸에는 너무 작았다. 그녀는 영웅을
너무 꼭 조이고 있는 튜닉 옷을 늘려주었다. 장식용 팔찌도, 꽉 끼
는 신발도 영웅에게는 맞지 않았다. 옴팔레 자신은 헤라클레스가
입고 있던 사자가죽 옷으로 자신을 감쌌다. 그리고는 자신의 발치

에 누워 있는, 자신에게 정복당한 영웅을 자랑스럽게 바라보았다. 식사를 마친 뒤에 그들은 함께 침대에 들었다.

한밤중이 되었을 무렵, 판이 살금살금 숨어들었다. 침대 맡에 다다른 그는 조심스럽게 손을 내뻗었으나 사자가죽의 감촉을 느끼고는, 예기치 못하게 독사를 밟은 나그네처럼 겁에 질려 떨기 시작했다. 다른 쪽을 더듬어본 그는 여인의 옷의 부드러운 감촉을 느꼈다. 그리고는 침대 속으로 들어가 옴팔레라고 짐작되는 사람의 옆자리에 누웠다. 그는 떨리는 손으로 가벼운 옷을 들어올렸다. 헤라클레스의 허벅지에 난 털이 그의 손끝에 느껴졌다. 판이 좀더 더듬어 나가는 바람에 잠이 깬 헤라클레스는 강력한 힘으로 뻔뻔스러운 침입자를 침대에서 내던져 버렸다. 바닥에 떨어진 판은 고통으로 인해 혼자서 일어나기조차 어려웠으며, 헤라클레스와 옴팔레에게 비웃음을 사기까지 했다.

전설 속의 사람들

사랑을 향한 영웅들의 모험

그리스 신들과 관련된 전설에 있어서 에로틱한 측면을 이런 식으로 간략하게 고찰하는 것이 결코 철저한 논구가 될 수는 없다. 부적절한 길이가 될 때까지 이 장의 분량을 늘리지 않고는 그에 대해 충분한 언급을 할 수 없는 것이다. 따라서 많은 부분을 생략할 수밖에 없으며, 나머지에 대해선 간략한 인급만 해야 할 것이다. 여태까지는 그리스 신의 세계에 대해서만 얘기해왔다. 그렇더라도 영웅들의 전설과 이야기도 신화에 속하며, 그것을 거론하지 않는다면 우리의 서술은 중대한 한계를 노정하게 되는 것이다. 그러나 우리는 에로틱한 요소가 중심이 되거나, 적어도 배경이 되지 않는 그리스의 전설을 거의 찾아보기 어렵다는 생각으로 스스로를 위안할 수 있다. 결론적으로 우리는 가장 중요한 것에 우리 자신을 국한시켜야 하며, 그렇게 하지 않으면 그 결과는 그리스의 전설에 대한 완벽한 지침서를 한 권 쓰는 꼴이 되고 말 것이다. 또한 우리는 독자들이 적어도 전설에 있어서 가장 중요한 부분에 대해서는 친숙할 것이라고 가정할 수 있으며, 따라서 이어지는 글에서는 독특한 특징으로 다른 것들과 구분이 되거나, 비교적 덜 알려진 이야기들에 대해서만 언급하겠다. 끝으로 소아적 특징을 지니는 신화들에 대해서는 추후에 언급할 기회가 있을 것으로 믿는다.

테살리 카이니스의 라피타이 사람들 사이에서는(Apoll., Epit., 1, 22) 한 처녀의 이야기가 그림이 되어 전해지고 있다. 그녀는 포세이돈의 사랑을 자랑으로 간직한 채 모험을 떠났고, 그러한 믿음을 보여준 보상으로 신에게 남자로 변신할 수 있게 해달라는 청탁을 하게 되었으며, 그 소원이 이루지게 되었다. 이 이야기는 라틴어로는 '비라고(Virago)'라고 불리는, 잠재의식 속에 남자의 영혼이 잠자고 있는 여자에 대한 관념을 다루고 있다.

라피타이 사람들 중 한 명으로, 그들의 왕을 지내기도 했던 익시온은 방자하게도 하늘의 여왕 헤라에게 흑심을 품었다. 분명히 그의 소원을 허락한 여신은 자신을 나타내는 구름의 형상을 그의 옆에 두게 했다. 그러나 익시온은 부끄러운 줄도 모르고 술에 취해서, 그가 즐겼을 것으로 생각되는 사랑의 내용을 으쓱거리며 자랑했다. 그 벌로 그는 저승에서 영원히 돌아가는 바퀴에 묶이는 신세가 되었다(Soph., Philoct. 676 ff.).

또한 라피타이의 국민적 영웅으로서 제우스의 아들이기도 했던 페이리토우스도 하데스의 아내인 페르세포네를 뺏으려고 했던 범죄적인 사랑의 대가를 치뤄야만 했다. 그리하여 그는 저승에서 영구적으로 풀리지 않는 족쇄를 차고 유배생활을 해야 했다(Horace. Odes, iii, 4, 79).

태생적으로 타고난 지나친 육욕에 따라 반은 인간이고, 반은 동물의 모습을 한 켄타우르스들은 지극히 거칠고 감각적이었다. 그들은 항상 여인의 육체를 원했고, 몽롱한 상태에서 위험스러운 모험에 나서고는 했다. 시인과 예술가들에 의해 빈번하게 묘사되는 페이리토우스와 히포다메이아의 결혼식에 참석한 손님들이 포도주에 얼큰하게 취한 상태에 아름다운 신부가 등장하는 장면에서 그들은 특히 거칠게 그려지고 있다(Il., i, 262ff.; Od., xxi, 294 ; Hesiod, Shield, 178 ff.; Ovid, Metam., xii, 146 ff.).

사납기 그지없는 켄타우르스인 유리투스는 신부인 히포다메이아의 가슴을 움켜잡고, 여러 가지 방법을 동원하여 음탕하게 그녀를 다루려고 애쓴다. 그러나 오디세이에 따르면, 결국 그는 코와 귀가 잘린 채 쫓겨나게 된다. 좀더 일반적인 판본에 따르면, 라피타이와 켄타우르스 간에 격렬한 싸움이 시작되었으며, 그 싸움은 결국 라피타이의 승리로 끝났다고 한다.

우리는 이미 구약의 포티파르의 아내를 연상시키는 상황에 처해 있던 페드라에 대해선 익숙하다(pp.236, 317). 티린스의 지배자였

히포다메이아와 켄타우르

던 프로이투스의 아내 스테네보이아의 이야기도 그와 흡사하다. 그녀는 아름다운 젊은이 벨레로폰과 미칠 듯한 사랑에 빠져들었다. 그러나 결국 그를 유혹할 수 없게 되자, 그녀의 위선적인 사랑은 복수에 대한 격렬한 갈망으로 바뀌어버렸다. 그녀는 남편에게 말했다.

"당신이 죽든지, 나의 몸을 탐닉했던 벨레로폰을 죽이든지 둘 중에 하나를 택하세요."

프로이투스는 후안무치한 아내의 협박을 믿을 정도로 심성이 허약했다. 그리하여 그는 순진무구한 젊은이에게 편지 한 통을 들려서 리키아에 있는 그의 처남에게 보냈다. 그 편지에는 비밀 문자로 그것을 소지한 사람을 죽여버리라는 내용이 쓰여 있었다. 그러나 사악한 속임수는 성공하지 못한다. 리키아를 향해 길을 떠난 것이 벨레로폰에게는 영웅적인 여정의 시작이었다. 여전히 젊은 영웅으로부터 사랑을 끌어내기 위해 색정적이고도 요염한 표정으로 그를 바라보고 있는 스테네보이아의 바로 앞에서 그 편지가 젊은이에게 바쳐지고 있는 장면이 여러 도자기 미술품에 등장한다는 사실은 매우 재미있는 일이다(벨레로폰의 이야기에 대해선 Il.,vi,150ff.).

남성적인 젊은이들에 관한 전형적인 이야기 두 가지는 카스토르와 폴룩스(Polydeukes) 형제에 관한 것이다. 레다가 그들의 어머니인 것으로 여겨지고 있는데, 일설에 따르면, 레다는 백조로 변장하는 습관을 가지고 있었던 제우스 그 자신이었다고도 한다. 고대와 현대의 시인과 조형 예술가들은 이 모티브를 새롭게 변형시켜 나가는 일에 대해서 결코 싫증을 내지 않고 있다. 신화는 그 이야기에 대해 서로 다른 설명을 하고 있다. 가장 보편적인 판본에 따르면 레다가 알을 품었는데, 그 알로부터 두 명의 디오스쿠로이(제우스의 아들)가 태어났다고 한다. 그들은 그리스인의 사고방식에 젊은이를 장식하는 모든 것에 있어서 일치를 보이며 쌍둥이 형제로 성장했다. 그리하여 그들을 통해 이상적인 젊은이의 모습을 엿볼 수 있다는 말이 나올 정도였다.

두 형제의 사랑의 모험 중에서 레우키푸스의 딸이 카스토르와 폴룩스에 의해 강간당한 이야기는 시와 조형 예술을 통해 충분할 정도로 잘 알려져 있다. 포이니키아 왕의 아름다운 딸인 유로파가 제우스에 의해 납치당한 사건에 대해서도 똑같은 이야기가 거론되고 있다. 시돈 근처에서 그는 활짝 핀 꽃밭에서 꽃을 꺾고 있는 그녀를 보았다. 사랑의 불길에 휩싸인 그는 황소로 변장을 해서 그녀에게 자신의 등에 타라고 청한 뒤에, 바다를 건너 크레타로 그녀를 끌고 가버렸다.

프로크네와 필로멜라 자매의 이야기는 시와 조형 예술에서는 빈번하게 등장하는 모티브이지만, 이보다는 덜 알려져 있다. 그러나 그 세부적인 내용은 다양하게 변형되어 이야기되고 있다. 나이팅게일의 흐느끼는 듯한 노랫소리를 그리스인들은 구슬픈 비가로 듣고 있다.

원래 나이팅게일은 쓰라린 고통 속에 시달리고 있던 아름다운 처녀 필로멜라였는데, 인정 많은 신에 의해 새로 변신하게 되어 나이팅게일이 되었다고 한다. 그녀는 그녀의 동생을 원하던 한 남자와 결혼하게 되었다. 그 남자는 자신의 아내가 죽은 것처럼 위장하여 그녀의 동생을 범한다. 그러나 필로멜라는 진실을 알게 되고, 복수를 하겠노라고 남편을 위협한다. 그러자 남편은 그녀의 혀를 잘라버린 뒤 안 보이는 곳에 감금한다. 그녀는 입고 있던 정교하게 직조된 옷을 벗어서 그 옷에 표시를 하고, 형상을 만들어 자신의 이야기를 표현한다. 결국 그녀는 동생에게 사실을 전달할 수 있게 된다. 그후 그들은 복수를 하기 위해 그 남자의 아들인 이티스(이틸로스)를 잘라서 조각낸 뒤 그것을 먹도록 아버지 앞에 내놓는다. 그 끔찍스러운 진실을 알게 된 남자는 도끼를 들고 두 자매를 쫓아간다. 결국 그들은 모두 새로 변하게 된다. 아버지였던 테레우스는 후투티 새로, 프로크네는 제비로, 필로멜라는 나이팅게일이 된다(프로크네와 필로멜라에 대한 이야기는 소포클레스 판본의 테레우스 편에 실려 있다(Nauck, TGF. p.257 ff)).

아티카 왕의 딸 크레우사가 아폴로와의 밀애를 통해 잉태한 이온에 대한 이야기는 그보다는 좀 덜 끔찍하다. 그녀는 신에게 굴복한 바로 그 동굴에서 처음으로 아기를 보여주었는데, 아폴로는 아무런 힘도 없는 이 불쌍한 아기에게 연민을 느껴 델포이로 데려온다. 그곳에서 그는 여성 성직자들의 손에 의해 아름다운 젊은이로 성장하게 되는 것이다. 우리는 이 이온에게서 다시 한 번 그리스의 문학과 예술이 극구 칭송해 마지않는 이상적인 젊음, 가장 완벽한 몸과 마음을 엿볼 수 있게 된다. 그는 일개 사원의 노예에서 그 관리자로 성장했으며, 나중에는 그 사원의 귀중한 보물들을 감독하게 된다.

한편 크레우사는 크수투스와 결혼을 하지만, 아기를 갖지 못한다. 실의에 빠진 이 부부는 신탁을 통해, 제일 먼저 사원에서 나오는 사람이 그들의 아들이 될 것이라는 계시를 받는다. 결국 온갖 우여곡절 끝에 크수투스는 이온이 자신의 아들임을 알아보게 되는 것이다. 이 이야기는 소포클레스도 《크레우사》라는 작품에서 언급한 바 있고(frag in Nauck, TGF, pp.256, 267), 에우리피데스 역시 《이온》이라는 제목의 아름다운 희곡을 남긴 바 있다. 그리스의 영웅적 전설은 대부분 에로틱한 모티브와 밀접한 연관을 맺고 있지만, 어쩔 수 없이 우리는 이 대목에서도 우리의 한계를 절감할 수밖에 없다.

그리스의 영웅들 중에서 가장 막강한 힘을 가진 자는 단연 헤라클레스이다. 알크메네가 제우스의 사랑하는 아들의 어머니가 된 직후, 헤라는 질투에 눈이 멀어 제우스로 하여금 특정한 날에 태어나는 아들을 가장 강력한 통치자로 삼겠다는 약속을 받아낸다. 그런 다음 그녀는 서둘러 일곱 달 전에 임신한 친구가 있는 아르고스로 달려가 출산의 여신의 도움으로 수태를 한 다음, 알크메네의 진통에 합류한다. 그리하여 결국 유리스테우스가 헤라클레스보다 먼저 태어나게 된 것이다. 제우스는 미칠 듯한 분노가 치밀었지만, 어차피 약속을 어길 수는 없는 노릇이었다. 그래서 심약한 겁쟁이 유리스테우스가 아르고스의 통치자로 선정된 반면, 헤라클레스는 그의 노예가 되고 말았다. 그로부터 헤라클레스는 일생을 통해 헤라의 증오와 질투 때문에 온갖 고난과 역경을 감수하며 제우스가 사랑의 기쁨을 연장시키기 위해 하루 동안 태양이 떠오르지 못하게 함으로써 연 사흘 동안 황홀한 사랑을 즐긴 대가를 치루어야 했다. 하지만 간교는 간교로 응징을 받게 마련이다. 제우스는 헤라에게 갓난아기를 가슴 위에 눕히도록 유혹하는 데 성공했다. 아기가 미친 듯이 젖꼭지를 빨아대자, 헤라는 순간적으로 아기를 가슴에서 떼냈다. 그 바람에 헤라의 성스러운 젖이 커다란 호를 그리며 사방으로 흩뿌려져 은하수가 생겨나게 되었다(Diod. Sic., iv, 9 ; Pausan., ix, 25, 2).

테스피아이의 이야기에 의하면, 헤라클레스는 열여덟 살이 되자 힘센 사자를 쓰러뜨릴 정도가 되었다. 괴물을 기다리는 동안 그는 테스티우스 왕의 손님으로 하룻밤을 묵게 되었는데, 그 왕에게는 50명의 딸이 있었다. 그 중에서 유난히 아름답고 매력적인 처녀가 하나 있었지만, 만약 헤라클레스가 하룻밤 사이에 그 딸들 모두에게 사랑의 기쁨을 나누어주지 않았다면 헤라클레스라는 이름이 무색해졌을 것이다. 테스티우스의 50명의 딸들은 모두 그 나라의 요정이었다. 따라서 여기서도 자연 신화의 우화를 분명히 인식할 수 있음에도 불구하고, 옛날 신화 작가들은 이 사랑의 밤을 헤라클레스의 남다른 정력의 증거로 삼는 것으로 만족한 듯하다. 그들이 이 50차례의 사랑행위를 헤라클레스의 열세번째 고난으로 치부한 것도 그런 이유 때문이리라(Diod. Sic., iv, 29 ; Pausan., ix, 27, 6).

헤라클레스가 사악한 계모 헤라의 악의 때문에 유약한 겁쟁이 유리스테우스 왕에게 봉사하기 위해 감당해야 했던 열두번의 고난은 이미 널리 알려져 있고, 게다가 별로 에로틱한 요소가 가미되어 있지 않으므로 여기서는 생략하기로 한다. 하지만 비교적 덜 알려진 세 차례의 고난에 대해서는 짚고 넘어갈 필요가 있을 듯하다.

헤라클레스가 무시무시한 지옥의 사냥개 케르베루스를 쫓아 지하 세계로 내려갔을 때, 그는 그곳에서 유명한 친구 사이인 테세우스와 페이리토우스가 하데스의 아내인 페르세포네를 훔치려 한 죄로 바위에 묶여 있는 모습을 발견했다. 이 힘센 영웅은 테세우스를 바위에서 끌어내는 데 성공했지만, 페이리토우스를 떼내려 할 때 갑자기 격렬한 지진이 일어나면서 더 이상 지하 세계의 권리를 침해하게 되면 무사하지 못할 것이라는 경고가 전해졌다. 희극적인 시인들은 테세우스가 바위에서 떨어진 다음에도 한동안 그의 엉덩이가 계속해서 원래 붙어 있던 바위에 그냥 붙어 있었기 때문에, 도망을 갈 때도 바위에 스쳐 쓰라린 엉덩이를 흔들며 뛰어가야 했다는 사실을 익살스럽게 묘사하고 있다. 여기에서 우리는 아테네 사람들이 이 장면이 무대에 올려질 때마다 박수를 치며 환호했으리라는 점을 짐작할 수 있다. 특히 아리스토파네스가 뱃사람인 관객들에게 이른바 '살라미스 엉덩이'라는 표현을 썼을 때는 한층 더 큰 웃음이 터져나왔으리라. 왜냐하면 그들 자신도 배에 앉아서 노를 젓다 보면 엉덩이가 부르트는 경우를 자주 당해보았기 때문이다. 아티카 희극을 조금이라도 아는 사람이라면, 음란한 장면을 대하는 대중들의 반응이 어떠했을지 충분히 짐작할 수 있을 것이다.

헤라클레스는 이러한 열두 가지 고난에 의해 그리스에서 가장 유명한 국민적 영웅으로 부각되었으며, 특히 젊은이들 사이에서 열광적인 인기를 끌었다. 그는 유리스테우스 왕의 노예로 그치는 것이 아니라, 심지어는 리디아의 여왕인 옴팔레의 노예가 되는 수치스러운 상황에도 처하게 된다. 그리스인들의 관점으로는 여자의 노예가 되었을 뿐만 아니라, 여자처럼 나약한 존재가 되어버린 헤라클레스의 상황이 감히 상상하기조차 힘들 만큼 치욕적인 것이 아닐 수 없었다.

헤라클레스가 그리스의 국가적 영웅이었던 것과 마찬가지로, 테세우스 역시 이오니크 지역의 국가적인 영웅이었다. 그는 소년기를 트로이제네에서 보내고 아테네로 돌아오는 길에, 대부분의 독자들이 어려서부터 익히 들어 알고 있을 여섯 가지 모험을 하게 된다. 그가 아버지를 찾아 머리를 단정하게 묶고 이오니크 드레스를 끌며 도시로 들어서자, 사원 건축 공사장에 있던 인부들이 웬 여자아이가 혼자서 돌아다니나 하고 치근덕거리기 시작했다. 그러자 이 영웅은 건축 자재가 잔뜩 실린 수레를 번쩍 집어들어 힘껏 던져버렸다고 한다.

9년마다 한 번씩 크레타의 미로에 사는 미노타우르에게 제물로 바쳐지도록 되어 있던 일곱 명의 아테네 소년 소녀들을 테세우스가 괴물을 무찌른 후 데리고 돌아오자, 온 나라가 떠들썩해지도록 요란한 잔치가 벌어졌다. 테세우스는 화환을 쓴 채 흥겨운 음악소리에 맞추어 자기 손으로 구출한 소년 소녀들과 함께, 또 아리아드네와 함께 춤을 추며 그 복잡하던 미로를 떠올렸다. 그때 그가 춘 이른바 '학춤'은 테세우스가 잠든 아리아드네를 낙소스 섬에 버린 후 도착했던 델로스 섬에 오랫동안 보존되어 있었다(Lucian, De Saltat., 34 ; Plutarch, Theseus, 21 ; Schol. Hormer, Il., xviii, 590 ; Od., xi, 321). 그 테세우스가 여인의 사랑에 유난히 민감했다는 사실은 널리 알려져 있고, 따라서 우리는 그의 수많은 연인들의 이름을 일일이 나열할 필요는 없을 것 같다(여기에 대해서는 cf. Plutarch, Theseus, 29 ; Ath., xiii, 557a).

역사가이자 칼리마쿠스의 제자인 이스트루스(Ath., xiii, 557a)는 자신의 저서 《아티카 이야기》에서, 테세우스에게는 세 가지 부류의 연인이 있었다고 쓰고 있다. 첫째는 일반적인 의미의 '사랑'이고, 두번째는 '전리품으로 사로잡은 여인들'이며, 세번째는 '합법적인 결혼'이 그 세 가지다.

모두 에로틱한 특징을 보여주고 있다고 할 수 있는 아르고나우트의 이야기와 다른 영웅들의 전설들은 간단하게 요약해낼 수 있다. 우선 이미 알려진 그리스 이야기 중 회춘 요법에 관한 내용이 몹시 흥미롭다는 사실이다(CF. Argum. Eurip., Medea ; Schol. Aristoph., Knights, 1321 ; Clouds, 749 ; Ovid, Matam., vii, 242ff.).

메데아는 야손과 함께 아르고나우트 탐험에서 그리스로 돌아오자 이미 너무 늙어버린 그녀의 남편에게 탕약을 만들어 먹이는 대담한 방법으로 젊게 만들었다. 그녀는 유사한 방법으로 그녀의 늙은 아버지 아이손에게 젊어지기를 제안했다. 그녀는 황금 욕조에 마법의 약초를 넣고 끓인 물을 아버지에게 마시게 했는데, 딸의 독단적인 처방이었던 탕약의 성분이 너무 강해서 불쌍한 노인은 운명하고 말았다. 유사한 방법으로 그녀는 디오니소스를 보살피는 니사이안 요정들을 그들의 배우자들과 더불어 회춘시켰다. 영리한 메데아는 이런 실험들을 통해 종국에는 가장 효과적인 처방을 발견해냈다. 후에 메데아가 어떻게 그녀의 비열한 남편에게 복수를 했는지, 또한 어떻게 무서운 질투와 그칠 줄 모르던 미움으로 불타던 그녀가 사랑하는 두 아이를 죽였는지, 그리고 잔인한 속임수를 써서 자신의 원수를 갚았는지에 대해서는 고대와 현대의 운문과 가면극에서 여실히 드러나고 있다.

똑같은 형식과 내용을 가진 이야기가 테베와 트로이 지방의 전설에서도 전해진다.

불멸의 신인 테티스가 인간의 아들 펠레우스와 결혼하기로 했을 때, 그녀는 죽게 마련인 인간의 품에 안겨 살아야 한다는 것이 너무도 싫어서 오랫동안 미움과 싸워야 했다. 더 큰 비통함이 그녀에게 들이닥쳤고, 핀다르(Nemea, iii, 35)에 따르면, 펠레우스는 그녀를 강제로라도 붙잡아놓고 싶었다고 한다. 오비드(Metam., xi, 229 ff.)는 이 상황을 아주 잘 묘사했다. 테티스는 펠레우스에게 정복된 순간까지 일부러 전라의 상태로 낮잠에 빠져든 것처럼 가장하여 펠레우스로부터 달아나기 위해, 그녀 자신을 수천 개의 형상으로 변화시켰다. 결국 그녀는 영리한 펠레우스에게 정복되고, 성적 결합을 통해 위대한 아킬레스를 낳게 된다. 이 위대한 성교의 묘사는 더 이상의 상상의 여지가 없을 정도이다. 그리고 테티스와 인간의 결혼은 그리스 시에서 수없이 칭송된 부분이기도 하다. 모든 신들이 이 결혼에 참석했다고 전해진다. 이 결혼 줄거리는 가면극으로 더 아름답고 다양한 이야기로 새롭게 만들어져 공연되었다. 분쟁의 여신 에리스(Eris)조차도 이 결혼식에 나타났고, 그녀는 하객들에게 악명 높은 불화의 사과를 던졌다. 그 행위로 말미암아 혹독한 비극인 트로이 전쟁이 초래된 것이다. 극도의 비극이 이승의 행복과 섞인다는 사실을 알려준 이 사건이 상징하는 바는 심오하다.

영리한 오디세우스는 본래 고뇌와 호전성으로 가득 차 있다고 만인에게 알려져 있었다. 그러나 우리에게 덜 친숙한 이야기 중에는 이런 것이 있다. 틴다레오스와 이카리우스가 그들의 자녀들과 더불어 잠시 살았던 펠라나 지역에서 아이도스의 형상이 만들어졌는데, 이 형상은 이카리우스의 딸이 떠난 후 이카리우스에 의해 한층 섬세하게 가꿔졌다. 그는 오디세우스에게 그의 거처를 이타카의 바위섬에서 아름다운 골짜기 라케다이몬으로 옮기라고 권유했다. 그러나 허망하게도 그는 그의 딸이 거기에 남아 있게 설득했을 뿐이었다. 조용히 그녀는 얼굴을 가리고 애인을 따라나섰다.

트로이에 대한 복수를 위하여 그리스 전역에 걸쳐 이름난 영웅들을 모집했을 때, 파리스 왕자는 그리스 남자들에게 헬렌를 약탈하고 보물을 약탈하라고 명한다. 그러자 테티스는 그녀의 젊고 뛰어난 아들 아킬레스를 데리고 모성애를 발휘하여 스키로스 섬으로 피신한다. 그 섬에서 그는 리코메데스의 딸들과 함께 길러졌고, 그 덕분에 더 이상 전쟁의 환난에 빠져들지 않게 되었다(필자가 아는 바로는, 이것이 아마 고대 그리스에서의 가장 오래되고 유일한 공동 양육 사례일 것이다 — 그리스인들은 지나치게 지적이어서 그런 식의 양육의 해독을 그냥 두고보지 않았기 때문이다. 그들은 이런 일을 말과 소에 한꺼번에 멍에를 씌우는 행위와 같다고 할 정도였다).

이 양육의 자연스러운 결과가 나타났다. 비록 아킬레스가 여자들 사이에서 성장했지만 그는 자신을 여자들과 동일시하지는 않았다. 어느 맑은 날 왕의 어린 딸 데이다메이아가 혼란스럽고 수줍어하는 모습으로 그녀의 어머니에게 다가갔다. 그녀는 그녀의 몸 속에, 항상 여자 옷을 입고 그녀의 손을 잡고 따라다니던 예쁜 소년의 아기를 갖게 된 것이다. 이 아기가 바로 그 유명한 영웅 네옵톨레무스이다. 파우사니아스는 폴리그노투스가 그린 유명한 그림에 대해 언급한 바 있는데 거기에는 아킬레스가 이미 여자 복장을 한 채로 등장하고 있다. 이 그림은 유달리 강한 특징을 지니고 있고, 특히 지올피노의 손에 의해 그려진 에로틱한 작품은 베로나의 키비코 미술관에 소장되어 있기까지 하다.

트로이가 파괴되면서 예언자 카산드라는 팔라스 여신의 동상에서 멀리 떨어진 곳에서 처참하게 찢겨져 죽어가는 데 대해 동의해야만 했다. 아마도 그녀의 피어나는 젊음은 로크리안 아약스에게 희생물로 바쳐졌을 것이다.

이른바 '노스토이', 즉 영웅들이 트로이에서 돌아오는 장면을 묘사한 시들이 낭송되었는데, 여기에는 에로틱한 모험에 대한 묘사가 개입될 여지가 다분히 있었다. 따라서 그중에서 가장 유명하고 가장 아름다운 《오디세이》에 에로틱한 상황이 풍부하게 묘사되어 있는 것은 조금도 놀라운 일이 아니다. 그밖에도 화려한 색채와 감각적인 화법이 돋보이는 칼립소, 키르케, 나우시카, 시렌스, 파이아키안 등의 이름을 언급하는 것도 빠뜨릴 수 없다.

이제 우리는 그리스인들의 종교와 신화적인 관점을 훑어보는 장의 막바지에 이르러 있다. 생각보다 다소 길어지기는 했지만, 그저 간략하게 스케치만 하고 넘어가기에는 자료와 문헌이 지나칠 정도로 방대하기 때문에 적절한 표현을 구사하기가 상당히 힘들었다는 점을 필자 스스로도 잘 알고 있다. 하지만 그래도 독자들은 그리스의 종교와 신화가 상당 부분 에로틱한 요소로 물들어 있다는 사실을 알고 놀라움을 느낄 수 있으리라고 믿는다. 다시 한 번, 이 장에서 언급한 내용들은 극히 사소한 단편에 지나지 않는다는 점을 강조하며, 그리스의 신화적 개념의 근저에 자리하고 있다고 해도 과언이 아닐 에로틱한 요소에 천착하고자 하는 독자들은 이 주제에 대한 다른 연구들을 참고하기 바란다.

그리스 문학과 에로스

그리스 문학과 에로스

도덕의 역사를 살펴보기 위해서는 문학과 예술을 개략적으로 훑어볼 필요가 있다. 지적인 저술, 혹은 조형 예술가의 작품 등에는 그 시대의 진실된 이미지가 반영되어 있기 때문이다. 따라서 우리는 에로틱한 특색이나 에피소드를 갖고 있다고 판단되는 문학과 예술 작품들을 우리의 검토 작업에 포함시킬 것이다. 동성 연애를 다룬 방대한 문학 작품들은 제6장에서 상세히 다루었으므로, 여기서는 언급하지 않겠다. 그리고 희극과 비극의 시적 작품들도 그 에로틱한 특색에 대해서는 4장에서 검토한 바 있으므로 거론하지 않기로 한다. 이러한 범위의 제한에도 불구하고, 우리가 검토해야 할 분량은 굉장히 많을 것이다.

그러나 이러한 작업은 우리에게 소개되고 활용할 수 있는 작품의 수가 턱없이 모자라고, 그리스의 에로틱한 문학과 예술을 연구하는 데 있어서 필수불가결한 것들은 전해 내려오지 않거나, 그나마 여기저기서 구전되어 오는 것들도 불충분한 암시만을 주고 있다는 사실 때문에 기본적인 제약을 받게 될 것이다. 더구나 필자는 예비적인 기초자료나 연구자료가 전무한 상태에서 위에서 언급한 목적에 부합되는 것을 찾기 위해 그리스의 문학 작품 전체를 뒤져야 했다. 우리에게 전해 내려오는 그리스의 문학 작품에 대해 초보적인 생각을 갖고 있는 사람이나, 정확한 문헌학적 연구조사 방법에 의해서 그 작품들을 만족스럽게 재구성할 수 있는 사람일지라도, 이러한 경우에는 개인의 힘만으로 완벽하게 우리가 원하는 것들을 얻을 수 있다고 생각하지는 않을 것이다. 무진장한 범위를 가진 고고학에서 말하는 것처럼, 우리의 지식은 항상 불완전한 것일 수밖에 없다는 말은 이런 경우에도 아주 적절한 표현일 거라고 생각된다.

고전기

서사시

우리는 호머 이전에도 시인들이 존재했다고 하는 키케로의 유명한 언급(Brutus, 18, 71)에서부터 역사 이전의 신화적인 시대를 간략하게 살펴보고자 한다. 키케로의 그와 같은 언급은 아무런 의심 없이 받아들일 수 있는 것으로 보아야 하며, 호머의 시에서도 이전의 시인들에 대한 언급이 확인된다. 그들의 시가 전혀 전해 내려오지 않음에도 불구하고, 그들은 언어를 조탁하고 육두구의 서사적 장편을 만들어냄으로써 호머를 가능하게 한 개척자들이라고 할 수 있을 것이다. 그러나 호머의 시가 문학의 새로운 지평을 개척함과 동시에, 그들의 작품은 역사의 뒷편으로 사라지게 된다.

그럼에도 이 시기의 많은 사실들이 우리에게 전해 내려오며, 비록 상당한 수의 시인들이 가장 오래 된 창작물과의 조형적 구상의 연관을 용이하게 하기 위해 그 이후에 날조된 것이라고 할지라도 그리스 문학에 있어서 호머 이전에 많은 시인이 존재했었다는 사실까지 부정할 수는 없다.

신화적 시대의 시인 중에서 가장 오래 된 사람은 팜포스로서, 파우사니아스(ix, 27, 2)는 그가 사랑의 신 에로스에 관한 시를 썼다고 언급한 바 있다. 이러한 언급은 그리스의 가장 오래 된 문학적 시대에서도 에로스에 관한 찬양을 확인할 수 있다는 것을 보여줌으로써, 호머 시대의 시에 있어서 에로스의 이름이 구체적으로 언급되지 않음에도 불구하고, 헬레니즘 문명의 초기 단계에서부터 에로스가 존재했었다는 사실을 단언할 수 있다. 더구나 헤시오드의 《테오고니》(Theogony, 120)에서는 에로스가 가장 오래 된 신으로 분명히 언급되어 있으며, 이는 가장 오래 된 시대로부터 그들의 존재를 확인시켜주는 것이다.

완전히 신화적인 인물인 팜포스보다 디오니소스와 아폴로의 종파를 통합한 상징으로 취급되는 반 신화적 인물 오르페우스가 사실은 더 잘 알려져 있다. 비록 아리스토텔레스(키케로에 따르면, De Nat. Deor., i, 38, 107)는 그의 존재를 부정하지만, 그의 시대의 광범위한 시적인 생산은 오늘날의 문학사가들이 '오르픽'이라 부르는 그의 개인적인 학파의 작품으로 추정된다고 볼 수 있다. 오르페우스가 노래의 힘에 의지해서 하데스가 통치하는 지옥에 들어가,

에로스 부조가 있는 유리병

이전에 뱀에 물려 죽은 자신의 부인 에우리디케를 어떻게 구해 나오는지를 모든 사람들은 다 알고 있을 것이다.

하데스는 오르페우스의 아름다운 노랫가락에 감동되어, 오르페우스에게 그가 현실세계의 빛을 받을 때까지 절대 뒤돌아보지 않는다는 조건으로 그의 아내를 데려가는 것을 허락한다. 그러나 인간에게 있어서 이와 같은 조건은 너무 어려운 것이었으며, 오르페우스는 도저히 호기심을 억누르지 못하고 뒤를 돌아보고, 결국 그의 아내는 지옥으로 사라져버려 다시는 볼 수 없게 되고 만다. 이처럼 오르페우스는 그리스 문학사의 출발 지점으로 위치지워지며, 남편의 아름다운 사랑을 보여주는 예로서 빛을 발하게 된다. 우리는 이후에 사뭇 다른 상황에서 그를 다시 접하게 될 것이다(오르페우스와 에우리디케에 대해서는 Apollodorus, i, 14, and Conon ; 45 ; cf. also Ath., xiii, 597 ; Virgil, Geor., iv, 454 ff.; Ovid, Met., x, I ff. 참조).

그리스의 두 개의 위대한 민족적 서사시인 《일리아드》와 《오디세이》가 다양한 문학적 구조와 장치를 통해서 매우 고상한 관능적 매력과 에로틱한 분위기를 한층 높은 정도로 젖어들게 한다는 사실은 자주 언급되었으므로, 여기서는 이와 같은 사실을 지적하는 것만으로도 족할 것이다. 《호머의 찬가》라 불리는 작품의 5장에는 아프로디테의 안키세스에 대한 사랑이 매우 부드럽고 관능적인 열정으로, 특유의 통쾌한 필치로 자세히 서술되어 있다. 나는 다른 곳에서도 《호머의 찬가》가 담고 있는 에로틱한 요소들을 종종 언급한 적이 있다. 이른바 '에픽 사이클'이라 불리는 서사적 시대의 시들은 대부분 청춘의 아름다움이나 남녀 사이의 에로틱한 측면에 대한 찬양으로 구성되어 있다는 것 역시 이전에 검토하였으므로, 보다 깊숙이 접근할 필요는 없다고 생각한다. 헤시오드의 시 또한 판도라의 신화와 마찬가지로 에로틱한 구성이 무뚝뚝한 여성들, 그리고 그들이 제물로 바쳐질 때까지 변하지 않는 그들의 교태로 이루어져 있다는 것을 언급한 바 있다.

하지만 《헤라클레스의 방패》라고 명명된 헤시오드의 시까지 그냥 넘어갈 수는 없다. 이 시는 괴물 시크누스에 대한 헤라클레스의 투쟁을 다루고 있으며, 시의 상당 부분을 헤라클레스의 방패에 대한 설명으로 할애하고 있기 때문에 그와 같은 제목이 붙은 듯하다. 처음에 헤시오드는 제우스가 테베의 왕인 암피트리온의 아름다운 부인 알크메네에 매혹되어, 구원자와 치료자를 데리고 현세에 내려오게 된 과정을 서술하고 있다.

"그녀의 자태와 정신적인 면은 지구상의 어떤 여자들과도 비교될 수 없으며, 지적인 면에서도 그녀와 겨룰 여자는 없을 것이다. 그녀의 얼굴과 검은 눈동자에서는 금으로 치장한 아프로디테와 같은 은은한 향취가 풍겨나온다. 암피트리온이 살인행위에 대한 보복으로 그의 아내를 돌보지 않고 전쟁에 묶여 있을 때 제우스가 그녀에게 접근한다. 그는 그녀의 사랑을 마음껏 즐긴 후 떠나고, 그녀의 남편은 그녀에 대한 격정적인 욕망을 안고 전쟁터에서 돌아온다. 남자는 심각한 고민이나 사악한 마음의 병으로부터 벗어나기 위해 즐거움을 찾게 마련이며, 힘든 전쟁으로부터 집으로 돌아온 암피트리온은 기쁘고 즐겁게 휴식을 취하게 된다. 그의 팔에 아름다운 부인을 눕히고 하룻밤의 휴식을 금으로 치장한 아프로디테와 같은 아름다운 부인과 즐기는 것이다."

알크메네는 임신하여 쌍둥이 아들을 낳게 되는데 그 중의 하나가 제우스의 아들인 헤라클레스이고, 다른 하나는 암피트리온의 아들인 이피투스이다.

헤시오드의 《멜람포디아》 3권은 매우 재미있다.

"그들은 테이레시아스가 아르카디아에서 두 마리의 뱀이 서로 교미하고 있는 것을 본 적이 있다고 말했다. 테이레시아스는 그 중 한 마리에게 상처를 입혔는데, 그로 인해 그는 여자가 되어, 그 때부터 남자와 성교를 하게 되었다. 그러자 아폴로는 그에게, 다시 한 번 그 뱀들을 보게 되면 그들 중 한 마리에게 상처를 입혀야 남자로 되돌아올 수 있다고 말하였으며 실제로 그렇게 되었다. 한편 제우스와 헤라는 성관계에서 남자와 여자 누가 더 큰 기쁨을 느끼는가에 대해 토론하게 되었다. 테이레시아스는 둘 다 경험해보았으므로 그에게 의견을 물어보았는데, 그 결과 다음과 같은 답변을 들었다. 남자는 여자와 잠자리를 함께 할 때 열 개 가운데 하나 정도의 기쁨을 느끼지만, 여자는 열 개를 다 느낀다는 것이었다(이것은 Lycophron, 683에 나오는 고전 주석자의 해석으로, 다른 해석에 의하면 부인이 10분의 9를, 남편은 10분의 1을 느낀다고도 한다(v. Kinkl.))."

"헤라는 이러한 답변을 듣고 화가 나서 테이레시아스를 장님으로 만들었으며, 제우스는 그 보답으로 예언의 능력과 장수를 선물로 주었다."

서정시

우리는 그리스의 서사적인 작품에서 검토했던 것보다 더 많은 것들을 서정시에서 얻을 수는 없을 것이다. 확실히 그것은 에로틱한 영역에서 광범위한 부분을 차지하고 있으며 — 이것이 그리스와 현대의 서정시가 근본적으로 다른 점일 것이다 — 서정시의 에로틱한 주제는 거의 소년들과 젊은이들에게 맞춰져 있다. 바로 그들이 그리스 서정 시인들의 음미의 대상이었던 것이다. 이후에 우리가 남색에 대해서 토론을 해야 할 때, 그리스의 서정시들을 집중적으로 살펴봐야 하는 이유도 바로 이것이며, 여기서는 남성과 여성의 사랑에 관한 것들을 알아보는 것으로 만족하고자 한다.

남녀의 사랑에 대해서 노래한 최초의 그리스 서정 시인은 콜로폰의 밈네르무스(B. C. 7세기 후반)이다. 그는 사랑에 있어서의 여자 같은 섬세함과 감상적인 그 무엇, 그리고 삶의 즐거움과 관능적인 기쁨을 찬미하였으며, 젊음과 사랑의 기쁨이 덧없이 지나감을 한탄하였다. 그의 사랑과 시는 아름다운 플루트 연주자인 난노를 주제로 한 것이었다. 한편 그리스의 진정으로 위대한 서정 시인은 흘러넘치는 풍부한 감성으로 지칠 줄 모르고 정열적인 시를 쓴 파로스의 아르킬로쿠스(B. C. 650년 경)일 것이다.

"뜨거운 사랑의 불꽃이 그의 시 속에 흐르고 있다. 열정이 그의 마음을 사로잡고, 그의 가슴속에는 부드러운 영혼의 눈물이 흐른다. 그의 눈속에 어두움이 비치면, 그의 마음속 깊은 곳에 사랑의 고통이 다가

선다. 바로 그때, 네오불레는 그의 폭풍우 같은 구혼의 소리를 듣게 된다. 행복한 운명은 우리에게 격렬히 사랑하는 소녀의 모습을 비춰준다. 그녀는 아름다운 수목무늬의 옷을 입고 있으며, 어깨와 등 뒤로 물결치는 머리카락에는 향기로운 장미꽃이 수놓아져 있다. 머리와 가슴에서는 아름다운 향내가 나며, 아무리 늙은 사람이라도 그녀 앞에서는 사랑에 빠지지 않을 수 없다. 그러나 그녀의 아버지인 리캄베스가 약혼을 금하자, 그 시인은 모든 것을 잃어버리게 된다. 그는 자신과의 약속을 저버린 그녀의 아버지를 비난하고, 약혼녀의 순결함과 지조에 대해 의문을 제기하며 그의 사랑을 곤경에 빠뜨렸다. 몇세기가 지난 뒤, 사람들은 시인 아르킬로쿠스의 전율적인 사랑의 복수를 이야기하게 된다. 아마 그를 자기의 몸을 둥글게 말아올려 적을 날카롭게 찌르는 고슴도치에 비유한다면 가장 정확할 것이다(K. Heinemann, Die Klassische Dichtung der Griechen(1912) ; Bergk, Poetae Lyrici Graeci, I. p.2 ff. 참고)."

연대순으로 본다면, 이미 말한 것처럼 여성들에 대한 명쾌한 풍자의 시를 쓴 아모르고스의 시모니데스(B. C. 625년 경)가 그 다음으로 언급되어야 할 것이다. 또한 두 편의 대단히 심술궂은 시를 쓴 에페수스의 히포낙스(B. C. 540년 경)도 언급되어야 할 텐데, 그 시들은 스토바이우스에 의해서 우리에게 전해 내려온다(Florilegium, 68, 8 ; cf. Apostol., iv, 38c ; Haupt in Hermes, iv, 159).

"한 여자에게서 신선함을 느낄 수 있는 날은 단 이틀뿐이다. 하루는 결혼식을 올리는 날, 또 하루는 그녀를 땅 속에 묻는 날이다."

서정적이고도 풍자적인 시로 불리는 《멜리암비》를 쓴 필립 왕 시대의 메갈로폴리스의 케르키다스(Ath., xii, 554d)로부터 우리는 다음과 같은 재미있는 구절을 찾아볼 수 있다.

"시러큐스에 엉덩이가 뚱뚱한 한 쌍의 소녀들이 살고 있었다."

이는 여성 동성 연애에 대한 그리스인의 생각을 가장 잘 보여주는 것이라 할 수 있다.

가장 위대하고 다재다능한 그리스의 서정 시인 중의 한 사람인 미틸레네의 알카이우스는 수많은 사랑의 연가를 썼음에도 불구하고 다른 많은 그리스의 서정시들처럼 보잘것없는 몇개의 단편만이 전해 내려올 뿐이다. 그는 그의 시에서 사포에 대해, "부드러운 웃음과 곱슬곱슬한 머리카락을 휘날리는" 등의 어휘로 열렬히 찬미하였으나, 아름다운 여류 시인으로부터 한 남자와 사랑을 나눌 수 있는 그 어떠한 마음의 소리도 듣지 못하였다.

상당한 나이에도 불구하고, 술과 여자를 포기하지 않은 테오스의 아나크레온은 사랑과 인생을 보다 적극적으로 즐기는 데 있어서 진정한 선구자였다고 할 수 있다. 우리에게 전해 내려오는 그의 시는 매우 빈약하며, 따라서 이전에 찬양되었던 아나크레온의 시들(소위 Anacreontea라 불리는)은 이보다 한참 후에 나온 시시한 모조품일 것으로 추정된다. 그럼에도 우리가 접할 수 있는 사랑에 대한 그의 시들은 아기자기하고 섬세하며, 읽기에 유쾌하여 천재적인 시라고 부르기에 아무런 이의가 없을 듯하다.

그러나 우리는 모든 시대에 걸쳐 가장 위대한 시적인 천재 중의 한 사람이라고 평가할 수 있는 사포의 시 속에서 시의 정수를 맛보게 된다. 그녀의 시는 사랑과 사랑을 열망하는 마음만을 표현하며, 에로틱한 시의 대상에서는 좀처럼 찾아보기 힘든 천재적인 시적 감성이 항상 형상화되고 개념화되어 우리의 영혼을 일깨워주고 있다. 그러나 그녀의 시는 레즈비언에 관한 내용과 동성 연애적 생활에 관한 것으로 가득 차 있으므로 여기서 상세히 언급할 수는 없다. 따라서 우리는 그녀의 이후 시대로 되돌아가야 하며, 여기서는 그리스의 동성 연애적인 사랑이 쇠퇴하는 것이 아니라, 문명의 진보에 따라 모든 세대를 포함하는 지적인 가치를 창조하게 되며, 이는 우리에게 경이적인 놀라움을 준다는 사실을 지적하는 것으로 만족하고자 한다.

테르판데르는 이후에 알크만(B. C. 650년 경)에 의해 매우 높이 평가받게 되는 소녀 합창단을 위한 노래를 작곡했다. 그는 스파르타 소녀들의 음악적인 발전을 고무했다는 찬사를 듣기에 부족함이 없다고 볼 수 있다. 시인과, 그가 그의 시에서 종종 경의를 표하는 합창단과의 관계는 스파르타 소녀들의 자유스러운 생활양식에서 살펴볼 수 있는 것처럼 대단히 개인적이고 친숙했다고 할 수 있을 것이다.

알크만의 시들은 B. C. 600년 경에 활약했던 시실리의 스테시코루스의 시들과 마찬가지로 거의 전해 내려오지 않는다. 플라톤

(Phaedrus, 243a ; cf. Bergk, PLG., III, p.218)에 따르면, 스테시코루스는 헬렌의 간통을 비난하는 시를 쓴 적이 있으며, 그 때문에 화가 난 여왕으로부터 벌을 받아 그의 유명한 〈속죄의 시〉를 쓸 때까지 시력을 잃게 되었다고 한다. 그러나 그 작품에 따르면, 〈속죄의 시〉는 헬렌 때문이 아니라 호색가 파리스를 따라 제우스가 트로이에 들어가게 되고, 그로 인해 트로이 전쟁이 일어나게 되는 슬픔으로부터 이미지를 얻어 만들어진 것이라고 한다. 반면에 헬렌은 그때 이집트에 가 있었다.

시인이 눈멀게 되고, 그것의 치료가 헬렌에 대한 〈속죄의 시〉 때문이 아니라는 것은 명확하게 증명할 수 있다. 만약 이것이 믿어지지 않는다면 스테시코루스는 여왕의 복수로 인한 일시적이고도 우연한 눈의 병세를 설명해야 하지만 이는 더욱 불가능할 것이다. 헬렌이 도리스의 신앙에서는 거의 광적으로 추종되는 여신이므로, 시인의 헬렌에 대한 비난을 취소시키려는 대중여론의 압력의 결과로 추측할 수 있으나, 그것 역시 전설적인 것에 기초할 뿐이다.

만일 이러한 설명이 사실이라면 — 이 설명의 범주 속에 모든 가능성이 포함되어 있고 — 우리는 스테시코루스의 〈속죄의 시〉를 우유부단함으로 나가는 최초의 경계점이라는 관점에서 보아야 하며, 확실히 몇세기 동안에 걸친 수많은 진보 속에서 점차 발전하여 결국은 현대적인 여성주의로 나아가게 되는 것이다.

스테시코루스는 아름다운 칼리케가 그녀의 연인 유아틀루스에게 배신당하자, 스스로 자살을 하는 것처럼 불행한 사랑의 이야기를 주요하게 나루는 경향이 있었다. 아테나이우스(xiii, 601a)는 스테시코루스의 시에서는 에로틱한 충동이 커다란 역할을 차지하며 몇 가지 에로틱한 주제 또한 확인할 수 있다고 확실히 증언하고 있다. 그 예로 아테나이우스는 요정 님프의 사랑을 받다가 그의 배신으로 인해 비극적인 결말을 맞이한 일로 후에 유명해진 양치기 다프니스의 일화를 소개하고 있다. 스테시코루스는 또한 코린트의 왕과 결혼을 했으나, 그녀가 가장 사랑하는 레온티쿠스를 떠나지 못하는 르하디나의 잔인한 운명을 노래하기도 하였다.

에로틱한 모티브는 시모니데스(556-468)와 그의 조카 바킬리데스의 시에서도 공통적으로 나타나고 있다. 즉, 두 시인은 우리가 이전에 상당 부분을 할애해서 설명한 것처럼 신화적인 영역에서 성애적인 동기를 끌어와 이를 풍부하게 묘사했다는 점에서 공통적이다. 그러나 이러한 동기들은 시적인 요소와 섞여 있고, 시에서 결정적인 역할을 하며, 에로틱한 측면의 분석은 각각의 시에 대한 분석을 의미한다.

우리에게 전해 내려오는 핀다르(518-442년 경)의 시도 이와 동일하다 할 수 있다. 그는 그리스의 서정 시인 중에서 가장 힘있고 고상한 사람이며, 다행스럽게도 그의 《에피니키아》의 44편의 시 외에도 몇편의 시가 더 전해 내려온다. 이 시들은 4개의 커다란 민족적 축제에서 승리를 축하하는 것으로 구성되어 서로 다른 영역의 노래가 들어 있다. 그 노래들은 합창으로 낭송되며, 때로는 승리를 축하하는 식사 시간에 낭송되기도 하지만 대부분은 집에서, 그리고 승리자의 고향으로 향하는 중에 낭송된다. 이 승리의 노래의 주요한 내용은 핀다르의 대가다운 예술적 문체로, 그 승리자나 그의 가족과 특별히 연관된 하나의 신화를 이야기하는 것이다. 우리가 여유를 가지고 이 책을 상세하게 분석해본다면, 인상적인 성애적 동기들을 이러한 신화로부터 끄집어낼 수 있을 것이다.

산문

고전기의 문학에 있어서 산문 작품들은 그것을 찾는 사람들에게 다양한 종류의 에로틱한 측면들을 제공해준다. 그리스 사람들이 그들의 가장 오래 된 산문 작가로 취급하는 시로스의 페레키데스는 이미 오래 전에 에로틱한 이야기를 썼으며, 이는 제우스의 〈신성한 결혼〉이라고 서술된 이집트의 파피루스의 일부가 한 세기 전에 발견됨으로써 확인되었다(first ed. Grenfell-Hunt, Greek Papyri, series II, 1897(No. II)).

헤로도토스의 역사적인 작품 속에서는 미케리누스와 그의 딸 사이의 근친상간이나, 인타페르네스의 부인에 관한 이야기, '신부와 춤추며 사라진' 히포클레이데스의 아름다운 이야기, 그리고 나의 다른 논문에서 언급한 몇개의 이야기들이 들어 있다.

자각적인 예술에 의해 상세히 알려진 그리스의 가장 오래 된 러브 스토리는, 페르시아에서 17년간 살았던 의사이자, 역사가인 크테시아스(Ctesias, 25-28 ; cf. Nic. Damasc. in FHG., III, 364)에 의해 쓰여진 메데스의 왕 스트리앙가이우스와 사카이의 여왕 자리나이아의 역사일 것이다. 티마이우스(Parthenius의 29, 그리고 frag. 23)는 아름다운 다프니스의 사랑의 모험에 관해서 이야기한다. 그는 디도의 아이네아스를 향한 불행한 사랑을 언급한 최초의 사람인 것이다.

필라르쿠스(Parthenius의 15와 31)는 아름답지만 수줍음이 많은 다프네가 아폴로의 사랑을 받게 되지만, 신의 폭력으로부터 벗어나려고 하다가 결국 월계수로 변하게 되는 이야기를 소개하고 있다. 그는 또한 해변가에서 이미 쓸모없게 되어버린 아름다운 여인의 시체를 발견하고, 오랫동안 그녀와 성관계를 가지다가, 더 이상 그것이 불가능해지자 그 시체를 묻고 스스로 자살하는 디모이테스의 이야기도 전하고 있다.

러브 스토리는 모든 지역에서 발견되는 지역적인 이야기 속에서도 무수히 발견되며, 특히 소아시아의 이오니아 지방에서는 그 수를 헤아리기가 어려울 정도이다. 밀레투스의 호화스러운 도시에서의 이야기는 B. C. 1세기의 초기에 살았던, 그리스의 복카치오인 아리스테이데스에 의해 여섯 권이 넘는 분량으로 에로틱한 이야기가 수집되어, 음란한 성격의 《밀레시안 이야기》로 불리는 책 속에 나타나 있다. 이는 코르넬리우스 시센나(Bucheler의 단편 Petronius(ed. 3, p.305))에 의해 라틴어로 번역되었다는 사실에서, 또한 플루타크의 언급에서, 파르디아 전쟁(B. C. 53) 중 크라소스 사무관 한 사람의 배낭에서 《밀레시안 이야기》의 복사본이 발견되었다는 기록이 전해지면서(Plutarch, Crassus, 32), 음탕한 생각을 가진 사람들에게 광범위하게 유포되었다. 이러한 이야기들은 전해오지 않으며 다만 이와 유사한 아풀레이우스의 메타모르포세스에서 추측을 할 수 있을 뿐이다. 여기에 관한 이야기는 《밀레시안 이야기》에 수록되어 있었다고 추측되는 스카만데르의 신부의 목욕(p.69)에서 이미 언급되었던 것이다.

나중에 《밀레시안 이야기》에 포함되는 에페수스 지역의 마트론의 재미있는 이야기를 살펴보면, 거기에는 '정부와의 간통을 위해 정신없이 미치지 않는 어떤 정숙한 여자도 없다.' 라는 순환적인 주제가 확인되고 있으며, 유몰푸스는 《페트로니우스》에서 다음과 같은 내용을 이야기하고 있다(Petronius, III).

"에페수스에 사는 어느 여자는 주변 나라에 사는 모든 여자들이 그녀의 보기 드문 성품을 구경하기 위해 찾아올 정도로 정숙하였다. 그러나 그녀의 남편이 죽어서 이 세상을 떠나게 되자, 보통의 관습처럼 머리를 흐트러뜨린 채 시신과 동행하는 데에서 만족하지 않고, 많은 사람들 앞에서 가슴을 드러내놓은 채 통곡하였으며, 그의 무덤까지 따라갔다."

"시신이 그리스의 풍습대로 지하 납골당에 안치되자, 거기서 그녀는 남편의 시신을 지키며 밤낮으로 눈물을 흘렸다. 그녀는 스스로 굶어 죽기를 바랄 만큼 깊은 슬픔에 잠겨 있었으며, 어떤 친척이나 친구도 그녀의 슬픔을 달랠 수가 없었다."

"마침내 모든 행정 관리들이 총동원되어 그녀를 설득하려 하였으나, 그녀는 그 모든 것을 완강히 거절했다. 그녀는 닷새 동안이나 아무것도 먹지 않았으며, 모든 사람들이 그 비범한 여인의 미덕에 감동되어 함께 눈물을 흘리며 슬퍼하게 되었다."

"깊은 슬픔에 잠긴 이 여인에게 특별한 애착을 느낀 한 소녀가 그녀의 곁을 지켰는데, 이 소녀도 세상의 마지막 남자가 죽은 것처럼 그녀와 함께 눈물을 흘렸다. 무덤을 밝히는 램프가 꺼지려고 하면 그 소녀는 신선한 기름을 다시 채워 넣곤 했다. 그 도시에서는 가장 순결한 사랑과 가장 순수한 정숙을 나타내는 그 여자의 얘기로 남녀노소를 불문하고 온통 야단법석이었다."

"그러는 동안 그 지방의 통치자는 그 부인의 남편이 죽어 묻혀 있는 곳에서 멀지 않은 곳에다 몇명의 죄수들을 십자가에 못박았다. 그 다음날 저녁에 십자가에 못박혀 죽은 죄수들을 훔쳐다 묻지 못하도록 지키고 있던 병사 한 명이 납골당 밑에서 불빛이 새어나오고 슬픔에 잠긴 흐느낌이 들려오는 것을 알아차렸다. 그는 처음에는 자기가 잘못 들었을 것이라고 생각했지만, 그게 아니라는 사실이 확실해지자 도대체 그게 무슨 소리며 거기서 무슨 일이 벌어지고 있는지를 알고 싶은 욕망에 견딜 수가 없었다."

"즉시 그는 그 납골당으로 기어들어갔으며, 그 순간 아름다운 여인을 발견하게 되자 깜짝 놀라 걸음을 멈춘 다음, 자기가 사악한 생각 때문에 귀신이나 헛것을 본 모양이라고 생각했다. 잠시 후, 그는 그녀의 옆에 누워 있는 시체를 알아차렸으며, 손톱으로 자신의 아름다운 얼굴을 할퀴며 눈물을 흘리고 있는 여자를 보면서, 남편을 잃어버린 슬픔에 잠겨 있는 바로 그 여인이라는 사실을 깨닫게 되었다. 그는 그의 배낭에서 약간의 음식을 꺼내어 그가 할 수 있는 위로의 말을 덧붙이면서 그녀에게 건네주었다. 쓸데없는 고집과 아무런 도움이 안 되는 한숨으로 그녀의 아름다운 마음을 닳아빠지게 하거나, 훌륭한 감성을 상처입게 하지 말 것을 간청했던 것이다.

'우리는 누구나 죽게 되어 있습니다! 그것은 돌이킬 수 없는 일이 아

닙니까. 사람이라면 어차피 한 번은 무덤에 들어가게 되어 있어요.'
그는 이렇게 말하며 슬픔에 잠긴 그녀의 마음을 위로하기 위해 할 수
있는 모든 것을 다했다. 그러나 그의 위로의 말로 인해 그녀의 고통
은 오히려 더욱 커졌으며, 미친 듯이 화를 내다가는 자신의 가슴을
쥐어뜯으며 사랑하는 남편의 시신에 엎드려 흐느껴 울었다."

"그러나 그 군인 또한 쉽게 포기할 사람이 아니었다. 그는 위로의 말
을 계속하였으며, 그녀가 음식을 먹게 하기 위하여 할 수 있는 모든
노력을 다하였다. 부인의 곁을 지키던 소녀가 먼저 그 간청에 굴복하
여 달콤한 포도주의 향기에 마른침을 삼켰다. 그 소녀는 친절한 남자
를 향해 수줍게 손을 내밀어 마실 것과 먹을 것으로 허기를 채웠으
며, 그리고 나서 부인의 완고함을 질책하기 시작했다."

"'그런다고 해서 부인에게 좋을 것이 무엇입니까?'
그녀가 말했다.
'만약 굶주림이 부인의 기력을 소진시켜 산 채로 땅속에 묻히고 만다
면, 운명이 부인을 부르기도 전에 스스로의 영혼을 버린단 말입니까?
아, 부인, 돌아가신 부인의 남편은 부인의 슬픔에 대해 아무것도 모
를 뿐더러, 부인의 고통은 그에게 아무런 영향도 미치지 못합니다.
부인은 남편에게 생명을 되돌려줄 수 있다고 생각하세요? 차라리 여
성적인 편견을 벗어 던지고 부인의 남은 여생을 즐겁게 보내는 것이
더 낫지 않을까요? 보세요, 이 시신도 부인에게 삶이 얼마나 빨리 사
라져버리는지를 가르쳐주고 있잖아요.'"

"이 세상에 어떻게든 음식을 먹음으로써 생명을 부지해야 한다는 충
동을 이겨낼 수 있는 사람은 아무도 없다. 그 여인도 음식을 끊은
지 며칠이 지나고 나자, 결국 자신의 완고한 고집을 꺾고 소녀가 이
전에 했던 것처럼 조금씩 음식을 먹기 시작했다."

"자, 이제 우리는 남자가 잔뜩 먹고 마신 다음에 무엇을 원하는지를

알아야 한다. 군인은 그 부인이 더 이상 죽고 싶어하지 않도록 설득한 다음, 이제 그녀의 정숙함을 비판하기 시작했다. 어린 소녀는 버릇없이 직접적으로 표현하지는 않았지만 마음속으로는 은근히 그 군인을 지원했으며, 인생의 진정한 기쁨이 무엇인지를 일깨워주기 위해 간절히 호소하기 시작했다.

'부인은 언제나 자신의 의지에 저항만 할 건가요? 부인을 사랑하는 사람을 즐겁게 해줄 수는 없나요? 아, 더 이상 슬픔의 벽을 쌓지 마세요. 부인을 위로해주던 사람이 바로 여기 있답니다.'"

"'왜 내가 더 이상 부인 곁을 지켜야 하죠? 부인도 사랑의 슬픔이 얼마나 빨리 사라지는지 잘 알고 있을 거예요.'

이제 부인은 음식을 거부하지 않았으며, 군인의 끈질긴 공세에 굴복하여 다른 종류의 유혹에도 절제하지 않게 되었다."

"그리하여 그들은 그날 밤을 함께 보내며 결혼의 모든 기쁨을 맛보았으며, 그 다음날도, 또 그 다음날도 함께 즐거운 시간을 보냈다. 물론 그들은 지하 무덤의 문을 닫아버렸으며, 무덤으로 찾아오는 방랑자는 물론, 그 누구도 지구상에서 가장 정숙한 여인이 남편의 몸 위에서 영혼이 되겠다는 결심을 포기했다는 사실을 알지 못했다. 그 군인은 아름다운 여인과 함께 잃어버렸던 기쁨을 찾아 무척 즐거워했으며, 자신이 할 수 있는 최선을 다하여 죽을 때까지라도 이 기쁨을 가지고 가야겠다고 다짐했다."

"십자가에 못박힌 죄인의 가족들이 이제 더 이상 시체를 지키는 사람이 없다는 사실을 확인한 뒤, 시체를 내려다가 무덤에 묻고 장례를 치루었지만, 군인은 사랑하는 사람의 가슴을 베고 자느라 아무것도 알아차리지 못했다. 날이 밝자 죄인 가운데 하나가 없어졌다는 사실을 발견한 그는, 두려움에 몸을 떨며 사랑하는 여인에게 사정을 설명한 다음, 군법 재판에 넘겨져 죽음을 당하느니 차라리 스스로 목숨을 끊겠다고 말했다. 그리고는 자기가 죽으면 그녀의 남편과 함께 나란히 묻어달라고 부탁했다."

"그러자 부인은 견딜 수 없을 만큼 비참한 심정이 되어 이렇게 소리쳤다.

'아, 내가 사랑했던 두 남자를 같은 무덤에 묻히게 할 수는 없어요. 그건 안 돼요. 살아 있는 사람을 죽게 하느니, 차라리 죽은 사람을 이용하는 게 낫지 않겠어요?'

그녀는 관을 열고 남편의 시신을 꺼내더니, 그 시신을 빈 십자가에 매달았다. 군인은 그녀의 재치에 커다란 도움을 받았으며, 다음날 사람들은 모두들 그 남자가 도대체 무슨 짓을 했길래 십자가에 매달려 죽었을까 하고 궁금해했다."

아테네의 크세노폰(430-354년 경)의 작품 중에서 《심포지움》은 거의 전적으로 에로틱한 문제들만을 다룬 우아한 작품이다. 많은 재산을 가진 아테네의 칼리아스는 422년 페나테나이아의 판크라티움에서 우승한 아우톨리쿠스에게 경의를 표하며 식사를 대접하게 된다. 플라톤의 《심포지움》과 비교해보면 광대, 여자 무희, 그리고 류트 연주자가 나오며, 그의 운동과 음악적인 유희를 위해 손님으로 초대되는 아름다운 소년이 등장한다. 진지하고도 즐거운 성격을 가진 모든 종류의 연설문에서 소크라테스는 사람은 자신의 육체적 쾌락을 즐기는 것보다 지적인 재능을 가진 어린 소년에 매료될 수 있어야 한다는 요지의 사랑에 대한 연설을 하고 있다. 이러한 연설은 디오니소스와 아리아드네의 러브신을 담은 신화적인 발레 속에 포함되어 있으며, 그 발레는 관객들에게 다음과 같은 감명을 준다.

"결혼하지 않은 사람은 가능한 한 빨리 결혼을 맹세하도록 하며, 결혼한 사람은 가능한 한 빨리 말을 타고 그들의 부인에게 돌아가도록 하라."

크세노폰의 《아나바시스》에서는 동생 키루스가 형인 아르탁세르크세스와 맞서 싸우는 불행한 전투와 그리스 용병들의 고통스럽고도 위험한 퇴각을 다루고 있는데, 때때로 에로틱한 문제가 등장하고 있기 때문에 여기서 간단히 소개해보려 한다. 예를 들면, 턱수염이 없는 남자가 턱수염이 있는 남자를 사랑하는 내용이나, 소년 소녀들에 대한 강간, 그들의 용기있는 희생으로 죽음으로부터 목숨을 건진 아름다운 소년 에피스테네스의 이야기 등을 다루고 있다 (Anabasis, ii, 6, 28 ; iv, I, 14 ; iv, 6, 3, ; vii, 4, 7-10). 가족을 다스리는 가장 좋은 방법에 대한 논문인 《오이코노미쿠스》는 이미 앞에서 언급했고(p.61), 갓 결혼한 이스코마쿠스의 가족생활에 대해서도 설명한 바 있다. 《히에론》에서는 시실리의 왕 히에론과 시모니데스의 대화를 담고 있으며, 나중에 설명할 에로틱한 문제도 다루고 있다. 마지막으로 《키로파이데스(키리스의 교육)》는 일정한 논점을 가진 교육적이고 정치적인 이야기로서, 여기에 소개된 에로틱한 이야기는 반드시 짚고 넘어갈 필요가 있다. 그중에서 가장 매혹적인 것은 판테이아의 사랑과 정절에 대한 것이다.

그리스 웅변가들의 작품은 매우 폭넓은 범위의 소재를 사용함으로써 고대의 에로틱한 측면을 연구하는 데 도움을 주는데, 때로는 매우 놀라운 입장을 보여주기도 한다. 이는 연설자가 그들의 주장과 관점을 강조하는 데 있어서 역사와 전설적인 것들을 인용함으로 써 주어질 뿐만 아니라, 많은 연설문들이 관습적으로 합법적인 형태로 알려진 성적인 특성만을 취급한다는 사실로부터 우리의 가장 중요한 토론이 이루어져야 할 듯하다.

우리에게는 서자로서 자신의 계모를 비난하고, 그의 남편에게 사랑의 묘약을 주기 위하여 쓰여진 안티폰의 연설문이 전해 내려오고 있다. 웅변가인 안도키데스가 그에게 내려진 정치적인 판결과는 반대로 성공에 이르기까지의 과정을 살펴보는 것은 흥미로운 일이 아닐 수 없다. 그는 자신을 따르는 시민들의 주체할 수 없는 아름다움에의 욕구를 알고 있었으며, 플루타크(Moralia, 835b ; CIA., 553, 21)가 말한 것처럼, 상업적인 계약으로부터 얻을 수 있는 모든 수단을 총동원하여 가장 화려한 방법으로 소년 합창단을 모집했으며, 그들을 통해 사람들의 마음을 사로잡았다.

우리가 다음에 살펴보아야 할 것은 플라톤이 그의 문답집 《파이드루스》에 수록했던 웅변가 리시아스의 〈에로틱한 편지〉인데, 이는 사랑의 보답이 사랑했던 사람에게 가기보다는 사랑하지 않았던 사람에게 돌아간다는 역설적인 주제를 담고 있다. 리시아스의 다른 에로틱한 내용의 편지도 우리에게 전해 내려오며, 이를 통해 우리는 그가 후일 큰 인기를 끈 역설적 유형의 편지를 처음으로 도입한 사람이 아닐까 하는 추측을 하게 된다. 가장 유명한 그의 연설문은 〈에라토스테네스에 대하여〉인데, 이는 야비한 에라토스테네스에 의해 더욱더 교활해진 유부남을 위하여, 간통하는 남자를 죽임으로써 남편으로서의 명예를 회복하기 위한 목적으로 쓰여진 것이다.

사랑의 문제에 대한 위와 같은 철학적 판단은 우리에게 끊임없는 범위와 시야의 확장을 요구할 뿐더러 일종의 미스테리로 보여지기도 한다. 실제로 철학적인 저술에서 이러한 입장이 둘 다 나타나기도 한다. 플루타크는 사랑에 대하여 '이해하기도 어렵고 풀기도 어려운 수수께끼 같은 것(Stobaeus, Florilegium, 64, 31)'이라고 말한 적이 있으며, 분명한 철학적 사색으로 그리스인의 태도를 고려해볼 때, 이는 여신인 아프로디테보다는 남신인 에로스 쪽에 더 가까울 것이다.

플라톤의 저술에서 문답집인 《카르미데스》《리시스》《심포지움》《파이드루스》 등은 나중에 다시 살펴보겠지만, 거의 대부분 동성연애의 문제를 다루고 있다.

시간이 흐름에 따라 결혼 문제에 대한 관심이 증가하게 된다. 이미 위대한 아리스토텔레스는 결혼에 관한 책을 썼으며, 그의 제자인 테오프라스토스도 결혼에 대한 글을 썼지만, 이것은 별로 알려지지 않았다. 그의 제자이자 친구이며, 소요학파의 철학자이자 중요한 정치가인 팔레룸의 데메트리우스는 아테네 섭정의 10년 동안 《에로티쿠스》를 저술했으나, 이것은 전해 내려오지 않는다. 복수를 향한 마음 때문에 살인을 한 레스보스의 폭군 파니아스의 작품들도 전해지지 않기는 마찬가지다. 많은 폭군들이 질투심으로 인해 죽음을 맞이하는 것처럼, 그 책에도 새롭고 독특한 성격의 에로틱한 내용들로 가득 차 있다.

사이프러스의 솔리에 있는 클레아르쿠스는 《에로티쿠스》(정확하게는 《에로티카》)의 저자로 알려져 있다. 아직까지 존재하고 있는 이 책의 몇몇의 단편에서, 클레아르쿠스는 신화적이고 역사적인 사례에 의해서 주어지는 사랑의 깊은 밑바닥까지 들어가 보려는 시도를 한다.

이런 점에서 페리클레스의 아스파시아에 대한 사랑과 그 강력한 욕정은 그리스의 모든 정치가들 사이에서 유명해지게 된다. 불확실한 에파미논다스의 사랑과 모험, 리디아의 왕 기게스의 사랑하는 부인에 대한 정열적인 사랑, 그녀가 죽은 후에 그녀를 기념하기 위해 세운 장엄한 기념관 등이 전해 내려온다.

희귀한 일화들도 더러 전해지고 있는데, 예를 들면 거위가 어느 소년을 상대로 사랑에 빠진다거나, 공작새가 어느 소녀를 좋아하게 되지만 그 소녀를 죽음으로부터 구해내지는 못한다는 일화들이 소개되고 있다.

한편 클레아르쿠스는 구혼와 관련된 일반적인 관습과 그 이유들에 대해서도 언급하고 있다. 왜 연인들은 꽃과 사과 등을 들고 오며, 연인의 문 앞을 화려한 꽃으로 장식하는가? 이들로부터 많은 구절을 인용한 아테나이우스의 끝도 없이 많은 의견들을 읽고 싶어하는 사람은 아무도 없을 것이다(frag. in Muller, FHG. (Demetrius, ii, 362 ; Phanias, ii, 293 ; Clearchus, ii, 302) ; Ath., xv, 669 f.).

르호스의 히에로니무스는 이 시대의 다른 많은 작가들처럼 모든 종류의 에로틱한 일화를 자신의 작품집 《역사적 추억》 속에 상세히 열거해놓았으며, 그중 몇개는 아테나이우스가 소크라테스, 소포클 레스, 에우리피데스 등에 대해 언급한 것 속에 보존되어 있다(Ath., xiii, 556a, 557e, 604d).

헬레니즘 시대

서사시와 서정시

흔히 헬레니즘 시대라고 알려져 있으며, 알렉산더 대제의 죽음(기원전 323년)과 함께 마감되는 그리스 문학의 포스트 고전주의 시대에는 연애시가 이른바 고전기보다 더 큰 역할을 차지한다. 그리스의 정신에 이국적인 요소가 더 많이 가미될수록, 그 배경에는 동성애적인 요소가 더욱 뿌리를 내린다는 사실은 중요한 특징 가운데 하나이다. 특히 대도시에서 젊은 남성과 매춘 여성의 접촉이 빈번해지면서, 여성적 요소가 점점 더 많은 비중을 차지하게 되는 것도 사실이다.

이 시기의 시들은 대부분 유실되고 없기 때문에, 카툴루스, 티불루스, 프로페르티우, 오비드 등 로마 사람들의 모방작을 참고하여 거꾸로 되짚어가는 방법을 사용할 수밖에 없다.

코스의 필레타스는 에로틱한 비가 외에도 서사시 《헤르메스》를 쓰기도 했는데, 이 작품의 주제는 오디세우스가 아이올루스의 딸인 폴리멜라와 함께 벌이는 사랑의 모험을 다루고 있다. 그의 친구인 콜로폰의 헤르메시아낙스는 세 권의 비가를 써서 레온티온에게 바쳤는데, 여기에는 사랑의 전능한 힘을 다룬 이야기들이 실려 있다. 아테나이우스(xiii, 597b)는 여기에서 98행짜리의 다소 긴 단편을 보존하고 있는데, 자기가 좋아하는 여자들에게 시를 지어 바치곤 했던 당시의 관행에 따랐던 시인들이 매력적인 모습으로 나열되고 있다. 그는 그 시에서 상당한 자유를 구가하기로 작정한 모양이다. 아나크레온을 사포의 연인으로 만든 것만 봐도 그것을 알 수 있다. 이것은 흔히 연대기적인 이유 때문에 배제되고 있는 부분이다. 우리는 그밖에도 그의 비가를 다룬 다른 많은 사랑 이야기들에 대해 방대한 양의 인용 덕분에 상당히 상세한 정보를 가지고 있다.

그 이야기에 의하면, 재산은 많지만 명성까지 가지지는 못한 아르케오폰이 사이프러스의 왕의 딸인 아르시노이를 미친 듯이 사랑했다고 한다(Antonin. Liberalis, Metamorph., 39). 하지만 그의 구애는 값비싼 결혼 선물에도 불구하고 아무런 성과도 거둘 수 없었고, 아버지에게서도 거절을 당한 그는 유모를 매수하여 사랑의 전령으로 삼았다. 유모는 아르시노이의 속임수에 빠져 잔혹하게 살해당했다. 그러자 아르케오폰은 슬픔에 잠겨 자살을 하고 만다. 그 젊은이의 시신이 묘지로 운구되는 동안, 아르시노이는 창가에서 조소어린 표정으로 장례 행렬을 바라보고 있었다. 결국 그녀의 냉담한 마음씨에 화가 난 아프로디테는 그녀를 돌로 변신시켜버린다. 이 이야기는 그리스인들의 연시 중에서도 가장 사랑을 받는 주제가 되었고, 후에는 수많은 시인들이 각기 자신의 입장을 섞어가며 다시 이 이야기를 들려주었기 때문에, 플루타크가 살았던 사이프러스에까지 전해지게 되었다(Plutarch, Amatorius ; Moralia, 766c).

이 시기의 가장 중요한 시인은 키레네의 칼리마쿠스(310-240년경)이다. 이 시인은 연시를 주로 쓴 작가가 아니므로, 여기서는 자세히 살펴볼 필요가 없을 듯하지만, 코노피온이라는 여인에게 바쳤던 사랑의 세레나데와 아름다운 소년들의 사랑에 바친 열두 편 가량의 연시는 언급하고 넘어가야겠다. 이 시인은 《아폴로 찬가》라는 시에서 아름다운 키레네에 대한 신의 사랑을 만족스럽게 묘사하고 있다.

아폴로니우스 르호디우스(295-215년 경)는 아르고나우츠의 콜키스 여행과 그곳에서의 모험, 그리고 귀향에 이르기까지의 과정을 담은 네 권짜리 서사시 《아르고나우티카》의 저자이다. 이 시는 대단히 중요할 뿐만 아니라, 각종 개인적인 사례를 풍부하게 표현하고 있기 때문에 무척 재미있기도 하다. 분량은 5,835행이 넘고, 에로틱한 묘사도 격렬한 열정으로 대담하게 표현되어 있다. 이 작품의 전체를 관통하는 핵심은 바로 사랑이다. 특히 그 표현은 제3권에서 절정에 달하는데, 여기서는 사랑의 시의 뮤즈인 에라토를 소개한 후 결코 목표물을 빗나가는 적이 없는 에로스의 화살로 왕의 딸 메데아를 정복하는 과정이 그녀의 정신적 갈등과 함께 소상하게 묘사되어 있다.

칼키스의 유포리온이 남긴 수많은 시들 가운데(A. Meineke가 수집한 단편들이 Anal. Alex., pp.1-168에 수록되어 있다) 적어도 서사시들은 에로틱한 주제를 풍부하게 담고 있으나, 그 자신은 그다지 성공적인 사랑을 경험하지 못한 것으로 알려져 있다. 그는 젊었을 때 테라의 시인 아르케불루스가 총애하는 청년이었는데, 그것 때문에 크라테스의 신랄한 풍자시에서 크게 놀림을 당하기도 했다. 후일 그는 다소 수준을 낮추어, 재산은 많지만 나이가 많은 니카이아라는 이름의 늙은 과부의 연인이 되었다. 그 결과, 그는 상당한 부를 획득한 동시에, 플루타크의 작품(Moralia, 472d)에 수록되어 있는 "유포리온처럼 돈 많은 늙은 여자와 동침하다."라는 속담을 만들어낸 주인공이 되기도 했다. 시인 헤시오드가 터무니없는 오해로 인하여 폭행을 당한 소녀의 오빠 두 명에게 공격을 받아 숨졌다는 일화는 수이다스에서만 전해 내려온다(F. Nietsche, Rhein. Mus., xxviii, 1873).

《트라키안》이나 《히아킨투스》 등과 같은 유포리온의 다른 시들은 주로 에로틱한 이야기들로 구성되어 있다. 특히 《트라키안》에서는 자기 아버지인 클리메누스를 사랑한 하르팔리케에 대한 이야기가 중심적으로 다루어진다. 《아폴로도루스》에서도 아버지와 딸 사이의 사랑을 찾아볼 수 있다. 그후에도 유포리온은 상당한 수의 에로틱한 풍자시를 남겼다.

앤솔러지의 시

고전기에 시모니데스에 의해 도입되어 한창 전성기를 누렸던 풍자시는 시간이 지남에 따라 그 본연의 기능을 상실하기 시작했다. 이를테면 묘지의 비문 같은 것으로 많이 이용되었다. 특히 알렉산더 대제 시대 이후에는 이 풍자시가 독립적인 시의 한 형태로 간주되었고, 다양한 종류의 시적인 사고를 교환하는 데 즐겨 사용되었다. 진지함과 가벼움, 기쁨과 슬픔, 우정과 사랑, 식탁에서의 기쁨과 흥겨운 연회, 기타 순간의 분위기를 보여줄 수 있는 모든 표현들이 풍자시에서 그 모습을 드러냈다. 아직까지 보존되고 있는 풍자시를 쓴 사람들 중에는 이름을 알 만한 시인들이 많이 포함되어 있으며, 비록 쭉정이와 알곡을 구분할 필요는 있다 할지라도, 여기에서도 우리는 그리스인의 생활상의 다양한 형태를 접하고 놀라움을 느끼게 된다.

14세기의 수도사 플라누데스는 일곱 권으로 구성된 또 다른 앤솔러지를 준비했는데, 거기에는 팔라티네의 풍자시가 많이 포함되어 있었지만 다른 한편으로는 그보다 더 뛰어난 작품들이 수록됐을 뿐만 아니라 다른 데에서는 찾아볼 수 없는 400편에 이르는 시들도 포함되어 있다. 플라누데스가 생략한 에로틱한 풍자시의 보충분은 L. 슈테른바흐(Leipzig, 1890)가 《Anthologioe Planudeoe Appendix Berberino-Vaticana》라는 제목으로 편집한 적이 있다.

팔라티네의 앤솔러지는 열다섯 권으로 나누어져 있는데, 그 중에서 우리는 제5권에 주로 관심을 기울이고자 한다. 왜냐하면 거기에 유일하게 에로틱한 풍자시가 수록되어 있기 때문이다. 전체적으로는 육욕에 대한 열정이 죽음의 심각함에게 자리를 양보하는 분위기가 지배적이다. 하지만 사랑의 감각적인 측면은 제6권에서 다시금 모습을 드러내는데, 여기에는 거나하게 취해 쾌활한 기분에 젖어 있는 듯한 분위기의 풍자시 442편이 수록되어 있다. 제7권에는 남색에 대한 시가 나오기 때문에, 여기에 대해서는 뒤에서 다시 살펴보고자 한다.

나는 다음의 간략한 요약에서 팔라티네 판본의 배열을 무시하고 필자에 따라 개별 시인으로 정리하고자 했음을 미리 밝혀둔다. 또한 가능한 한 그것들을 연대순으로 정리하려고도 노력했다.

앞에서 언급한 필레타스와 같은 시대 사람인 사모스의 아스클레피아데스는 대부분 에로틱한 인물이 등장하는 40편 가량의 풍자시를 남겼다. 그중에는 사랑스러운 처녀에게 지나치게 순결을 고집하지 말라고 훈계하는 시도 포함되어 있다. 어차피 황천에서는 애인을 찾을 수 없으므로, 지금 이승에서만 즐거운 삶을 누릴 수 있다는 것이다. 그의 시에는 또 세 명의 매춘부가 뱃사람인 고객들의 옷을 벗기는 장면도 묘사되었는데, 시인은 자신의 견해에 의하면, 그런 여자들은 바다의 마녀보다 더 위험한 존재라고 덧붙인다. 또 다른 시에서는 다음과 같은 구절이 나온다.

"여름에 가장 달콤한 것은 눈으로 시원하게 만든 한 잔의 술
폭풍우를 만난 뱃사람에게 가장 달콤한 것은 하늘에 빛나는 낯익은 별 하나

그러나 그 무엇보다도 달콤한 것은 멋진 여자와 이불 속에서 사랑의
유희를 즐기는 것."

니카르쿠스는 자기 아내를 껴안으며 쾌감을 느끼는 대신, 오직
낯선 침대에만 마음이 끌리는 남자들을 조롱하고 있다.

알렉산드리아의 포세이디푸스는 즐거운 주연과 매춘부와 함께 하
는 모험을 묘사한 풍자시를 남겼다. 헤딜루스(Anth. Pal. 위에서
인용한 시는 Asclepiades, v, 85, 161, 169 : Nicharchus xi, 7 ;
Hedylus, xi, 414 ; Dioscorides, v, 52-6). 역시 꽤나 앙증맞은 풍
자시를 남긴 것이 사실이다.

"바쿠스에게서 손발을 쉬고, 아프로디테에게서 손발을 쉬고, 예쁜 딸
아이가 태어나니, 아, 또다시 손발을 쉬도다."

후에 에페비의 사랑에 대한 열광적인 찬사로 다시 한 번 우리를
맞이하게 될 디오스코리데스는 여자에 대한 남자의 사랑을 표현한
대단히 감각적인 풍자시를 많이 남겼다.

아름다운 노래가 흘러나오는
그녀의 붉은 입술이 나의 정신을 어지럽게 하네
내 영혼은 부드럽게 속삭이는
그녀의 혀에서 흘러나오는 생명수를 마시고
꼭 감은 눈썹 뒤에 감춰진 그녀의 눈동자는 빛나는 화살
내 심장을 걷잡을 수 없이 고동치게 하고

튼튼하게 자란 쌍둥이 자매처럼 단단한 젖가슴에선
우윳빛 샘물이 쏟아져 나오고
그 두 개의 봉우리는
그 어떤 꽃보다도 아름다워라(Anth. Pal., v, 56).

시돈 혹은 티레의 안티파테르도 현란한 어휘를 자유자재로 구사
한 뛰어난 풍자시로 유명한 이름이다. 하지만 불행히도 그의 에로
틱한 시들은 극히 작은 분량밖에 보존되어 있지 않다.

그보다 훨씬 더 중요한 인물은 앞에서도 언급한 바 있는 시리아
가다라의 멜레아게르인데, 그가 수집한 풍자시들이 우리들에게까
지 전해 내려오고 있다. 그가 직접 쓴 풍자시도 130여편이 보존되
고 있는데, 그중에서 최소한 60편 가량은 동성애를 찬미하는 내용
을 담고 있다. 그 시들은 우아하고 미려한 언어가 돋보이지만, 강
한 감상주의를 드러내고 있기도 하다. 시에 담긴 주제는 말할 것도
없이 사랑이다. 멜레아게르가 자신의 마음을 바친 수많은 젊은 여
인들 중에서도 가장 그의 가슴을 채웠던 것은 제노필라와 헬리오
도라였다. 그는 두 편의 우아한 풍자시에서 마치 모짜르트의 《돈
환》에 나오는 레포렐로처럼 자신의 수많은 애인들의 이름을 나열
하고 있다.

멜레아게르가 특별히 사랑했던 여인은 뺨이 눈부시게 흰 데모였
지만, 그녀는 어떤 유대인을 더 좋아하는 것처럼 보였다. 시인이
'유대인의 사랑'이라는 표현을 쓴 것도 그런 이유가 아닐까 싶다.

한 때는 그토록 아름다웠던 티마리온도 점차로 나이가 들어 기능

을 상실한 낡은 배에 비유되고 있는데, 이 신랄한 비유는 놀라울 만큼 상세한 부분까지 외설스럽게 표현되고 있다.

멜레아게르는 또 아름다운 파니온을 칭송할 적당한 사랑의 말을 찾아냈다. 하지만 그는 그 누구보다도 지치지도 않고 줄기차게 제노필라와 헬리오도라의 매력을 찬미하고 있다. 그는 그들의 음악적 재능과 현명한 대화술, 그리고 들판의 모든 꽃들을 무색케하는 아름다움을 극구 찬양했다. 그는 파리들에게 제발 자신의 잠든 여인을 귀찮게하지 말라고 애원하지만, 그 하찮은 미물조차 그녀의 매력적인 육체에 이끌린 듯 그의 애원을 들은 척도 하지 않는다. 또한 번은 파리를 사랑의 전령으로 보낸 적도 있다. 이것은 그녀가 들고 있는 술잔에 대한 질투의 마음을 표현하는 것이기도 하다.

그는 자신이 꿈의 신과 같은 모습으로 그녀에게 다가가, 마치 비너스나 그레이스 여신들처럼 그녀의 아름다움을 칭찬해주고 싶었다. 헬리오도라에 대한 그의 열정은 점점 더 깊어갔고, 그녀가 세상을 떠난 뒤에도 사랑의 추억을 잊지 못해 몸부림쳤다. 그녀를 기리기 위해 만든 간절하면서도 심금을 울리는 묘비명에 이러한 사실이 잘 드러나고 있다. 그는 또 언젠가, 그녀의 머리에 얹힌 왕관은 빛이 바랬지만, 그녀 자신은 모든 왕관 중의 왕관으로 영원히 빛날 것이라고 했다.

또 한편의 풍자시에서는 헬리오도라의 짖궂은 장난을 생생하게 묘사해내고 있으며, 또 다른 시에서는 에로스를 향해 자신의 격한 사랑의 열정을 잠재워달라고 간절한 기도를 드리고 있다.

하지만 멜레아게르는 서정시에서는 또 다른 분위기를 풍기고 있다. 그는 어느 아름다운 시에서, 마치 에로스가 도망친 노예라도 되는 듯이 그를 잡아들일 것을 명령하고 있다. 하지만 에로스는 도망을 치지 않았고, 단지 제노필라의 눈동자 속에 숨은 것뿐이었다. 그는 또 에로스의 막강한 힘과 그가 휘두르는 참을 수 없는 불길에 대해 불만을 표시했는데, 그 힘이 에로스의 어머니인 아프로디테 때문에 한층 견고해졌다고 생각하고 있었다. 그리하여 그 쓸모 없고 건방진 에로스는 팔려가게 된다. 하지만 에로스가 눈물을 글썽이며 선처를 호소하자, 멜레아게르는 에로스를 제노필라의 동무로 남도록 해주었다(Meleager : Anth. Pal., v, 142, 213, 214, 176, 175, 177, 196, 197, 159(cf. 171, 172), 203 ; xii, 53, 82, 83, 138, 139, 143, 150, 151, 170, 173, 194, 195 ; vii, 476).

우리에게 키케로를 통해 널리 알려진 시인 아르키아스는 사랑으로부터 빠져나가기란 불가능한 일이라고 투덜거리면서도, 사랑에는 날개가 달려 있어 언제 어디서든 남자를 사로잡을 수 있으니 어쩔 수 없는 일이라고 체념하기도 한다.

"우리는 사랑으로부터 도망쳐야 한다. 하지만 그것은 부질없는 노력이다. 뛰어서 도망치는 자가 어떻게 날아서 쫓아오는 자의 추적을 벗어날 수 있겠는가?(Anth. Pal., v, 59)"

앤솔러지의 에로틱한 시인들 중에서 가장 뛰어난 사람 가운데 하나는 가다라의 필로데무스이다. 키케로 시대의 에피쿠레안으로 유명했던 그는 키케로를 학식이 높은 존경할 만한 인물이라고 칭송했다. 그의 방대한 문학적 노력 중에서 우리가 여기서 관심을 가져야 할 부분은 그 자신이 편집하여 피소에게 바친 일련의 풍자시 모음 이다. 여기에서 그는 자신의 시적 취향을 정착시켰을 뿐만 아니라 술과 사랑에 대한 피소의 풍부한 경험도 충실히 소개하고 있다.

만약 키케로가 이 시에서 묘사된 대로 "모든 종류의 열정, 상상할 수 있는 모든 음란에 휩싸여 있었다는 사실을 믿는다면, 그의 생애 역시 그러한 음란함에서 크게 벗어나지 않음을 알 수 있을 것이다 (Cicero, Piso, 29, 70)."

키케로는 이 시들이 큰 인기를 누렸다고 덧붙였으며, 따라서 우리는 호라케의 성적 집착에 대한 악명 높은 풍자에서 필로데무스의 인용이 문학적으로 번역된 것을 발견할 수 있을 것이다. 호라케가 유부녀하고는 절대 관계를 맺어서는 안 된다는 언급을 한 바로 그 대목이다. 유부녀들은 언제나 핑계거리를 만들어내어, 어떨 때는 "지금은 안 돼요, 조금 있다가요."라고 했다가, "좋아요, 돈만 더 주시면요."라고 하기도 하고, "남편이 떠날 때까지 기다려주세요."라고 하기도 한다. 이것은 시간이야 얼마든지 낼 수 있는 내시 같은 남자에게나 어울리는 일이다. 그는 지나치게 까다롭게 굴지 않고 적당히 다룰 수 있는 값싼 여자를 더 좋아한다는 필로데무스의 견해에 동의하고 있다.

문화사의 측면에서도, 필로데무스(Anth. Pal., v, 3, 12, 45, 114, 119, 122, 123, 305, 307, 309)의 이러한 풍자시들이 완전하게 전해 내려오지 않는다는 것은 안타까운 일이 아닐 수 없다. 하지만 팔라티나의 앤솔러지아에 필리푸스가 수집한 최소한 24편 이상의 시가 실려 있기 때문에, 우리로서는 그 재치와 우아함이 부분적으로 외설과 관련되어 있음을 부정할 수 없다.

그는 침실의 램프를 끄고 문을 걸어 닫는다. 오로지 침대만이 비너스가 선물해준 달콤한 비밀을 알고 있을 것이다. 창녀 카리토는 이미 나이가 육십에 달했지만, 그 검은 머리칼은 여전히 매력적이고 대리석처럼 희고 둥근 젖가슴은 보호대로 가려져 있다. 주름이라고는 찾아볼 수 없는 그녀의 몸에서는 쾌락의 물방울들이 뚝뚝 떨어진다. 간단히 말해서 격렬한 사랑을 갈구하는 남자라면 여기서 자기가 원하는 것을 찾을 수 있을 것이다. 한 청년이 돈을 위해서라면 항상 준비가 되어 있는 여자들과 흥정하는 장면을 묘사한 시는 대단히 아름답고 또 극적이다. 질문과 대답의 형식으로 이루어진 이 시에는 다음과 같은 대목이 포함되어 있다.

안녕, 아가씨.
안녕하세요, 선생님.
이름이 뭐지?
선생님 성함은 뭔가요?
호기심이 많은 아가씨로군.
선생님도 마찬가진걸요.
약속이 있나?
마음에 드는 사람이라면 누구와도 약속할 수 있어요.
그럼 나하고 저녁이나 먹지. 얼마야?
선불은 받지 않아요. 내일 편하신 시간에 주시면 돼요.

그것 괜찮은 방식이군, 예쁜 아가씨. 그래, 언제 올 수 있나?

선생님이 원하는 시간에요.

지금 당장 갈 수도 있어?

어머나, 굉장히 급하시군요. 우리집을 가르쳐드릴 테니, 저를 집까지 데려다 주셔야 해요.

느긋한 농담 — 이를테면 '필로데무스'라는 이름은 많은 여자들을 사랑한다는 의미로 '데모(Demo)'라고 불린다 — 과 더불어, 우리는 바람난 여편네의 다음과 같은 말에서 생생한 그림을 떠올릴 수 있다.

"한밤중, 나는 남편의 침대를 빠져나와 흠뻑 비를 맞으며 남몰래 그대를 찾아왔어요. 그래서 우린 이렇게 아무것도 하지 않고, 잠도 자지 않고 함께 앉아 있죠."

또는 필로데무스가 달의 여신인 셀레네에게 그 은은한 빛으로 자신이 벌이는 사랑의 몸짓을 비춰달라고 부탁하는 아름다운 구절도 있다. 셀레네는 이미 엔디미온과 사랑을 나눠본 적이 있기 때문에 사랑이 무엇인지 잘 알고 있다. 아직 어린 티를 완전히 벗어나지 못한 그녀는 이제 곧 자신의 몸이 활활 불타오를 거라는 예감을 느끼고 있다. 이미 에로스는 숫돌에다 자신의 실수 없는 화살을 갈고 있다.

질투심이 많고 어리광이 심한 필로데무스의 정부는 이따금 이런 불만을 털어놓기도 한다.

"당신은 툭하면 내 몸을 건드리고 키스를 하면서도 언제나 심한 말을 입에 담고 주위를 두리번거리기만 하는군요. 그건 사랑하는 사람의 행동이에요. 하지만 내가 '그만 자러 갈 거예요.'라고 말하면 당신은 나를 희롱하려 하죠. 당신에게선 나를 사랑한다는 느낌이 들지 않아요."

다음의 풍자시에는 '빗나간 불길'이라는 제목이 붙을 만하다.

"잠깐 기다려, 아름다운 아가씨. 당신의 아름다운 이름이 뭐지? 어디 가면 당신을 만날 수 있을까? 당신이 원하는 것이라면 뭐든지 줄 수 있어. 하지만 당신은 말도 한 마디 하지 않는군. 집이 어디지? 당신을 데려올 사람을 보낼까? 누구 다른 사람과 약속이 있어? 그럼 잘 가, 거만한 아가씨. 당신은 잘 가라는 인사조차 하지 않는군. 나는 두고두고 몇번이고 당신한테 접근할 거야. 난 당신보다 더 까다로운 여자들도 녹이는 방법을 알고 있거든. 그럼 잘 가, 아가씨."

필로데무스는 나이가 들어감에 따라 언어도 훨씬 온순해진다. 그는 가볍게 불평을 하며 젊음과 그 사랑의 유희를 생각한다. 이제 그 자리는 지혜와 신중함이 대신 차지하고 있지만. 그는 체념 속에서도 진리를 벗삼아 자신을 위로한다. 모든 일에는 때가 있다는……

소극, 키나이딕 시, 미무스, 전원시, 미미얌부스

이 시기의 시적인 작품들은 전혀 보존되어 있지 않다. 기원전 3세기가 끝날 무렵에 아이톨리아에서 태어났다 하여, 알렉산더 아이톨루스라고 불린 그는 《아폴로》라는 제목의 비가에서 다음과 같은 불행한 사랑 이야기를 들려주며 예언의 신을 소개하고 있다. 파르테니우스가 그 편린을 보존하고 있는데, 포비우스의 부정한 아내가 아름다운 안테우스에 대한 욕정을 불태우는 내용을 담고 있다. 그를 유혹하기 위한 온갖 노력이 수포로 돌아가자, 복수심에 눈이 먼 그녀는 그를 깊은 우물 속에 빠뜨려버리고 만다.

이탈리아 남부, 특히 음란이 판을 치던 타렌툼(플라톤의 기록 Laws, 637b에 의하면 디오니시아가 진행되는 동안 이 도시 전체가 술에 취해 비틀거렸다고 한다)에서는 다소 특별한 형식의 소극이 발달했는데, 이것이 나중에 그리스 전역으로 퍼져나갔다고 한다.

그 소극은 타렌툼의 르힌톤에 의해 문학에 도입되었는데, 그가 소개한 38편의 작품은 대부분 에우리피데스의 작품을 모방한 것으로 알려져 있다. 그 가운데 여기서 언급할 가치가 있을 만한 분량이 보존된 것은 하나도 없지만, 무대 위의 장면을 묘사한 꽃병 그림이나 플라우티네의 희비극 《암피트루오》를 통해 그 대중적인 오락의 특성을 조금이나마 조망해볼 수 있다.

아테나이우스의 언급에 의하면(Ath., xiv, 621 f.), '플리아케스 (Phlyakes)'란 남근상을 든 자를 뜻하는 이탈리아 남부 지방의 말에 지나지 않는다고 한다. 유명한 음악가이자, 전기 작가인 아리스톡세누스에 의하면(Ath., xiv, 620d. 여기에는 이 소극에 대한 언급이 첨가되어 있다), 이 대중 소극에는 두 가지 유형이 있었다고 한다. '힐라로디아' 또는 '시모디아' 그리고 '마고디아' 또는 '리시오디아'(이런 이름은 그 시인의 이름, 즉 시모스와 리시스라는 이름을 통해 설명될 수 있다. '마고디아'라는 이름은 그 마술적인 효과 때문에 붙여진 이름일지도 모른다)라는 유형이 그것인데, 모두 노래와 춤이 수반된다는 공통점이 있지만 몇가지 차이점도 있다.

첫째는 남자와 여자 역할을 하는 배우가 연기와 더불어 현악기를 연주한다는 점이고, 둘째는 북과 심벌즈가 등장하며 여자 역할을 하는 배우가 남자 의상을 입는 경우가 많다는 점, 그리고 특히 중요한 것은 음란한 춤들이 등장한다는 점 등이다.

세모스에 의하면(Ath., xiv, 622b), 남근 분장을 한 배우들은 앞에서 이미 언급한 바 있는 '타렌티니디아(Tarentinidia)'를 입었다고 한다. 이것은 요즘으로 치면 일종의 '타이즈'라고 할 수 있다. 폴룩스(iv, 104)는 또 이른바 '기포네스(Gypones)'라고 하는 죽마를 탄 무희들도 이런 의상을 입었다는 기록을 전하고 있다.

키나이딕 시라고 하는 것도 그 그로테스크한 음란성에서는 플리아키안에 거의 뒤지지 않는다. 여기에 대해서는 동성애 문학을 다루는 장에서 자세히 언급할 예정이지만, 크레타 마로네이아의 소타데스가 당대의 위대한 남자나 왕자들을 묘사하기 위해 이와 관련된 점들을 인용했다는 점은 짚고 넘어갈 필요가 있다.

그는 국왕 프톨레미 2세(기원전 285-247)의 연인이었던 벨레스티케에 대한 시를 썼는데, 플루타크에 의하면(Amatorius, 9 ; Moralia, 753f, II), 이 왕은 그녀를 위해 아프로디테 벨레스티케 신전을 세웠다고 한다. 소타데스는 또 프톨레미 왕이 자신의 여동생인 아리시노이와 결혼을 하자, 그것을 신랄히 풍자하는 외설스러운 시를 썼는데, 이것 때문에 격노한 왕은 그를 오랫동안 감옥에 가둬두었다. 그는 감옥에서 탈출하는 데 간신히 성공하지만, 얼마 지나지 않아 바다 한복판에서 왕 휘하의 해군에게 사로잡혀 가슴에 납덩이를 매단 채 바닷속에 수장되는 신세가 되고 만다.

스트라보의 기록(xiv, 648a)이 정확하다면, 마그네시아 출신의 권투 선수였던 클레오마쿠스는 자기가 데리고 있던 소녀와 창녀, 두 여인과 사랑에 빠졌는데, 그런 인물의 형상을 대화체의 문학 작품 속에 등장시키고자 하는 충동을 느끼곤 했다. 그리스 시의 현실주의적 경향과 함께 일상생활의 생생한 묘사를 선호하는 특성 때문에 '미무스(Mimus)'가 발전했다는 점은 앞에서도 언급한 바 있다.

소프론을 비롯한 여러 작가들의 창작 무언극 가운데 여기서 언급할 가치가 있는 작품들이 더러 전해 내려오고 있다. 그중에서도 테오크리투스의 무언극은 상당히 유명한 편이다. 그리스 문학사나 테오크리투스의 평가에 있어서 전원시가 어떤 위치를 차지하는가 하는 문제는 우리의 관심사가 아니다. 우리는 아직까지 전해 내려오는 테오크리투스의 작품 중에서 30편 가량의 에로틱한 시들을 간략하게 훑어보는 것으로 우리의 임무를 다할 수 있을 것이다. 그 동성애적인 측면에 대해서는 뒤에서 자세히 알아볼 기회가 있다. 테오크리투스의 시 중에서 에로틱한 요소를 배제할 수 있는 작품은 거의 하나도 없다. 따라서 우리는 그중에서도 가장 중요한 작품을 언급할 수 있을 뿐이고, 나머지 부분에 대해서는 독자 여러분이 직접 읽어보라는 권유밖에 할 수 없을 듯하다.

처음에는 전원적 연시의 주인공이라 할 수 있는 다프니스의 불행한 사랑과 고난, 그리고 때이른 죽음 등이 두 사람의 목동에 의해 언급된다. 그 다음에는 버림받은 소녀의 번뇌를 노래한 구절과, 마술의 힘을 빌어 변심한 연인을 되찾으려 하는 그녀의 소망이 언급된다. 밤이 깊어 달이 떠오르자, 그녀는 주문을 외우기 시작한다.

> "이것 보세요, 이제는 바다도 잠을 자고 바람도 휴식을 취하며 세상 만물이 고요히 쉬고 있어요. 하지만 나의 슬픔은 아직도 잠들지 못하고, 나의 슬픔은 내 가슴 속에 한층 깊어만 가는군요. 그이를 그토록 애타게 갈망했지만, 그이는 나를 아내로 삼는 대신 비탄에 잠긴 매춘부로 만들어버렸어요."

그녀의 주문은 점점 더 강해지는데, 우리는 그것을 통해 그 당시 사랑과 관련된 미신을 알 수 있다. 신비의 박하인 '히포마네스(Hippomanes)'가 도움이 된다고 일컬어지는데, 변심한 연인의 옷에서 양털을 한움큼 뽑아다가 불에 태우고, 도마뱀을 갈아서 가루로 만든 뒤 사랑의 미약에 섞어 만든다. 그녀는 기회가 생길 때마다 이것을 변심한 애인에게 마시도록 했다.

이제 혼자 버림받은 그녀는 세상 만물이 고요히 잠들고 집 지키는 개마저 짖기를 멈춘 한밤중에, 자신의 불행한 사랑 이야기를 떠올려 본다. 멋진 친구들과 함께 있던 그이의 모습을 처음 본 순간 어떤 일이 일어났는지, 그녀가 상사병에 걸린 채 어떻게 집으로 돌아왔는지, 그로부터 열흘 밤낮 동안 타는 듯한 열병에 걸려 꼼짝도 하지 못하고 누워 있던 일 등이 주마등처럼 떠오른다. 이윽고 그녀는 더 이상 가슴속의 갈망을 참을 길이 없어 믿을 만한 친구를 그이에게 보낸다.

"그이가 집에 혼자 있는 것을 확인한 다음, 고개를 가볍게 끄덕여 보이며 이렇게 말해. '시마이타가 당신을 만나고 싶어해요.' 그리고는 그를 이곳으로 데리고 오는 거야. 그래서 그 친구는 이윽고 그이를 내 집으로 데리고 왔지. 그이의 발이 내 방 문턱을 넘어오는 순간 ─ 아, 착한 달님이여, 나에게 사랑을 가르쳐준 달님이여 ─ 내 몸은 얼음처럼 식어버리고 눈썹에서는 이슬 같은 땀방울이 떨어지기 시작했지. 아, 나도 꿈 속에서 어머니를 부르는 아이처럼 애처러운 목소리를 낼 수만 있다면! 내 부드러운 살결은 뻣뻣하게 굳어버렸지 ─ 아, 착한 달님이여, 나에게 사랑을 가르쳐준 달님이여 ─ 그가 나를 껴안았을 때, 아 무정한 사람! 그는 시선을 땅바닥으로 떨어뜨린 채 침대에 앉아서 이렇게 말했지. '시마이타, 그대가 나를 그대의 집으로 데려왔으니, 나와 결혼해주시오. 두번 다시 젊고 예쁜 필리누스를 쫓아가지 않겠소.' ─ 아, 착한 달님이여, 나에게 사랑을 가르쳐준 달님이여 ─ '나는 내가 지닌 달콤한 사랑의 힘에 이끌려 내 발로 그대를 찾아왔소. 동무들이 모두 잠든 이 한밤중에, 디오니소스의 사과를 내 주머니에 넣고 말이오. 내 눈썹에는 자주색 리본과 함께 헤라클레스의 거룩한 사시나무 이파리가 걸려 있소.' ─ 아, 착한 달님이여, 나에게 사랑을 가르쳐준 달님이여 ─ '그렇게 나를 맞이해준 그대는 얼마나 큰 기쁨이었는지 모른다오. 나는 영예로운 이름과 아름다운 외모와 튼튼한 다리를 가지고 있소. 그대의 예쁜 입술에 키스 한번 하는 것으로도 나는 얼마든지 만족할 수 있소. 하지만 만약 그대가 빗장과 자물쇠를 지르고 나를 내보낸다면, 나는 도끼와 횃불을 들고 그대를 다시 찾아올 것이오.' — 아, 착한 달님이여, 나에게 사랑을 가르쳐준 달님이여 — '그러나 그대가 나를 이렇게 불러왔으니, 나는 먼저 키프리안에게 감사를 드려야겠소. 큐피드의 불꽃이 리파라 신을 압도했으니 말이오.' — 아, 착한 달님이여, 나에게 사랑을 가르쳐준 달님이여 — '그가 재빠르게 신부를 신랑에게서 빼앗아가는 바람에 신방의 침대는 차갑게 식어버리고 순결의 처소에서 처녀가 사라져버렸소.' 그가 말을 마치자 나는 그의 손을 잡고 침대에 눕혔지. 우리의 두 뺨은 뜨겁게 불타오르고, 달콤한 속삭임을 주고받았지. 나의 수다는 그대를 너무 오래 붙잡아 둘 수 없어. 아 착한 달님, 모든 것이 끝나고, 우리 두 사람의 욕망이 채워질 때까지만 기다려주세요."

테오크리투스의 세번째 시는 젊은 목동이 자신의 아마릴리스에게 바친 세레나데이다. 네번째는 두 사람의 목동 사이에서 자유롭게 오고간 대화를 묘사하고 있는데, 욕정에 눈이 먼 한 노인에 대한 익살로 끝나고 있다.

《오디세이》를 읽어본 독자라면 누구나 알고 있을 폴피페무스는 필록세누스의 뮤지컬 희극 — 테오크리투스 시대에는 이런 뮤지컬 희극이 상당한 인기를 누렸다 — 에 대단히 쇠약한 연인으로 그려지고 있다. 그는 아름다운 바다의 요정 갈라테아에게 반해버렸지만, 그다지 호의적인 반응을 이끌어내지 못했다는 점은 쉽게 이해할 수 있다.

테오크리투스는 두 차례에 걸쳐 상사병에 걸린 거인의 이야기를 들려주고 있다. 열한 번째 시에서는 아름다운 사랑의 불만을 읽을 수 있다. 그는 수줍음이 많은 바다의 요정의 환심을 사기 위해 온갖 종류의 선물을 안겨주곤 했다. 이윽고 그는 세상에는 그녀보다 훨씬 더 아름다우면서도 기꺼이 자신을 받아들여 줄 다른 여자들이 얼마든지 있다는 말로 자기 자신을 위로한다.

여섯번째 시에 등장하는 키클롭스 역시, 이와 비슷한 분위기를 띠고 있는데, 여기서는 사랑에 빠진 어떤 멋쟁이를 완전히 바보로 만들어버리고 있다. 그것은 목동 다프니스와 다모이타스 사이에 벌어진 에피소드이다. 처음에는 다프니스가 노래를 부르며 자신의 사랑을 표현하지만, 키클롭스는 그것을 전혀 알아차리지 못하는 눈치다. 다모이타스는 갈라테아의 비애를 알아차리지 못한 척하며 냉담한 반응을 보인다. 그녀의 열정을 한층 더 고조시키기 위해서였다. 허영심과 고지식함, 그리고 뻔뻔스러움이 한데 합쳐진 그 상사병 걸린 바보는 대단히 희극적이다.

열번째 시에서는 두 사람의 농부가 주고받는 대화가 나온다. 첫번째 농부가 가슴속에 불타는 사랑의 슬픔을 고백하며, 자신의 여인을 칭찬하는 노래를 부른다. 그러자 두번째 농부는 오래 전부터 전해오는 농부의 노래로써 친구의 노래에 화답하며, 일하는 사람에게는 어울리지 않는 부질없는 사랑 타령을 비웃는다.

열네번째 시에서는 한 청년이 친구에게, 어느 즐거운 연회에서 자기 애인이 쌀쌀맞은 태도로 일관한 것에 대한 하소연을 늘어놓는다. 그녀의 마음이 돌아섰음을 알아차린 청년은 미련을 떨쳐버리기 위해 군인이 되어 넓은 세상을 돌아다니기로 결심한다. 그때 그의 친구가 나타나 프톨레미 왕의 군대에 들어가라고 권유한다.

문헌학자들 사이에서는 테오크리투스의 작품이 아니라는 비판도 이따금 제기되고 있는 열아홉번째 시는 다프니스 목동과 한 소녀 사이의 이야기를 다룬 《오아리스티스(연인들의 이야기)》다. 그 소녀는 수줍음이 많아 처음에는 선뜻 마음을 주려 하지 않지만, 다프니스가 반드시 자기와 결혼하겠다고 엄숙하게 약속하고 나자 모든 쾌락에 몸을 맡길 마음의 준비를 한다.

그리스 사람들이 흔히 젖가슴을 사과에 비유하곤 했다는 것은 널리 알려진 사실이다. 다프니스가 자기 가슴에 손을 대자, 한편으로는 기분이 좋으면서 한편으로는 부끄럽기도 한 그 소녀가 불평을 한다. 그때 다프니스는 "그대의 사과가 잘 부풀었는지를 처음으로 확인하기 위해서 그러는 거요."라고 말한다. 물론 그 다음에는 애무의 농도가 점점 짙어진다. 그리스 전원시 중에서 가장 소중한 작품이라고 할 수는 없을 이 시는 이렇게 결말이 맺어진다.

> "그들은 자신들의 젊은 육신이 선물하는 쾌감을 느끼며 이야기를 나눈다. 은밀한 의식이 끝나자 그녀는 일어나서 양떼에게 풀을 먹이기 위해 제 갈 길을 간다. 그녀의 얼굴은 수줍음으로 물들어 있지만, 가슴에는 뿌듯한 기쁨이 넘치고 있다. 청년 역시 조금 전의 기쁨을 상기하며 소를 먹이러 간다."

시러큐스의 모스쿠스는 기원전 2세기 경의 인물인데, 《유로파》라

아킬레스와 펜테실레이아

는 165행짜리 장시와 함께 몇몇 작품들을 남겼다. 《유로파》의 주제는 포니이키안 왕 아게노르의 딸인 유로파에 대한 제우스의 사랑이다. 제우스는 황소로 변신한 뒤, 친구들과 함께 바다 근처의 풀밭에서 꽃을 따고 있던 유로파에게 접근한다. 마음씨 착한 유로파는 그 황소의 털을 쓰다듬어주다가, 이윽고 그 등에 올라타게 된다. 그러자 황소는 전속력으로 바다를 향해 달려가서는 아름다운 소녀를 크레타로 데려간다. 그곳에서 제우스는 자신의 정체를 알리고 엄숙한 혼례식을 치른다.

제일 처음에 등장하는 시는 굉장히 아름답다. 일종의 추적의 고함 소리라 할 수 있는 이 시는 도망간 아들 에로스를 도로 데려오는 자에게는 키스를 해주겠다고 약속하는 아프로디테의 이야기를 담고 있다.

그리스 전원시의 목록은 스미르나 근처의 플로사에 살았던 비온이라는 인물에게서 마무리된다. 기원전 2세기 말에 활동했던 이 시인에 대해서는 아도니스의 죽음과 관련하여 앞에서도 언급한 바 있다(p.186).

아킬레스와 데이다메이아의 《에피탈라미움》은 안타깝게도 31행 반밖에 보존되지 않고 있다. 여기에서는 어린 시절의 아킬레스가 전쟁의 참화를 피하기 위해 어머니의 도움으로 여자 옷을 입은 채 스키로스 섬에서 교육을 받는 이야기가 나온다. 물론 여자아이로 교육을 받았지만, 청년의 자연적인 본능은 억누를 수가 없다. 그는 한 순간도 데이다메이아의 곁을 떠나지 않고 그녀의 손을 어루만지며, 그녀가 여자로서 해야 할 많은 일들을 도와주었다.

"하지만 그의 욕심과 갈망은 차마 그녀와 한 침대를 쓰는 것까지도 용납할 수가 없었다. 그래서 그는 그녀를 향해 이렇게 말했다. '다른 사람들, 다른 자매들은 모두 함께 잠을 자지만, 나는 혼자서 자야 해. 우린 같은 또래의 소녀이고 둘 다 아름답지만, 잠만은 따로 떨어져서 자야 해. 아, 너와 나를 갈라놓는 이 밤은 얼마나 잔인한지 몰라. 난 네가 없으면 하루도 살 수 없거든.'"

이 대목에서 우리는 시인의 감수성을 여실히 엿볼 수 있다.

다른 자료에 나타난 사실을 참고하면, 이 이야기를 한층 깊이 알 수 있다. 얼마 지나지 않아 아킬레스는 자신의 원래 모습을 되찾고, 데이다메이아는 네옵톨레무스를 잉태하게 된다. 그 직후 아킬레스는 오디세우스의 간계에 말려 트로이 전쟁에 참전하게 되나 이 전쟁에서 영웅으로서의 그의 진가를 한껏 발휘한다.

비온의 열여덟번째 시 역시 감미로운 감수성을 드러내고 있다. 여기서는 자신의 꿈 이야기를 들려주는데, 아프로디테가 에로스의 손을 잡고 자신을 찾아와 그 소년에게 전원시 쓰는 법을 가르쳐주라고 하더라는 것이다. 그 공부가 끝나자 스승은 커다란 고통을 당하게 된다. 하지만 제자는 그의 가르침은 안중에도 두지 않고, 사랑 노래를 부르거나, 신이나 사나이의 사랑 모험 이야기를 더 좋아한다.

비온은 또 저녁별인 헤스페루스를 "거품에서 태어난 사랑스러운 여신의 황금빛"이라고 찬양하며, 사랑의 몸짓을 나누는 한밤중에

그 빛을 자신에게 드리워달라고 부탁하기도 한다. 또 이런 이야기
도 있다.

새를 잡으려고 애쓰던 한 소년이 나무 위에 앉아 있는 에로스를
발견했다. 소년은 한 번도 그런 새를 본 적이 없으므로, 자기를
무척 좋아하는 어떤 아저씨를 불러와 그 새를 보여주었다. 그러나
아저씨는 고개를 가로저으며 조심스러운 목소리로 이렇게 말하는
것이었다.

"저 새를 조심해라. 절대로 만지면 안 돼. 이왕이면 저 새에게서 멀리
떨어져 있는 게 좋을 거야. 넌 저 새를 모를 때는 얼마든지 행복하게
살 수 있어. 하지만 네가 어른이 되면, 저 새가 먼저 너를 찾아와 네
가슴속에 깊이 자리를 잡게 되지."

1891년 이집트에서 발견된 파피루스에는 그때까지만 해도 거의
알려져 있지 않던 헤론다스의 시들이 많이 기록되어 있다. 헤론다
스는 코스 섬 태생인 것으로 추정되며, 기원전 3세기 중엽에 활동
했다. 그의 시는 '미미암보이(Mimiamboi)'라고 불리는데, 이 '미
모이(Mimoi)'라는 단어는 강약의 조화가 마치 절름발이 같은 3보
격 시에서 일상생활의 모든 측면을 깊이있게 추적하여 놀랍고도 생
생한 진실을 드러내보이는 수법을 의미한다. 지금까지 보존되어 있
는 장면은 모두 일곱 개이다. 뚜쟁이의 유혹적인 행동, 매음굴 주인
의 거만한 태도, 코스의 재판정에서 행해진 아티카 웅변, 학부모의
요청으로 말 안 듣는 제자에게 매질을 하는 스승, 아이스쿨라피우

스의 신전과 제물을 보며 감탄하는 여인들, 남자에게 벌을 주거나 상을 주는 질투심 많은 여인, '올리스보이(인조 페니스)'가 어디서 나오는지에 대한 은밀한 이야기를 주고받는 친구 사이의 두 여인, 그리고 마지막으로 솜씨좋은 구두장이 세르돈의 가게를 찾아온 여인들에 대한 이야기 등이 그것이다. 이 장면들 가운데 뚜쟁이에 대한 것은 앞에서 언급한 바 있고(p.89), 인조 성기에 대한 여섯번째 이야기는 뒤에서 다시 다루어질 것이다.

헤론다스가 발굴되고 나서 몇년 후, 《처녀의 비탄》이라는 에로틱한 시를 적은 기원전 2세기 경의 파피루스가 발견되기도 했다. 여기서는 자신을 배신한 애인을 끝까지 포기하지 않겠다는 한 매춘부의 열정이 다루어지고 있다.

산문

이 시기의 산문을 최대한 간략하게 짚고 넘어가기 위해 먼저 앞에서 언급한 바 있는(p.382) 필라르쿠스를 다시 한 번 소개해야 할 듯하다. 그는 스물여덟 권에 달하는 방대한 역사적 저작을 남겼는데, 거기에는 다소 과학성이 떨어지기는 하지만 놀라울 만큼 아름다운 이야기들, 특히 에로틱하고 감각적인 사랑 이야기들이 가득하다.

아폴로와 다프네의 이야기, 양자인 아크로타토스에 대한 킬로니스의 사랑, 신전털이 도둑이 된 아리스톤의 아내에 대한 파일루스의 이야기, 시체에 대한 사랑이라는 으스스한 이야기 등이 모두 이 책에 등장한다. 그 중에서도 우리는 파르테니우스로부터 많은 상세한 것들을 배울 수 있는데, 필라르쿠스의 수많은 사랑 이야기들은 아폴로도루스와 특히 그런 주제에 대단히 민감한 관심을 가지고 있었던 아테나이우스에서도 발견된다.

비잔티움 사람들은 하도 술을 많이 마셨기 때문에 선술집에서 밤을 새기가 일쑤인가 하면, 한 사람의 집에 모여서 술을 마시느라 아내를 낯선 자의 품속에 내버려두었다고 한다. 혹은 아라비아 만에 조그만 샘이 하나 있었는데, 그 샘물에 발을 담그면 도저히 믿어지지 않을 정도로 성기가 커지기 때문에 정상으로 돌아오려면 엄청난 고통이 따르거나 아예 돌아오지 못하는 경우가 있었다는 이야기도 있다.

인도에도 이와 비슷한 이야기가 있다. 신비한 마력을 지닌 하얀 뿌리가 섞인 물에 발을 담그면 평생 고자가 되어 죽을 때까지 발기가 되지 않는다는 것이다. 그는 또 인도의 돌팔이 요법에 대한 이야기도 전해주고 있는데, 남녀가 동침할 때 발 밑에 어떤 물질을 넣어두면 굉장히 자극적인 효과를 거둘 수 있고, 또 어떤 물건은 그 반대의 효과를 일으킨다고 한다.

또 이런 이야기도 있다. 암코끼리인 니카이아는 자기 여주인의 태어난 지 30일 된 아기를 무척 좋아했는데, 그 아기를 볼 수 없게 되자 우울증에 빠져 식음을 전폐했다는 것이다. 하지만 아기가 잠이 들면, 코끼리는 그 긴 코로 아기에게 달려드는 파리를 쫓아주기도 하고, 아기가 울면 역시 코로 요람을 흔들어 다시 재웠다고 한다.

필라르쿠스는 이런 이야기들을 무척 좋아했던 듯하다. 그는 한 소년과 감동적인 우정을 맺었던 독수리에 대한 이야기도 전해주고 있다(Parthenius, ch. 15, 23, 25, 31 = Phylarchus, frag. 33, 48, 60, 81(FHG). Ath.에 전해 내려오는 필라르쿠스의 많은 단편들에 대해서는 FHG., I, 334 f. 참조. 비잔티움에 대한 이야기는 Ath., x, 442c ; 성기가 커지는 이야기에 대해서는 Apoll. Dysc., Hist. Comm., 14 ; 하얀 뿌리에 대해서는 18 ; 인도의 민간 요법에 대해서는 Ath., i, 18d ; 코끼리에 대해서는 Ath., xiii, 606, AElian De nat. anim., xi, 14 ; 독수리에 대해서는 Tzetzes, Chiliades, iv, hist., 134, 288 ff., AElian, De nat. anim., vi, 29).

심지어 살림살이에 대한 작품은 원본은 모두 사라졌지만, 기원후 10세기 경에 만들어진 이른바 《게오포니카》라는 20권의 책에서 대단히 에로틱한 이야기(다프네, 키파리수스, 미르시네, 피티스, 덴드롤리바노스, 르호돈, 이온, 나르시스, 키투스 등)들이 발견되고 있다(Geoponica에 대해서는 E. Rohde, Der griechische Roman, 2nd edn., p.370 참조).

과도기

시

그리스 문학사상 기원전 150년 경부터 기원후 100년 경까지의 시기를 과도기라고 부르는데, 먼저 동양의 영향력이 점점 더 커지는 것을 특징으로 하는 이 짧은 시기에 대해 간단히 요약을 해볼 필요가 있을 듯하다.

주로 이탈리아 남부에서 생활했으며, 비르길의 스승으로 알려진 니케아의 파르테니우스는 에로스를 테마로 한 몇편의 시를 남겼다. 예를 들어 비가(悲歌)라고 할 수 있는 《아프로디테, 메타모르포세스》— 에로틱한 이야기의 형태 변화가 광범위한 지역에서 나타나고 있다 — 에는 메가리아 왕의 딸인 스킬라의, 미노스 왕에 대한 불행한 사랑 이야기가 언급되고 있다. 그는 또 스스로 6보격의 시에서 비블리스와 카우누스의 감동적인 이야기를 들려주었다고 자랑하고 있기도 하다(Erotica, II, 4).

비블리스는 자신의 오빠인 카우누스에 대한 연정을 불태우는데, 카우누스는 그녀의 죄스러운 열정에서 도피하기 위해 렐레게스 땅으로 도망쳐 그곳에 자신의 이름을 딴 마을을 만든다. 하지만 비블리스는 자기 때문에 오빠가 사랑하는 고향을 등지게 되었다는 자책감을 이기지 못하고, 자살로 삶을 마감하고 만다. 그녀의 눈물이 떨어진 곳에서 비블리스라는 샘물이 솟아나게 되었다.

더욱이 파르테니우스는 자신의 친구인 로마의 시인 코르넬리우스 갈루스를 위해 일종의 참고서인 《불행한 사랑의 이야기들》이라는 책을 쓰기도 했다. 이 책에는 다양한 출처에서 필자도 시인이나 역사가 등 여러 명으로 되어 있는 36편의 불행한 열정에 대한 이야기가 수록되어 있다(Scylla : Meineke, Analecta Alex., p.270 ff.).

또 하나의 참고자료는 코논의 신화적 이야기 50편인데, 이것은 콘스탄티노플 시대(857-879)의 주교 포티우스가 요약하여 우리에게 전해주고 있다. 이 이야기들에는 에로틱한 주제들도 풍부하게 수록되어 있는데, 이는 다른 자료에서는 전혀 찾아볼 수 없는 독창적인 것들이기 때문에 아주 중요하다.

이 시기의 순수한 서정시는 거의 보존된 것이 없고, 게다가 우리의 목적에 부합하는 작품은 더욱 찾아보기 힘들다. 하지만 우리는 여기서도 몇몇 풍자시 작가들을 언급할 수 있다. 파르메니온은 제우스가 황금을 미끼로 다나이를 손에 넣었다는 이야기를 하고 있다.

"제우스는 황금을 주고 다나이를 샀다. 나도 같은 것으로 당신을 산다. 사실 나는 제우스만큼 많이 주지는 못한다(Anth. Pal., v, 34)."

롤리우스 바수스는 코린나라는 매춘부에게 자기는 제우스처럼 황금을 쏟아붓거나, 황소나 백조로 변신할 생각은 없다고 말하고 있다. 그 대신 그는 그녀에게 2오볼(약 3달러)을 주었는데, 그가 그러고도 도망치지 않았다는 사실은 그가 단골 손님이었다는 점을 뒷받침하고 있다.

마르쿠스 아르겐타리우스(Anth. Pal., v, 116, 118, 127, 128)는 자기가 어떤 처녀를 사랑하게 되어 마침내 온갖 수단을 동원하여 그녀를 차지했다는 이야기를 들려준다. 연인들은 자기네의 비밀을 지키기 위하여 애를 태우지만, 갑자기 그녀의 어머니가 불쑥 이런 말을 한다.

"딸아, 헤르메스가 흔하단다."

이 시기의 연극은 거의 무언극으로 한정되어 있다. 상류층의 연회에서는 고전적인 희극이나 비극들을 구경할 수 있었겠지만, 일반적으로는 많은 사람들이 자신의 감각을 초월하는 조잡한 작품을 좋아했다. 우리는 로마에 있는 빌라 팜필리의 벽화에서 제국 시대의 연극에 대한 암시를 발견할 수 있다.

그러한 무언극의 적어도 결말 부분에 대해서는 옥시르힌쿠스 파피루스를 통해 우리에게 전해지고 있다(Oxyrhync. Papyri, III,

No. 413). 이것은 카리티온이라는 매춘부를 달의 여신에게 제물로 바치려 하는 인도의 왕에게서 그녀를 찾아오는 이야기를 다루고 있다. 결국 그녀를 구출한 것은 그녀의 오빠였다. 그녀는 또 어떤 바보에게서 도움을 받기도 하는데, 그는 지독한 방귀를 터뜨려 적들을 혼비백산시키는 역할을 했다. 게다가 인도의 왕이 아무 생각 없이 술을 마시고 나가 떨어지자, 마침내 구출 작전은 성공리에 마무리된다. 이 작품이 공연될 때는 북과 캐스터네츠 연주가 수반된다.

우리는 또 그 파피루스를 통해 자신의 닭이 죽어버려 비탄에 잠긴 소년에 대한 이야기, 한 청년이 애인의 집 앞에서 부르던 세레나데, 어느 술꾼의 감각적인 이야기 등을 알 수 있다.

《판토미무스》(팬터마임에 대해서는 Lucian, De Saltat., 34 ; Libanius, Orat., 64F ; Choricius, Apol. Mim. 참조)에서는 이성적인 사고가 거의 완전히 감각적인 흥에 자리를 내주고 있다. 고대 연극의 감각적인 측면에 대해서는 앞에서 자세히 살펴보았기 때문에, 여기서는 몇마디 보충적인 언급만을 덧붙이고자 한다.

알렉산드리아의 바틸루스는 로마에서 희극적인 《판토미모스》를 가장 세련된 형태로 발전시켰다. 단막들 사이에 비록 부수적인 것이기는 하지만 합창이 행해졌음은 명백하다. 이러한 발레 혹은 무언의 춤은 갖가지 악기의 음악과 함께 어우러졌기 때문에 어떤 경우에도 문학으로 간주할 수는 없다. 세네카와 마르쿠스 아우렐리우스 같은 철학자가 맹렬히 비난했음에도 불구하고(Seneca, Quoest. Nat., vii, 32 ; M. Aurelius, de se, xi, 2), 또한 트로이와 유스티니아의 황제들이 금지시키려 했음에도 불구하고, 《판토미미》는 고대 세계의 타락한 분위기 속에 깊이 뿌리를 내리고 있었다.

산문

어쩌면 그리스의 연애 소설은 이 시기부터 시작되었다고 할 수도 있다(E.. Rohde, Der griechische Roman, 2nd edn., 1900). 베를린 소장의 파피루스에 두 개의 단편이 수록되어 있는 이른바 《니누스의 로맨스》(edited by V. Wilcken in Hermes, xxviii(1893))가 표현하고 있는 주제는 니누스와 세미라미스의 사랑이다. 우리는 이 단편으로부터 그리스 소설의 거의 모든 특징들을 파악할 수 있다. 따라서 우리는 그 본성을 자세히 검토할 필요는 없다. 그리스 문학의 가장 취약한 작품들에 대해서는 어윈 로데의 뛰어난 저술에서 자세한 분석이 가해지고 있기 때문이다. 니누스 단편에서는 두 연인의 젊음이 먼저 언급된 다음, 소녀의 비탄과 이별(여기서는 전쟁 때문에, 저기서는 해적 때문에, 하는 식이다), 그리고 마지막으로 온갖 위험을 극복한 후의 행복한 재결합이 언급된다. 이것은 다소간의 변형이 있음에도 불구하고, 모든 그리스 연애소설의 주제이다.

지금까지 전해 내려오는 모든 소설을 대상으로 별로 중요하지 않은 변형들까지 모두 자세히 언급하는 것은 독자들의 인내심을 지나치게 많이 요구하는 처사가 될 것이다. 그러나 그리스 사람들은 소설 분야에서는 어떤 종류의 기술도 습득할 수가 없었고, 이러한 형태의 문학이 필수적으로 가질 수밖에 없는 비밀 — 여자에 대한 남자의 사랑의 심리학 — 은 동성애적인 편견 때문에 여전히 가려진 채로 남게 된다. 따라서 그의 소설에서는 개인적인 모험과 순수하게 감각적인 갈망의 문제만이 있을 수밖에 없고, 적절한 심리적 요인이나 영혼의 삶에 대한 사려깊은 표현 등은 한번도 등장하지 않는다.

키지쿠스의 프로타고리데스는 《에로틱한 대화들》과 《우스운 이야기들》의 저자였지만, 지금은 그 제목밖에 전해지지 않는다. 플리우스의 아소포도로우스가 쓴 《에로틱한 저술들》이라는 작품은 로데에 의해 일종의 '산문으로 쓴 에로틱한 시'로 파악되고 있다.

기원후 1세기에 활동했던 아폴로도루스의 《비블리오테카》는 교육을 목적으로 그리스 신화에 나오는 이야기들을 모은 책이다. 그리스의 에로틱한 이야기들을 논의한 6장의 내용을 자세히 기억할 수만 있다면, 심지어 젊은이들에 대한 과학적인 교육과 관련된 경우조차, 성적인 문제에 대해 지나칠 만큼 순진한 그리스인들의 생각을 현대적인 관점으로 바라볼 때 놀라운 마음을 금하지 못할 것이다.

네로 황제 시대에 살았던 팜필라라는 여인은 문법학자의 아내이자, 스스로도 공부를 좋아하는 사람으로 유명했던 인물인데, 문학의 역사를 꼼꼼히 읽은 끝에 33권의 책을 한데 모아낸 업적을 남겼다. 역시 그녀의 저서인 《사랑의 쾌락》(FHG., iii, 520)이라는 조그만 책에 대해서도 우리는 그 제목 외에는 아는 바가 없다.

의사들도 서서히 성적인 문제들에 대한 관심을 나타내기 시작했다. 따라서 트로이 제국 시대에 에페수스의 루푸스(edited by R.

von Daremberg-Ruelle, Paris, 1879)는 '사티리아시스(성기가 부어오른 상태)'에 대한 글을 썼는데, 지금은 별로 중요하지 않은 부분들만 남아 있다.

카이로네이아의 플루타크(기원후 46-120년 경)는 너무나도 다재다능한 작가였기 때문에, 만약 그가 에로틱한 문제에 대해 커다란 관심을 보이지 않았다면 그것이 오히려 특별한 일이 되었을 것이다. 사실 그의 수많은 저술 중에는 에로틱한 장면을 상세히 묘사한 대목들이 자주 발견된다. 여기서는 에로틱한 문제에 대한 독백만을 언급하기로 한다. 하지만 그의 저술들은 뒤에서도 수차례 언급될 기회가 있을 것이다.

플루타크의 초기 작품으로, 그리 완벽하다고는 할 수 없는 《일곱 현인의 연회》라는 작품에서도 에로틱한 문제들이 빈번하게 거론되고 있다. 그중에서도 가장 중요하고 아름다운 논문인 《에로티코스》에서는 고대 문학을 논의할 때 빠지지 않고 언급되는 상큼하고도 제안적인 태도로 주로 남자에 대한 사랑과 여자에 대한 사랑을 놓고 고민하는 문제를 집중적으로 다루었다.

유쾌한 대화에서 주로 말을 하는 사람은 플루타크의 아들인 아우토불로스이다. 그는 루키안이 《에로테스》에서 밝힌 견해를 전적으로 부정하며, 여인의 사랑을 더 좋아한다는 입장을 분명히 밝히고 있다. 그래서 그는 결혼을 소리 높여 찬미하고, 여성의 가치를 부르짖고, 플루타크 자신도 기회가 있을 때마다 그 생각을 전적으로 칭찬하고 있다(Plutarch, Erotikos : Hans Licht 번역). 《탁상 대화》라는 제목이 붙은 아홉 권의 책에서도 수시로 에로틱한 문제가 거론된다.

또한 플루타크의 친구인 신혼부부에 대한 이야기를 다룬 《결혼의 교훈》에 대한 언급도 빠뜨릴 수 없다. 더러는 단조롭고 지루한 대목도 있지만, 지극히 뛰어난 지침들도 많이 발견할 수 있는 저술이다. 플루타크는 앞 세대의 플라톤과 마찬가지로 남성과 여성이 도덕적으로 평등하다는 사실을 굳게 믿고 있었으며, 역사적 실례를 통해 이 점을 입증하기 위해 많은 노력을 기울였다. 그는 심지어 여자 역시 남자와 같은 수준의 교육을 받아야 한다는 주장을 담은 에세이를 쓰기도 했다. 이 에세이는 물론, 《아름다움과 사랑에 대하여》 《우정》《외도에 대한 반론》 등의 저술도 지금은 전해지지 않는다. 플루타크가 저자로 알려진 《사랑 이야기들》이라는 저술은 사실 그의 작품이 아니다.

플루타크를 평가할 때는 그가 자신의 도덕관에 따라 문학 작품을 평가했다는 사실을 빠뜨릴 수 없다. 그의 가장 높은 이상은 순결한 가족생활에서 나타나고 있는데, 그는 이 이상을 자신의 저술에서 완곡하게 지지했을 뿐만 아니라, 자기 자신의 가족생활에서도 몸소 실천을 통해 입증해보이고 있다. 특히 그는 《아리스토파네스와 메난데르의 비교》라는 에세이에서 자신의 입장을 평이하게 서술하고 있는데, 여기서는 음란한 문학적 천재에 대한 건전한 지적을 선호하는 자신의 견해를 드러낸다. 플루타크는 도덕적 관점에서는 대단히 높은 지위를 차지하는 인물임에 틀림없지만, 태도와 방식에 있어서는 그다지 뛰어날 것이 없다.

신고전기

궤변 · 지리 · 역사 · 다양한 형태의 저술들

완벽을 기하기 위해 기원후 100년 경에 시작되어 6세기 초반에 끝나는 것으로 간주되는 그리스 문학의 신고전기에 대해서 한 가지 분명하게 하고 넘어가야 할 것이 있다.

이 시기 역시 이전과 마찬가지로 서정시의 주된 주제는 에로틱한 형태들이었는데, 티레의 막시무스(Dissertatio, 29, p.438)는 이 부분에 커다란 관심을 기울이며 예까지 들어가며 자신의 주장을 확인하고 있다. 불행히도 우리에게 전해지는 부분들이 그다지 많지 않지만, 남아 있는 부분들은 사모사타의 루키안(120-180년 경)에 의해 정리되어 있다. 이 자료는 고대 그리스의 에로틱한 문학을 고찰하는 데 대단히 중요한 의미를 가지기 때문에, 필자는 1921년에 이 주제에 대한 특별 논문을 발표한 바 있다(Hans Licht, Die Homo erotik in der griechischen Literatur ; Lukianos von Samosata, Bonn, 1921).

마그네시아의 파우사니아스(기원후 2세기)가 쓴 《그리스 여행기》는 에로틱한 그리스 문학의 보물 창고라는 평가를 받고 있는데, 그는 평생을 통해 그리스 전역을 여행하며 보고 들은 모든 것을 이야기나 역사, 고고학이나 예술적 자료의 형태로 남겼다. 이 백과사전적 안내서는 우리에게 대단히 중요한 의미를 가진다. 어떤 사람들이 이 저술을 '가장 오래 된 여행 안내서'라고 부르는 것도 그리 틀린 말은 아니다. 여기서 그 저술에 수록되어 있는 사랑 이야기들을 모두 훑어보기란 도저히 불가능한 일이다. 앞에서도 상당한 양을 소개했기 때문에, 지금부터는 상대적으로 중요한 부분들만 간략히 언급하고자 한다.

트로이 황제의 노예로 있다가 해방된 트랄레스의 플레곤(FHG., III, 602) 역시 《역사 연대기》라는 저술을 남겼고, 특히 그의 《놀라운 이야기들》이라는 저서에는 에로틱한 주제들이 무진장 수록되어 있었는데, 불행하게도 괴테가 《Die Braut von Korinth》라는 자신의 발라드 시의 주제로 인용한 한 편의 긴 이야기 말고는 주제면에서 별로 중요하지 않은 부분들만 더러 전해 내려오고 있을 뿐이다.

양성을 모두 가지고 있었다고 일컬어지며 또한 W. 폰 크리스트 같은 사람이 '수사 철학적 형태로 들려주는 세련된 소문, 혹은 다양한 형태의 저술의 창시자'라고 평가하는 파보리누스(FHG., III, 577 ff.)의 단편들 역시 보존된 부분이 그리 많지 않다. 그는 소크라테스의 사랑의 기술에 대한 글을 썼을 뿐만 아니라, 고전기 철학자들과 관련된 에피소드를 수집하여 《다양한 이야기들》이라는 24권짜리 저서를 집필하기도 했다.

콤모두스 황제 치하(180-192)의 티레 사람인 막시무스는 다양한 주제에 대한 41편의 에세이를 남겼는데, 그중에서 '소크라테스의 에로스'에 대한 작품은 우리에게 대단히 중요한 의미를 가진다.

다음에 소개하는 작품들은 비록 언어학적으로 충분히 검증되지는 않았지만 필로스트라투스라는 이름을 사용했던 많은 필자들이 남긴 것들로서, 여기서 꼭 언급해야 할 저술들이다. 먼저 여덟 권으로 구성된 《아폴로니우스의 생애》는 율리아 돔나 여제(217년 사망)의 요청에 의해 쓰여진 것으로, 예수 그리스도의 행적을 다룬 저서들과 비슷한 성격을 가지고 있지만, 에로틱한 주제들이 상세히 묘사되고 있기 때문에 그 시기의 성적 관념을 미루어 짐작할 수 있는 좋은 자료가 된다. 여기서는 몇가지 예만 간단하게 언급해보자.

우선 동성애의 색다른 측면에 대해서 유크세누스의 이야기를 찾아볼 수 있고, 피타고라스의 성교에 대한 견해가 있으며, 성적인 행위를 시종일관 거부했던 아폴로니우스 이야기도 있다. 후궁을 넘보았던 한 대담한 내시, 열정에 사로잡힌 암표범, 헬렌의 신화와 관련된 광기, 에페수스의 수많은 양성체, 그밖에도 요즘 같으면 여황제에게 바치는 책에서 찾아볼 수 있을 것으로는 생각조차 할 수 없는 많은 성적인 이야기들이 수록되어 있다.

필로스트라투스의 64편의 연애 편지도 보존되어 있는데, 그 중에는 율리아 돔나 여제에게 바치는 편지도 있다. 나머지는 남자 혹은 여자에게 보내는 편지인데, 따라서 젊은 남자와 관계가 있는 내용도 있고, 젊은 여자와 관계된 내용도 있다. 하지만 가장 매력적인 편지는 소년들에게 보내는 편지였으리라는 점은 의심의 여지가 없다.

마지막으로 65점의 그림이 전시되어 있던 나폴리의 미술관을 묘사한 《그림들》이라는 작품에서도 에로틱한 장면들이 상당수 등장하고 있다. 필로스트라투스의 조부 역시 17점의 그림에 대한 글을 남긴 바 있다.

로마 근처의 프라이네스테 사람인 클라우디우스 아일리아누스는 《동물의 본성에 대하여》라는 열일곱 권짜리 책에서 동물 생활과 관련된 에로틱한 이야기들을 집대성하고 있다. 열네 권으로 구성된 그의 《바리아 히스토리아》 역시 에로틱한 이야기들이 상세하게 묘사된 일화들을 엮은 책이다. 이 두 권의 저서에 대해서는 이미 몇차례에 걸쳐 언급한 바 있다. 그의 편지 가운데 20편은 아직까지 보존되고 있다. 죽은 황제 헤리오가발루스에 대한 비난을 담은 편지는 전해지지 않는다.

아마 이 책에서 우리가 나우크라티스의 아테나이우스보다 더 빈번하게 인용한 사람은 없을 듯한데, 그는 마르쿠스 아우렐리우스 황제 시대에 모두 15권으로 구성된 방대한 《배운 자들의 연회》라는 책을 썼다. 이 책은 고고학적 연구의 중요한 자료가 될 뿐만 아니라 고대사회의 성생활을 구체적으로 드러내주는 자료이기도 하다.

높은 학식을 갖춘 로마 사람 라렌시우스의 집에서 만찬이 벌어졌다. 그 만찬에는 철학자, 수사학자, 시인, 음악가, 화가, 법률가, 의사 등등 29명의 쟁쟁한 인물들이 참석했다. 물론 아테나이우스 자신도 이 만찬에 참석했는데, 그는 이 책을 쓰기에 앞서 그 자리에서 들은 모든 이야기를 자신의 친구인 티모테우스에게 전해준다. 열세 번째 책은 순전히 에로틱한 이야기들로만 채워져 있다.

뮤즈인 에라토에 대한 이야기가 나오자, 화제는 자연스럽게 '사랑과 에로틱한 시에 대한 대화'로 흘러간다. 중간중간에 우발적인 에피소드가 끼어들기 때문에 세심한 재구성이 필요했으리라는 점은 쉽게 짐작할 수 있다. 맨 처음에는 결혼과 결혼한 여자에 대한 이야기가 나오고, 그 다음에는 매춘부의 성격에 대한 이야기가 장황하게 이어지며, 3부는 소년들의 사랑에 대한 이야기가 차지하고 있다. 저자는 별도의 에세이에서 이 책에 대해 철저한 분석을 행한 바 있으므로(H. Licht : Drei erotische Kapitel aus den Tischgesprachen des Athenaios, 1909), 여기서는 몇가지 세부적인 사항만 추가하겠다.

노인이 젊은 여인에게 구애해서는 안 된다는 사실에 대해 주의를 환기시킨 다음, 여성으로 인해 세상에서 일어나는 비극과 비탄의 기나긴목록이 이어진다. 트로이 전쟁으로부터 유괴된 소녀들을 위해 키르하라는 도시의 성벽 주위에서 10여 년에 걸쳐 벌어진 분노의 전쟁에 이르기까지, 여성은 수많은 전쟁의 원인이 되었다. 여인들을 위해 온 가족이 살상을 당하기도 했고, 이전까지는 융성했던 수많은 공동체가 여인들의 시기와 질투로 인해 불화에 휘말려들기도 했다. 사랑의 힘은 정복당할 수 없는 것으로, 이는 에우리피데스와 핀다르의 아름다운 문구들이 뒷받침해주는 진리다. 에로스가 강력한 열정에 재앙의 불길을 지필 수는 있었지만, 어쨌든 인류가 알고 있는 가장 존귀하고 지고한 것은 인간을 서로 사랑하도록 하는 고귀한 윤리적 원리라는 것이다. 그리스인들의 견해에 따르면, 이것은 두 젊은이 사이의 사랑이라는 *끈끈한 결합*에서 가장 잘 드러난다고 한다. 그 뒤에는 당연히 주제와 관련된 몇마디 언급이 이어지고, 셋째 부분은 전적으로 젊은이들의 사랑에 할애되고 있다.

열세번째 책이 독점적으로 에로틱한 문제를 다루고 있음에도 불구하고, 다른 책에도 에로틱한 내용의 에피소드와 관찰이 너무나 많이 나타나고 있어서, 섹스와 함께 도덕의 역사에 있어서 중요한 소재들과 관련된 모든 단락들에 대한 아테나이우스의 작업을 편집해놓은 것만 해도 방대한 분량을 차지할 것이다.

또한 그리스 문학에서 꿈과 관련된 책자들이 결코 부족한 것은 아니다. 그들 중에 일부는 대단히 방대한 분량이다. 꿈이란 것은 지극히 미묘한 방식으로 정신의 작용을 반영하며, 결과적으로 에로틱한 요소로 충만한 것이기 때문에 그와 관련된 책자들을 여기에서 거론해야만 할 것이다. 그러므로 당연하게도 고대의 꿈과 관련된 책자들도 매우 상세하게 에로틱한 꿈을 다루고 있으며, 이는 현재까지 보존되고 있는 에페수스의 아르테미도루스에 의해 입증된다. 그 책자에서는 우리의 감정에 역행하는 상황(예컨대 어머니와 잠자리를 같이 하는 꿈)이 아무런 당혹감 없이 극단적으로 소박하게 다루어지고 있다.

연애 소설과 연애 편지

그리스인들이 별 차이 없는 애정 소설만을 생산해낸 까닭에 대해선 이미 간략하게 설명한 바 있다(p.421). 거기에서 표현되었된 의도를 따라서 여기에서는 우리에게 전해져 내려오는 소설들에 대해 간단하게 논의해보기로 하자.

2세기에 카리아의 아프로디시아스에 살던 카리톤은 카이레아스와 칼리르호이의 사랑 이야기를 여덟 권의 책으로 썼다. 그들의 결혼은 의심 많은 남편으로 인해 곧장 부인에 대한 학대로 이어졌다. 분명히 죽은 것처럼 보인 그녀는 매장되지만, 강도들은 매장된 그녀를 유괴한다. 지극히 유혹적인 제안들에도 불구하고 그녀는 남편에 대한 진실을 지킨다. 결국 몹시도 다양한 모험을 겪은 끝에 그녀는 남편과 재결합한다.

에페수스의 크세노폰은 다섯 권의 책으로 아브로코메스와 안테이아의 사랑을 다루고 있다. 이야기의 남자 주인공은 잘생긴 인물이지만, 내숭을 떠는 편이다. 이 경우에도 결혼은 곧 이별로 이어지고, 부부는 온갖 종류의 모험을 경험하면서 서로를 그리워한다. 모든 시련을 이겨낸 두 사람은 서로를 다시 찾게 되고 달콤한 사랑의 밤을 보낸다. 문명의 역사에서 가장 흥미있는 사실은 이시스에 대한 숭배가 두드러지게 돌출된다는 점이다. 거기에는 에로틱한 사건에 대한 이야기들이 서툴지 않은 솜씨로 결합되어 있다.

이른바 딕티스의 트로이 애정 소설이라고 불리기도 하며, 알렉산더 시대의 애정 소설의 수많은 설정을 담고 있기도 한 《티레의 왕, 아폴로니우스의 역사》에 대해서 말하려면, 우리는 먼저 그리스 문학의 입문서에 대해 언급해야 할 것이다.

에로스와 프시케의 매혹적인 짧은 이야기도 여기에서만 거론될 수 있다. 아마도 그토록 오래 된 소재는 그리스 운문에서 최초로 묘사되었을 것이 확실하지만, 그러나 우리에게는 아풀레이우스에 의해 주어진 형태만이 남아 있을 뿐이다(Metam, iv, 28 - vi, 22).

《바빌론 이야기》에서 시리아의 이야기꾼들은 르호다네스와 시노니스의 사랑에 대해 이야기하고 있다. 다만 포티우스에 의해서 추상화된 작품만이 보존되고 있는데, 저자가 극적인 효과를 위하여 짜릿한 상황과 비이성적인 집착에 의존하고는 있긴 해도, 그렇게 유감을 품을 만한 작품은 아니다.

아름다운 시노니스는 왕의 욕망을 일깨운다. 왕은 그들 부부를 옥에 가두지만 그들은 가까스로 탈출한다. 그러나 그들은 추격을 당하고, 우여곡절 끝에 왕의 총사령관으로 임명된 르호다네스는 왕을 위해 승리를 거두고 결국은 시노니스와 재결합한다. 이 이야기에서는 감각적이고 에로틱한 요소가 매우 두드러지는데, 적어도 포티우스는 보기를 제시하고 있는 것은 아니지만, 그렇게 긍정적으로 보고 있다(Photius, Bibliotheca, cod. 94, 736 ; Bekker).

그리스 소설 가운데 가장 긴 작품이 완벽하게 보존되어 있다는 점은 다행스러운 일이다. 카리클레아와 테아게네스의 사랑 이야기를 다룬 이 작품은 모두 열 권으로 이루어져 있는데, 작자는 에메사의 헬리오도루스다. 상당히 생생하고 재미있는 문체를 구사하고 있는 이 작품은 아이티오피아 왕의 딸의 운명을 묘사하고 있는데, 어렸을 때 버려진 그녀가 갖은 우여곡절 끝에 피티안 게임으로 사랑을 배운 테아게네스와 결혼하게 된다는 줄거리를 가지고 있다.

레스보스의 롱구스가 네 권으로 쓴 다프니스와 클로이의 목가적인 사랑 이야기는 상당히 유별나다. 이 이야기에는 단지 '이교도적인' 생각과 감각적인 쾌락만이 있을 뿐이다. 이 짧은 이야기에서는 이별이 자상한 양치기에 의해 길러진 두 버려진 아이에게 행운을 가져다주는 것으로 유쾌하게 묘사되고 있다. 두 아이는 결국 부유한 부모의 아이들인 것으로 밝혀지지만, 그들은 행복한 어린 시절을 보낸 시골 마을의 들녘에 대해 집착에 가까운 흠모를 보이며 결국은 그곳으로 돌아가 결혼을 하고 도회적인 삶과는 거리가 먼 인생을 보낸다. 너무나도 생생하게 묘사되고 있는 시골의 들판은 귀여운 악동과 요정, 짓궂지만 사랑스러운 여신들이 살아 숨쉬는 곳이다.

물론 여기서도 모험과 고난이 두 사람을 위협한다. 해적들이 다프니스를 납치한데 이어 클로이까지 끌고 가는가 하면, 부자가 그녀에게 구애를 하고, 동성 연애자인 그나톤이 다프니스를 유혹하기도 하지만, 이러한 시련들은 한갓 에피소드로 끝난다. 작자의 주제는 그의 대가다운 성공적 서술에 의해 쓰여지고 있는 두 연인의 발전적인 사랑의 관계다. 그들이 에로틱한 본능에 처음으로 눈뜰 때부터 시작해서 결국은 극도로 내밀한 성적 결합에 이르고 있는 것이다. 우리는 여기서 그 소설로부터 어떤 전형을 발견하게 된다.

"그들은 양과 염소들에게 돌아가 그 짐승들을 살펴보았다. 양치기나 양떼와 염소떼 등 모든 것이 정상이라는 것을 확인한 그들은 참나무 등걸에 앉아 다프니스가 떨어져서 멍이 들었는지 혹은 피를 흘리는지 살펴보았다. 그는 피도 흘리지 않고 아무런 상처도 없었는데 고통스러워했고, 그의 머리카락과 몸뚱이는 온통 진흙투성이였다. 그래서 다프니스는 라몬과 미르탈레가 무슨 일이 벌어진 것인지 눈치채기 전에 목욕을 하기로 결심했다. 그래서 그는 클로이와 함께 요정들의 동굴로 가서, 자기의 겉옷과 전대를 간수하도록 그녀에게 준 다음 근처의 샘물로 가서 머리를 감고 온몸을 씻었다. 그의 머리카락은 검고 두터웠으며, 몸은 모르는 사람들이 보면 그의 머리카락이 드리운 그림자에 의해 물들여진 것으로 생각할 정도로 햇빛에 검게 그을려 있었다. 그러나 망을 보고 있는 클로이에게는 다프니스가 너무도 아름다워 보였다. 그가 아름다워 보인 건 그때가 처음이었으므로 그녀는 그가 목욕을 하기 때문에 그런 것이라고 생각했다. 그에게 등목을 해주는 동안 그녀는 손가락 끝에서 부드럽고 탐스러운 살결을 느꼈다. 그래서 그녀는 은밀하게 자신의 살결이 더 부드러운지 시험해보았다. 그 일이 있은 뒤로 클로이의 유일한 소망은 다프니스가 목욕하는 모습을 다시 보는 것이었다."

"다음날 그들이 목장에 들어갔을 때, 다프니스는 평소처럼 참나무 밑에 앉아 목동들의 피리를 불며 염소들을 감시했다. 염소들은 들판에 누워 그의 피릿소리를 감상하고 있는 것처럼 보였다. 그의 옆에 앉아 있던 클로이는 양떼들을 살펴보고는 있었지만, 그보다는 다프니스를 훨씬 더 많이 쳐다보고 있었다. 피리를 부는 그의 모습이 그녀의 눈에는 너무 아름다워 보였다. 그녀는 이번에는 그 음악소리 때문에 그가 아름다워 보이는 것이라고 생각했다. 그래서 그녀는 자신도 아름다워 보이는지 알아보기 위해 피리를 잡았다. 그녀는 그에게 다시 목욕을 하라고 설득을 하고는 그가 목욕하는 것을 지켜보았다. 그 모습이 그녀의 피를 뜨겁게 만들었다. 그가 목욕을 끝내고 돌아왔을 때 그녀는 그의 아름다움을 칭찬했으며, 그 칭찬이 사랑의 시작이 되었다. 그러나 그녀는 시골에서 자라나 그 누구의 입에서도 '사랑'이라는 말이 나오는 것을 들어본 적이 없는 순진한 처녀였으므로, 자신의 가슴속에서 어떤 일이 벌어지고 있는 것인지 알지 못했다. 그녀는 더 이상 어떤 일에 대해서도 즐거움을 느끼지 못했으며, 자주 눈물을 흘렸고 또 '다프니스'라는 이름을 되뇌었다. 입맛도 잃어버렸고, 밤에는 잠도 잘 수 없었으며, 그녀의 양떼들을 돌볼 수도 없었다. 한때는 웃고 살았지만, 어느덧 눈물 속에서 살게 되었다. 잠을 자다가 벌떡 일어나기도 했다. 얼굴이 창백해지다가도 갑자기 불꽃 같은 홍조가 얼굴을 뒤덮기도 했다."

"다프니스는 클로이로부터 떨어져 있을 때면 종종 되는 대로 혼자소리를 지껄이곤 했다. '클로이의 키스는 대체 나에게 무엇일까? 그녀의 입술은 장미꽃보다도 부드럽고 그녀의 입 속은 꿀보다도 달콤하지만, 그녀의 키스는 벌침보다 더 따끔하다. 나는 새끼 염소나 갓 태어난 어린 양, 도르콘이 우리에게 준 송아지와는 종종 키스해보았다. 그러나 클로이와의 키스는 전혀 다른 것이다. 나의 가슴은 울렁거리고, 심장은 견딜 수 없을 정도로 두근거리며, 정신은 몽롱해지지만 그래도 또 다시 키스하고 싶다. 비참한 승리인가, 기이한 아픔인가, 나는 아직 그것에 이름을 붙일 수 없다! 클로이가 나와 키스할 때 독을 사용했던 것일까? 그러나 그랬다면 그녀가 어떻게 살아 있을 수 있단 말인가? 나이팅게일의 노래는 저토록 아름답지만 나의 피리는 아무 소리도 내지 못하고 있다! 염소들은 즐겁게 뛰어놀지만 나는 축 늘어져 있다! 활짝 핀 꽃들은 너무도 아름답지만 나는 아무런 감흥이 없다! 제비꽃과 히아신스는 피어나고 있지만 다프니스는 시들어가고 있다!' 처음으로 쾌락을 맛보고 사랑의 의미를 깨닫기 시작했을 때 사랑스러운 다프니스는 그렇게 말하며 고통스러워했던 것이다."

"한낮이 되면 눈에 보이는 모든 것들로 인하여 그들은 눈부셔했다. 클로이는 옷을 입지 않은 다프니스의 모습을 보면서 그 아름다움에 포로가 되었고, 도무지 흠잡을 데라고는 찾을 수 없었기 때문에 거의 비애감을 느끼기까지 했다. 반면에 다프니스는 양가죽과 솔잎으로 만든 화관으로 치장한 그녀를 보거나, 그런 그녀가 잔을 내밀 때면 흡사 동굴에서 나온 요정을 보고 있는 것 같다고 생각했다. 그는 그녀의 머리에서 화관을 벗겨 그것에 입을 맞춘 뒤 자기의 머리 위에 썼다. 한편 그녀는 그가 옆에 벗어놓은 그의 옷을 입었다. 그들은 서로의 머리를 탐스럽게 어루만지면서 감각적으로 자극을 가하며, 서로를 꾸며주었다. 클로이는 그의 머리카락 빛깔이 너무나 진했기 때문에 도금양꽃과 비교해보았다. 반면에 그는 희면서도 불긋불긋한 그녀의 얼굴이 사과처럼 보인다고 생각했다. 그는 또한 그녀에게 피리 부는 법을 가르쳐주었다. 그녀가 피리를 불기 시작하자 그는 피리를 뺏어 자신이 직접 피리에 입술을 대고 연주했다. 분명히 그것은 그녀의 잘못을 지적해주는 것처럼 보였다. 그러나 사실은 피리를 통해 클로이의 입술을 음미하는 것이었다. 정오 경에 다프니스가 한번 더 피리를 연주하고 양떼들이 그늘에서 쉬고 있을 때, 클로이는 자기도 모르게 잠이 들었다. 이것을 본 다프니스는 피리를 내려놓았다. 그는 클로이의 전신을 도저히 그대로 두고 볼 수 없었다. 그는 부끄러움도 잊은 듯 혼자 중얼거렸다. '잠자는 그녀의 눈매는 정말로 부드럽구나! 입술은 또 얼마나 온화한가! 사과도 배도 저만큼은 아름답지 못할 것이다. 그러나 나는 감히 키스할 수 없어. 그녀의 입맞춤은 나의 가슴에 상처를 주고 마치 갓 따낸 꿀처럼 취하게 만드니까. 그리고 그녀가 깨어나는 것을 두려워하지 않을 수도 없고. 아, 지저귀는 베짱이들, 그 녀석들의 커다란 울음소리 때문에 그녀가 잠을 깰지도 모르겠군. 염소들은 장난치는 데 열중하다 보니 서로를 뿔로 들이받고 있구나. 겁 많은 늑대들아, 더 겁 많은 여우들아, 너희들은 감히 그런 염소를 훔쳐가지 못했지.' 그가 그렇게 혼자 중얼거리고 있는 동안 제비에게 쫓긴 베짱이 한 마리가 클로이의 가슴속으로 뛰어들었다. 제비는 거기까지 쫓아갈 수가 없었다. 어쨌든 클로이의 뺨까지는 가까이 다가간 제비가 날개로 그 뺨을 건드렸다. 무슨 일인지 영문을 모르는 클로이는 비명을 지르며 잠에서 깨어났다. 그녀는 옆에서 날아가고 있는 제비와 그런 자기의 모습을 보며 웃고 있는 다프니스를 보고는 놀라움이 가셨으며, 짓누르는 졸음으로 눈을 부볐다. 그런데 가슴속에서 베짱이가 마치 자기를 구해준 것에 대해 감사하다는 듯이 노래를 하는 것이었다. 클로이는 또다시 비명을 질러댔지만, 다프니스는 더 큰 소리로 웃어댔다. 기회가 주어졌으므로 다프니스는 그녀의 가슴속에 손을 넣어 행운을 가져다준 베짱이를 잡았으나 베짱이는 그의 손아귀 안에서 가만히 있으려 하지 않았다. 그런데 정작 그 작은 베짱이를 본 클로이는 그것에 입을 맞추고는 도로 자기 가슴속에 집어넣는 것이었다. 도르콘을 묻고 난 뒤에 클로이는 다프니스를 요정들의 동굴 근처로 데려가서 목욕을 시켰다. 그리고는 난생 처음으로 그의 눈앞에서 자신의 하얀 육신을 씻었다. 아름다움으로 빛나는 그녀의 몸은 굳이 목욕을 해서 꾸밀 필요가 없을 정도였다. 그리고 나서 그들은 그 계절에 피어나는 꽃들을 모아서 요정처럼 보이는 화환을 만들고, 도르콘의 피리를 기념으로 바위 위에 걸어놓았다. 그런 뒤에 그들은 돌아가서 자기들의 양과 염소를 보살폈다. 짐승들은 모두 그 자리에서 먹지도 않고 울지도 않은 채, 사라진 다프니스와 클로이만을 기다리며 누워 있었다. 두 사람이 나타나 평소처럼 그들을 소리쳐 부르고 피리를 불어주자 양떼들은 벌떡 일어나 풀을 뜯기 시작했고, 염소들은 마치 버림받았던 주인에게 다시 돌아오게 된 것처럼 기뻐하며 깡총깡총 뛰었다. 그러나 클로이의 벌거벗은 몸을 보고 난 다프니스는 마냥 즐거워할 수 없었다. 여태까지 가려져 있던 그녀의 매력이 이제 그의 앞에 활짝 드러난 것이다. 그의 가슴은 마치 고약한 독약을 마신 것처럼 상처를 받았다. 이제 그는 쫓기는 사람처럼, 또는 극도로 지쳐 기진맥진한 사람처럼 숨을 헐떡거리기 시작했다. 그에게는 목욕이 바다보다 더 끔찍했고, 그의 영혼은 마치 강도들의 소굴에 머물러 있는 것 같았다. 아직 젊은 대지의 아이였던 그는 사랑의 힘을 모르고 있었던 것이다."

연애 편지는 (리시아스가 쓴 에로틱한 편지일 것으로 짐작되고 있는 최초의 사례에 대해서는 p.390에서 이미 언급한 바 있다) 플라톤의 《파이드루스》에도 삽입되어 있고, 에로틱한 문학의 계열에 속하기도 한다. 따라서 우리는 플라우투스의 《프세우돌루스》에도 실려 있는(I,1,63) 연애 편지에 대해서도 언급할 수 있는데, 이것은 페니키움의 소녀가 그녀의 친구에게 쓴 편지다. 그 편지는 아마도 그리스의 모델로부터 추출된 것 같다.

"이제 우리의 사랑, 예절, 관습, 오락, 운동, 이야기, 달콤한 키스, 사랑하는 사람들 간의 밀착된 포옹, 부드러운 입술 간의 얕지만 감미로운 키스, 팽팽한 가슴의 뭉클한 압박에 대해서 얘기해보자. 만일 내가 너의 안에, 너는 나의 안에 피난처를 마련해두지 않는다면, 이 모든 즐거움들은 나에게 헤어짐과 이별과 절망으로 다가올 거야. 그건 너에게도 마찬가지고. 내가 알고 있는 모든 것을 너도 알 수 있도록 나는 신경을 써왔어. 이제 나는 너의 사랑과 그 실체를 시험해보겠어. 안녕!"

2세기에 수사학자인 레스보낙스는 조나이우스가 쓴 편지와 멜레세르무스가 매춘부들에게 쓴 편지와 같은 에로틱한 편지들을 모아 책으로 펴냈다. 셋 중에서 멜레세르무스에 대해서는 우리는 이름보다 조금 더 알고 있는 정도이지만, 루키안과 동시대인으로 나이는 좀 어렸던 알키프론의 편지 118편은 지금도 보존되고 있다. 그 중에서 메난데르가 연인인 글리케라와 주고받은 두 통의 편지는 특히 매혹적이다. 그리고 매춘부들과 주고받은 편지도 몇 통 있는데, 원래는 그 편지들이 네번째 책을 전부 채울 정도의 분량이었다. 알키프론의 편지들은 아테네와 우수한 아테네 문화에 대한 사랑의 불꽃을 내뿜고 있다. 그것들에 대한 묘사는 너무도 생생하고, 많은 편지들이 불꽃 튀는 자유분방함을 보여주고 있으며, 아래의 견본에서 보여지듯이 고도의 감각적인 색채로 치장되어 있다.

메가라가 바키스에게
"너는 유일하게 연인이 있는 여자야. 너는 그 사람을 너무도 사랑하기에 한 순간이라도 그를 떠날 수 없겠지. 아프로디테에 대한 숭배, 그것은 참으로 나쁜 취미지! 글리케라가 너에게 몇주 전에 있었던 디오니소스 축제에 오라고 청했잖아. 그런데도 너는 그곳에 없더구나! 내 생각인데, 너의 옛 친구에 대한 방문조차 견딜 수 없었던 것은 바로 그 남자 때문 아니야? 너는 현숙한 여자가 되어버렸고, 연인에게 헌신하고 있지만, 우리는 음탕한 매춘부일 뿐이야. 테살라, 모스카리온, 타이스, 안타라키온, 페탈레, 트리알리스, 미르히나, 크리시온, 유크시페 등등 우리들 모두는 그곳에 있었어. 심지어는 질투심 많은 남편과 이제 막 결혼한 필루메네도 그곳에 와서 우리와 어울렸지. 오직 너만이 그곳에 있지 않았어. 물론 너는 너의 아도니스를 따뜻하게 해주고 있었겠지. 너는 만일 그를 혼자 내버려두면 그 사람의 아프로디테인 페르세포네가 그를 홀릴까봐 두려워하고 있는 거지? 오, 우리의 파티는 얼마나 멋졌는지 몰라! 사실 난 할 수만 있다면 너를 약올리고 싶어. 정말 완벽하게 매혹적인 파티였지! 노래, 재담, 그윽한 향기, 취할 때까지 마실 수 있는 술, 꽃 장식, 그리고 맛좋은 음식들! 우리의 연회장은 월계수 그늘 밑에 있었어. 우리에게 모자란 것이 있었다면 단 한 가지, 다름 아닌 바로 너였어! 우리는 전에도 술을 마시는 파티를 종종 열곤 했지만 이번만큼 유쾌한 파티는 정말 드물었지. 우리를 가장 즐겁게 한 것은 누구 엉덩이가 가장 예쁘고 우아한가를 두고 벌어진 트리알리스와 미르히나 사이의 말다툼이었지. 미르히나가 먼저 자기의 거들을 끌르고는 실크 속옷 차림으로 그 자리에서 벌떡 일어나는 거야. 그 속옷 사이로 마치 젤라틴이나 응고된 우유처럼 흔들거리는 그녀의 팽팽한 둔부를 볼 수 있었어. 그러다가 그녀는 자기 엉덩이의 움직임을 어깨 너머로 내려다보더구나. 동시에 마치 관능적인 행동을 하는 것처럼 가볍게 한숨을 내쉬는 거야. 그 때문에 나는 깜짝 놀랐지.

트리알리스도 꿀리지는 않았지. 음탕한 행동에 있어서는 그녀를 압도
하더라구. 글쎄, 이렇게 말하는 거야. '난 옷으로 가리고 점잖은 척하
면서 싸우지는 않겠어. 레슬링 선수처럼 홀딱 벗고 싸울 거야.'"

철학

《엔네아데스》속으로 빠져 들어가면 또 다른 세계가 우리를 맞아
준다. 3세기 사람인 리코폴리스의 플로티누스의 아홉 권의 책으로
이루어진 글들이 그것이다. 애꾸눈에 육체적으로는 쇠약했지만 불
요불굴의 정신력을 가졌으며, 네오 플라토니즘의 창시자인 그는 사
랑의 문제에 대해 분주하게 매달리곤 했다. 그러나 그는 육체적 쾌
락을 죄악으로 간주했으며, 적어도 정신적 지식에 대한 장애물이며
자기 파괴적인 행동으로 보았다. 물에 비친 자신의 모습을 보고 사
랑에 빠져들어 결국은 치명적인 깊은 물속으로 몸을 내던진 아름다
운 젊은이 나르시스에 대한 유명한 우화에서 그의 이러한 생각이
잘 드러나고 있다.

플로티누스는 현명한 사람은 순수하고 아름다운 생각을 통해 자
신을 통찰력 있는 사람으로 만들어야 한다는 생각에 몰두했다. 그
리하여 감각적 세계의 아름다움에 대한 친숙함과 육체로부터의 해
방을 통해 순수한 영혼의 결합에 의해 이루어지는 지고의 행복에
도달하려고 했다. 따라서 그에게 있어서 열정적인 예찬의 대상이
되었던 아름다움은 도덕적 선과 동의어였으며, 이런 기초 위에서
《아름다움에 대하여》와 《에로스에 대하여》 그리고 《정신적 아름다

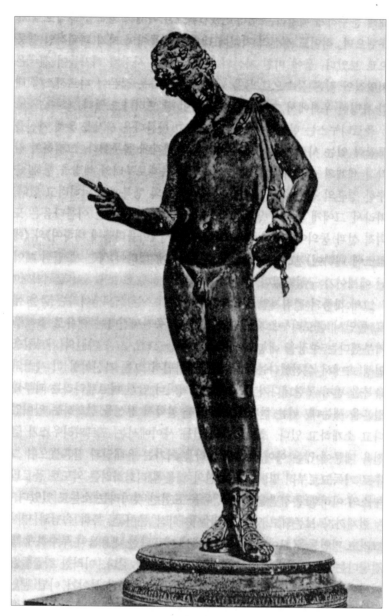

나르시스

움에 대하여》라는 세 편의 빼어난 에세이가 구성되었다.

그의 작품의 편집자인 티레의 포르피리우스는 《금욕》이라는 글을 예로 들면서, 플로티누스가 육체적 쾌락을 증진시킨다는 이유로 육식을 거부했다는 주장을 내놓고 있다. 또한 플로티누스가 자신의 가르침을 인생 속에서 실천했다는 사실도 언급하면서 그는 자신처럼 이 세상의 축복을 받지 못한데다가 자식이 일곱씩이나 딸린 마르켈라라는 과부와 결혼을 했는데, 이는 한편으로 풍부한 철학적 정신을 강화하는 일이었다고 소개하고 있다. 초기 기독교인들 사이에서는 포르피리우스가 금전욕 때문에 많은 아이들이 딸린 다 늙어가는 유대인과 결혼했으며 그후로 기독교로부터 멀어졌던 자신의 일을 합리화하려는 의도로 플로티누스의 이러한 존경받을 만한 행동을 표현한 것이라는 소문도 있었다.

현재까지 보존되고 있는 몇몇 서지학적 문헌들, 특히 속담과 명시 그리고 명언들을 모아놓은 책자들에서 에로틱한 내용들이 무수하게 발견된다는 점은 그다지 언급할 필요가 없을 것 같다. 이러한 작품들은 여기에서 분석될 수 없다. 문학에서 하나의 독립된 분야가 아닐 뿐만 아니라, 기록된 작품들을 손쉽게 발췌한 것에 불과하기 때문이다.

말 기

　일반적으로 300년에서 530년 사이로 구분되고 있는 그리스 문학의 마지막 시기에 대해 간단하게 요약하는 일이 남아 있다. 이 시기는 인류의 나뭇가지에서 가장 고귀하게 피어난 그리스 - 로마 문화가 점차 쇠퇴하던 시기다. 그것은 지금까지 인류가 감내해야 했던 비애 중에서도 첫손가락에 꼽힐 만한 일이 아닐 수 없는데, 그 원인으로는 주로 이민족, 특히 야만스러운 이민족의 침략을 꼽아야 할 것이다. 파르티안과 블렘미에스, 게르만족인 고트 등이 그리스 - 로마 문화의 사멸에 큰 영향을 미쳤고, 기독교 세계의 영향력이 점점 커져간 것 역시 가장 중요한 요인 가운데 하나로 간주할 수 있다.

아우렐리안 황제가 음모가의 칼날에 쓰러지면서 5년간에 걸친 통치를 마감한 후, 즉 275년 이후부터는 기독교 세계와 자기들의 세계관을 접목시키고자 했던 이른바 이교도들의 노력이 한층 강화되었다. 물론 이 시도는 실패로 끝나고 말았지만 말이다. '관용적인' 기독교는 그 변혁에 참여하지 않았다. 보편적인 종교가 되기에는 너무나 많은 불행한 망상들로 가득 차 있었기 때문이다. 그렇게 세상은 그 나름대로 갈 길을 갔고, 참으로 오랜 세월 동안 기쁨을 현실로 만들어왔던 감각적 생활과 아름다움의 무덤은 흙으로 뒤덮여 버렸던 것이다.

그뿐만이 아니다. 고대의 그리스인들이 긍지를 가지고 운위했던 숭고한 이름들 — 자유, 독립, 웅변의 자유 등 — 은 세계의 새로운 수도가 된 비잔티움, 또는 '콘스탄티누스의 도시'라고 불리기도 했던 그곳을 통치했던 카이사르의 전횡 앞에서 사그라들고 말았다. 이로부터 관료제에 의한 비잔틴 제국 시대는 노예적인 분위기가 지배했던 것으로 기록되고 있으며, 그 분위기는 오늘날에조차도 '종속(subject)'과 '우월(superior)'의 교차 속에서 일상적인 것이 되었다. 따라서 이러한 노예적 분위기를 비잔티니즘이라고 이름 붙이는 것은 지극히 정당한 판단일 것이다.

시

우선 시부터 시작해보자. 최소한 혼례 축시의 편린들, 파피루스에 쓰여 우리에게까지 보존되고 있는 시편들에 대해서 언급해볼 수 있다.

극장에서 공연되는 마임과 팬터마임의 관람객들은 조금씩 모욕당하고 있다는 것을 느끼기 시작했다. 따라서 처음에는 로마와 지방에 있는 대학의 학생들에게 관람을 금지했지만, 점차 그 범위가 넓어졌다는 사실은 전혀 놀라운 일이 아니다. 결국 아나스타시우스 황제와 유스티니안 황제는 팬터마임을 금지한다. 소녀들에게는 대개 여성 배역이나 성격이 아주 모호한 배역들이 통상적으로 주어졌다. 본문과 연관되어 있는 합창곡은 믿을 수 없을 정도로 음탕했던 것으로 보인다.

스미르나의 쿠인투스는 '호머 이후'의 사건에 대해 열네 권짜리 책으로 이루어진 서사시를 우리에게 남겨놓고 있는데, 그 시들은 오래 된 서사적 모험에 대한 지루한 재탕에 불과하다. 반면에 무수히 많은 에피소드에서 나타나는 디오니소스의 행운을 노래하고 있는 마흔여덟 편의 시들은 불꽃 같은 감각과 고도로 채색된 생활, 완벽한 우상숭배로 가득 차 있다. 디오니소스의 인도 여행을 소재로 한 이 거대한 서사시에서는 에로틱한 내용이 지극히 많이 실려 있다.

아마 유스티니아누스 시대 사람으로 보이는 무사이우스라는 호감가는 시인은 헤로에 대한 레안데르의 사랑에 대해 6보격의 시구로 340편에 달하는 구전 서사시를 남겨놓고 있는데, 그 에로틱한 모티브는 실러의 발라드를 통해 모든 사람들에게 잘 알려져 있다. 그 작은 시편들은 H. 쾨흘리에 의해 '그리스 시문학의 퇴락해가는 정원에 피어난 마지막 장미'라는 말로 적절하게 불려진 바 있다.

무사이우스는 또한 팔라티네 명시집(ix, 362)에 일부가 보존되어 오는 봄의 요정인 아레투사에 대한 강의 신 알페우스의 사랑을 다룬 아름다운 시의 저자일 가능성도 있다. 알페우스는 바다 밑인 엘리스로부터 시실리까지 요정을 쫓아가 마침내 그곳에서 사랑의 결합을 이룬다.

2세기에 쓰여진 시로는 스토바이우스에 보존되고 있는(Anth., xxii, 32 ; xxiii, 7) 나우마키우스의 《여인의 거울》에 실린 매우 난잡한 운문을 들 수 있다.

6세기 후반기에 미리나의 법률가였던 아가티아스는 일곱 권의 서사시 선집을 출간했는데, 그 중에 여섯번째 책이 사랑의 시들을 담고 있으며, 다음과 같은 일부 내용이 팔라티네 명시집에 보존되고 있다(Agathias, Anth. Pal., v, 269, 294).

"한 번은 저녁때 두 여자 사이에서 누워 있었다. 나는 한 여자를 원했지만 다른 여자도 만족시켜 주어야 했다. 먼저 한 여자가 키스로 나를 유혹했다. 그러나 나는 마치 도둑처럼 내키지 않는 입술로 첫번째 여자의 질투심을 무마하며 다른 여자에게 키스했다. 그러나 처음 여자의 비난과 사랑을 깨뜨리는 행동으로 인해 나는 겁에 질렸다. 그래서 나는 한숨을 쉬며 말했다.

'아마도 나에게 사랑하고 사랑받는 일은 커다란 비애인가 보오. 나는 지금 두 배로 벌을 받고 있기 때문이오.'"

"질투심 많은 나이 든 여인은 소녀의 옆자리에서 벽에 등을 기대고, 마치 성곽이라도 쌓은 것처럼 쌀쌀맞은 태도로 침대 위에 길게 드러누워 있었다. 그 옆에는 마치 탑처럼 주름이 진 담요 한 장이 소녀를 덮고 있었다. 그리고 우울해 보이는 중년의 하녀가 포도주를 들여오기 위해 잠긴 방문을 열려고 했다. 그러나 나는 놀라지 않았다. 나는 아무런 소리도 내지 않고 손으로 문의 경첩을 살며시 들어올렸다. 그리고는 나의 외투를 흔들어 타오르는 불길을 껐다. 방안을 비스듬하게 가로질러 지나가면서 잠자고 있는 문지기의 눈을 피하고, 나는 몸을 웅크리면서 침대의 중간 부분으로 살며시 숨어들었다. 나는 점점 몸을 일으켜 벽을 넘었다. 나는 소녀의 가슴에 바짝 달라붙어 젖가슴을 움켜잡고 음탕하게 그녀의 얼굴에 입을 맞추며, 먹이를 주듯 나의 입술을 그녀의 부드러운 입속에 넣었다. 나의 전리품은 아름다운 입술이었고 밤의 경쟁의 징표와도 같은 키스를 했다. 그러나 나는 처녀의 성채를 파괴하지는 못했다. 내가 싸움을 피하고 있었으므로 그것은 아직 온전하게 남아 있었다. 그러나 싸움이 새로 시작되면 나는 그녀의 처녀막을 파괴해버리리라. 그렇지 않으면 어떤 성벽이 거꾸로 나를 둘러쌀 것이다. 만일 내가 성공한다면 나는 키프리스, 당신으로 화환을 만들어 승리의 상징으로 지니고 다닐 것이다."

4세기에서 5세기로 접어들 무렵에 알렉산드리아에는 팔라다스라고 하는 서사 시인이 살았는데 그는 이교도로 남아 있었다. 그의 직업은 학교 교사였는데 찢어질 정도로 가난해서 가지고 있던 고전들 중에 일부를 팔지 않을 수 없었다. 더욱이 그는 악마 같은 여자와 결혼한 상태였다. 따라서 그의 저술에서 에로틱한 풍자시가 발견되지 않는 것은 놀라운 일이 아니지만, 몇몇 대목에서 여성에 대한 극도로 신랄한 표현을 하기는 했다.

"모든 여자는 쓸개즙처럼 쓰디쓴 존재이다. 하지만 여자가 일생을 통해 기쁨을 느끼는 때가 두 번 있으니, 하나는 첫날밤이요 또 하나는 무덤 속에서이다."

유스티니안(527-565년에 재위) 시대의 법정 관리인 파울루스 실렌티아리우스의 풍자시 78편이 지금까지 남아 있는데, 다른 어떤 풍자 시인도 외설적인 면에서는 그를 당하지 못할 것이다(Anth. Pal., v, 252, 255, 258, 259 ; ix, 620).

(가) 완전한 나체! 하얀 리넨을 벗어 던지고 서로를 끌어안자.
그 투명한 베일을 벗으라. 그것이 우리들 사이를 가로막고 있을 때는
바빌론의 장벽보다 더 단단한 벽.
가슴과 가슴을 합치고, 입술로 서로의 입술을 봉하라. 우리의 혀가
기쁨의 소리를 내뱉게 하라.
(나) 나는 열정의 사슬에 사로잡힌 연인들을 보았다. 그들은 입맞춤과
포옹을 끝없이 계속한다.
만약 그들의 열정이 무한하다면,
그 끔찍한 고통을 줄일 수 있으리.
서로의 마음을 숨기고
이윽고 의상의 변화를 시도할 테니
아킬레스가 스키로스 해변에서 처녀의 속옷을 자기 몸에 걸치니
그녀는 다이아나처럼 무릎을 굽히고 남자처럼 대담하게 걸음을 옮긴
다.
하지만 이내 그들의 입술은
다시 한 번 합쳐져 끝없는 사랑의 욕망을 털어놓고

두 개의 가지가 하나의 줄기로 합쳐져 덩굴손도
그들을 떼어놓지 못하리.
사지가 부드럽게 얽혀들 만큼 몸이 가까워지고
거짓말한 자들에게 축복을 내려주는 이들은
절대로 이별의 아픔을 알지 못하리라.
(다) 그대의 얼굴에서 발견한 주름살은 청춘의 은총을 억누르고
내 손에 드리워지는 그대의 마르멜로 열매는
젊은 가슴을 똑바로 서게 한다.
겨울이 여름보다 더욱 따뜻하고
봄이 가을에게 머리를 숙이는도다.
(라) 아, 그 연약한 팔다리! 그 흐리멍덩한 눈길!
방금 침대에서 일어난 여인처럼,
향기가 사라지고 뺨의 홍조도 사라졌도다.
사랑의 포로로 사로잡힌 것이 그대의 경보 신호인가!
혹은 아직도 채워지지 않은 욕정의 슬픔인가?
아, 사랑하는 이여, 그대를 내 곁으로 끌어온다면
그 열정은 내 것이 되리라.

그는 또한 남자 손님과 여자 손님이 함께 목욕을 하는 것에 대해
서 이렇게 말하고 있다.

"희망은 사랑에 가깝지만 여인을 사로잡기란 불가능한 것. 힘센 파피
안의 여신을 위해 조그만 문이 열려 있다. 하지만 그것조차 달콤하
다. 사랑에 빠진 사람들에게는 희망이 만족보다 더 달콤한 법."

역시 유스티니안 시대 사람인 마케도니우스(Anth. Pal., v, 243)의 글 중에도 다음과 같은 시가 우리에게 전해지고 있다.

내 품에 그녀를 꼭 끌어안고, 그녀의 눈이 기쁨으로 물드는 것을 바라보았다.
비록 꿈에 지나지 않지만, 밤이면 서로를 끌어안고
그녀의 온몸을 애무하지만 그녀는 아무렇지도 않아
부드러운 살결이 내 몸에 닿을 때
열정의 시냇물 깊이 담근 모든 기술들
큐피드에게서 버림받은 나는 아름다운 꿈속을 헤매니
아, 그는 질투심 많은 소년, 몰래 덤불 속에 몸을 숨기고
꿈 속에서조차 완벽한 기쁨을 우리에게 주지 않는도다.

이런 시들이 한창 인기를 누리던 시기에 신 플라톤주의자인 프로클루스는 《신들에게 바치는 찬가》를 썼다. 그 가운데 일곱 편이 지금까지 보존되어 있는데, 그 두 편은 아프로디테에게 바치는 찬가이다. 여기에는 모두 지적이고 도덕적인 내용밖에 없기 때문에 감각적인 부분은 찾아볼 수 없다. 견신론적 시인들은 감각적인 쾌락과는 아무런 관계가 없고, 단지 세속적인 삶의 오류와 죄악을 정화하고 계몽하는 데만 관심이 있었다. 그는 심지어 아프로디테에게조차 사랑의 여신으로서가 아니라 크리스천 마돈나로서 기도를 드리고 있다(Proclus, Hymns, 5, 14).

"그대의 영혼을 먼저 구덩이에서 순수한 아름다움으로 승화시켜 세

속적인 욕망의 파멸적인 매력으로부터 탈출하게 하십시오."

산문

이 시기의 산문 필자들 중에서 우리의 지금 목적에 부합될 만한 인물로 적어도 다음과 같은 두 사람의 용감한 남자를 언급하지 않을 수 없다. 한 사람은 소피스트인 리바니우스(314-393)이고, 또 한 사람은 그의 동시대인인 히메리우스인데, 비록 성공을 거두지는 못했지만 기독교 세계의 확산에 대한 그들의 투쟁은 꽤나 인상적이다.

그들은 선조대의 아름다운 유산을 거의 모두 상속받았고, 승리에 대한 전망이 거의 없었음에도 불구하고, 원수나 다름없는 나사렛의 적들과 전쟁을 벌였다. 그러나 여러 가지 정황을 종합해볼 때, 이 싸움은 도저히 승산이 없었다.

심지어는 뛰어난 재능과 정열을 인정받았던 콘스탄티네 1세의 조카 플라비우스 클라우디우스 율리아누스 역시 성공을 거두지 못했다. 결국 그는 351년, 기독교에 무릎을 꿇고 미트라스의 이교라는 신비에 휩쓸리게 된다. 하지만 그는 역시 헤라클레스가 아니었고, 쉴새없이 늘어나는 히드라의 머리를 도저히 줄일 수 없었다. 숱한 희망들을 내걸고 화려하게 시작되었던 그의 통치(361년)는 불과 2년만에 얄궂은 운명의 장난으로 막을 내리고 만다. 페르시아 전쟁에서 승리를 거두고 돌아오는 동안 우연히 입은 상처에 굴복하고 만 것이다. 리바니우스의 기록이 정확하다면, 그는 기독교를 증오하던 사라센 사람에 의해 치명적인 상처를 입은 셈이다. 고대의 문화를 간직한 마지막 인물이 죽음을 맞이한 곳은 363년 6월 26일, 티그리스 강 유역의 프리지아에 있는 마랑가 평원이었다. 필자가 아는 한 그의 죽음을 기리는 어떤 유물도 남아 있지 않으며, 아시아 미노르에서도 율리안이라는 이름이 삭제되었다. 역사는 그를 '배교자' 즉, 기독교의 배신자라고 부른다. 그의 죽음과 함께 고대 문화의 원대한 희망도 사라졌으며, 그 후로는 고대 문명이 퇴락하고 거친 광기의 시대가 시작된다.

자신의 종교를 일으켜 세우기 위한 율리아누스의 노력은 저술뿐만 아니라 행동에서도 여실히 드러난다. 그는 알렉산드리아의 기독교도들을 태양신 숭배로 유도하기 위해 노력했으며, 《기독교에 반대하며》라는 세 권짜리 책을 쓰기도 했다. 하지만 시간이 흐름에 따라 점점 세력이 커진 기독교 세계에서는 그를 격렬히 비난했다. 나중에는 '사탄의 동맹자'라고 묘사되기까지 했으며, 19세기 문학에 이르러서는 입센의 강력한 희곡 《황제와 갈릴리안》에 비극적인 인물로 등장하기도 한다.

기독교 세계의 어두침침한 우울로부터 그리스의 감각적 쾌락을 구출하기 위한 마지막 시도는 4세기 경의 연애 소설이었다. 알렉산드리아의 수사학자인 아킬레스 타티우스는 클레이토폰과 레우키페의 사랑 이야기를 여덟 권의 책으로 구성했다. 그리스 소설 특유의 기법이 여기서도 되풀이되어 그 분량은 지겨울 만큼 길었다.

"내가 열아홉 살 되던 해, 나의 아버지는 나를 그 다음 해에 결혼시키기로 마음먹고 있었다. 그 무렵 나는 내 신부와 배꼽 위의 상반신이 함께 자라는 꿈을 꾸었다. 상반신이 합쳐져 있음에도 불구하고 배꼽 아래로는 각기 분리된 몸을 가지고 있었다. 그때 참으로 무시무시한 얼굴을 한 어떤 여자가 나타났다. 그녀의 뺨은 음흉한 미소로 일그러져 있었고, 머리에는 머리칼 대신 뱀들이 자라고 있었다. 오른손에는 낫을, 왼손에는 횃불을 들고 있기도 했다. 그 여인이 점점 나에게 다가오더니, 낫을 집어들고 나와 소녀가 합쳐진 부분을 힘껏 내리쳤다. 그러자 소녀와 내 몸은 완전히 분리되었다."

이어서 딸을 도둑맞은 어머니에 대한 이야기도 나온다.

"커다란 칼을 든 강도가 그녀의 딸을 납치해서는 땅바닥에 반듯이 눕힌 다음 생식기에서부터 시작하여 그녀의 몸을 밑에서부터 위로 쭉 갈라버렸다(Achilles Tatius, i, 3 ; ii, 23)."

그밖에도 소설은 사랑의 본질에 대해 온갖 궤변과 지루한 논의를 거듭한다. 심지어는 공작새나 나무, 자석 등의 사랑에 대한 이야기까지 나온다. 이를테면 알페우스와 크레우사의 사랑과 같은 신화적 모티브보다는 남녀간의 사랑이 훨씬 더 비중있게 다뤄진다(ii, 35-38). 장문의 한 구절은 여인의 사악함으로 가득 차 있기도 하다. 아르테미스의 한 성직자는 장황한 연설을 늘어놓기를 좋아했는데, 별로 해롭지는 않지만 온갖 외설스러운 내용이 가득 담긴 연설이었다.

이 소설에는 또 수많은 편지들이 소개되기도 하는데, 대부분 모든 종류의 전설과 역사, 우화와 자연사에서 수집한 사소한 것들과 함께 미술이나 상업에 대한 묘사를 발견할 수 있다. 하마와 코끼리의 관계에 대한 이야기도 있다. 예를 들면, 남자 코끼리의 씨앗을 잉태하는 데 10년이 걸리고, 뱃속에서 태아를 기르는 데 또 10년이 걸린다는 등이다(Hippopotamus, iv, 2 ; Elephant, iv, 4, 5). 시링크스에 대한 판의 사랑 이야기는 대단히 아름답다.

"아름다운 처녀 시링크스는 판의 손아귀에서 벗어나기 위해 울창한 숲속으로 도망쳤다. 하지만 판은 열심히 그녀를 쫓아와 이제 손만 뻗으면 붙잡을 수 있을 정도가 되었다. 그러나 판이 그녀의 머리채를 움켜잡았다고 생각한 순간, 그의 손에는 한움큼의 갈대밖에 남아 있지 않았다. 처녀는 땅속으로 사라져버렸고, 그 자리에는 갈대 한 포기가 자라났다. 판은 그 갈대가 자신의 애인을 숨겼다고 생각하고 화를 내며 베어버렸다. 하지만 그래도 시링크스를 찾을 수 없자, 그는 그녀가 갈대로 변신한 것이라는 데 생각이 미쳤다. 이윽고 그는 자기 손으로 사랑하는 여인을 베어버렸다는 생각에 안타까움을 느끼기 시작했다. 그래서 그는 마치 시신을 수습하기라도 하듯 잘려진 갈대 조각들을 끌어모아 입을 맞추었다. 그 키스로 사랑하는 여인의 상처가 치유되기를 기대하며. 그는 사랑을 잃은 슬픔에 갈대에 입을 맞추며 자신도 모르게 한숨을 내쉬었다. 그때 그의 숨결이 갈대의 관 사이를 통과하면서 아름다운 음악소리가 흘러나오기 시작했다. 양치기의 피리가 제 목소리를 얻는 순간이었다(vii, 6)."

불쌍한 레우키페가 제물로 바쳐져 생명을 잃게 된 장면은 무척 익살스럽다. 다행히도 그녀의 친구들이 미리 동물의 피를 그녀의 몸에 붙여놓았기 때문에, 그녀의 몸에 칼이 닿았을 때 뿜어 나온 피는 사실 그 동물들의 피였다.

테르산데르는 자기가 없는 동안 멜리테가 클레이토폰과 놀아나는 것을 막기 위해 그녀를 스틱스의 물속으로 내려가라고 명령했다 (vii, 11-14). 맹세를 깨뜨린 여인이 이 물에 몸을 담그면 목까지 물이 차오르는 것으로 알려져 있다. 멜리테는 테르산데르가 없는 동안 클레이토폰을 만나지 않겠다는 맹세를 적은 조그만 판때기를 목에 걸고 그 물속으로 들어간다. 결국 그녀는 그 고난을 기꺼이 감수하는데, 사실 그녀는 테르산데르가 돌아오고 난 뒤부터 한 순간도 클레이토폰의 곁을 떠나지 않았다.

우리는 아리스타네투스가 쓴 에로틱한 편지들이 수록된 책 두 권을 가지고 있는데, 이것은 문자 그대로 포르노라고 해도 과언이 아닐 정도의 내용을 담고 있다. 그 주제는 여인의 아름다움에 대한 찬미이자, 자기 자신의 경험과 외부의 자료를 통해 정리한 수많은 사랑 이야기들이다. 이것은 우리의 관심사와 관계된 한에서는 그리스 문학의 대미라 할 만하다.

지금까지 우리는 문학사를 개괄하며 특히 에로틱한 문학들을 살펴보았다. 물론 포르노그라피에 대해서는 뒤에서 다시 언급할 기회가 있을 것이기 때문에 여기서 소개하지 않는다.

INDEX

찾 아 보 기